深圳市地方年鉴系列

年鉴2024

中共深圳市龙华区大浪街道工作委员会
深圳市龙华区大浪街道办事处
编

暨南大學出版社
JINAN UNIVERSITY PRESS

中国·广州

图书在版编目（CIP）数据

大浪街道年鉴. 2024 / 中共深圳市龙华区大浪街道工作委员会，深圳市龙华区大浪街道办事处编. -- 广州 : 暨南大学出版社，2024. 12. --（深圳市地方年鉴系列）.
ISBN 978-7-5668-4050-9

Ⅰ. Z526.55

中国国家版本馆 CIP 数据核字第 20249XX184 号

大浪街道年鉴（2024）

DALANG JIEDAO NIANJIAN（2024）

编　者：中共深圳市龙华区大浪街道工作委员会　深圳市龙华区大浪街道办事处

出 版 人：阳　翼
责任编辑：冯　琳　雷晓琪
责任校对：许碧雅　孙劭贤
责任印制：周一丹　郑玉婷

出版发行：暨南大学出版社（511434）
电　　话：总编室（8620）31105261
营销部（8620）37331682　37331689
传　　真：（8620）31105289（办公室）　37331684（营销部）
网　　址：http://www.jnupress.com
排　　版：广州市广知园教育科技有限公司
印　　刷：深圳市新联美术印刷有限公司
开　　本：850mm×1168mm　1/16
印　　张：18.75
字　　数：495 千
版　　次：2024 年 12 月第 1 版
印　　次：2024 年 12 月第 1 次
定　　价：288.00 元

编辑说明

一、《大浪街道年鉴》以马克思列宁主义、毛泽东思想、邓小平理论、“三个代表”重要思想、科学发展观、习近平新时代中国特色社会主义思想为指导，坚持辩证唯物主义和历史唯物主义立场、观点和方法，实事求是地记载大浪街道自然、政治、经济、文化、社会生态等各方面发展情况，展示具有地方特色和时代特色的大浪面貌。

二、《大浪街道年鉴》是由中共深圳市龙华区大浪街道工作委员会、深圳市龙华区大浪街道办事处主编，大浪街道党政综合办公室承编的地方性年鉴。旨在为各级领导提供决策依据，为社会各界提供信息资料，为编史修志积累素材，为宣传、研究和建设大浪提供服务。

三、《大浪街道年鉴》是一部年度资料性文献，2016 卷为首次修编，一年一卷。2024 卷为第 9 卷，主要记载 2023 年街道各项事业发展情况。

四、《大浪街道年鉴》采用分类编辑法，主体内容设类目、分目、条目 3 个层次，以条目为记述的基本形式，全书条目标题统一用黑体加【 】标示，个别层次较多的条目在段首用楷体标示相应的层次。

五、《大浪街道年鉴（2024）》设有 18 个类目，即“特载”“大事记”“年度聚焦”“总述”“党务”“政务”“人民团体”“法治”“经济”“城市建设与管理”“教育·文化·体育·卫生”“社会民生”“社区”“大浪荣誉”“统计资料”“文献选编”“调研报告及媒体看大浪”“主题索引”。

六、本年鉴计量单位均采用国家法定计量单位，文字、标点符号、数字用法均执行国家标准。数据主要由各相关部门（单位）提供，其中“特载”“统计资料”“文献选编”“调研报告及媒体看大浪”中的文献数据均为原始数据不作改动。

七、本年鉴配备双重检索系统，卷首有目录，卷后有主题索引。

八、本年鉴资料由各部门、各社区、驻辖区有关单位提供，经提供单位主要负责人审阅签字，并加盖公章，大浪街道年鉴编辑部编辑，最后由年鉴编纂委员会审定。如有疏漏差错之处，敬请读者批评指正。

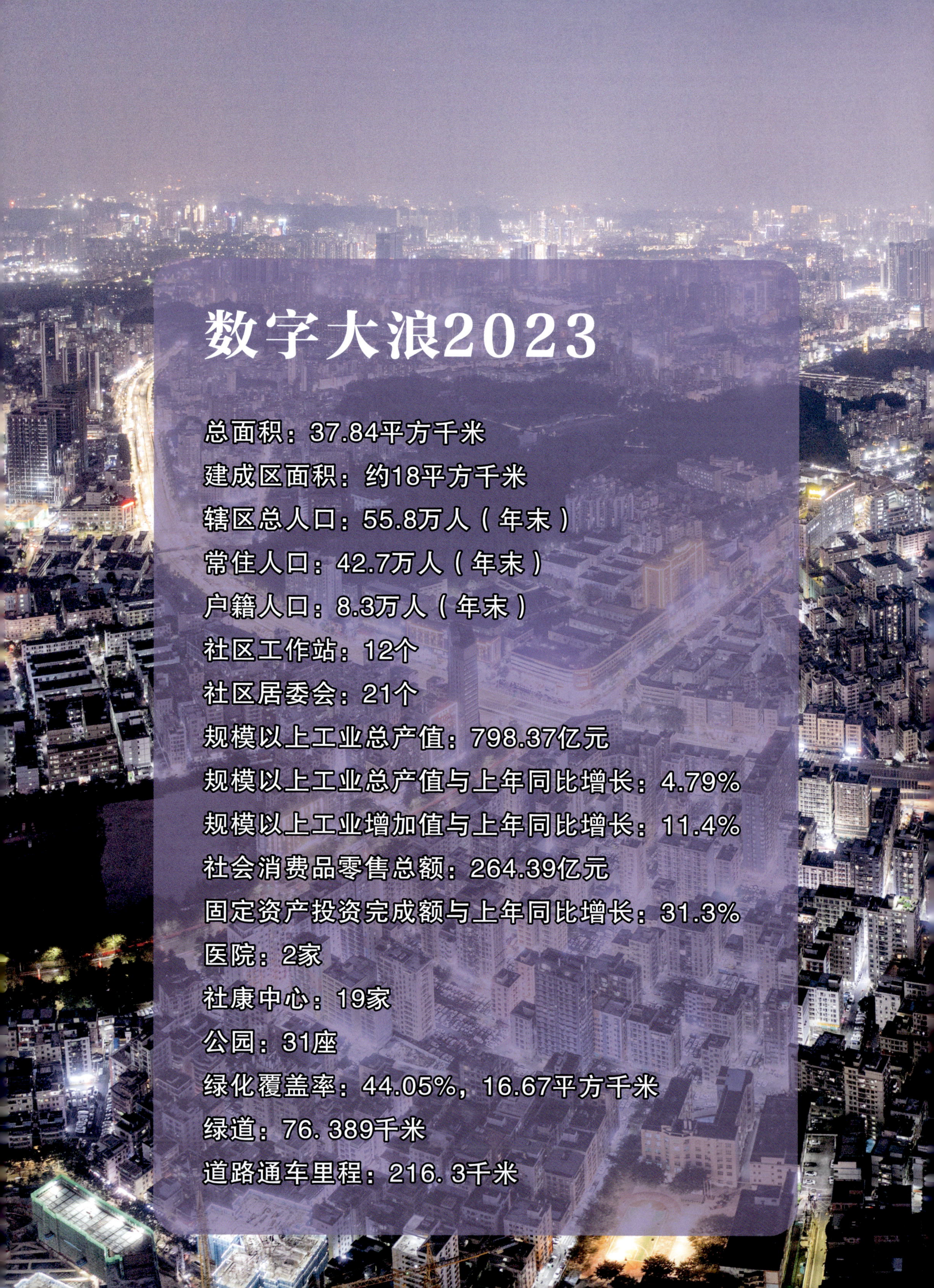

数字大浪2023

总面积：37.84平方千米

建成区面积：约18平方千米

辖区总人口：55.8万人（年末）

常住人口：42.7万人（年末）

户籍人口：8.3万人（年末）

社区工作站：12个

社区居委会：21个

规模以上工业总产值：798.37亿元

规模以上工业总产值与上年同比增长：4.79%

规模以上工业增加值与上年同比增长：11.4%

社会消费品零售总额：264.39亿元

固定资产投资完成额与上年同比增长：31.3%

医院：2家

社康中心：19家

公园：31座

绿化覆盖率：44.05%，16.67平方千米

绿道：76. 389千米

道路通车里程：216. 3千米

大浪街道辖区图

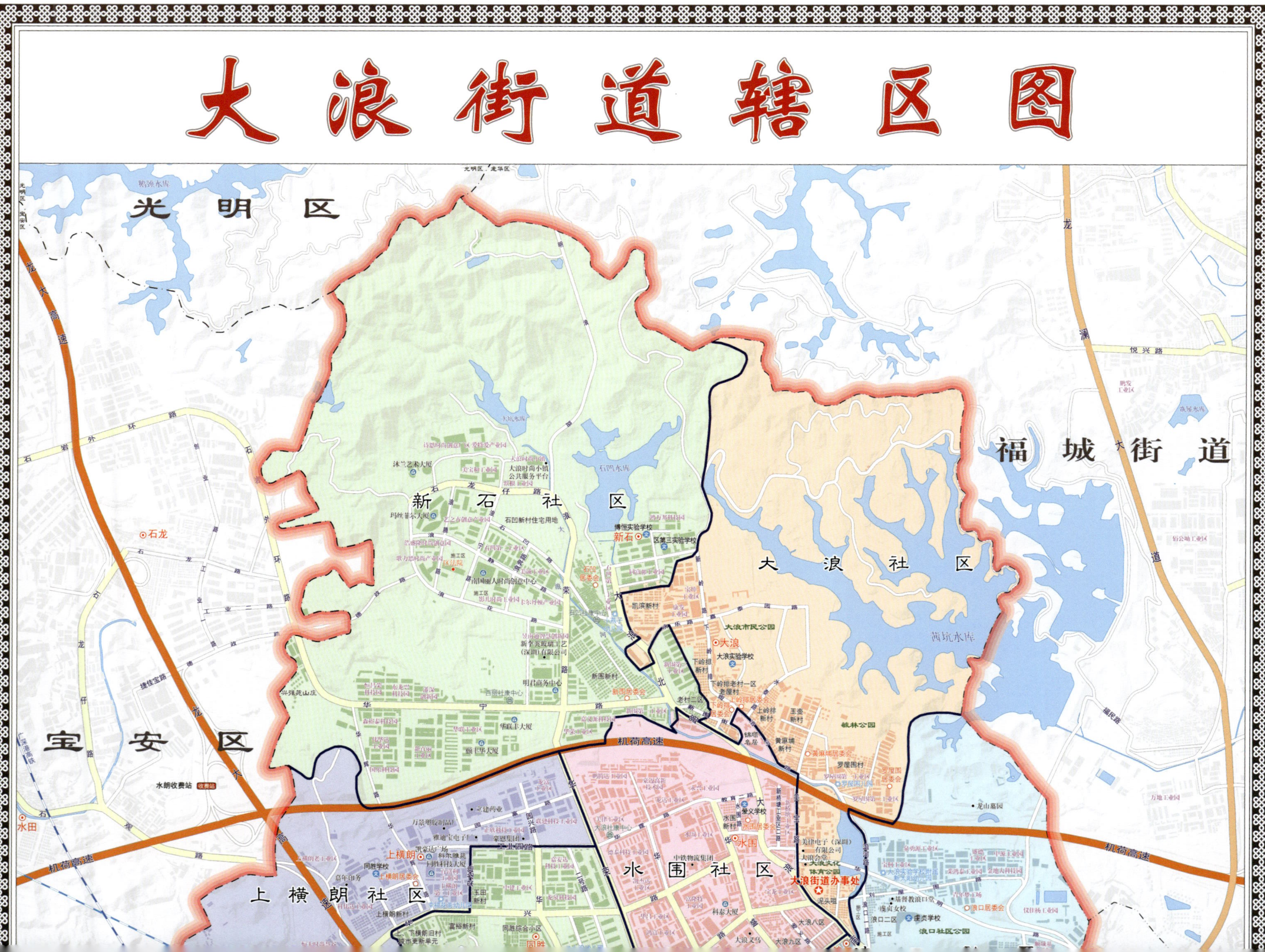

光明区
福城街道
宝安区
新石社区
大浪社区
水围社区
上横朗社区
石凹水库
茜坑水库
大浪市民公园
大浪实验学校
新石
大浪
水围
上横朗
石龙
水田
龙山墓园
浪口社区公园
大浪街道办事处
机荷高速
龙大高速
华宁路
悦兴路
澜大道
新围新村
凯滨新村
明君商务中心
水朗收费站

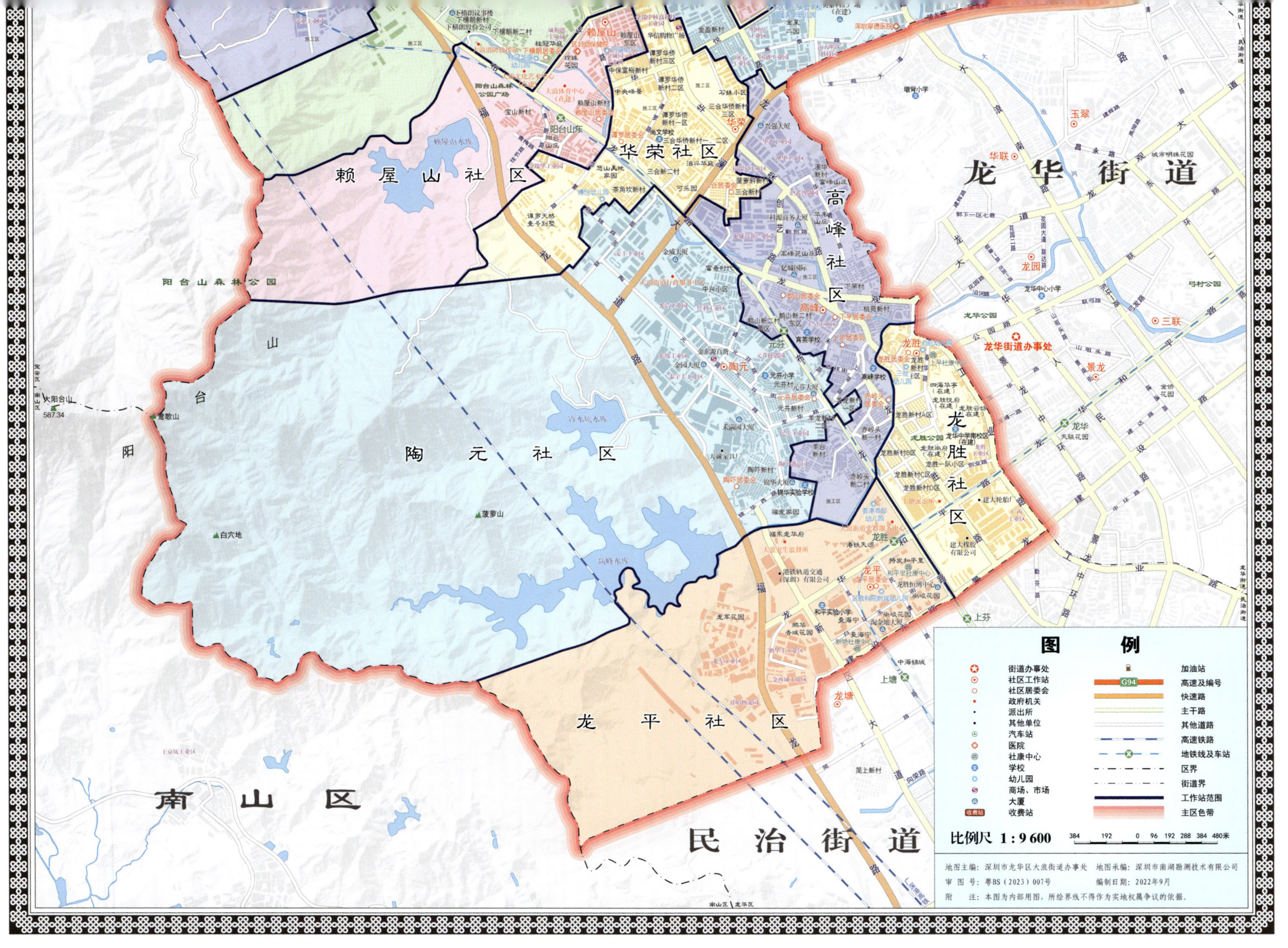
龙华街道
民治街道
南山区
赖屋山社区
华荣社区
高峰社区
龙胜社区
陶元社区
龙平社区
阳台山森林公园
龙华街道办事处
图例
街道办事处
社区工作站
社区居委会
政府机关
派出所
其他单位
汽车站
医院
社康中心
学校
幼儿园
商场、市场
大厦
收费站
加油站
高速及编号
快速路
主干路
其他道路
高速铁路
地铁线及车站
区界
街道界
工作站范围
主区色带
比例尺 1:9 600
地图主编：深圳市龙华区大浪街道办事处 地图承编：深圳市南湖勘测技术有限公司
审图号：粤BS（2023）007号 编制日期：2022年9月
附 注：本图为内部用图，所绘界线不得作为实地权属争议的依据。

大浪新貌

大浪时尚小镇奋斗者广场［党建工作办（宣传）供图］

地铁六号线在大浪街道穿行而过［党建工作办（宣传）供图］

福龙路夜景车水马龙［党建工作办（宣传）供图］

后浪新天地摩天轮夜景［党建工作办（宣传）供图］

华荣路街心公园［党建工作办（宣传）供图］

龙华环城绿道大浪段［党建工作办（宣传）供图］

虔贞女校艺展馆［党建工作办（宣传）供图］

盛荟城街心公园［党建工作办（宣传）供图］

水围社区街心公园［党建工作办（宣传）供图］

阳台山“胜利大营救”雕塑［党建工作办（宣传）供图］

阳台山下的春天［党建工作办（宣传）供图］

雨过初晴的玛丝菲尔［党建工作办（宣传）供图］

大浪要闻

2023 年 1 月 4 日，大浪街道召开新分设社区集中揭牌仪式［党建工作办（宣传）供图］

2023 年 1 月 5 日，大浪街道召开学习贯彻党的二十大精神专题党课［党建工作办（宣传）供图］

2023 年 1 月 16 日，深圳市委军民融合办二级巡视员潘伟旗（左三）率队到社区开展春节“送温暖”慰问活动（吕小月供图）

2023 年 2 月 1 日，龙华区群团工作部部长李友华（右一）率领龙华区群团工作部、区总工会联合大浪街道走访慰问高峰辖区深圳市绿联科技股份有限公司（林俊荣供图）

2023 年 2 月 3 日，大浪街道召开 2023 年党工委工作会议［党建工作办（宣传）供图］

2023 年 2 月 5 日，龙华区委副书记、政法委书记皮勇华（右七）参加浪口虔贞广场“共建花园”开园仪式暨“平安益家”揭牌仪式（廖馨婷供图）

2023 年 2 月 13 日，大浪街道在部九窝开展 2023 年义务植树活动（城市管理科供图）

2023 年 3 月 13 日，大浪街道举办春季入伍欢送会，为即将开启军旅生涯的 7 位新兵送行（人民武装部供图）

2023 年 5 月 21 日，2023 年“星光大浪”青工歌手大赛启动仪式在大浪商业中心星光舞台举办，深圳市委宣传部常务副部长陈金海（左三），龙华区委常委、宣传部部长黄立敏（右三），大浪街道党工委副书记、办事处主任文良方（左二）等领导嘉宾点亮启动仪（党群服务中心供图）

2023 年 5 月 26 日，龙华区惠企服务日暨大浪商业中心党委诚信商圈联盟启动，龙华区委常委、组织部部长吴振兴参加活动（前排中间）［党建工作办（宣传）供图］

2023 年 5 月 26 日，龙华区委副书记、政法委书记皮勇华（左三）参加全省首个儿童友好城中村大浪街道水围社区水围新村揭牌仪式（妇联供图）

2023 年 6 月 19 日，龙华区人大常委会主任王有明率队赴大浪街道开展调研活动（人大工委办供图）

2023 年 6 月 29 日，大浪街道举办“乘风破浪再起航　奋斗筑梦新征程”奋斗主题党课（组织人事办供图）

2023 年 7 月 17 日，大浪街道党工委书记梁嘉（左二）率队检查辖区台风防御工作［应急管理办（应急三防）供图］

2023 年 7 月 21 日，大浪街道党工委书记梁嘉（左三）率队前往紫金县紫城镇慰问当地困难群众（钟美供图）

2023 年 8 月 22 日，龙华区政府党组成员、副区长商澎涛（右四）实地调研布龙路沿线市容环境整治、赖屋山（横朗）片区路网情况［党建工作办（宣传）供图］

2023 年 8 月 22 日，龙华区委副书记、区长雷卫华到上横朗社区开展党代表进社区活动（上横朗社区供图）

2023 年 9 月 1 日，龙华区副区长赵妍妍（左二）率队到大浪社区检查台风防御工作（吕小月供图）

2023 年 9 月 27 日，大浪街道领导班子主题教育读书班开班式（组织人事办供图）

2023 年 9 月 30 日，龙华区委书记王卫（左二）率队到大浪街道调研经济发展工作情况［党建工作办（宣传）供图］

2023 年 10 月 16 日，龙华区委常委、副区长王殿甲率队调研大浪街道财政管理工作情况［党政综合办（财务管理）供图］

2023 年 10 月 27 日，大浪街道召开 2023 年街道领导干部党章党规党纪教育培训班（纪工委供图）

2023 年 11 月 1 日，深圳市人大常委会选联任工委主任王京东视察三合华侨新村 A2 区飞线整治、恒大时尚慧谷交通提升项目情况（人大政协供图）

2023 年 11 月 2 日，大浪街道举行第一批营商环境监测点发布仪式暨廉情监督员集体授牌仪式（纪工委供图）

2023 年 11 月 3 日，龙华区委常委、宣传部部长黄立敏（右二）在大浪街道龙胜 B 区调研文明城市创建工作情况［党建工作办（宣传）供图］

2023 年 9 月 21 日，大浪街道妇女第二次代表大会召开（妇联供图）

2023 年 12 月 7 日，深圳市城管局副局长黄立新到龙平社区调研垃圾分类“百分百行动”工作（龙平社区供图）

2023 年 12 月 13 日，广州市委常委、政法委书记孙太平（右一）率队调研大浪街道平安建设中心［党建工作办（宣传）供图］

青春大浪

2023 年 1 月 12 日，赖屋山社区为居民拍摄新春全家福［党建工作办（宣传）供图］

2023 年 1 月 13 日，龙平社区举行 2023 年迎新春写春联活动（龙平社区供图）

2023 年 1 月 15 日，大浪社区“喜迎新春，温暖同行”活动现场麒麟献瑞［党建工作办（宣传）供图］

2023 年 2 月 21 日，举行“运动赋能展风采·活力大浪燃激情”2023 年大浪街道全民健身活动暨拔河比赛［党建工作办（宣传）供图］

2023 年 3 月 5 日，以“创新 + 时尚 + 青春”为主题的跑步赛事——建设银行·2023 深圳女子时尚微马在深圳龙华大浪时尚小镇闪耀开跑［党建工作办（宣传）供图］

2023 年 3 月 4 日，大浪街道组织开展“志愿新大浪·益起聚力爱”学雷锋公益集市活动（杨宝怡供图）

2023 年 4 月 3 日，“爱在赖屋山”邻里生日会在赖屋山社区党群服务中心温情开展（赖屋山社区供图）

2023 年 5 月 10 日，举行深圳市第八届“万步有约”职业人群健走激励大赛启动仪式［公共服务办（公共服务）供图］

2023 年 5 月 10 日，深圳市第八届“万步有约”职业人群健走激励大赛启动仪式［公共服务办（公共服务）供图］

2023 年 5 月 13 日，“Fun 肆大浪”2023 年大浪街道城区定向挑战赛活力开跑（杨宝怡供图）

2023 年 5 月 13 日，大浪街道开展 2023 年“Fun 肆大浪”青年城区定向挑战赛［公共服务办（公共服务）供图］

2023 年 5 月 21 日晚，大浪街道“星光大浪”青工歌手大赛再次唱响［党建工作办（宣传）供图］

2023 年 6 月 18 日，“一针一线缝出邻里温情”——水围社区爱心缝补活动在水围新村亲邻广场开展（林云霞供图）

2023 年 6 月 19 日，同胜社区举办首届社区亲邻节（同胜社区供图）

2023 年 6 月 21 日，大浪消防龙舟队参加深圳市龙舟文化艺术节观澜河龙舟赛决赛（党群服务中心供图）

2023 年 6 月 25 日，大浪街道举办“童参与、童治理，让龙胜更美好”创意井盖涂鸦活动（龙胜社区供图）

2023 年 7 月 9 日，“情系候鸟·多彩童年”外来务工子女暑期公益班开营［公共服务办（公共服务）供图］

2023 年 7 月 9 日，浪口社区组织开展“同心邻距离　幸福邻相聚”亲邻集市活动（浪口社区供图）

2023 年 7 月 11 日，华荣社区在三合华侨一二区小广场举办“亲邻·欢聚”公益集市活动（华荣社区供图）

2023 年 7 月 10 日至 8 月 5 日，大浪街道妇联联合机关工会开展 2023 年“点亮童心　健康成长”暑期公益亲子文体活动（妇联供图）

2023 年 7 月 12 日，“青・志愿”大浪街道 2023 年暑期志愿服务成长营启动仪式在紫荆 1 号双创园举办，60 名青少年志愿者代表参加（杨宝怡供图）

2023 年 7 月 17 日，大浪街道举办"717 骑士节"嘉年华游园活动（组织人事办供图）

2023 年 7 月 21 日，大浪街道举办"童心筑梦　浪花飞舞"红领巾校外趣味游学活动，吸引了 100 名来自辖区各所学校的少先队员参加（杨宝怡供图）

2023 年 7 月 25 日，大浪街道在深圳市世开航空研学基地举办“与你相约，并肩同行”劳务工及其子女素质拓展活动［公共服务办（劳动管理）供图］

2023 年 8 月 5 日，大浪街道“幸福生活节”暨社团文化集市在元芬麒麟广场举行，吸引众多市民积极参加（陶元社区供图）

2023 年 8 月 6 日，学习宣传贯彻党的二十大精神浸润式宣讲剧《向往的幸福》在元芬麒麟广场展演［党建工作办（宣传）供图］

2023 年 8 月 8 日，大浪街道“阳台山杯”社区篮球赛冠亚军争夺赛精彩瞬间［党建工作办（宣传）供图］

2023 年 8 月 14 日至 18 日，大浪街道组织结对社区 20 对青少年开展大浪街道“寻根故里　携手踏浪”——深港青少年同心夏令营活动［党政综合办（统战）供图］

2023 年 9 月 16 日，大浪街道妇联举办 2023 届大浪街道儿童议事会（妇联供图）

2023 年 9 月 18 日，龙平社区长青老龄大学秋季国画培训班（董东供图）

2023 年 9 月 23 日，赖屋山社区正式启动“一米农场”，并举办“幸福生活节”暨丰收节活动（赖屋山社区供图）

2023 年 10 月 14 日，大浪街道妇联在光明街道双晖稻田农场开展“劳动砺心志　实践促家风”亲子户外活动（妇联供图）

2023 年 10 月 16 日，“中轴星光”龙华区职工才艺大赛暨大浪街道职工才艺大赛海选赛举行（缪淑娴供图）

2023 年 10 月 21 日，大浪社区“五美”打卡定向越野活动（大浪社区供图）

2023 年 11 月 25 日，大浪街道在大浪第三实验学校举行“党建杯”三人男子篮球赛（组织人事办供图）

2023 年 11 月 25 日，第六届阳台山全国实景山歌大赛决赛现场（党群服务中心供图）

2023 年 11 月 26 日，第六届阳台山全国实景山歌大赛颁奖歌会在阳台山森林公园文化广场举办，图为开场舞表演《东方麒麟》［党建工作办（宣传）供图］

2023 年 11 月 26 日，大浪街道开展“凝聚社会力量，合力共抗艾滋”预防艾滋病宣传活动［公共服务办（公共服务）供图］

2023 年 11 月 28 日，大浪街道在深圳市博恒实验学校举行“踔厉奋发强国防，勇毅前行向复兴”国防教育进校园活动（人民武装部供图）

2023 年 12 月 2 日，大浪街道在元芬麒麟广场开展“志愿同心　聚力同行”大浪街道“12・5”国际志愿者日活动（杨宝怡供图）

2023 年 12 月 13 日，大浪街道在劳动者广场开展“12・5”国际志愿者日主题宣传活动（市政管理服务中心供图）

目录

CONTENS

Dalang Subdistrict Yearbook 2024

党　务 38

政　务 49

教育·文化·体育·卫生 100

特 载

奋楫笃行、 履践致远 坚定不移走好高质量发展之路 在中国式现代化建设龙华实践中谱写大浪新篇章

——在大浪街道2024年党工委工作会议上的报告

大浪街道党工委书记 梁嘉

2024年2月22日

同志们：

现在，我代表街道党工委作报告。

这次会议的主要任务是：以习近平新时代中国特色社会主义思想为指导，全面学习贯彻党的二十大精神，深入贯彻落实习近平总书记视察广东、深圳系列重要讲话、重要指示批示精神，坚定扛起习近平总书记、党中央赋予深圳的新时代历史使命，全面落实中央经济工作会议精神，落实省委十三届四次全会、市委七届八次全会和区二届三次党代会部署要求，团结带领全街道上下奋发进取、真抓实干，坚定不移走好高质量发展之路，以实干实绩在中国式现代化建设龙华实践中体现大浪担当、展现大浪作为。

一、 2023年工作回顾

过去的一年是全面贯彻党的二十大精神的开局之年，是三年新冠疫情防控转段后经济恢复发展的一年，也是街道上下攻坚克难、砥砺前行的一年。一年来，我们始终坚持以习近平新时代中国特色社会主义思想为指导，按照党中央决策部署和省委、市委、区委工作要求，开拓进取、奋勇争先，以新担当、新作为迈出高质量发展新步伐，推动各项事业发展取得新成效。

我们坚持学思想强党性，凝心铸魂、守正创新，推动基层党建工作实现新跨越。在强化理论武装中坚定政治信念。坚持以政治建设为统领，持续深入学习贯彻党的二十大精神，全年开展“第一议题”学习60次。扎实开展学习贯彻习近平新时代中国特色社会主义思想主题教育，推动成果转化57项，完成问题整改15项，在以学铸魂、以学增智、以学正风、以学促干上取得实效。策划开展沉浸式奋斗主题党课、“行走的党课”，展演党的二十大精神原创宣讲剧《向往的幸福》，组建理论宣讲先锋队伍，理论宣讲覆盖超15万人次，用实际行动推动党的创新理论“飞入寻常百姓家”。在狠抓基层基础中建强组织体系。新建并优化城中村党支部48个、“两新”党支部65个、多元化“亲邻之家”18个，组建邻里共治服务队47支，有效激活党建在基层的“神经末梢”。按照“一公司一方案”原则全力推动23家股份合作公司平稳换届，组织街道各党组织开展8轮党建突出问题清查整治，以“三六零”工作法深化定格化管理服务工作机制，推动基层党组织全面进步、全面过硬。在培育特色品牌中提升党建质效。践行“益+发展”理念，以党建为媒促进企业携手发展，“联帮带”组团党建模式获评2023年深圳党建引领基层治理十大优秀案例。打造“益·直播”工程探索直播党建新模式，融合多种业态实

施商圈党建“十项行动”，为新经济和新业态发展注入“红色动能”。

我们坚持以实体经济为本，培优增效、提级扩能，推动经济实现质的有效提升和量的合理增长。全年经济社会发展主要目标圆满实现。全区率先推出首个街道层面经济高质量发展工作方案，规上工业总产值实现 798.37 亿元，同比增长 4.79%；规上工业增加值同比增长 11.4%；社会消费品零售总额实现 264.39 亿元，同比增长 7.5%，主要经济发展指标增速位居全区前列；固定资产投资完成额同比增长 31.3%，增速再创五年新高。坚持培育和引进并重，招引衡亿安、集度信息、海辰储能等 13 家规模级企业，新增“四上”企业 186 家，总量占全区近三成；新增豪恩汽电、智信精密上市企业 2 家，新增数量全区第一；新增各级专精特新企业 308 家、“小巨人”12 家，总量及增量均为全区第一；新增国高企业 208 家、创新载体 19 个，优质市场主体蓬勃发展、竞相成长。坚持产业多元、业态协同，完成 3.72 亿元数字化技术改造，8 家企业认定区数字化转型标杆，33 家企业获“上云上平台”优秀案例，德泰工业园获评龙华区数字经济园区，数字经济企业突破 300 家，数字经济规模达 443.76 亿元，实现两位数高速增长；时尚小镇首次承办深圳时装周开幕首秀，成立全市首个服装行业数字化转型促进中心，本土设计师再获“金顶奖”，时尚产业规模达 316 亿元；后浪西街人潮涌动，阳台山美食文化街烟火升腾，时尚、数字、夜间等多种经济全面开花。牢固树立“有呼必应，有求必为”服务理念，为 16 家优质企业匹配产业空间 4.2 万平方米，新增时尚小镇、联建产业园、国乐科技园等产业空间约 50.4 万平方米。深入开展“企业大走访”“百员进百园”等活动，依托街道“政企直通车”“助企早餐会”搭建常态化、精细化政企交流平台，以“357”全流程服务机制解决企业诉求 1700 余个。积极拓展“互联网 +”服务模式，推行“指尖”服务 35 项，有效破除涉企服务时间、空间限制。开展“百园千企”等普惠性政策宣讲 39 场，助力近 2000 家企业“应享尽享、直达快享”，以更优质、更坚实的营商土壤为市场主体添底气、增动力。

我们坚持重点突破与整体推进“两手抓”，高效建设、精雕细琢，宜居、韧性、智慧的精品城区加速崛起。通过空间再造和土地盘活重塑城市空间价值，完成土地整备入库 48.13 公顷、减存量 55.91 万平方米，连续多年率先完成减存量年度任务；推进英泰工业中心等 12 个城市更新项目开工建设，促进城区空间魅力再生。深华快速路—福龙路立交、大浪北路等一批新建道路基本完工；完成 20 公里非机动车道建设，总公里数达全区第一，新增 8 家经营性停车场、近 1500 个停车位，群众出行便利度显著提升；高质量完成高峰路等 26 个市容整治项目，城区 21 处零散空间实现“转角遇见美”；市容环境综合指数再创新高，成为全区首个达到市级 A + 等次的街道，年度排名全区第一，城区“舒适宜居值”再加码。多点发力推进韧性城区建设，高标准完成 6 个城中村 31 台供用电设施安全专项整治，获国家能源局肯定；完成 14 个危险边坡治理工程，消除 189 处河道隐患，建成 5 个海绵城市项目，城区应对极端天气等突发事件的抗压、存续、适应能力不断提升。纵深推进智慧城区建设，“校园安全头盔智能评测系统”“智慧交通低空巡查卫士”等数字系统落地，智慧道灯等一批交通智能设备投入使用，智慧协同交通体系不断完善。整合打造城区“生命线”智慧监测系统，2400 个小散工程实现全流程数字化管理，设置边坡自动化变形监测设备 69 个，安装河道挡墙智慧监测设备 55 台，以“智”促“治”有效提升城区韧性水平。

我们坚持将群众的安危冷暖放在心上，思民之忧、解民所盼，发展成果不断转化为殷实的民生福祉。以暖心“回声”顺应民之所盼，新增学位 3380 个，第二十六高级中学开学招生，龙华第二外国语学校获评全市首个“植物园进校园示范学校”，优质教育实现“邻”距离。区妇幼保健院新院开工建设，星曜社康中心启用，开展群众健康服务活动 2300 余场，街道获评市级“青春健康教育示范基地”，新石社区获评市级家庭发展服务中心标杆阵地，全民健康基石进一步夯实。以坚实“回音”解答民之所忧，新增托育机构3家、托位数280个，助力生育家庭解决后顾之忧。打造全省首个儿童友好城中村，龙平、龙胜、水围获评市级儿童友好社区，“困境儿童”保护项目获评市级“双百工程”十佳案例，全区首个未成年人保护社会化工作室成立，护航未成年人茁壮成长。街道级长者服务中心常态化运营，完成近百户老年人居家适老化改造，老年群体权益得到切实保障。坚持扎紧“钱袋子”、过好“紧日子”，健全完善预算绩效管理体系，近八成财政支出投入民生领域，高质量实施329项民生微实事，以发展成果增进共有福祉。举办公益招聘会85场，提供就业岗位1.2万个，用一件件可感小事撬动群众“大幸福”。各项事业全面发展。高质量办理人大代表建议、政协委员提案162件；浪口社区获评市级“民族团结进步互嵌式示范社区”，颐丰华、紫荆1号双创园获评区级“新的社会阶层人士统战工作实践创新基地”；人民武装及双拥工作扎实推进，基层武装规范化建设经验获全市推广；群团组织桥梁纽带作用进一步发挥，全市首个时尚行业工会联合会成立；着力推动乡村振兴，帮扶资金投入200万元，消费扶贫达402万元，超额完成全年目标；档案、保密、史志工作持续加强，街道年鉴获省级表彰。

*我们坚持厚植文明底蕴，深挖内涵、打造精品，以文化“软实力”构筑城区“硬支撑”。*以文化人，大力弘扬社会文明新风尚。牢牢守住意识形态安全底线，主流思想舆论持续巩固。深入践行社会主义核心价值观，扎实推进文明城市创建，依托10个新时代文明实践阵地，开展群众性精神文明创建活动1500余场，“15分钟文明实践生活圈”初步成形。以文惠民，着力完善公共文化服务体系。新增健身设施10套、街道图书馆社区分馆（服务点）4个，大浪文化公园完成升级改造，群众性文体设施持续增多；坚持“周周有活动、月月有比赛、人人能参与、项项有特色”，掀起人文荟萃“十二重浪”，开展文体活动524场，辐射辖区群众40万人次，不断满足群众文化生活新期待。以文塑城，深挖内涵打响文化品牌。《大浪“舞麒麟”》入榜全国“非遗在社区”试点地区典型案例，国家级非遗项目得到进一步保护和传承；2023女子时尚“微马”以时尚魅力“燃动”深圳，彰显城区美誉度和“软实力”；第六届阳台山全国实景山歌大赛吸引超490万人次关注，客家山歌唱响浓浓乡情；青工歌手大赛、青年城区定向挑战赛、社区篮球赛焕发青工文化新活力，朝气蓬勃的“青春之城”让青年人心向往之。

*我们坚持创新和完善基层社会治理，严密防范、根源化解，在统筹发展和安全中保持社会大局和谐稳定。*圆满完成全国两会等重要节点维稳安保任务，违法犯罪总警情同比下降28.4%，连续五年双位数下降，治安形势持续向好。全年执法检查企业1852家次，排查整治各类重点领域、场所逾6.9万处，全年未发生较大及以上安全生产事故，切实守好公共安全“承重墙”；抓好“8·18”“9·7”极值暴雨、台风“苏拉”等极端天气防范，建成全区首家街面应急管理服务站，完成华荣、浪口、上横朗3个防灾减灾社区创建，实现以“小基点”巩固“大安全”；坚持以“两个责任”包保工作织密食品安全“防护网”，全年检查食品经营、餐饮服务企业1984家次，食品快检1.4万批次，确保群众吃得安全、吃得放心。“1+9”平安建设中心成为龙华区平安建设体制机制改革调研点，接待13批次省内外政法单位参观学习；坚持把矛盾纠纷化解在基层，妥善化解福龙家园物业纠纷、特区建工劳资纠纷等一批信访难题，“@龙华－民意速办”平台接收群众诉求类案件2.4万宗，平均处置时长从6.8个工作日压缩至1个工作日，总体满意率达99.9%。劳动预警机制发挥有效作用，在劳动信访案件连续3年平均增长59.5%的背景下，调解成功率仍稳超85%，国务院欠薪平台（非工程类）办理结案率连续两年全区第一，就业促进和劳动保护目标责任制考核荣获A等次，让劳动者不再“忧薪”。坚持以高质量法治建设为经济社会发展提供坚强保障，法治政府建设绩效考核全区第一，严格落实“合法性双审双查”制度，出具行政决策法律意见书394份，

行政执法公示率达100%，综合行政执法考评、查处违法用地和违法建筑执法效能均为全区第一，年度执法案卷评查取得区级满分。陶元、龙平获评省级“民主法治示范社区”，法治街心公园、“交通安全”法治街等普法宣传阵地建成，“普法八进”“全域性普法”等专项普法宣传活动惠及群众超16万人次，法治理念深入人心。

我们坚持以微改革、微创新推动“大变化”，思变求进、向新而行，突破解决了一批制约发展的要事难事。创新推出街道高质量发展“五项方案”，坚持高位推动、统筹安排、科学谋划，推进街道实现全方位高质量发展。深入探索政务服务数字化改革，创建全区首个通过国际标准化认证的街道便民服务中心，推动“二小零”工程备案全流程“线上跑”，以微改革撬动服务大提升，营造高效便民的政务环境。积极探索智能AI赋能校园交通安全，在全市首创应用“校园安全头盔智能评测系统”，校园头盔佩戴率提升至90%以上；采用“街道布管、运营商拉线、社区理线”三方联动新模式，将飞线治理整合到创文长效机制中，以“小切口”解决群众天天有感的关键小事，推动基层治理提质增效。创新设立12个营商环境监测点，组建社会廉情监督队伍，以强有力的监督助推营商环境优化；打造全区首支“国资+集资”基金合作样板，助力股份合作公司多元化发展；建成全市首个街道层面综合性知识产权保护工作站，完善“一站式”高效服务体系，提升协同保护效能；以创新举措不断解决发展中的问题，用优质“软环境”激发市场“新活力”，推动经济社会实现良好发展。

我们坚持“选育管用”全链条锻造干部队伍，德廉并举、务实求真，在严管厚爱中淬炼实干底色。坚持打造高素质干部队伍服务街道发展大局，突出“知事识人、序事辨材”，选拔任用科级干部25人、平级转任干部31人、岗位交流11人，优化调整52名非编人员岗位，推动人岗相适，让有为者有位、为担当者担当，激发干事创业精气神。高标准做好干部队伍廉政建设，廉政审核1600人次，谈话提醒102人次，立案审查48人，保持正风肃纪高压态势；组织街道各部门制定权责清单，突出重点项目全过程审计，为重点敏感岗位排除风险隐患；持续深化“大榕树下”廉洁文化品牌建设，因地制宜开展各类廉洁文化宣传活动39场，涵养风清气正的政治生态。

历史的浪潮在时序更替中奔腾，发展的航船在勇毅拼搏中前行。同志们，过去的一年里，我们坚持以习近平新时代中国特色社会主义思想为指导，锚定高质量发展目标，迎难而上、奋勇争先，全力以赴拼经济、搏发展，整体呈现稳中向好、稳中有进的良好态势。这一年里，我们共同经历着顶风激浪的发展大考，党员干部迎难而上、广大企业逆势突围、居民群众团结奋斗，推动大浪经济发展量质齐升、城区品质持续跃迁、民生福祉更加殷实、基层治理精细高效、改革创新活力迸发……这一年，我们工工整整、一笔一画，把党的二十大擘画的宏伟蓝图一步步描画为美好的大浪现实。在此，我谨代表街道党工委，向奋斗在各条战线上的党员干部，向关心、支持大浪发展的各级领导、各界人士和广大群众，致以崇高的敬意和衷心的感谢！

思危方能居安，知忧才能克难。在肯定成绩的同时，我们也应清醒地认识到，当前的发展还面临不少挑战与困难：一是经济高质量发展基础尚不牢固，产业转型步伐还需加快，企业梯队还需优化；二是城区治理体系和治理能力现代化水平还需提升，民生基础服务未能契合高密度城区的均衡需求；三是制约发展的历史遗留问题仍然存在，土地空间规划的有效性和衔接度有待加强；四是精神文明建设的实效性和覆盖面有待提升，群众的家园认同感和价值共识还未完全形成；五是工作方向与群众感知存在一定偏差，群众工作的精细化程度还不够。对于这些问题，我们必须高度重视，采取有力措施，切实加以解决。

二、坚持稳中求进、以进促稳、先立后破，增强系统观念和大局意识，全方位推进高质量发展

2023年中央经济工作会议围绕新时代做好经

济工作，提出“必须把坚持高质量发展作为新时代的硬道理”。要推动高质量发展，就要兼顾“稳”与“进”，巩固“稳”的大局和基础，把握“进”的方向和动力，在大局稳定中谋发展，在发展前进中破难题；统筹“立”与“破”，在固本培元中加快塑造高质量发展新优势。当前，街道经济回升向好的态势更加稳固，推动高质量发展具有多重机遇和有利条件。我们必须乘势而上、奋发作为，准确把握当前与长远、全局与局部、特殊与一般、发展与安全的辩证关系，做到前瞻性思考、全局性谋划、整体性推进，实现全方位的高质量发展。

——既要聚焦当前准确识变，又要着眼长远主动求变。习近平总书记强调，“当前有成效、长远可持续的事要放胆去做，当前不见效、长远打基础的事也要努力去做”。开展工作时，不顾当下，就会缺乏对形势机遇的了解和把握，不谋长远，就会缺乏谋划布局的预见性和前瞻性。因此，我们要立足当下，砥砺因势利导的能力真抓实干，在瞬息万变的环境中抓住稍纵即逝的发展机遇，做看得见、摸得着的好事实事；也要放眼长远，发扬久久为功的精神系统筹谋，以更宽的视野、更高的站位想问题、作决策，做打基础、利长远的大事要事；更要以准确识变的思维、主动求变的精神，洞察时代风云、把握发展大势，走出质量更高、效益更好、结构更优的发展新路。

——既要统揽全局协调发展，又要立足特色精细谋划。在工作中，如果不从全局出发、整体考虑，就容易左支右绌、顾此失彼；但全局也同样不能脱离局部而独立，只有局部的重点突破才能推动全局的整体提升。我们要始终把全局作为观察和处理问题的出发点和落脚点，加强统筹谋划，走系统化、协同化发展的路子；也要立足区域客观事实和资源禀赋，发挥比较优势，走特色化、差异化发展的路子；更要坚持“致广大而尽精微”，以全局眼光谋划局部突破，以局部特色服务全局发展，推动全局与局部相互支撑、相互带动，提高发展的系统性和耦合性。

——既要锚定疑难有的放矢，又要以点带面系统突破。无论是制约高质量发展的堵点问题、阻碍基层治理的难点问题，还是困扰群众的痛点问题，往往都错综复杂、解决难度极大。我们要聚焦具有典型性的“疑难杂症”，深入调查研究，提出切实可行的对策办法，做到出实招、见实效；也要在典型问题中举一反三、触类旁通，精准获取问题本质与全面客观情况，做到补短板、破难题；更要准确把握普遍性和特殊性的关系，既做到具体问题具体分析，又善于从个性中找到共性，把零散的认识系统化，在总结实践中深化理解，在探索规律中打开局面。

——既要敢闯敢试主动作为，又要强化防范居安思危。发展和安全是一体之两翼、驱动之双轮。这二者相辅相成，统则兴、分则弱。缺乏安全保障的发展，难以建成长治之业；脱离发展基础的安全，难以形成久安之势。只有统筹好高质量发展和高水平安全，才能做到稳中求进、行稳致远。因此，我们要努力实现创新发展和安全稳定的动态平衡，既主动作为、把握机遇，守正创新；又坚持底线思维、增强忧患意识，强化风险防范能力；以安全保发展、以发展促安全，推动实现更高质量、更为安全的大浪新发展。

三、2024年总体要求

以习近平新时代中国特色社会主义思想为指导，全面贯彻落实党的二十大精神，深入贯彻习近平总书记对广东、深圳系列重要讲话和重要指示批示精神，全面贯彻落实中央经济工作会议精神，认真落实省委十三届四次全会、市委七届八次全会和区二届三次党代会部署安排，聚焦经济建设这一中心工作和高质量发展这一首要任务，坚持稳中求进工作总基调，完整、准确、全面贯彻新发展理念，加快构建新发展格局，全力以赴拼经济、谋发展、搞建设、惠民生、保安全，推进“百千万工程”走深走实，努力在高质量发展上走在前列，在中国式现代化建设龙华实践中谱写大浪新篇章。

——打造科技赋能的产业集聚区。积极融入龙华区构建“1+2+3”现代化产业体系发展格局，依托辖区现代工业企业、电子信息产业基础，发展壮大战略性新兴产业集群及未来产业。以高端科技资源高效服务产业发展，推动科技创新成果加快形成新质生产力，构筑集约高效、融合辐射、影响广泛的科技创新产业集聚区。

——打造先行先试的创新探索区。赓续弘扬敢闯敢试、敢为人先、埋头苦干的特区精神，紧盯发展过程中最直接、最现实的问题，把群众的“点滴小事”当成“心头大事”，以一批“切口小、落点准、见效快”的微改革、微创新，推动基层治理水平实现新突破。

——打造活力四射的现代商贸区。依托“龙华超级商圈”发展规划的辐射能级，以满足个性化、差异化、品质化消费需求为导向，融合辖区产业、生态、人文等资源禀赋，推动形成集时尚、科技、消费、展览于一体的时尚消费集聚区和人声鼎沸、烟火缭绕、街市喧嚣的夜间消费集聚区，构筑起多元化、多业态的“一体三圈多点”消费体系。

——打造宜居宜业的都市生活区。以“民享、民乐、民安”为目标，持续推进高密度城区的治理体系和治理能力现代化。结合地域特色系统规划，健全完善公共服务体系及公共配套设施，着力扩大普惠性公共服务覆盖面，丰富多层次多样化生活服务供给，为居民提供高品质的医疗、教育、文化、休闲等服务，构建“宜居、宜业、宜游、宜养、宜学”的高质量都市生活区。

——打造和谐友善的文明引领区。坚持以文化人、以文惠民、以文聚力，推进精神文明创建工作，培育和践行社会主义核心价值观，深化物质文明与精神文明相融相谐；结合红色文化、青工文化、客家文化等本土资源，保障高品质文化供给；深耕多元文化的创新、融合发展，增强居民的本土认同感与归属感，凝聚发展共识，营造和谐向善的文明氛围。

——打造动静皆宜的绿色生态区。立足生态优势，依托大浪“山水伴城、灵秀文润”的资源禀赋，高标准推进环境整治及公共景观项目建设，推动传统文化和现代时尚有机结合、自然山水与高楼大厦相映成趣，形成青山环抱、绿水润城、碧道绵延、公园罗布的生态游憩网，营造集生态、休闲、娱乐、运动为一体的绿美大浪新风貌。

四、2024年重点工作

（一）以打造新型工业化为主导、先进制造业为支撑的现代化产业体系为主线，推动经济发展从规模速度型向质量效益型转变

坚持把高质量发展的要求贯穿新型工业化全过程，全力以赴争取经济发展实现最好结果，规上工业增加值增长5%、社会消费品零售总额增长7%，固定资产投资额完成区下达的目标任务。

构建高新高质高端现代化产业体系。全力打造以数字赋能为抓手、以产业链条为纽带、以产业集群为载体的高效协同现代化产业体系。依托小镇数字化转型促进中心，持续推进个性定制、柔性制造等数字技术同时尚产业融合，深入实施数字化转型咨询诊断工程，持续推进“上云用数赋智”，推动60家企业完成技术改造，以数字赋能促进产业转型升级。发挥科达利、百丽、绿联等“链主”作用，梳理产业链薄弱环节和龙头企业配套需求，引导中小企业精准补链，推动产业链供应链上下游企业协同发展。利用安卓微、创盈芯等企业开辟迷你电脑产业新赛道，打造以嘉安达为核心的新能源产业集聚平台，引导中安、德泰等高科技产业园区打造电子信息产业集聚高地，以产业集群式发展提升产业能级。

打造年轻潮流时尚消费集聚区域。依托城市轨道交通及主次干道，串联大浪商业中心核心商圈、时尚小镇潮流商圈、“港铁天颂”生活商圈、社区消费密集点，构建多元化、多业态的“一体三圈多点”消费体系。着力培育多业态融合发展的夜间经济新场景，打造“大浪不夜景”消费新空间；大力发展“首店”和“首发”经济，引进一批知名品牌，打造国际化时尚消费街区。积极融入“龙华超级商圈”，鼓励商家参与龙华购物节等系列活动，全面激发消费潜力。

完善安心省心强心企业服务体系。聚焦企业发展需求，新增50万平方米新型产业用房，开展

“百园千企”系列宣讲会30场以上；发挥营商环境监测点廉情监督作用，依托知识产权保护服务站提供“一站式、全链条”服务，制定街道优化营商环境措施，以优质环境助力企业安心发展、成长壮大。探索“政府主导、专业化管理、市场化运作”的产业园区运营招引新模式，引进亿级企业10家，以“全链条”服务保障招引项目落地投产。抓好梯度培育，新增上市企业2家、专精特新企业150家、“四上”企业200家，全力打造龙头企业“顶天立地”、中小微企业“铺天盖地”的发展格局。

*发展共融共进共赢多种所有制经济。*完成23家股份合作公司换届选举，支持集体经济与国有经济开展多元化合作，引导股份合作公司高质量转型发展。强化与龙华资本等区属国企联系，发挥“以投促引”作用，以基金、直投等方式支持本土企业做大做强。规范盘活集体经济资产，推动多家股份合作公司联合组建投资主体开展投资经营活动，探索“市区国企+股份合作公司+民营企业”股权基金共建等多种合作模式，巩固扩大国企、集企合作成果，进一步激发经济活力。

（二）以集约高效的高质量城区建设为导向，推动城区品质从区域优化焕新向整体蝶变升级转变

以促进整体协调为目的，系统谋划城区建设新方略，加速盘活规模成片土地，增加品质空间有效供给，发挥优质空间在服务经济发展、优化产业布局、提升城市品质、补齐民生短板等方面的积极作用，促进城区可持续发展。

*系统盘活城区国土资源存量。*坚持“一户一策”与“整体打包”并举，加快时尚小镇扩增等项目土地征收入库，推进机荷高速改扩建，石清大道二期、地铁25号线等项目的征地拆迁，完成赖屋山（横朗）地块补偿协议签订和建筑征拆工作。推动科伟达、龙泰盛等4个“工改工”项目开工，大力推进水围工业园片区、浪口工业区等8个“工业上楼”项目的实施工作，促进辖区股份合作公司零散地块融入工业用地总体规划，强化城区产业空间“硬支撑”。

*持续强化城区配套设施支撑。*坚持协同推进总方针，补短板、强优势，促进基础设施建设提质增效。全面推进龙胜旧村、国大木器等3个城市更新单元配套道路开工，促进“小街区、密路网”加快成形。强化道路拥堵节点整治，完成元芬、阳台山东地铁站周边交通环境整治，不断改善居民出行体验。加快推进凯滨新村、宝龙新村电力安全隐患整治工程完工，保障群众用电安全，不断提升城区配套质量。

*精致点靓城区空间环境颜值。*以优质城区空间活力点带动片区空间蝶变升级，协调推进大浪文化艺术中心、体育中心加快完工，推动电子科技大学、龙华茜坑水厂、数学绿道、科学艺术公园等一批市、区重点项目加快建设。坚持精细化治理总策略，以“绣花功夫”提升城区空间品质，开展布龙路、华荣路等2条道路沿线环境整治工作，完成退役军人服务站周边整治工程等4个“点靓”项目。推动星朗Park、慧谷公园等工程建设，打造一批“转角遇见美”品质项目，以“微空间”提升焕新城区面貌。

*全面筑牢城区韧性安全防线。*坚持以兜底性、保安全工程建设为抓手，系统提升城区韧性水平。加大城区安全用气、防灾减灾工作宣传力度，全面开展“瓶改管”二期项目集中点火工作，持续开展燃气安全监管工作。深挖辖区海绵城市建设潜力，完成陶吓、黄麻埔等5个危险边坡治理工程，筑牢群众安全防护“挡土墙”。开展高峰水河道挡墙隐患整治，及时解决涉河“四乱”问题，确保城区管网、河道排水畅通，提升城市适应极端天气变化的“弹性”和“韧性”。

（三）以增强普惠性、基础性和兜底性为目标，推动民生愿景向幸福实景转变

坚持将群众心头的“小事”作为自己肩上的“大事”，着力解决好群众最关心、最直接、最现实的问题，努力将群众对美好生活最朴素的向往变成可感可及的现实。

*拓宽覆盖，让更多群众享受优质资源。*坚持发展成果由人民共享，努力实现基本公共服务辖区全覆盖。推动优质教育均衡发展，加快第三实

验学校等8所规划学校、配套幼儿园建设，新增义务教育阶段学位5520个、幼儿园学位1440个，让孩子们在家门口有学上、上好学。促进优质医疗资源扩容和均衡布局，协助推进区妇幼保健院新院建设，新增2家社康中心，力争重点人群家庭医生签约率达90%，让群众健康更有“医”靠。扩大公共场所医疗急救设备配备覆盖面，广泛开展急救知识培训，打造“黄金4分钟急救圈”；扎实推进健康促进与教育工作，开展健康促进活动150场，切实提升居民健康素养水平。

筑牢根基，强化公共服务基础性建设。坚持在发展中补齐短板，尽力而为、量力而行，不断夯实民生服务基础。建成街道级托育机构，新增4家社区托育点；推进儿童友好街道建设，实现儿童友好社区全覆盖，着力打造全国儿童友好城中村标杆，新增1个未成年人保护服务站，呵护未成年人健康成长。新增1个长者服务站，推动长者助餐点建设，打造智慧养老应用新场景，让更多老年人过上幸福满满的“银发生活”。持续推进明浪路、丽荣路等慢行系统建设工程，加大忠信路、天诚路等重点路段交通整治力度，让群众出行更加畅通便捷。

兜住底线，织密扎牢社会“保障网”。坚持应保尽保、应兜尽兜，为群众提供有力有效有温度的服务保障。完善分层分类梯度社会救助体系，做好孤寡老人、困境儿童、残疾人等特殊困难群体保障工作，积极发展公益慈善事业，让弱势群体感受到更多温暖。多措并举抓好就业最大民生，开展60场招聘活动，发挥“南粤家政”基层服务站促就业作用，加强劳动者权益保障，着力构建和谐劳动关系。强化优势互补，助力乡村振兴，推动对口帮扶工作走深走实、开花结果。

（四）以文化融合共生为导向，推动区域文化从各美其美向美美与共转变

习近平总书记指出：“文化认同是最深层次的认同。”要紧紧围绕举旗帜、聚民心、育新人、兴文化、展形象的使命任务，以深层次的文化交流促进多元文化融合共生，以强大的城区文化共识增强群众凝聚力和向心力。

弘扬主流价值观，夯实文化认同根基。坚持以习近平新时代中国特色社会主义思想为指导，勇担新的文化使命，切实做好宣传思想文化各项工作。加强理想信念教育，依托阳台山革命遗址等红色文化资源开展系列研学活动，加快推进阳台山党史馆建设，打造文化名人优良家风教育实践基地，从红色基因中汲取赓续奋斗的精神力量。大力弘扬社会主义核心价值观，发挥新时代文明实践阵地作用，打造对象化、分众化、互动化基层理论宣讲宣传品牌；深入推进群众性精神文明创建，广泛开展新时代文明实践活动，以群众文明素养和社会文明程度的提升持续巩固壮大主流价值观念认同。

联动文商体旅推动多元文化相识相知。以文化、体育、旅游等业态的融合联动发展，赋予文化流动强大推力。全方位打造以阳台山全国实景山歌大赛、“星光大浪”青工歌手大赛、青年城区定向挑战赛和“阳台山杯”体育赛事为核心的“4+N”文体活动品牌。加速推进大浪文体“双子星”建设，筹划举办一批大型专业体育赛事和有影响力的艺术展览，努力打造城区文化新地标。以具有大浪特色的精致旅游线路为“链”，串联起红色文化、时尚文化、青工文化、客家文化、优秀外来文化等文化之“珠”，“串珠成链”构建“遇见美好大浪”城区文化新空间。丰富多元的文化在这里交汇、碰撞，织就各类人群主体之间的精神、情感纽带。

“以文连心”促进多元文化融合共生。探寻中华优秀传统文化的集体记忆，开展一批群众喜闻乐见的传统节日活动，通过有共鸣的文化符号，激发新老大浪人的情感共振。完善多元公共文化服务体系，打造一批融合图书阅读、艺术展览、文化沙龙等服务的新型文化场景，举办社区美食节、群众文化节、“公园艺术家”、“民星达人秀”等群众性文化活动200场，积极开展青工嘉年华、园区企业文体节等活动，为多元文化交流提供展示平台，提升社会内在聚合力，推动实现基层高效能治理，逐步形成独具特色的城区文化生态，构筑起五十万大浪人的共同精神家园。

（五）以构建多元化生态保护模式为依托，推动生态环境由外在美、形态美向内涵美、发展美转变

树立“大生态、大保护”理念，探索构建以政府为主导、企业为主体、社会组织和公众共同参与的多元化生态保护模式，形成生态保护合力，以高品质生态环境支撑高质量发展。

构建全域协同、系统治理的生态保护新格局。建立多元联动的协同合作机制，实现联防联控、协同治理。强化大气污染物协同控制，开展“深圳蓝”可持续行动、“利剑”系列等专项行动，不断提升空气质量优良率。统筹水资源、水环境、水生态治理，发挥河湖长制作用，推动治水从巩固治污转向全面达优。加强土壤污染风险管控，强化固体废物和新污染物治理，着力提升生态环境质量，共同打好蓝天、碧水、净土保卫战。

大力推进绿色、低碳、循环的发展方式。深入贯彻绿水青山就是金山银山的理念，加快发展方式向绿色低碳转型。统筹推进生态产业化和产业生态化，积极培育节能环保、清洁能源等绿色低碳产业；鼓励重点企业、园区开展节能降碳升级改造，推动产业园区循环化改造，同步提升生态“含绿量”和经济“含金量”。协调推进龙华能源生态园建设，不断提升城市生活垃圾和建筑垃圾资源化利用比例。加快重点耗能行业节能减排低碳技术研发和应用，推进分布式发电项目建设，培育壮大绿色低碳发展新动能。

加快建设开放共享、多彩可及的生态空间。活化片区山水资源，打造彰显城市人文生态价值的绿意空间。加快推进龙胜山顶公园等一批公园建设，提升阳台山森林公园内涵功能，完善游憩服务设施，形成生态休闲公园集群，提供健康、舒适的人居环境。加强茜坑水库、石凹水库等水源地的保护工作，协助建设龙华河、高峰水库、赖屋山水库等河库碧道，兼顾文化、休闲、经济等功能需求，打造人水和谐生态廊道。

（六）以社会治理体系和治理能力现代化为基石，推动基层治理从稳定有序向深耕善治转变

坚持“重安全、保稳定、搭平台、强法治”，以更高站位、更大格局、更宽视野推动城区基层治理精细化，让群众真切感受到“看得见的平安、摸得着的幸福”。

夯实“全方位”公共安全基础。加快“大安全、大应急”体系建设，推动公共安全治理模式向事前预防转型，持续开展道路交通、建筑施工、特种设备、消防安全、地质灾害、森林防护等重点行业、重点领域安全隐患整治，坚决遏制重特大安全生产事故发生。进一步健全完善应急预案体系，强化应急演练，切实提高防灾减灾救灾和重大突发公共事件处置保障能力。全面防范化解重大风险，全力做好新中国成立 75 周年等重要节点维稳安保任务；深入开展“定格 +”治理模式，加大辖区劳动关系、房地产、金融等重点领域矛盾隐患梳理、排查和处置，确保社会大局和谐稳定。

营造“数字化”协同治理模式。践行“融通、集成、协同、再造”理念，夯实民意速办平台、“i 社区 · 码上办”等数字治理基础性工作，通过数字赋能探索高密度城区基层协同治理新路径。持续完善预警防范体系，着力构建覆盖范围更广泛、触角更灵敏、响应更迅速、研判更精准的民生诉求监测网，及时发布预警信息，把矛盾纠纷化解在萌芽状态。深化平安建设中心作用，组建群防群治队伍，开展重点场所平安志愿服务，引导多元力量参与共建共治，提升居民共建美好家园热情。

打造“高水平”法治保障体系。以高水平法治服务护航经济高质量发展，不断加大对战略性新兴产业、关键核心技术的执法司法保护力度；依托知识产权保护站，健全完善知识产权保护机制和管理体系，推动创新资源要素有序流动，促进社会创新创造活力加速释放。坚持依法行政，全方位、多角度、深层次提升行政执法质量和效能，筑牢基层法治建设屏障。不断拓展延伸公共法律服务圈，培育 2 个“省级民主法治示范社区”，实现公共法律服务工作室社区全覆盖，为辖区群众提供更高效、更便捷、更专业的法律服务。深入推进“八五”普法，统筹利用法治园地等法治阵地，将普法宣传与民俗文化、本土文化有机融合，开展麒麟舞普法等多样化、沉浸式普法宣传活动，推动法治文化建设从有形覆盖向有效覆盖转变。

五、全面加强党的领导和党的建设，为大浪高质量发展提供坚强保障

以习近平新时代中国特色社会主义思想和党的二十大精神为指导，全面贯彻新时代党的建设总要求，推动新时代新形势下街道各项事业高质量发展。

坚持“思想铸魂”，加强政治引领。坚持和加强党的全面领导，深刻领悟“两个确立”的决定性意义，进一步增强“四个意识”、坚定“四个自信”、做到“两个维护”，持续深化主题教育成果，促进思想政治工作与党的建设深度融合、同向发力。充分发挥组织生活制度优势，依托理论中心组学习、主题党日、“三会一课”、“大浪讲坛”等载体，在深学细悟中明真理、观大势、把方向，在细照笃行中勇探索、深谋划、善创新。

坚持“组织强基”，深化党建引领。坚持大抓基层的鲜明导向，以“奋斗型模范机关”创建、社区党组织“堡垒行动”为抓手，深化物业党建联建和亲邻社区建设，结合定格化管理服务机制，推动党员先锋服务队入格解题，提供家门口的优质服务和精细管理，不断增强基层党组织堡垒阵地家园功能。持续健全完善诚信商圈联盟制度，深耕直播党建和联帮带工作机制，探索将新业态新就业群体纳入党建引领共建共治共享的“大浪模式”，让“新兴变量”成为“治理增量”，催生基层党建新动能。

坚持“作风塑形”，激发担当作为。坚持党管干部原则，突出把好政治关、能力关、廉洁关。系统安排街道党校培训内容和计划，深入实施“育苗工程”“头雁工程”“根基工程”等，重点提升领导干部推动高质量发展本领、服务群众本领、防范化解风险本领，着力培养忠诚干净担当的高素质干部队伍。组建政策研究战训分队，健全完善深调研工作机制，构建年轻干部梯次培养链条，为街道高质量发展汇智赋能。密切关注新形势下党员干部的思想动态，坚持抓惩治和抓责任相统一，健全作风建设长效机制，强化日常管理监督，督促党的各级组织和领导干部严于律己、严负其责、严管所辖。

坚持“纪律固堤”，筑牢清廉根基。坚持严的主基调不动摇，纵深推进全面从严治党。持之以恒抓好中央八项规定精神贯彻落实，抓住“关键少数”以上率下，驰而不息纠治“四风”。保持重拳惩腐力度决不减弱、零容忍态度决不改变，紧盯民生微实事、基层执法、“二次装修”等重点领域查贪治腐，坚决惩治群众身边的腐败问题和不正之风。强化监督执纪，健全党统一领导、全面覆盖、权威高效的监督体系。深化标本兼治，常态化加强党性教育、警示教育和家风教育，打造特色廉洁文化品牌，营造风清气正的政治生态。

坚持发挥党总揽全局、协调各方的领导核心作用。充分调动一切积极因素，团结一切可以团结的力量。支持人大、政协依法行使职权，创造性开展工作，打造市级基层立法联系示范点。发挥工会、共青团、妇联等人民团体作用，把各自联系的群众紧紧凝聚在党的周围。进一步密切军政军民关系，抓好党管武装工作，加强国防后备力量建设，推进军民融合深度发展。不断完善大统战工作格局，广泛团结凝聚港澳台同胞和海外侨胞力量，巩固和发展最广泛的爱国统一战线。

同志们，2024年是中华人民共和国成立75周年，是实现“十四五”规划目标任务的关键一年。我们要坚决贯彻党中央决策部署，落实省委、市委、区委工作要求，把握发展大势，坚定信心决心，在继往开来中再闯新路，在苦干实干中再创新业，让高质量发展步伐在大浪更加可视可感可行，切实把催人奋进的宏伟蓝图转化为生动美好的大浪实践！

附：名词解释

1. **“亲邻之家”**：以“党群连心、邻里和谐、守望相助”为理念，按照开放、集约、共享的原则，整合优质资源，打造“人人参与、人人尽力、

人人共享”的基层阵地。

2. **“三六零”工作法**：精准实施“定格 + 三项机制”；重点强化“定格 + 六项服务”；纵深搭建“零距离沟通桥梁”。

3. **商圈党建“十项行动”**：大浪商业中心党委坚持以高质量党建服务高质量发展，积极开展包括党旗领航、后浪先锋、阵地提质、直播赋能、夜浪来袭、诚信联盟、破圈拓展、圆桌聚浪、亲邻商圈、百蜂共治在内的十项行动。

4. **“357”全流程服务机制**：对于本单位职责范围内能够解决的诉求，限期 3 天内完成处理并反馈企业；对于需联合街道各涉企部门协调解决的诉求，限期 5 天内出具协调处理意见，实时双向反馈企业及相关部门；对于短期内显著不具备解决条件的重点诉求，限期 7 天内报至区相关职能部门进行协调落实，理顺解决思路和诉求难点。

5. **高质量发展“五项方案”**：《大浪街道 2023 年经济高质量发展工作方案》《大浪街道 2023 年安全工作“一盘棋”实施方案》《大浪街道 2023 年促进和谐劳动关系暨稳就业工作方案》《2023 年高质量推进法治大浪建设工作方案》《2023 年大浪街道人文工作方案》。

6. **营商环境监测点**：在辖区有代表性的商圈、企业、园区设立的廉情监督点，着力发现并纠正党员干部“政务服务不优质、惠企政策不到位、执法监管不公正、行使职权不廉洁”等问题。

7. **“育苗工程”**：为进一步强化新进公职人员的培养锻炼，提高街道年轻干部储备水平，而专门针对新进公职人员开展的系列培训计划。

8. **“根基工程”**：为推进股份合作公司后备干部培养、集体经济发展和社区有效治理，针对表现优秀的本地青年开展的一系列培训计划。

9. **“上云用数赋智”**：通过构建“政府引导—平台赋能—龙头引领—协会服务—机构支撑”的联合推进机制，带动中小微企业数字化转型，“上云”重点是推行普惠性云服务支持政策，“用数”重点是更深层次推进大数据融合应用，“赋智”重点是支持企业智能化改造。

10. **“首店”和“首发”经济**：“首店”经济是指利用资源优势，吸引国内外品牌在区域首次开设门店，使品牌价值与区域资源实现最优耦合，以及由此对该区域经济发展产生积极影响的经济形态。“首发”经济则是国内外品牌推出新业态、新模式、新产品，开设首店等经济活动的总称。

11. **涉河“四乱”问题**：乱占、乱采、乱堆、乱建问题。

12. **大浪文体“双子星”**：大浪体育中心、大浪文化艺术中心。

13. **社区党组织“堡垒行动”**：以组织堡垒为牵引，以队伍提升为重点，以优化治理为目标，提出坚持学深悟透，强化凝心铸魂等 5 类 12 项重点工作，着力解决群众急难愁盼问题，进一步加强党的基层组织基本队伍建设。

14. **联帮带**：通过“支部联支部、书记帮书记、企业带企业”方式，开展互访互学、产业供需对接等活动。

在大浪街道促进经济高质量发展工作会议上的讲话

大浪街道党工委书记　梁嘉

2023 年 3 月 31 日

各位企业家代表、同志们：

今天，我们召开街道经济工作会议，主要任务是进一步动员全街道上下抢抓机遇、提振信心、乘势而上，奋力推动大浪经济实现高质量发展。刚才，经服办解读了《大浪街道 2023 年经济高质量发展工作方案》，秉波同志进行了强调补充，希望各部门认真抓好落实。下面，就做好相关工作，我再强调三点意见：

一、坚定信心、迎难而上，形成共促高质量发展的合力

过去的一年，我们积极应对新冠疫情等影响，全力以赴提升产业发展能级，实现经济发展稳中提质。街道全年规上工业总产值实现 761.99 亿元，固定资产投资完成 144.78 亿元，社会消费品零售总额达 245.56 亿元。“四上”企业 979 家，新增 243 家；专精特新“小巨人”15 家，总量及增量均为全区第一。这些成绩的取得，离不开各个企业的积极贡献。当前，尽管外部环境更趋复杂严峻和不确定，世界经济滞胀压力加大，国内需求收缩、供给冲击、预期转弱的三重压力仍在显现，但我国经济长期向好的基本面没有改变，支撑高质量发展的要素条件没有改变，国家和省市政策红利多重叠加，各种利好因素加速集聚，深圳一系列重大国家战略加快实施，我们有基础、有信心、有能力抵御各种风险挑战，向着实现第二个百年奋斗目标稳步前行。

今年是全面贯彻党的二十大精神的开局之年，如何推动经济稳中求进、总体回升、高质量发展，至关重要。习近平总书记在党的二十大报告中明确提出，高质量发展是全面建设社会主义现代化国家的首要任务，要以中国式现代化全面推进中华民族伟大复兴。党中央也多次强调，要始终坚持“两个毫不动摇”“三个没有变”，民营企业和民营企业家要消除顾虑，放下包袱，大胆发展。去年 12 月份召开的中央经济工作会议指出，我国经济韧性强、潜力大、活力足，各项政策效果持续显现，2023 年经济运行有望总体回升；要更好统筹经济质的有效提升和量的合理增长，坚持以质取胜，以量变的积累实现质变。年初召开的省、市高质量发展大会，要求我们聚焦高质量发展真抓实干、埋头苦干，在高质量发展中坚决走在前列、勇当尖兵。

我们要更加紧密团结在以习近平同志为核心的党中央周围，坚持以习近平新时代中国特色社会主义思想为指导，提高政治站位、增强全局意识，深刻认识到新征程上面临的战略机遇和风险挑战。要坚定信心、因势利导，切实提高抢抓高质量发展、提振经济增长的责任感、使命感、紧迫感，加快发挥重大机遇叠加的优势，稳定预期、坚定自信，聚力现代化建设，不断推动形成大浪落实高质量发展的强劲动能。

二、全力支持、细致服务，打好经济高质量发展总体战

接下来我们就是要围绕“经济高质量发展”这一工作重点，厚植发展沃土，激发市场活力，全力发展经济。为此街道各部门认真研究谋划，制订了《大浪街道 2023 年经济高质量发展工作方案》，为企业发展提供全方位服务，为实现经济健

康发展、高质量发展提供坚实保障。

（一）强信心、促发展，打好惠企政策落实立体战

要持续加大政策宣讲力度，帮助企业正确理解党中央方针政策，准确把握省、市、区决策部署，让大家增强信心、轻装上阵、大胆发展。要结合街道实际情况，把国家和省市区的一些惠企政策措施细化、实化、具体化，在提升政策操作性、执行力、知晓度下功夫，寻找最有效的方式方法，把政策直接传递到企业，把政策红利直接惠及企业。同时还要进一步完善政企联系“直通车”，当好企业“传话人”，多维度帮助企业破除发展困局。

（二）锻长板、补短板，打好经济优化提升攻坚战

一是要抓好经济运行监测。扎实做好第五次全国经济普查工作，加强经济运行监测和分析研判，做细、做实、做优统计工作，及时掌握经济运行情况，把握运行态势，研究跟进措施，强化统筹协调，真正把经济发展抓在手上、落到实处。二是加大招商引资力度。要加大招商引资力度，大力开展境内各地“双招双引”活动，编制实施重点产业、重点园区精准招商目录图谱和路线图，着力引进优势产业链关键环节、核心企业和上下游配套企业，拓宽招商引资合作共赢“朋友圈”。三是实施抓项目、扩投资行动。要充分发挥抓项目、促投资对经济增长的拉动作用，按下项目建设“快进键”，不断营造“大干项目”工作氛围，加快招引项目落地开工，加快落地项目竣工投产，形成经济发展新增量。四是推动数字经济发展体系建设。加快推动辖区传统产业和中小企业数字化转型，培育一批可复制、能推广的数字化转型标杆；充分发挥紫荆双创园、英泰工业园等数字经济特色园区带动作用，打造一批高水平特色示范园区和数字经济产业集群。五是促进时尚产业数字化转型升级。加快时尚产业人工智能创新应用示范中心建设，推动发展直播新业态；打造具有鲜明 IP 的时尚文化阵地、艺术公园综合体、创意人才聚集区，提升时尚硬实力；举办“中国纺织创新年会·设计峰会”等国家级行业活动，持续扩大小镇品牌影响力。

（三）善作为、增实效，打好企业服务优化持久战

街道将把优化营商环境摆在更加突出的位置，以更大的决心、更强的力度、更实的举措做好企业服务，让广大企业在大浪发展得更舒心、更安心、更有获得感。

一是做好贴心企业服务。要继续完善“联帮带”“益企行”服务体系，助力企业发展；提升党建引领示范效能，融入式服务助力商圈高质量发展。要用足用好各类产业扶持政策，帮助企业尽享政策红利；持续完善企业梯度培育体系，做大企业培育蓄水池。二是持续拓展产业空间。要大力实施优质产业空间拓展计划，新增 20 万平方米产业用房面积，为产业发展提供坚实空间保障；大力实施“工业上楼”项目，推动大浪中心片区、浪口河坑工业区、同富邨工业园等连片升级改造，突出产业链、创新链、人才链、教育链“四链”融合，为高科技制造业谋篇布局。三是扎实做好人才引进工作。建立完善企业岗位储备库，组织开展公益招聘会，精准匹配企业用工需求；对接市区人力资源局，开展校企联合培养，解决企业高端人才需求；推动建设一批“青年驿居”项目，满足青年职工住房需求。四是全面优化营商环境。强化营商环境廉政建设，设立营商环境监测点，把构建亲清政商关系落到实处；规范涉企执法检查事项，做到“有事服务，无事不扰”；持续优化窗口服务，简化办事流程，开通重点企业绿色通道；开展银企对接，积极协调降低企业融资成本，助力营商环境优化。

三、创新实干、勇于担当，争当高质量发展企业典范

企业要健康发展，既要有利的外部环境，也要苦练内功。在这方面，看到并抓住国家发展大势带来的广阔机遇，尤为重要。高质量发展是全面建设社会主义现代化国家的首要任务，是时代前进的必然要求。在我国经济已由高速增长阶段

转向高质量发展阶段的大背景下，企业如果还是走粗放、不规范的发展老路，必然就不适应新发展阶段的要求。只有践行新发展理念，自觉走高质量发展路子，才能跟上时代进步潮流，取得更大发展。

（一）全面贯彻新发展理念

高质量发展对企业发展提出了更高要求。要深刻把握企业当前发展中存在的不足和面临的挑战，不断优化整合各类资源，进一步开放产业链，加强与辖区优秀企业合作，协同发展，千方百计让企业稳下来；要增强企业韧性，优化组织架构，严把产品质量关，推动市场多元化，以企业的最强竞争力应对不确定性，提升抗风险能力；要加强自主创新，牢牢把握龙华区打造“数字龙华、都市核心”这一历史机遇，推动企业数字化转型升级，不断提高应变力和竞争力，努力成为更多细分领域冠军，为构建新发展格局、推动辖区高质量发展作出更大贡献。

（二）切实增强责任担当

习近平总书记在参加全国政协十四届一次会议联组会时发表重要讲话，再次强调企业既有经济责任、法律责任，也有社会责任、道德责任。希望各位企业家要增强家国情怀，担当社会责任，弘扬好企业家精神和工匠精神，筑牢依法合规经营底线，严格落实安全生产主体责任，妥善处理好员工与企业的关系。做爱国敬业、守法经营、创业创新、回报社会的典范，为企业健康发展、高质量发展开辟更加广阔的空间。

同志们、朋友们，征途漫漫，唯有奋斗！让我们坚定不移贯彻落实总书记、党中央决策部署，团结一心加油干，以钉钉子精神抓落实，全力推动辖区经济社会高质量发展结出累累硕果。

大事记

1月

4日　大浪街道举行新分设社区集中揭牌仪式，街道领导共同为新分设社区揭牌，并听取大浪街道社区分设有关情况介绍。

5日　大浪街道开展学习贯彻党的二十大精神专题党课，街道领导干部和各部门深入学习贯彻党的二十大精神。

7日　第九届深港城市/建筑双城双年展（深圳）龙华分展场在龙华区大浪时尚小镇开幕。策展团队联合建筑师改造旧厂房，将其转变成艺术“秀场”。

12日　大浪街道召开2022年党政领导班子述责述廉工作会议，街道党政领导班子依次在会上采取发言方式述责述廉，参会人员采用无记名方式对述责述廉对象进行民主测评。

16日　深圳市委军民融合办二级巡视员潘伟旗率队到大浪社区开展春节“送温暖”慰问活动，大浪街道办事处副主任陈艳玲参加。

是月　大浪街道党群服务中心举办“挥毫泼墨送春联，龙飞凤舞迎新春”——2023年大浪街道迎新春送春联活动13场，累计送出春联和福字约5660幅，受到辖区居民热烈欢迎。

2月

3日　大浪街道召开2023年党工委工作会议，全面回顾街道2022年工作成绩，谋划部署街道2023年工作任务，深入学习贯彻党的二十大精神，凝心聚力走好基层党建工作新征程。

5日　大浪街道浪口社区虔贞广场“共建花园”开园仪式暨“平安益家”揭牌仪式在浪口社区开展。

6日　大浪街道“春风行动”现场招聘会在劳动者广场举行，累计有50余家企业参加，提供了5000多个就业岗位。

7日　龙华区副区长商澎涛前往大浪街道辖区尚峻社康、星曜社康检查公共卫生医疗情况。

8日　深圳市委政法委信息化处处长郑喜景率队到龙华区开展平安建设中心规范化建设调研督导。

10日　江西省赣州市章贡区委常委、政法委书记黄继苹一行6人，到龙华区学习考察平安建设与社会治理等工作，并到大浪街道平安建设中心、陶元社区“元芬模式”进行参观调研。

20日　“运动赋能展风采·活力大浪燃激情”2023年大浪街道全民健身活动暨拔河比赛启动仪式在大浪街道办事处一办大院举行。

27日　“元音#东方”第十

二届“大浪杯”中国女装设计大赛决赛盛典在大浪时尚小镇国际时尚发布中心举办，首位虚拟代言人 WAVE“唯我”正式出道。

28 日 龙华区“百千万工程”指挥部王建文带队，到大浪街道国有 6 号农用地现场开展走访调研工作。

3月

4 日 大浪街道在劳动者广场开展“志愿新大浪·益起聚力爱”学雷锋公益集市活动。

5 日 以“创新 + 时尚 + 青春”为主题的跑步赛事——建设银行·2023 深圳女子时尚“微马”在大浪时尚小镇闪耀开跑。深圳市委副书记余新国，市委常委、宣传部部长张玲，副市长张华出席活动，为赛事鸣枪发令。3800 名女性昂扬“自尊、自信、自立、自强”精神，向光奔跑。

9 日 2023 年龙华区工商联（总商会）第一期政企“亲·清直联会”暨大浪街道“人大政协 +”议事会召开。

10 日 大浪街道成立龙华区首家未成年人保护社会化工作室，打造“一二三四五”未成年人保护专业服务体系。

16 日 大浪街道召开“百园千企”——数字经济人才政策宣讲会，邀请 INPARK 时尚创意产业园负责人和专业讲师讲解。

19—20 日 大浪街道党工委书记梁嘉带队开展大浪街道“双招双引”交流活动（重庆站）。

20 日 大浪时尚文化高级顾问授牌仪式在龙华城市客厅举行，聘任衣恋集团前首席执行官、秋水伊人总裁兼品牌总经理朴相均为首位大浪时尚文化高级顾问。龙华区委书记王卫，区领导蓝涛、吴振兴、马红、赵妍妍出席仪式。

21 日 大浪街道华荣社区党委将辖区 5 个微型消防站打造成便民服务“微客厅”，并建立起以“微客厅 + 网格暖心议事会”为特色的居民协商议事模式。

24 日 大浪街道工商联（商会）与香港知专设计学院在时尚小镇召开关于香港牛仔节（HKDF）展览湾区洽谈会，促进深港两地时尚资源的合作交流。

30 日 大浪街道联合徽商银行召开“1 + N + S”数字经济政策宣讲暨银企对接会，邀请 30 余家规上企业参加。

31 日 大浪街道召开促进经济高质量发展工作会议。街道领导班子成员及副处级以上领导干部，各机关事业单位主要负责人，各社区党委主要负责人，各社区股份合作公司负责人，重点园区、企业代表等参加。

4月

3 日 大浪街道纪工委制作了《作风廉情监督卡》35000 份，通过各职能部门、各社区等向辖区居民、商户、企业、园区等发放，全面收集相关问题。

4 日 龙华区副区长赵妍妍到华荣社区调研文明城市创建工作，对文明城市创建国考点位华荣市场及背街小巷创建相关情况进行实地督查，并对现场发现的问题提出整改要求。

14 日 深圳市委政法委副书记杜新利到大浪街道平安建设中心、和平实验小学开展实地考察市域社会治理现代化迎检演练工作，龙华区委政法委一级调研员潘芸、大浪街道党工委副书记熊斌参加。

17 日 大浪街道党工委书记梁嘉部署大浪街道公共卫生能力提升年十项行动。

24 日 大浪街道委员工作站在梵思诺创意产业园举办走访梵思诺·港澳大学生实习基地活动暨第一期委员讲堂。

25 日 安徽省滁州市政协副主席兼工商联主席王晓平率队到大浪街道工商联（商会）考察调研。

是日 龙华区委副书记、政法委书记皮勇华检查节前消防安全工作，浪口社区党委书记刘丽雄参加。

是日 广东省委政法委基层治理处处长刘剑率队到街道平安建设中心开展考察调研，深圳市委政法委基层社会治理处副处长刘关生，龙华区委政法委一级调研员潘芸、副书记王树明，龙华区平安建设中心主任陈曦，街道党工委副书记熊斌、综合治理办

（综治维稳）主要负责人参加。

是日 广州市白云区委常委、政法委书记陈玉云率队到大浪街道元芬新村调研交流出租屋统租统管工作，大浪街道党工委副书记熊斌参加。

是日 大浪街道围绕企业生产经营、减税降费、政务服务、干部作风等方面，制作营商环境监测电子调查问卷，发放并收回问卷1032份，收集有效问题50个。

是日 龙华区委常委、区人武部部长黄冰峰到大浪街道龙平社区开展节前消防安全工作检查。

26日 服装行业数字化转型促进中心揭牌仪式在大浪时尚小镇公共服务平台举行，该中心是深圳市现代时尚产业“1+N”数字化创新体系下的首个分行业数字化服务平台。

是日 大浪街道轮值站长工作室正式启动，第一任“轮值站长”产生。

5月

1日 龙华区委常委、统战部部长詹惠军率队检查浪口教堂“五一”节假期间安全情况。

9日 大浪街道“飞线”治理提升专项行动小组成员在华昌路“飞线”整治现场召开会议。

10日 全国第八届“万步有约”职业人群健走激励大赛深圳市暨龙华区启动仪式在大浪街道举办，国家疾病预防控制中心慢病中心主任助理、综合办公室主任蒋炜，广东省疾病预防控制中心慢非所副所长王晔，深圳市卫生健康委爱卫处处长朱毅朝，深圳市慢性病防治中心主任刘扩军、副主任赵志广，龙华区卫生健康局局长吴义龙，龙华区慢性病防治中心主任陈智聪以及大浪街道副主任陈艳玲、大浪街道三级调研员段晓霞等出席活动。

是日 大浪街道工商联（商会）青委会、女企会及会员企业党支部在阳台山开展五四青年节主题活动，讲述阳台山胜利大营救的系列革命故事，汲取奋进力量。

11日 大浪街道在大浪文化体育公园组织开展文明养犬宣传活动，加强养犬管理工作。

12日 大浪街道在劳动者广场举行2023年全国防灾减灾日宣传活动。

13日 “Fun肆大浪”2023年大浪街道城区定向挑战赛在大浪活力开跑，200多名热爱运动的青年齐聚大浪劳动者广场，一起探索大浪的城市魅力。

15日 深圳改革开放学院新疆代表团到大浪时尚小镇开展调研交流工作。

17日 大浪街道妇联举办“100+1”家庭教育指导工程启动仪式。

18日 2023年大浪街道“阳台山杯”社区篮球比赛在大浪街道颐丰华创新产业园举办启动仪式。

19日 全市首个社区“幸福家庭角”在大浪街道赖屋山社区揭牌启用，深圳市妇联党组成员、副主席彭迎九，龙华区妇联主席唐敏、区教育局分管同志林颖姿，街道办事处副主任陈艳玲出席仪式。

21日 2023年“星光大浪”青工歌手大赛启动仪式和第一场周赛在大浪商业中心星光广场舞台举办。开幕式以星光大浪10年回顾短片开场，其中无人机低空表演画面展现了大浪经济文化特点。

24日 大浪街道在劳动者广场开展大浪街道“爱国卫生月”暨“清洁深圳月”活动。

26日 龙华区委副书记、政法委书记皮勇华到大浪街道参加水围新村儿童友好城中村揭牌仪式，深圳市妇联一级调研员杨华，龙华区妇联主席唐敏，大浪街道领导文良方、陈艳玲等一同参加揭牌仪式。水围新村儿童友好城中村的正式亮相，标志着深圳儿童友好城市建设展开了新的篇章，也为区和街道儿童友好建设指引了新的方向。

是日 大浪街道举办龙华区惠企服务日暨大浪商业中心党委诚信联盟商圈启动仪式。龙华区常委、组织部部长吴振兴，大浪街道党工委书记梁嘉参加。

27日 大浪街道“护苗机构联盟”正式成立，引入更多社会力量参与困境未成年人保护。

是日 龙华区2023年“5·29”计生协会员日“建功新时代，最美协会人”宣传服务活动在大浪街道举办，深圳市计生协专职副会长李红联，龙华区卫健局刘统成、谢绍英，大浪街道三级调研员段晓霞参加。

28 日　深圳市委军民融合办人防处处长罗萍率市委军民融合办人防处党支部党员到辖区赖屋山东区开展“一对一”结对共建志愿服务。

31 日　大浪街道工商联（商会）青委会、女企会牵头的助学慰问活动顺利开展，走进辖区三所民办学校，与小朋友们共同庆祝属于他们的节日。

6 月

1 日　大浪街道时尚行业工会联合会成立大会举办。大浪街道党工委委员、总工会主席刘武参加。

是日　大浪街道大浪社区开展民生微实事项目“传承客家文化　守护乡愁记忆”宣传活动，共发放 1100 余份美食券，让 700 余名辖区居民在家门口就领略了一场客家文化盛宴，近距离感受社区非遗民俗及传统美食文化魅力。

是日　大浪街道“时尚 +”网络正能量传播志愿联盟启动仪式在大浪时尚小镇公共服务平台秀场举行。

4 日　深圳市委军民融合办机关党委书记、二级巡视员潘浩明及市委军民融合办指挥信息处副处长曾勇率队到大浪社区开展“一对一”挂点联系交流座谈会和调研工作。

是日　龙华区副区长张智率队到福龙路交通事故现场检查，现场就事故发生原因、事故处置流程及后续预防措施进行研究部署。街道领导刘恒润、龙华交警大队、大浪交警中队、综合治理办（交通安全）主要负责人参加。

5 日　大浪街道召开传达学习区两会精神专题会议。会上，传达了区二届人大三次会议和区政协二届三次会议精神。

7 日　龙华区委副书记、政法委书记皮勇华率队到大浪街道辖区幼儿园开展食品安全“两个责任”督导检查。龙华市场监管局副局长叶壮鹏、大浪街道办事处分管领导曹宇昕参加检查。

10 日　广东省退役军人事务厅党组成员、副厅长李克强带队到大浪街道调研拥军企业广东军创集团深圳市农业产品配送中心。深圳市退役军人事务局党组成员、副局长朱锋，龙华区委常委、人民武装部部长黄冰峰，龙华区退役军人事务局局长何洪彬、副局长王通，大浪街道党工委委员、武装部部长黄木秀参加。

19 日　龙华区人大常委会主任王有明率队赴大浪街道开展调研活动。龙华区人大常委会办公室主任赖丹、选举联络人事任免工作委员会主任姚永昌、区重点区域建设推进中心主任黎建、区投资推广和企业服务中心副主任雷喜华，街道领导梁嘉、文良方、魏冬参加会议。

20 日　大浪街道以“国际禁毒日”为契机，邀请深圳市禁毒社会化服务人才专家库宣教专家，为街道目前在册 172 名社区矫正对象开展“心有边界，坚守自我”禁毒宣传教育活动。

21 日　大浪街道开展“庆回归　话桑梓　叙乡情”企业家、港籍乡亲端午节座谈联谊会。

是日　由深圳市文化广电旅游体育局、龙华区人民政府主办的深圳市龙舟文化艺术节观澜河龙舟赛决赛盛典在观澜河隆重举行。大浪街道三支参赛队伍创下历史最好成绩，刷新大浪纪录：大浪消防队获第二名，大浪网格队获第五名，大浪执法联队获第六名。

26 日　大浪街道“困境少年”逆境成长——社工站“五社联动”助力未成年人保护案例获得“2022 年度深圳兜底民生服务社会工作双百工程十佳案例”。

29 日　大浪街道举办“乘风破浪再起航　奋斗筑梦新征程”庆祝建党 102 周年奋斗主题党课暨表彰大会。会上，街道表彰了奋斗在各条战线的先进基层党组织 22 个、优秀共产党员 45 名、优秀党务工作者 25 名、优秀党员志愿者 10 名。

30 日　深圳市委军民融合办主任罗育德率队到大浪街道开展“一对一”挂点联系慰问关爱工作，街道领导文良方、刘武参加。

7月

3日 大浪街道召开“百县千镇万村高质量发展工程”指挥部会议。会议审议通过了党政综合办（办公室）提交的《关于提请审议〈关于成立大浪街道“百县千镇万村高质量发展工程”指挥部的通知（送审稿）〉的请示》。

5日 龙华区人大常委会副主任马红参加大浪街道2023年“代表活动月”启动仪式暨街道人大工委上半年工作总结会。街道领导魏冬及辖区人大代表参加会议。

是日 大浪街道23家股份合作公司已全部完成新一届董事、监事换届选举工作，23家公司共选举产生新一届董事100名、新一届监事79名。

6日 大浪街道举办龙胜社区城市管家签约仪式暨龙胜E区城市管家服务中心揭牌仪式，龙胜股份合作公司、龙华环境公司、龙胜社区居委会现场签约，随后正式启用龙华区首个城市管家服务中心。

是日 大浪街道工商联（商会）举办第一届执委会（第三届理事会）第七次会议暨2023年年会。深圳市工商联党组成员、专职副主席冯德崇，龙华区委常委、统战部部长詹惠军，街道领导班子成员，会员企业家300余人齐聚一堂，共襄盛事。

是日 龙华区委副书记、政法委书记皮勇华到大浪街道慰问老党员，街道挂点社区领导游植煌、张琴望及龙胜、龙平社区有关负责同志参加。

8日 龙华区政协副主席覃跃良到大浪街道督导检查三防工作，相关社区党委书记参加检查。

是日 龙华区政协副主席陈贤彪到大浪街道走访调研企业，龙华区工业和信息化局、人力资源局、投资推广和企业服务中心有关负责同志、街道领导魏冬参加。

10日 大浪街道大浪社区第四届“传承中华精粹 共创时代新篇”客家舞麒麟传承发展培训活动正式开课，共吸引周边4所学校的40余名学员参加。

是日 大浪街道商业中心、安居微棠、时尚小镇INPARK园区等三个营商环境监测点试点正式挂牌试运行。

13日 深圳市残联党组成员、副理事长赵琴带队到龙华区开展“大走访、大座谈、大起底”活动，走访慰问大浪街道困难残疾人家庭，并在大浪职康中心召开座谈会。

是日 深圳市中级人民法院党组书记赵菊花带队到龙华区调研诉源治理工作，实地查看街道平安建设中心。深圳市委政法委二级巡视员甘桂平，龙华区委副书记、政法委书记皮勇华，区委政法委副书记王树明，区人民法院院长师玮，街道党工委副书记梁毅恒参加。

是日 深圳市首个街道级残疾人服务协会——大浪街道残疾人服务协会正式成立。龙华区民政局、区残联副理事长杨春红，大浪街道公共服务办（社会事务）主要负责人汪静雅，以及爱心助残企业代表、残疾人及家属代表、各相关职能部门工作人员和社会爱心人士参加了协会第一届第一次会员大会。

是日 大浪街道组织召开“根基工程”股份合作公司后备干部培养行动启动仪式。会上对“根基工程”工作方案进行了解读，“根基工程”学员代表作了表态发言。

是日 龙华区委常委黄冰峰到大浪街道走访慰问老党员、困难党员，向他们致以诚挚的问候与美好祝愿，并送去党的温暖与关怀。街道网格中心党支部书记黄武及水围社区相关负责同志参加。

17日 龙华区委书记王卫率队到大浪街道检查台风防御工作。

是日 大浪街道团工委、少工委举办“童心筑梦·浪花飞舞”红领巾校外趣味游学活动，吸引了100名来自辖区各所学校的少先队员参加。

21—22日 大浪街道前往河源市紫金县紫城镇开展乡村振兴驻镇帮镇扶村调研工作。工作组同志汇报帮扶工作开展情况，紫城镇介绍乡村振兴开展情况和下一步工作思路。会议结束后，大浪街道向紫城镇捐赠乡村振兴发展资金150万元。

22日 大浪街道办参加

“第九届深圳市民健康素养大赛”龙华区决赛，大浪街道办荣获“最佳组织奖”。

24日　深圳市轨道办现场调研轨道25号线石环路、大浪西两个车辆段选址工作，深圳市人大代表毛珊珊，龙华区发展和改革局、城市更新和土地整备局、工业和信息化局、市规划和自然资源局龙华管理局、大浪街道及部分企业代表参加现场调研。

28日　深圳市民政局慈善事业促进和社会工作处二级调研员胡艳卿率队实地检查大浪街道社工站“双百工程”运营服务情况，对社工站工作开展给予肯定。

31日　深圳市委常委、组织部部长程步一率队调研大浪街道武装部党支部建设、专武干部队伍建设情况。深圳市警备区党委书记、政治委员梅浩，龙华区委书记王卫、区领导吴振兴，区委（政府）办、区委组织部、区人民武装部负责同志，区退役军人事务局、大浪街道党工委主要负责同志参加调研。

8月

3日　深圳市人大常委会副主任蒋宇扬率队到大浪街道开展挂点联系龙华区企业座谈会。深圳市人大常委会教科文卫工委主任、一级巡视员孙福金，区领导黄启键、张智，区有关职能局分管负责同志，街道领导梁嘉、梁毅恒参加会议。

4日　大浪街道学习宣传贯彻党的二十大精神浸润式宣讲剧《向往的幸福》巡演首场演出在大浪商业中心星光广场开演，现场吸引超400名群众观看。演出融入音乐快板、情景舞蹈、情景合唱、情景小品等多种艺术表现形式，同时在内容方面融入大浪本土故事和人文风情，用心用情用力讲好党的二十大精神和大浪故事，引起在场观众的强烈共鸣。

5日　大浪街道“幸福生活节”暨社团文化集市在陶元微棠社区元芬麒麟广场热闹开市。

6日　大浪社区举办麒麟文化节暨第四届“传承中华精粹　共创时代新篇”客家舞麒麟传承发展培训活动总结汇演，吸引近千名居民近距离感受非遗文化魅力。

8日　历时3个月的2023年大浪街道“阳台山杯”社区篮球比赛决赛在颐丰华创新产业园篮球场闭幕。大浪街道历届老书记李勇部长、盐田区副区长张雄汉莅临现场指导。

是日　大浪街道工商联（商会）与香港理工大学时尚及纺织学院开展“领潮青年　势聚大浪”主题活动。

9—11日　大浪街道调研组赴广西罗城仫佬族自治县调研东西部协作帮扶工作。街道领导谢秉波、李立维，经济服务办（集体资产）主要负责人，颐丰华、龙高峰、同胜、龙胜股份合作公司负责人参加活动。

10日　龙华区委副书记、政法委书记皮勇华率队到街道调研平安建设中心建设和精智治理工作。龙华区委编办副主任马德伟，区委政法委副书记王树明，区平安建设中心主任陈曦，区数字治理专班副班长袁志明，街道领导梁嘉、魏冬、张文锋、张琴望，相关部门及社区负责人参加。

是日　市、区党代表，区人大常委会党组成员、副主任马红率党代表团队成员到大浪社区开展“党代表接待周”活动。

15日　龙华区副区长张智率队调研大浪街道龙胜社区城市管理有关工作，街道领导文良方、区城管局领导蒲涛、街道领导刘润恒、龙华区交警大队、大浪交警中队、龙胜社区主要负责人参加。

是日　龙华区副区长张智率队调研阳台山东地铁站市容秩序。

16日　龙华区新联会各街道分会集中揭牌仪式在大浪时尚小镇举行，深圳市委统战部常务副部长黄伟平，龙华区委常委、统战部部长詹惠军出席大会，市委统战部新阶层处（知工处），龙华区委统战部相关负责同志，各街道党工委统战委员以及市、区新联会会员代表150余人参加。

18日　龙华区委书记王卫、区长雷卫华率队到大浪街道指导三合华侨新村路面塌陷处置工作，区领导蓝涛，区直相关部

门、大浪街道主要负责同志等在现场协同处置。

是日 大浪街道开展“寻根故里 携手踏浪”——深港青少年同心夏令营结营仪式。龙华区委统战部副部长，区侨务局局长、区侨联主席、区台港澳事务局局长陈艺纯，街道领导谢秉波参加。

19日 龙华区委常委、常务副区长徐志斌率队到大浪街道三合华侨新二村路面坍塌现场指导处置工作，区住建局、水务局、应急管理局、龙华排水公司相关负责人，大浪街道主要负责人参加。

是日 大浪街道团工委、志愿者联合会联合各社区团委在暑期举办的“青·志愿”大浪街道2023年青少年志愿服务成长营活动，在大浪街道党群服务中心新时代大讲堂顺利结营。为期40天的成长营活动，开展42场次特色志愿服务活动，吸引2253人次青少年志愿者参与。

22日 龙华区委副书记、区长雷卫华到大浪街道上横朗社区开展党代表进社区活动。

23日 龙华区委书记王卫率队调研大浪街道三合华侨新村地面塌陷现场情况。

30日 龙华区委书记王卫率队至大浪街道开展三防工作检查。

9月

1日 龙华区副区长赵妍妍率队到大浪社区、新石社区检查台风防御工作。大浪街道党工委副书记、办事处主任文良方，街道办事处副主任陈艳玲参加。

是日 龙华区委副书记、政法委书记皮勇华率队到大浪街道检查台风防御工作。龙华区检察院政治部副主任张甜、街道党工委委员刘武参加。

2日 龙华区委副书记、政法委书记皮勇华率队到大浪街道指导检查台风过后生产生活恢复工作，实地查看三合华侨新村二区等区域，详细了解防汛排洪、群众生活保障等工作开展情况。

5日 龙华区副区长商澎涛率队到赖屋山社区调研多元托育服务机构建设工作。

9日 大浪街道儿童议事会自组建以来首次“出征”，儿童代表们及家长在老师的带领下开展社会实践活动，用儿童的视角去发现身边的儿童友好元素。

15日 S/S 2024深圳时装周春夏系列开幕首秀在龙华大浪时尚小镇举行，中国自主品牌力量领衔开局，玛丝菲尔（Marisfrolg）三十周年文化艺术展首展也正式启幕，吸引众多行业大咖设计师及知名本土品牌聚焦龙华时尚文化的舞台，再度掀起中国东方时尚新浪潮。

是日 龙华区领导商彭涛组织召开盛荟城朗庭项目信访事项处置工作协调会，大浪街道党工委委员张文锋、浪口社区工作站、浪口股份公司参加。

16日 大浪街道儿童议事会议案会议顺利开展，本届儿童代表总结的四个有关儿童友好公园、商场、城中村、儿童保护的议案完成递交仪式。

17日 2023年大浪街道广场舞大赛在大浪劳动者广场举行，来自龙平社区的曼海宁老协舞蹈队夺得桂冠。

22日 大浪街道妇女第二次代表大会在大浪街道办事处顺利召开，完成街道妇联换届选举工作，共选举产生31名第二届执委和新一届主席团。

30日 龙华区委书记王卫到大浪街道调研深圳市衡亿安科技有限公司、深圳威铂驰热技术有限公司。龙华区领导蓝涛、胡锦敏，区委（政府）办负责同志，区发展和改革局、大浪街道主要负责同志参加。

10月

13日 大浪街道在龙华区首推数字化政府服务标准化建设，大浪街道便民服务中心引入ISO9001质量管理国际标准，在全区率先获得由国家认监委授权的《质量管理体系认证证书》。

16日 龙华区委常委、副区长王殿甲率队调研大浪街道财政管理工作情况，并在大浪街道

办事处三楼会议室召开座谈会。龙华区财政局主要负责同志，街道领导梁嘉、文良方、曾志勇、张文锋、胡舸磊参加。

是日 龙华区政府党组成员、副区长商澎涛率队到宝山二区现场调研章氏电热厂西侧挡墙开裂情况。

是日 龙华区城市管理和综合执法局、大浪街道联合主办的“奏响分类共治曲 同心共助百分百”龙华区2023年垃圾分类“百分百行动”现场会在大浪街道龙平社区开展。

18日 大浪街道调研队到河源市紫金县紫城镇调研乡村振兴驻镇帮镇扶村工作。紫城镇党委副书记、驻镇帮扶工作队队长郑海强，紫城镇副镇长徐友环，驻镇帮扶工作队副队长杨意辉，紫城镇中心小学党委书记黄铎及相关学校负责同志参加调研。

是日 大浪街道联合海格云链在大浪时尚小镇INPARK文化创意园举行大浪时尚小镇服装产业直播电商交流会，邀请服装企业30余家。

19日 大浪街道深入探索政务服务数字化改革和标准化建设，积极引入企业“6S”综合管理模式，率先获得由国家认监委授权的《质量管理体系认证证书》，于10月成为全区首个通过国际标准化ISO9001认证的街道便民服务中心（全市第三个），高标准提升基层政务服务，整体满意度达到99.8%。

20日 西安市人大常委会办公厅二级巡视员赵喜莲带队到大浪街道开展代表工作调研活动。

25日 龙华区委副书记、政法委书记皮勇华采取“四不两直”方式督导调研大浪街道浪口社区矛盾纠纷化解处置工作。

26日 厦门市委常委、政法委书记李伟华率队到龙华区调研平安建设工作。深圳市委政法委常务副书记胡庚祥，龙华区委副书记、政法委书记皮勇华陪同。调研组一行到大浪街道平安建设中心开展调研工作，并听取“精智解纷”系统、“深平安”系统、社区工作台等数字系统介绍。

27日 大浪街道“校园安全头盔智能评测系统”通过市政数局评审，正式上架广东数字政府应用超市——“粤复用”。该项目是广东省2519个创新应用中唯一一个校园安全管理应用类项目，是深圳市首个关于校园交通安全的智慧创新项目，也是大浪街道首次上架“粤复用”，为全省各级政府部门贡献大浪智慧、大浪方案和大浪经验。

30日 广东省委政法委副书记叶向荣一行到龙华区调研有关工作，并到大浪街道平安建设中心开展调研工作。

11月

2日 大浪街道举行第一批营商环境监测点发布仪式暨廉情监督员集体授牌仪式。龙华区纪委相关负责人出席仪式并讲话，大浪街道相关负责人为12名廉情监督员集体颁发聘书。每个营商环境监测点都设立一块监督公示牌，公示监督的主要内容、廉情监督员姓名、监督电话及线上监督举报渠道，通过“线上+线下”方式，全面收集群众身边的作风和廉洁问题。街道纪工委将对受理的影响企业发展、损害企业利益的信访举报件优先核实、限时办结、严肃查处。

9日 深圳市残联党组成员、副理事长赵琴带队到大浪街道辖区走访残障儿童家庭，省残联康复部副部长、区残联副理事长李再熙，大浪街道办副主任刘恒润参加。

13日 国家城市安全发展科技研究院、深圳市城市公共安全技术研究院党委委员、副院长况凯骞率队到新石社区开展信访调研工作。

16日 由大浪街道工商联（商会）、公共服务办（劳动管理）、联建产业园三方联动的“汇力惠企 同心同行”系列活动隆重举办。大浪街道党工委副书记、办事处主任文良方，党工委委员、统战委员张文锋，办事处副主任李涛参加。

19日 龙华区第三届社区文体节的重要系列活动——“榕树下”文艺晚会在大浪会堂举行。

是日 深圳市国防动员办公室走进赖屋山社区，在辖区阳台山森林公园广场举办深圳市人防志愿者队伍授旗仪式暨防空防灾知识教育普及活动，深圳市国动办人防处处长罗萍及相关负责同志出席。

20 日 龙华区委副书记、政法委书记皮勇华到浪口社区开展下访接访活动，浪口社区党委班子参与。

22 日 大浪街道计生协申报2023年深圳市计生协青春健康教育示范基地，成功获得市级“青春健康教育示范基地”荣誉称号。

是日 在深圳市第四届家庭发展服务中心品牌评选活动中，大浪街道新石社区家庭发展服务中心作为龙华区唯一参赛代表，荣获深圳市第四届家庭发展服务中心品牌评选活动“助力民生幸福标杆品牌阵地”称号。

24 日 深圳市民政局社会救助和社会事务处四级调研员曾晓婷带队前往大浪街道开展2023年社会救助业务质量管理评估工作。

25—26 日 第六届阳台山全国实景山歌大赛决赛和颁奖歌会在深圳大浪阳台山森林公园文化广场隆重举行。此次活动由深圳市文学艺术界联合会、广东省音乐家协会指导，中共深圳市龙华区委宣传部、龙华区文化广电旅游体育局、深圳市音乐家协会、龙华区大浪街道办事处、龙华区文学艺术界联合会联合主办。大赛于25日举办决赛，于26日以麒麟舞表演、获奖选手展演与颁奖、往届歌王返场演唱等多样形式开展颁奖歌会。大赛在“深圳龙华”微信视频号、“dou爱龙华”抖音号、外宣阵地“脸书龙华”“TikTok龙华”多个平台同步开启海内外线上直播，进一步扩大了赛事影响力。

30 日 龙华区副区长张智到大浪街道召开居民生活用水电燃气违规加价整治座谈会，并调研大浪街道菠萝斜新村居民生活用水电燃气违规加价整治工作情况。

12月

4 日 大浪街道大浪社区“定格＋关心关爱”活动，以“五员五进”将服务做到群众心坎上，获评2023年龙华区“定格化管理服务优秀案例”。大浪社区黄麻埔先锋服务小分队获评2023年龙华区“最美先锋服务队”。

7 日 深圳市城管局副局长黄立新到大浪街道龙平社区调研垃圾分类“百分百行动”工作。

13 日 广州市委常委、政法委书记孙太平率队到龙华区考察调研“枫桥式工作法”创建经验。深圳市委副书记余新国，龙华区委副书记、区委政法委书记皮勇华，市委政法委、区委政法委、区平安建设中心相关负责同志，街道领导梁嘉、梁毅恒参加。

16 日 深圳市委党史文献研究室（市地方志办）主任杨立勋率队前往文化名人优良家风教育实践基地调研。

25 日 第十三届“大浪杯”中国女装设计大赛正式启动。本届大赛以“绿翼#东方”为主题，为中国本土设计力量开启向上攀登的大门。本届“大浪杯”中国女装设计大赛由中国服装协会、深圳市龙华区人民政府主办，深圳市龙华区重点区域建设推进中心、《中国服饰》杂志、深圳市龙华区大浪街道办事处承办，中国纺织出版社有限公司协办。

是月 大浪街道工商联（商会）相继举办三场政（商）企见面会，与辖区150余家企业建立直线联系，壮大了会员队伍。

年度聚焦

基层治理创新

【概况】2023 年，大浪街道积极推进数字赋能平安建设、政务服务数字化改革以及科技力量赋能校园交通安全等工作，以创新举措提升基层治理效能，打造共建共治共享的社会治理格局。以“全域数治”为引领，依托多个线上平台，推动基层治理数字化转型，不断优化数字治理效果；政务服务方面，持续探索数字化改革，强化数字赋能企业服务，上线城市建设智能监管平台 App，引入先进管理模式，提升基层政务服务标准和整体满意度；校园交通安全方面，率先上线创新项目“校园安全头盔智能测评系统”，有效提升头盔佩戴率，增强交通安全意识。

【数字赋能平安建设】大浪街道平安建设中心作为省、市参观龙华区平安建设体制机制改革的调研点，2023 年，广东省委政法委和深圳市、厦门市委政法委、江西赣州等单位多次到街道调研学习，相关工作经验获得高度肯定。2023 年，大浪街道坚持以“全域数治”为引领，依托“民意速办平台”“i 社区平台”“社区工作台”“深平安平台”4 个线上平台开展数字化平安建设工作，全面推动基层治理数字化转型，实现平安建设线上线下相融通。健全平安建设中心职责清单，全面梳理属地高发频发、能有效承接的基层治理事项，坚持“一街道一清单”，确保街道责权一致，资源和事权相匹配。推动新设社区完成平安建设中心建设，实现基层平安建设中心全覆盖。深化“平安建设中心 + 综合网格 + 数字治理平台”全覆盖建设，大浪街道在“深平安”工作台共开通 99 个账号，街道 6 个部门进行常驻、轮驻、随驻工作，不断实现数字治理事件管理更精准、群众诉求表达更通畅、社会风险防范化解更有效三大目标。

【政务服务数字化改革】2023 年，大浪街道持续探索政务服务数字化改革，深入强化数字赋能辖区企业服务，上线城市建设智能监管平台 App，接入“i 龙华”微信小程序和“i 龙华”App，建立完整详细的工程电子档案和工作台账，畅通监管部门与企业的线上通道。积极引入企业“6S”综合管理模式，率先获得由国家认监委授权的《质量管理体系认证证书》，成为全

区首个通过国际标准化 ISO9001 认证的街道便民服务中心（全市第三个），整体满意度达到 99.8%，基层政务服务高标准提升，以微改革撬动服务大提升，营造高效便民的政务环境。

【科技力量赋能校园交通安全】 2023 年，大浪街道在全市率先上线校园交通安全智慧创新项目“校园安全头盔智能测评系统”，成为全省唯一上架粤政易广东数字政府应用超市“粤复用”的校园安全管理应用类项目，有效筑牢校园交通安全防线。依托区“数字治理”平台算法资源，通过监控实时抓拍，自动识别学生家长群体头盔佩戴情况。采用人工抽检、AI 识别、视频回放 3 种方式对数据进行核验，不断优化调整 AI 算法、视频点位和角度，确保数据可信可用。目前，系统已覆盖辖区 20 所中小学、42 所幼儿园主要出入口，识别未戴头盔事件数超 40 万次，目标算法识别准确率超 90%，实现以“数字战术”代替“人海战术”。压实校园主体责任，将系统产生的电动车头盔佩戴率数据，推送给中小学、幼儿园、交警部门，作为德育教育和警示约谈依据，形成“实时监测—推送数据—追溯源头—警示处罚”闭环管理体系，从源头管控学生家长这一 10 万人“大群体”的交通违法行为。项目落地后，辖区内校园头盔整体平均佩戴率从上年的 67.6% 提升至 81.32%，家长、学生交通安全意识进一步增强。围绕系统应用需要软硬件多种设备，投入资金大、落地进程慢等问题，大浪街道创新提出“旧物改新”思路，对街道闲置摄像头、视频服务器、LED 大屏等价值约 150 万元旧物进行“微改造”后重新上线，应用于“校园安全头盔智能测评系统”，有效盘活闲置资源，节约资金、降低成本，推动项目快速落地。旧物改造利用后，系统运行费用压减超 80%。

（黄佳宜）

总 述

大浪概貌

【区位条件】大浪街道成立于2006年4月29日，总面积37.84平方千米（6个街道中最大），位于深圳市中心区北部、龙华区西部，东接福城、龙华街道，南邻民治街道，与宝安区石岩街道、南山区接壤，北靠光明区，下辖12个社区工作站、21个社区居委会和23个社区股份合作公司。

【历史沿革】清初，客家人由闽迁粤，在老围（后称水围）、上下岭排围、新围、罗屋围、黄麻埔等地定居，开创“大船坑”村，该村是龙华较大的客家村落。随后数年，吴姓、刘姓客家人自广东五华迁入，借鉴“大船出海鱼浪口”的美好寓意开创了“浪口”村。1949年10月，宝安县解放，从“大船坑”和“浪口”两个大村中各取一字成立新乡，是为“大浪乡”，属宝安县第三区（观澜区）。1958年后，成立大浪大队，属宝安县观澜/龙华人民公社；1986年，成立大浪行政村，属宝安县龙华镇管辖；1993年，宝安撤县设区，大浪境域属宝安区龙华镇；2004年，龙华镇改为龙华街道，属宝安区。2006年4月，作为市委市政府街道区划调整与管理体制创新试点，龙华街道拆分，设立大浪街道办事处，属宝安区管辖；2011年12月，成立龙华新区，大浪街道办事处从宝安区分出，划归龙华新区。2012年1月，更名为大浪办事处。

【人口语言】大浪街道辖区原住民大部分为南宋和明朝末期，中原地区汉族人口为躲避战乱而迁徙至湘、赣等地，辗转梅州、潮汕、闽南作为客家人而定居于此，客家方言为域内通用语言。改革开放后，外来人口增多，普通话与各种方言成为主要交流语言。大浪街道人口逐年增加，2023年年末，大浪街道总人口55.8万人，其中户籍人口8.3万人、非户籍人口47.5万人、常住人口42.7万人。

【自然资源】大浪街道辖区面积37.84平方千米，拥有丰富的山水资源。年平均雨量1926.3毫米，雨量丰沛。辖区内有茜坑水库（茜坑水库部分区域位于福城街道）、高峰水库、赖屋山水库、冷水坑水库、石凹水库、大坑水库6座水库，总库容为2961.69万立方米（不计茜坑水库的总库容为979.69万立方米）。大浪辖区主要河流有大浪河与龙华河，属观澜河流域，观澜河是珠江水系的东江支流，最后通过石马河汇入东江。此外有龙华河的一级支流高峰水和二级

支流冷水坑水。大浪河流水源补给以降雨为主，属于雨源性河流。大浪街道西南部为阳台山森林公园，北部为泥头山，园林绿地面积16.97平方千米。

【地貌地质】大浪街道地貌类型以丘陵、台地为主，西南部为阳台山，北部为泥头山，中部、东部为台地，地势西高东低、南高北低，起伏和缓。辖区内山体总面积14.7平方千米，约占总面积的38.8%；地层岩性大部分为早白垩世中心村单元中粒斑状角闪黑云母二长花岗岩，北部区域为早白垩世坪田凸单元粗中黑云母二长花岗岩及侏罗系下统金鸡泥岩、砂岩、页岩，局部区域第四系全新统砾砂、淤泥质砂、砂质黏土、淤泥、黏土、淤泥质黏土。地质构造，街道范围内有F3341断裂（水田断裂）、F3421断裂、F4911断裂（大岭断裂）及其他不明断裂通过。

【发展特色】当前，大浪街道初步形成了“时尚引领+生态宜居+数字赋能+人文荟萃”融合发展、开放多元、独具特色的IP体系。时尚产业集聚，大浪时尚小镇是广东省首批特色小镇创建工作示范点和湾区唯一一个时尚特色小镇，已获得“中国品牌服装名镇”“国家外贸转型升级示范基地”“全国时尚服饰产业知名品牌示范区”“广东省首批特色小镇创建示范点”等荣誉。数字基础雄厚，围绕“数字龙华”和“一圈一区三廊”的战略定位，初步形成了计算机通信、电子制造、纺织服饰等核心支柱产业集聚优势，形成数字经济、数字城区、数字治理“三位一体”的协同发展格局。生态环境优越，拥有全区最多的水库和公园、最长的绿道和最高的绿化覆盖率，依托“山水润城”的资源禀赋，形成了以地铁6号线为主轴，石凹和阳台山2条绿道环绕，时尚小镇、商业中心、阳台山3片区域相连，5条河道错落分布的“一轴两道三极五带”生态网络。人文底蕴丰厚，客家文化、时尚文化、红色文化、青工文化荟萃，国家级非物质文化遗产“大船坑麒麟舞”、阳台山山歌大赛、百年虔贞女校、全国首个“客家文化体验中心”、深圳首家“客家麒麟博物馆”等文化品牌丰富亮眼。

经济发展

【概况】大浪街道辖区产业结构以现代工业企业为主导，初步形成以电子信息产业为支柱、时尚产业为特色及战略性新兴产业协同发展的产业格局。2023年，辖区规上工业总产值实现798.37亿元，同比增长4.79%；规上工业增加值同比增长11.4%（增速全区第二）；社会消费品零售总额实现264.39亿元，同比增长7.5%（增速全区第三），主要经济发展指标增速位居全区前列；固定资产投资完成额同比增长31.3%，增速再创五年新高。目前，辖区拥有工业园区208个，工业企业6141家，占全区（约2万家）的30.71%。

【时尚经济亮眼】大浪时尚小镇总规划面积11.97平方千米，核心区面积3.79平方千米，产业核心区1.08平方千米，包含19个工业园区、25个拿地企业；累计入驻时尚企业660家，其中“四上”企业78家、时尚总部企业11个；现有中国驰名商标6个、广东省名牌产品17个、广东省著名商标9个。2023年，小镇时尚产业规模以上工业企业产值达327.37亿元，已初步形成以时尚产业为核心，集研发、设计、销售、消费等为一体的时尚创意产业聚集区。目前，小镇已吸引、培育“金顶奖”大师8名、中国十佳服装设计师30名及时尚行业创意人才近千名，形成了以“金顶奖”大师为引领、以“中国十佳时装设计师”为中坚力量、以“青年设计师”为新锐力量的多层次设计师人才体系。

【产业链条完备】龙华区依托现有产业基础，结合数字经济、战略性新兴产业和未来产业发展方向，筛选明确区数字经济10大产业链群（工业互联网、区块链、人工智能、集成电路、新型显示、智能制造装备、消费互联网、时尚创意、数字文化、生命健康），以及区“11＋6”产业集群链群［包含11大战略性新兴产业链群（智能终端、半导体与集成电路、新能源、安全节能环保、网络与通信、精密仪器设备、高端医疗器械、智能传感器、工业母机、激光与增材、现代时尚）、6大未来产业链群（元宇宙、空天技术、区块链、细胞与基因、合成生物、可见光通信与光计算）］。2023年，除工业母机、元宇宙、空天技术、细胞与基因及合成生物产业等5个链群外，辖区企业在上述区产业链群及区产业集群链群中发挥重要作用。其中，在新型显示、智能装备制造、集成电路等产业链群，半导体与集成电路、网络与通信、智能终端等产业集群链群方面，优势较为突出。

【数字化转型稳健】大浪街道依托绿联、巨烽、科达利、爱都等重点企业，加快推进辖区智能制造、生命健康、新材料等战略性新兴产业发展，数字转型引擎作用日渐凸显。2023年，招引衡亿安、集度信息等13家规模级数字企业落户大浪，并推动中光电、奔霓诗等64家企业完成6.65亿元数字化、智能化改造投资，8家企业获区认定数字化转型标杆，促进质量效益双提升。数字化产业品牌集群初步成形，德泰工业园获评龙华区数字经济园区，华宝新能源成功上市并获“中国优秀工业设计奖”铜奖，赢领智尚入选“深圳市工业互联网标杆”，紫荆1号双创园获评“国家级孵化器”。

【企业培育有力】大浪街道多措并举完善企业梯度培育工作，研深研透重点行业、重点企业发展路线，助力企业成长壮大、推动产业集聚形成及产业链创新升级。先后培育上市企业12家（迁出6家）；2023年深度发掘、积极培育国家高新技术企业287家，居全区第一。龙华区2022年度百强企业中（含工业、商贸商务金融业、外贸业、中小微创新4项指标），大浪街道累计培育95家企业（外迁12家）。其中，工业百强企业中，大浪现有22家，迁出9家；商贸商务金融业百强企业中现有7家，迁出1家；外贸百强企业中现有21家，迁出2家；中小微创新百强企业现有23家，迁出10家。初步形成龙头企业“顶天立地”、中小微企业“铺天盖地”的发展格局。

【产业空间宽裕】大浪街道拥有工业园区208个（包含3个拟整备拆除园区：新围第一工业区、和发兴科技园、黄麻埔工业园），共计占地约414.28万平方米，厂房建筑总面积636.6万平方米；其中，占地面积1万平方米以上工业园区126个，总占地面积约375.5万平方米，厂房总建筑面积约555.5万平方米。此外，22家重点工业园区面积约22.47万平方米、空置面积6.45万平方米，空置率为28.68%。2023年，大浪街道大力实施“工业上楼”“工改工”计划，已完成4个园区的“工业上楼”建设，另有1个园区正在建设（建泰项目）、8个园区处于前期筹备状态，9个项目共计新增产业载体面积149.58万平方米。

【消费经济活跃】大浪街道消费经济以夜间经济、青年经济为主体，依托城市轨道交通及主次干道，串联大浪商业中心核心商圈、时尚小镇潮流商圈、“港铁天颂”生活商圈、社区消费密集点，形成“一体三圈多点”消费体系。其中，集购物、餐饮、娱乐、书吧、旅游观光、商务办公、金融服务、酒店等为一体的大浪商业中心获评市级“夜间经济示范点”，项目总占地面积近20万平方米，总经营面积约35万平方米，涵盖35栋物业、2条超500米步行街、2000多个停车位。当前，大浪商业中心合作品牌上千家，日均人流量约4万人次，高峰时期吸引游客近10万人，年营业额超20亿元。

城区品质

【概况】2023年，大浪街道在城区品质方面成果显著，推进多个城市更新项目建设以提升空间品质，道路交通方面，通车里程达216.3千米，有高速、快速路及轨道构成主干路网，开办停车场并增加停车位。生态环境上，绿化覆盖率高，绿道、公园、水库众多，市容环境测评表现出色。城区韧性方面，有水库、河道和积水点，设应急避难场所和应急管理服务站。

【城市更新】近年来，大浪通过城市更新方式供应居住用地面积约33万平方米，规划产业用房面积约160万平方米（其中建成、在建共125万平方米）。2023年，辖区结合交通、生态等资源禀赋，推进30处城市更新项目建设，其中龙胜旧村、英泰工业中心等14个项目已开工建设，科伟达项目处于用地报建审批阶段，上下横朗旧村等6个项目处于主体确认阶段，华昌路等9个项目处于专项规划编制报审阶段，另有24个项目处于计划申报或有更新意愿阶段，54个项目共计占地面积约330万平方米，进一步提升城区空间品质。

【道路交通】2023年，大浪街道辖区道路通车里程216.3千米，路网密度约5.7千米/千米^2，低于深圳市平均水平（9.8千米/千米^2）；慢行系统92.857千米（其中，人行道48.11千米，非机动车道44.747千米）。辖区内有2条高速纵横交错（沈海高速、龙大高速）、2条快速路贯穿全境（福龙路、深华快速路）、15条主干道呈网状分布（龙澜大道、布龙路、和平路、龙观路、华荣路等），以及3条轨道覆盖辖区［地铁四号线、六号线、二十五号线（在建）］，构成辖区主干路网，到达深圳市中心区、前海中心区、宝安机场30分钟，初步形成较为畅通的内部交通网络和外部连接通道。共开办220家经营性停车场，建设35343个停车位，新增加8家经营性停车场及近1500个停车位，人均拥有停车位数为0.0626个。

【生态环境】大浪街道持续突出“城区提质”，全力推动生态环境提升。辖区拥有深圳八景之一——羊台叠翠，全区最高的绿化覆盖率（44.05%，1667公顷）、全区最长的绿道（76.389千米）、全区最多的公园（31个）、全区最多的水库（6座）。其中，绿道里程包含省立绿道（大浪绿道）8.1千米、城市绿道（含阳台山环城绿道）41.592千米、社区绿道26.697千米；高峰水库在龙华区管辖15座水库中面积最大。2021年至2023年，辖区市容环境测评指数均位于全市前列、全区第一，并在2023年成为全区首个取得A+等次的街道。此外，2021年以来，辖区按照因地制宜、见缝插绿、应绿尽绿的原则，开展“转角遇见美”系列项目，打造38个城市“美丽街角”，增添市民喜闻乐见的公共绿色空间。

【城区韧性】大浪街道共有6座水库［高峰水库、赖屋山水库、石凹水库、大坑水库、冷水坑水库、茜坑水库（市管）］、5条河道（大浪河、龙华河、高峰水、冷水坑水、沙芋沥河）、2处积水点［大浪南路与华悦路交汇处（原万盛百货桥头）、三合新村牌坊］。街道设有31个应急避难场所（11个室外、20个室内），可容纳避险人员23485人；各级三防仓库配备抢险设备超2万件。同时，在工业园区、城中村、街面、公园等重点行业领域建设270个应急管理服务站（工业园和企业205个、城中村10个、校园52个、街面1个、公园1个、医院1个），持续提升安全韧性。

【安全生产】辖区划分22个安全网格，由15支巡查组日常巡查；纳管企业7936家，平均每个安全网格包含360家企业。在208个工业园区内建成“应急消防交通综合管理站”201个，覆盖率达96.63%，实现园区应急、消安、交安三合一的统一管理。此外，辖区共有一般生产经营单位5885家（含锂电池71家、粉尘涉爆32家、有限空间43家、高温熔融7家），“三小”场所13998家（新石社区2075家、大浪社区1476家、浪口社区1135家、水围社区1905家、同胜社区1546家、上横朗社区413家、华荣社区1494家、赖屋山社区759家、高峰社区1161家、陶元社区1472家、龙胜社区298家、龙平社区264家）。

民生服务

【概况】2023 年，大浪街道已形成区—街道—社区三级教育、医疗、养老服务体系，初步实现公共服务设施均衡协调分布，满足市民多元化生活需求。在幼有善育方面，街道有多家托育机构和幼儿园，学位基本能满足需求；在学有优教方面，辖区基础教育设施可提供充足学位；在病有良医层面，21 家医疗机构构成医疗卫生网络体系；在老有颐养方面，街道设有 27 家养老服务基础设施，包括街道长者服务中心、社区长者服务站和长者服务点；在住有宜居方面，多数城中村有城市管家进驻。

【幼有善育】大浪街道鼓励普惠托育服务多元化发展，不断完善行业自律和社会监督机制。2023 年内，辖区共有 8 家提供托育服务的机构，主要分布在龙平社区；可托位数 566 个、在托幼儿数 239 名，千人托位数 1.002 个。其中，千人托位数低于深圳市“十四五”规划文件目标——4.5 个/千人。此外，辖区现有幼儿园共 42 所，其中，公办 17 所，民办 25 所；可提供学位 2.82 万个，当前在园学生约 1.34 万人，幼儿园学位数基本满足居民需求。

【学有优教】2023 年，辖区现有基础教育设施共 20 所，其中公办学校 14 所（高中 1 所、九年一贯制 11 所、初中 1 所、小学 1 所）、民办学校 6 所（十二年制 1 所、九年一贯制 2 所、小学 2 所、外籍子女学校 1 所）；共计办学 1141 个班可提供学位 5.64 万个，当前在校学生总数约为 4.65 万人，在满足当前辖区常住人口需求的同时，可在一定程度上缓解临近片区学位压力。

【病有良医】2023 年，大浪街道建成医疗机构 21 家，其中医院 2 家、社康中心 19 家，呈平均分布态势，医疗卫生网络体系基本形成；但从人均拥有医疗资源来看，辖区社康人口覆盖率为 2.97 万人/家，未达到深圳市 2 万人/家的覆盖标准。此外，龙华区妇幼保健院提供床位 512 张、厚德医院提供床位 99 张，共计 611 张床位，每千人床位数为 1.08 张，未达龙华区卫生健康事业发展“十四五”目标（3.36 张/千人）。但 19 家社康中心建立家庭病床 941 张，可在一定程度缓解床位不足情况。

【老有颐养】2023 年，大浪街道初步形成“一中心多站点”联动服务模式，设有养老服务基础设施共 27 家，包含 1 家大浪街道长者服务中心、1 家社区长者服务站及 13 家长者服务点（又称“星光老年之家”）。此外，辖区开设了 15 处长者助餐点，为辖区 1042 位有就餐意愿的长者提供助餐服务。

【住有宜居】2023 年，大浪街道区域内共计有 64 个城中村。其中，有 12 个属于无物业城中村，在管理上面临一定挑战。为提升城中村的整体环境和管理水平，城市管家积极行动，通过顾问或接管等方式进驻 57 个城中村，涵盖 3 个无物业城中村。经统计，城市管家对大浪街道城中村的进驻率达到 89.06%，为推动大浪街道城中村的有序发展和居民生活质量的提升发挥了重要作用。

精神文化

【概况】2023 年，大浪街道在精神文化方面成果显著。公共文化设施不断完善，有图书馆、文化广场、文明实践所（站）等，体育设施分布均衡。多元文化精彩纷呈，如历史悠久的舞麒麟，分布于大船坑、石凹、赤岭头、元芬、龙胜等地。有虔贞女校、石凹炮楼等文化遗迹；还有《羊台山》杂志、“星光大浪”青工歌手大赛、阳台山全国实景山歌大赛、“大浪杯”中国女装设计大赛等文化品牌，丰富了居民精神文化生活，促进了文化传承与发展。

【文体设施完善】2023 年，大浪街道不断提升公共文化设施的“标准化、均衡化”发展水平，现设有图书馆 5 个，可提供阅读空间 1450 平方米，配有图书 11.5 万册；群众性文化广场 2 个，提供文化休憩空间 3.09 万平方米；街道级文明实践所 1 个，社区级文明实践站 9 个。当前，辖区共有 84 个公共体育设施，其中，包含 2 处户外智能健身房、20处健身路径、39处篮球场（17处村篮球场、12处工业园区篮球场、10处学校篮球场）、2处网球场、14处乒乓球场、7处足球场（2处工业园足球场、5处学校足球场），分布较为均衡。截至2023年年底，辖区文体设施用地面积合计约10万平方米，现状人均文体设施用地约0.18平方米。

【多元文化纷呈】①舞麒麟。舞麒麟在大浪地区历史悠久，其分布于大船坑、石凹、赤岭头、元芬、龙胜等地。其中，大船坑舞麒麟始于明朝嘉靖年间，至今已有400余年历史，2011年，大船坑舞麒麟被列入国家级非物质文化遗产名录，项目传承人为谢玉球；石凹舞麒麟活跃于石凹、水围、浪口一带，早在清康熙年间《新安县志·地理志》卷三就有记载，迄今有300余年历史。②虔贞女校。该校位于浪口社区东北角，1866年，德国巴色会牧师毕安来到浪口，建成基督教浪口堂；1878年，在村民吴基昌支持下，在其办私塾地方创办虔贞女校；2015年，大浪街道启动虔贞女校博物馆建设。③石凹炮楼。石凹炮楼建于清朝末年，楼高5层，曾是石凹村最高建筑物，主要用于防盗防贼，迄今100余年历史。1948年11月，中国人民解放军曾利用石凹炮楼作为指挥中心，指挥石凹村反击战并取得胜利。④《羊台山》杂志。2006年10月26日，大浪街道以“培育大浪文化特色，树立精品意识，繁荣文学艺术创作”为宗旨，创办《羊台山》杂志；2023年，《羊台山》改版，以“大浪温度、特区生态、在地质感”为宗旨，改版后的《羊台山》立足大浪，侧重龙华，面向全国，注重挖掘本土优秀作家作品。⑤“星光大浪”青工歌手大赛。大赛是以“关爱外来青工、创建和谐社会”为宗旨的自主文化品牌，自2010年创办以来，已开展10届，共接受近2万人次报名，辐射观众人数超500万人次，已成为大浪居民精神文化生活的一部分。⑥阳台山全国实景山歌大赛。大赛于2018年创办，是全国唯一性的实景山歌大赛和文化品牌活动，至2023年已成功举办6届；在保护非遗文化传承与弘扬的同时，对打造龙华人文名片、保护传承民族传统文化也起到重要作用。⑦“大浪杯”中国女装设计大赛。首届大赛于2011年3月至7月举办，至2023年，已连续举办13届；始终坚持以“东方”为设计主线，探索发扬中国传统美学的当代性与世界性的表达，并不断结合时代与行业的发展创新以及更新主题和赛制，目前，大赛已成为大浪时尚小镇的金字招牌。

党建引领

【概况】2023年，大浪街道党组织建设逐步完善，党工委管理党组织529个，党员4387人，“两新”党组织和党员数量全区最多，并创新探索非公企业“联帮带”组团模式。党群服务基本覆盖，有29个党群服务阵地，还建成亲邻之家和共治服务队。青年力量凝聚向上，建有多个团委和团支部，注册义工众多。工会服务有效覆盖，建会企业众多，采集会员信息丰富，设有众多服务站点和调解委员会，并聘请律师驻点服务，促进劳资关系和谐。

【党组织建设逐步完善】大浪街道党工委共管理党组织529个，党员4387人。其中，机关及驻街单位党组织18个，党员300人；社区党组织126个，党员1801人（其中城中村党支部50个，党员449人）；“两新”党组织385个，党员2286人（其中小镇党组织29个，党员216人；大浪商业中心9家，党员51人），“两新”党组织、党员数量均为全区最多。此外，街道注重培育特色党建品牌。2020年6月，创新探索非公企业“联帮带”组团模式，按照“地域相邻、示范带动、产业相融”原则整合区域资源优势，由示范型非公企业党组织担任“团长”，联系若干个非公企业党支部组队建团，组建8个党建团队，纳入86家非公企业党组织，推动非公经济发展，获评2023年深圳党建引领基层治理十大优秀案例。

【党群服务全面覆盖】2023年，大浪街道共有党群服务阵地29

个，包含1个街道级党群服务中心、9个社区级党群服务中心、2个居委会级别党群服务中心、12个党群服务V站及5个园区党群服务中心。此外，还建成18个亲邻之家、47支邻里共治服务队，有效激活“神经末梢”。

【青年力量凝聚向上】2023年，大浪街道建有团委18个（含12个社区团委、6个“两新”团委），团支部233个，注册义工45928名、义工联活跃的会员组织81家、志愿服务阵地2个（劳动者广场的城市U站、大浪绿道的绿道义栈）。

【工会服务有效覆盖】2023年，大浪街道有建会企业679家，其中百人以上建会企业150家，25～99人建会企业（含25人以下单独建会企业）529家；工会联合会委员会15个（其中，社区工会联合会委员会12个），采集会员信息9.4万条，工会组织覆盖面进一步扩大。此外，辖区现有区级暖蜂驿站1个、街道级职工服务中心1个、社区/园区级职工服务站4个、重点企业职工之家17个、职工大食堂11个、职工书屋10个、暖蜂窗口17个；在重点企业成立88个基层工会劳动争议调解委员会，聘请专业律师驻点服务，多措并举促进劳资关系和谐稳定。

（陈琦）

组织机构

【2023年大浪街道党工委、街道办事处领导成员任职情况】

姓名	职务
梁　嘉	党工委书记
文良方	党工委副书记、办事处主任
余长秀（女）	一级调研员
魏　冬	党工委副书记（2023年1月起）、人大工委主任人选（2023年1月起，2023年5月止）、人大工委主任（2023年5月起）
熊　斌	党工委副书记、政法委员、三级调研员、综合治理办公室主任（2023年5月止）
梁毅恒	党工委副书记（2023年5月起）、政法委员（2023年6月起）、二级调研员（2023年5月起）
罗春晌	党工委委员、二级调研员，挂任紫金县委常委、副县长
余　海	党工委委员、三级调研员、应急管理办公室主任，挂任东兰县委常委、副县长（2023年6月起）
曾志勇	党工委委员、三级调研员（2023年8月起）
刘　武	党工委委员、三级调研员（2023年2月起）、党建工作办公室主任
张文锋	党工委委员、统战委员（2023年9月起）、三级调研员（2023年7月起）、城市建设办公室主任
黄良杰	党工委委员（2023年8月起）、人民武装部部长（2023年9月起）
张琴望	党工委委员、纪工委书记、区监委派出大浪街道监察组组长、四级高级监察官（2023年8月起）
刘文胜	办事处副主任（2023年8月止）、党工委委员（2023年8月起）

（续上表）

姓名	职务
李　涛	办事处副主任、三级调研员（2023年8月起）
胡舸磊	办事处副主任、三级调研员（2023年9月起）
刘恒润	办事处副主任
陈艳玲（女）	办事处副主任
蒲　涛	综合行政执法办公室主任（2023年5月止）
方志平	综合行政执法办公室主任（2023年9月起）
黄木秀	党工委委员、人民武装部部长（2023年7月止）、二级调研员
谢秉波	党工委委员（2023年7月止）、统战委员（2023年1月起，2023年7月止）、二级调研员、经济服务办公室主任（2023年7月止）
游植煌	党工委委员（2023年7月止）、三级调研员
段晓霞（女）	三级调研员
曹宇昕	四级调研员（2023年7月止）、三级调研员（2023年7月起）
李立维	四级调研员（2023年11月止）、三级调研员（2023年11月起）

【2023年大浪街道办事处各部门（中心）主要负责人任职情况】

姓名	性别	出生年月	籍贯	职务	任现职时间
周三清	男	1978年11月	湖南安乡	纪工委副书记（正科级）、一级主任科员、区监委派出大浪街道监察组副组长、一级监察官（2023年7月起）	2021年2月
谷兴华	男	1981年11月	湖南耒阳	党政综合办公室副主任（正科级）、一级主任科员［党政综合办（办公室）主要负责人］（2023年9月止）	2020年9月
李志凌	女	1976年10月	河北武邑	党建工作办公室副主任（正科级）、四级调研员（组织人事办主要负责人）（2023年10月止）；党政综合办公室副主任（正科级）、四级调研员［党政综合办（办公室）主要负责人］（2023年10月起）	2023年10月
张　帆	女	1988年10月	湖南常德	综合行政执法办公室执法三中队副中队长（副科级）（2023年10月止）、三级主办（2023年7月起，2023年10月止）；城市建设办公室副主任（副科级）、三级主任科员（2023年10月起，2023年12月止）［党政综合办（统战政协）主要负责人］（2023年7月止）；［党政综合办（统战）主要负责人］（2023年7月起，2023年12月止）	2023年10月

（续上表）

姓名	性别	出生年月	籍贯	职务	任现职时间
李玮璇	女	1990年10月	广东梅州	党政综合办公室副主任（副科级）、三级主任科员（2023年7月起） （人大工委办主要负责人）（2023年7月止）；［党政综合办（人大政协）主要负责人］（2023年7月起）	2022年4月
叶小燕	女	1980年6月	广东惠阳	党政综合办公室副主任（正科级）、一级主任科员 ［党政综合办（财务管理）主要负责人］	2020年9月
曾国璋	男	1977年4月	广东深圳	市政管理服务中心主任（七级管理岗） ［党政综合办（机关事务）主要负责人］	2021年6月
钟　芬	女	1983年9月	广东五华	党建工作办公室副主任（正科级）、一级主任科员、小镇党委专职副书记	2020年9月
汪丹丹	女	1984年5月	湖南桂阳	公共服务办公室副主任（正科级）（2023年10月止）；党建工作办公室副主任（正科级）（2023年10月起） ［公共服务办（卫健计生）主要负责人］（2023年10月止）；（组织人事办主要负责人）（2023年10月起）	2023年10月
周文洁	女	1980年7月	浙江海盐	党政综合办公室副主任（副科级）、三级主任科员（2023年11月止）；公共服务办公室副主任（正科级）（2023年11月起） ［党建工作办（宣传）负责人］（2023年9月止）；［公共服务办（社会事务）主要负责人］（2023年9月起，2023年10月止）；［公共服务办（公共服务）主要负责人］（2023年10月起）	2023年11月
陈新成	男	1978年6月	河南泌阳	党建工作办公室一级主任科员 （总工会负责人）	2022年11月
梁淑珍	女	1989年8月	广东广州	党建工作办公室三级主任科员 （团工委主要负责人）	2022年8月
甘飞玲	女	1974年11月	江西临川	党建工作办公室一级主任科员 （妇联主要负责人）（2023年5月止）	2022年4月
郑雪峰	女	1984年10月	湖北松滋	党建工作办公室副主任（副科级）、三级主任科员 （妇联主要负责人）（2023年5月起）	2020年9月
汪静雅	女	1988年10月	安徽青阳	公共服务办公室副主任（副科级）、三级主任科员（2023年11月止）；党建工作办公室副主任（正科级）（2023年11月起） ［公共服务办（社会事务）主要负责人］（2023年9月止）； ［党建工作办（宣传）主要负责人］（2023年9月起）	2023年11月

（续上表）

姓名	性别	出生年月	籍贯	职务	任现职时间
蒋作平	男	1984 年 4 月	安徽岳西	公共服务办公室副主任（副科级）、三级主任科员 ［公共服务办（劳动管理）负责人］	2022 年 8 月
刘江伦	男	1976 年 8 月	河南邓州	公共服务办公室副主任（正科级）、四级调研员（2023 年 3 月止）；综合治理办公室副主任（正科级）、四级调研员（2023 年 3 月起） ［综合治理办（综治维稳）主要负责人］	2023 年 3 月
赵　磊	男	1982 年 11	湖北天门	综合治理办公室副主任（正科级）、一级主任科员（2023 年 3 月止）；公共服务办公室副主任（正科级）、一级主任科员（2023 年 3 月起）； ［综合治理办（交通安全）主要负责人］	2023 年 3 月
龙燕倩	女	1970 年 1 月	湖南益阳	综合治理办公室副主任（正科级）、四级调研员 （司法所主要负责人）	2020 年 11 月
高　焱	男	1972 年 4 月	辽宁昌图	综合行政执法办公室执法一中队一级主办 ［应急管理办（应急三防）主要负责人］	2020 年 11 月
董群堂	男	1973 年 6 月	山东安丘	应急管理办公室副主任（正科级）、一级主任科员 ［应急管理办（安监）主要负责人］	2021 年 7 月
王　振	男	1986 年 7 月	江西南昌	应急管理办公室副主任（正科级） ［应急管理办（消安）主要负责人］（2023 年 2 月起）	2022 年 6 月
黄成亮	男	1984 年 10 月	湖北宜都	综合治理办公室副主任（副科级）、三级主任科员（2023 年 3 月止）；应急管理办公室副主任（副科级）、三级主任科员（2023 年 3 月起）；人民武装部干事	2023 年 3 月
陈文彬	男	1977 年 11 月	广东揭阳	综合行政执法办公室城市管理科科长、一级主办（2023 年 10 月止）； 城市建设办公室副主任（正科级）、一级主任科员（2023 年 10 月起）； ［城市建设办（城建）主要负责人］（2023 年 10 月起）	2023 年 10 月
吴文杰	男	1980 年 10 月	广东四会	市政管理服务中心管理岗位九级职员 ［城市建设办（前期）主要负责人］	2021 年 6 月
黄大伟	男	1973 年 10 月	广东龙川	经济服务办公室副主任（正科级）、四级调研员 ［经济服务办（经济服务）主要负责人］	2020 年 9 月

（续上表）

姓名	性别	出生年月	籍贯	职务	任现职时间
杨　晶	女	1984 年 11 月	黑龙江哈尔滨	经济服务办公室副主任（副科级）、三级主任科员［经济服务办（集体资产）主要负责人］	2020 年 9 月
骆旺东	男	1973 年 10 月	湖南望城	综合行政执法办公室综合科科长、一级主办	2020 年 9 月
麦跃年	男	1972 年 9 月	广东深圳	城市建设办公室副主任（正科级）、一级主任科员［城市建设办（城建）主要负责人］（2023 年 10 月止）； 综合行政执法办公室城市管理科科长、一级主办（2023 年 10 月起）	2023 年 10 月
吴　威	男	1983 年 2 月	湖南津市	综合行政执法办公室执法一中队中队长（正科级）	2022 年 8 月
邱继强	男	1983 年 3 月	湖南涟源	综合行政执法办公室执法二中队中队长（正科级）	2022 年 8 月
杨爱轩	男	1971 年 10 月	江西修水	综合行政执法办公室执法一中队一级主办 （执法三中队主要负责人）（2023 年 4 月止）	2022 年 4 月
张楚勇	男	1973 年 2 月	广西北流	综合行政执法办公室执法一中队二级主办（2023 年 7 月止）；综合行政执法办公室执法一中队一级主办（2023 年 7 月起） （执法三中队主要负责人）（2023 年 4 月起）	2023 年 7 月
杨桂瑶	女	1974 年 12 月	广东揭西	党群服务中心（社区网格管理中心）主任（七级管理岗） （党群中心主要负责人）	2021 年 6 月
黄　武	男	1971 年 9 月	广东惠州	党群服务中心（社区网格管理中心）七级管理岗领导职务干部 （网格中心主要负责人）	2021 年 6 月
杨伟雄	男	1971 年 10 月	广东深圳	建设工程事务中心（土地整备中心）主任（七级管理岗）、六级职员（2023 年 12 月）	2021 年 6 月
林伟正	男	1975 年 12 月	广东潮阳	市政管理服务中心副主任（八级管理岗） （市政中心主要负责人）	2021 年 6 月

【2023 年大浪街道办事处社区党委、工作站主要负责人任职情况】

姓名	性别	出生年月	籍贯	职务	任现职时间
廖俊淇	男	1976 年 9 月	广东深圳	党群服务中心（社区网格管理中心）七级其他管理岗职员 （大浪社区党委书记、工作站站长）	2021 年 11 月
郑仕仁	男	1969 年 8 月	广东深圳	新石社区党委书记、工作站站长（2023 年 9 月止）	2017 年 6 月
杨日亮	男	1980 年 3 月	广东河源	经济服务办公室二级主任科员（2023 年 7 月止）；经济服务办公室一级主任科员（2023 年 7 月起） （新石社区党委书记、工作站站长）（2023 年 11 月起）	2023 年 7 月
刘丽雄	男	1975 年 7 月	广东深圳	浪口社区党委书记、工作站站长（2023 年 1 月起）	2022 年 12 月
赖炯华	男	1984 年 7 月	广东兴宁	党建工作办公室副主任（正科级）、一级主任科员 （水围社区党委书记、工作站站长）（2023 年 1 月起）	2022 年 4 月
樊文博	女	1985 年 3 月	内蒙古包头	党群服务中心（社区网格管理中心）副主任（八级管理岗） （赖屋山社区党委书记、工作站站长）（2023 年 1 月起）	2021 年 6 月
李天柱	男	1980 年 6 月	广东五华	综合行政执法办公室副主任（正科级）、一级主办 （华荣社区党委书记、工作站站长）（2023 年 1 月起）	2022 年 4 月
何葆林	男	1978 年 10 月	湖南新邵	应急管理办公室二级主任科员 （同胜社区党委书记、工作站站长）（2023 年 1 月起）	2022 年 8 月
张冠灵	男	1967 年 10 月	广东深圳	上横朗社区党委书记、工作站站长（2023 年 1 月起）	2022 年 12 月
陈　燕	女	1974 年 12 月	江苏江都	应急管理办公室一级主任科员 （高峰社区党委书记、工作站站长）	2021 年 7 月
郑伟雄	男	1969 年 7 月	广东深圳	党群服务中心（社区网格管理中心）七级其他管理岗职员 （陶元社区党委书记 、工作站站长）	2021 年 6 月
刘国君	男	1978 年 4 月	广东惠阳	市政管理服务中心七级其他管理岗职员 （龙胜社区党委书记、工作站站长）	2021 年 6 月
陈贵平	男	1972 年 11 月	江西丰城	综合行政执法办公室执法二中队四级高级主办 （龙平社区党委书记、工作站站长）	2020 年 11 月

（组织人事办）

党务

党的建设

【概况】2023年，大浪街道积极开展党的建设工作，深入开展学习贯彻习近平新时代中国特色社会主义思想主题教育，开展“乘风破浪再起航　奋斗筑梦新征程”浸润式奋斗主题党课、“行走的党课”等特色党课献礼“七一”，新建城中村党支部36个、物业小区党支部1个、“两新”党支部65个，优化调整城中村党支部12个，实现城中村单独组建率80%以上、物业小区单独组建率100%，“联帮带”组团党建模式获评“2023年深圳党建引领基层治理十大优秀案例”，完成18个“亲邻之家”建设，打造“一社区一特色”党群服务品牌项目40个，针对性开展系列亲邻便民服务活动3458场。

2023年6月17日，益企直播间“直播带货·助企增收”直播带货活动（组织人事办供图）

【思想政治建设】2023年，大浪街道推动学习贯彻习近平新时代中国特色社会主义思想主题教育全过程环环相扣、层层深入，构建“1+2+7”工作体系，一体贯通落实理论学习、调查研究、推动发展、检视整改各项重点举措。组织处级以上领导干部开展7天读书班集中学习。街道领导带头讲党课15场次，整治制约街道改革发展的15项突出问题，确定调研课题17个，转化成果56项。发放主题教育学习书籍1.36万册，指导各基层党组织结合“三会一课”交流研讨2664场次、党组织书记讲专题党课424场。制订“七一”系列活动方案，策划开展沉浸式奋斗主题党课、“行走的党课”等特色党课，丰富理论学习形式，锤炼党员党性修养。

2023 年 8 月 5 日，大浪街道举行"幸福生活节"暨社团文化集市活动（组织人事办供图）

【"两新"党组织建设】2023 年，大浪街道深耕"联帮带"组团党建模式，引导各个团的支部开展书记茶话会、供需交流会、"游红色航线 树行业新风"主题党日等活动 12 场，组织举行"党建引领 共谋发展""党建聚合力 携手共发展"等 5 场"两新"书记茶话会和 5 场"益企学"赋能培训，在大浪时尚小镇创建"益企直播间"，为 22 家品牌 121 个产品提供直播带货，成立"益·直播"传帮带导师团，组织开展网络主播行业规范、网络直播盈利行为规范培训，开展"充电计划""移动尚学院"系列培训 62 场，培训 860 余人次。实施商圈党建十项行动，组建"后浪先锋服务队"和"诚信商圈联盟"，开展业态融合活动 5 场，成立"爱心商户荟"，建立商圈直播共享驿站预约使用制度，开展"数字学堂"培训 3 期，服务近 90 家商户，开展商圈"公益服务日"等活动 6 场次。

【党群阵地服务】2023 年，大浪街道优化调整党群服务阵地布局，对 6 个党群服务阵地进行摘牌，调整 8 个党群服务阵地用途，推进 18 个"亲邻之家"建设，打造以亲邻元素为主题的党建示范点 12 个，打造"一社区一特色"党群服务品牌项目 40 个，组织党员、志愿者、家长、学生等群体成立"邻里互助帮帮团"志愿服务队伍，设置"亲邻服务日"，针对性开展系列亲邻便民服务活动 3458 场。

（黄丽萍）

宣传工作

【概况】2023 年，大浪街道开展学习宣传贯彻党的二十大精神宣讲系列活动，原创具有大浪特色的宣讲剧《向往的幸福》，以"文艺轻骑兵"形式到基层巡演，受到社会各界的广泛好评。全年在媒体刊播大浪新闻报道 3978 篇次；第六届阳台山全国实景山歌大赛决赛和颁奖歌会由龙华区融媒传播矩阵支持，在境内外多个平台同步开启线上直播，扩大了赛事知名度。持续推行全国文明城市创建三大专项提升行动，用心抓好文明实践阵地建设，打造"15 分钟文明实践生活圈"。

【党的二十大精神宣讲】2023 年，大浪街道开展学习宣传贯彻党的二十大精神宣讲系列活动，紧紧围绕理论宣讲和文艺浸润两条主线开展教育工作。邀请省、市专家及党校名师开展授课，并依托新时代文明实践阵地举办学习宣讲课堂，共计开展理论宣传宣讲 150 场，覆盖超 6 万人次，获得《人民日报》《南方日报》等多家权威媒体报道 50 余篇次。原创具有大浪特色的党的二十大精神宣讲剧《向往的幸福》，以"文艺轻骑兵"形式到基层巡演，在辖区巡演 10 余场次，受到社会各界的广泛好评，获得《人民日报》《南方日报》等多家权威媒体报道，吸引超 4 万人次关注。

【理论学习】2023 年，大浪街道依托党工委"第一议题"学习，通过专家授课、学习研讨等方式，开展理论中心组学习 26 次。扎实做好"学习强国"定期督学工作，每周对各单位、各社区学习情况进行通报。举办"悦读尚学，书香大浪"学习强国学习达人线下挑战赛，评选出年

2023 年 8 月 5 日，学习宣传贯彻党的二十大精神浸润式宣讲剧《向往的幸福》活动现场［党建工作办（宣传）供图］

2023 年 11 月 17 日，大浪街道举办“悦读尚学，书香大浪”学习强国线下挑战赛［党建工作办（宣传）供图］

度十佳学习达人和优秀学习集体，在单位内选树优秀榜样典型，营造比学赶超的良好学习氛围。同时，积极做好“学习强国”供稿工作，共获“学习强国”平台采稿 24 篇次。

【文明城市建设】2023 年，大浪街道以务实的工作举措深入推进文明城市创建，建立“街道—社区—片区—网格—楼栋格—楼栋”联动工作体系，以“社区吹哨、部门报到”机制助推问题发现与解决，形成闭环处置机制；全力推进深化创文三大专项提升行动，针对辖区背街小巷飞线、电箱围挡、井盖破损问题多发情况成立专项整治行动小组，印制《大浪街道深化文明城市创建三大行动工作方案》，统筹各相关部门共同推进城市环境提升，全年飞线整治行动共剪废线约 2.6 吨，对 77 栋居民楼重新打孔、布线；完成围挡提升 23 个、井盖整改 734 个。精心抓好文明实践阵地建设，依托 10 个新时代文明实践阵地，每月开展“学习实践科学理论、宣传宣讲党的政策、培育践行主流价值、丰富活跃文化生活、持续深入移风易俗”五大主题活动，打造“15 分钟文明实践生活圈”。2023 年共开展活动 1761 场，参与居民累计 74823 人次。

【对外宣传】2023 年，大浪街道结合党的二十大精神宣讲、高质量发展、时尚微马、星光大浪、青年定向越野等重点工作，讲好大浪故事。年内，共刊登有关大浪街道的新闻稿件 3915 篇次，其中人民号 126 条、“学习强国”平台 24 条。结合时尚微马、星光大浪、阳台山全国实景山歌大赛、高质量发展等重点、亮点工作开展系列宣传报道。其中，第六届阳台山全国实景山歌大赛决赛和颁奖歌会，由龙华区融媒传播矩阵支持，在境内外多个平台同步开启线上直播，扩大赛事知名度。此外，还获得《人民日报》《央广国际》《南方日报》《深圳特区报》等多家权威媒体平台报道，累计共吸引超 490 万人次关注，受到社会各界的广泛好评。制作街道形象宣传片，全方位展现大浪时尚魅力、经济发展、生态宜居、人文荟萃的独特风采，并采用中英双字幕展现形式，提升对外形象。制作“大浪旅行家”系列宣传、大浪美食打卡视频《大浪滋味行》、大浪文旅地标推介视频《大浪漫步计划》，制作“大浪旅行家”手绘地图、打卡攻略推文，打造大浪精品文旅线路。

【宣传阵地管理】2023 年，大浪街道紧抓线上宣传阵地主动权，整合主流媒体、门户网站、视频平台等资源，对街道重点工作、亮点成绩进行宣传，获龙华区融媒传播矩阵采用视频 58 条，“学习强国”平台发布 24 条。正式启动“时尚 +”网络正能量传播志愿联盟，凝聚时尚企业传播合力，发动各时尚企业积极传播弘扬正能量内容的各类新媒体信息，生动展现大浪街道文明、时尚、和谐的美好风尚。相关报道获《人民日报》《羊城晚报》《南方日报》等国家和

2023 年 12 月 22 日，大浪街道在石凹社区党群服务中心组织开展“诵读经典　共享文明”文明实践日主题活动［党建工作办（宣传）供图］

省区市主流媒体平台刊载报道。进一步规范物料审批流程，从源头加强事前把关，强化全周期把控，审批宣传物料 79 批次。完善公益广告规范建设管理，投放公益宣传框 3200 个，规范公益广告张贴管理。落实重大主题宣传，结合微马、文博会等重要时间节点，在沿路公交站台安装大型户外公益广告喷绘 15 处，更新围挡公益广告 348 平方米，建立户外宣传阵地台账，加强日常监管，定期开展户外电子显示屏专项巡查行动 30 余次，确保户外宣传阵地意识形态安全平稳。在《羊台山》杂志新辟专栏展现更浓“大浪味道”，深入校园进行作品征集，进一步传承和扩大杂志影响力，已出刊至第 69 期，并在辖区图书馆、书店提供“免费取阅”服务，获居民好评。实现“扫黄打非”基层站点在 12 个社区全覆盖，持续保持高压态势深入推进“扫黄打非”工作，确保文化市场规范有序。年内共出动巡查检查人员 776 人次，检查公共阅读阵地 15 个，检查校园周边出版物经营单位 17 家次，检查印刷出版企业 136 家次。大力开展“绿书签”“护苗行动”等宣传活动，引导青少年文明上网、健康阅读。

（赖锦韩）

纪检监察

【概况】2023 年，大浪街道紧紧围绕服务保障经济社会发展大局，坚持把优化营商环境、护航街道经济社会高质量发展作为监督重点，在辖区设立了 12 个营商环境监测点，组建了一支廉情监督员队伍，进一步完善基层监督网络；聚焦群众身边的“急难愁盼”，开展“二次装修”专项监督检查 43 次，出动人员 123 人次，电话回访 62 人次，发现相关问题线索 37 条、整改问题 12 个，发放《工作提醒函》10 份，持续形成强大震慑；持之以恒正风肃纪反腐，全年共收到各类问题线索 68 条，立案审查调查 48 宗共计 48 人，对受到诫勉以上处理的党员干部实行“跟进式”教育管理和“回访式”心理疏导，共 80 人次。扎实开展纪检监察干部队伍教育整顿，开展纪检监察干部队伍集中学习 43 次，落实“第一议题”制度学习 38 次，开展革命传统教育 2 次，参观廉政教育基地 2 次，开展警示教育 7 次。聚焦重点项目重点领域，开展财务审计项目 4 项，完成政府投资工程项目审计 23 个，揭示了重点领域风险隐患，督促被审单位完善制度 7 项，退回违规发放薪酬 500.43 万元、多计服务费 6.2 万元，发出《监察建议书》1 份，不断加强并完善纪审联动机制。

2023 年 11 月 2 日，大浪街道举行第一批营商环境监测点发布仪式暨廉情监督员集体授牌仪式（纪工委供图）

【政治建设】2023年，大浪街道始终坚持围绕中心、服务大局，全面压实领导干部政治责任，形成了一级抓一级、层层抓落实的责任体系，街道党工委专题研究党风廉政建设相关工作16次，坚定不移推动全面从严治党向基层延伸，以有力监督推动工作落实。大浪街道聚焦全面从严治党，高度重视巡察及整改工作，主动认领区委巡察组的反馈意见，精心制订整改方案，细化整改措施，严格落实问题整改销号制度。针对社区集体“三资”管理专项巡察反馈的3大方面25个具体问题，完成整改24个，基本完成整改1个；完善、修定制度8项，追回、退回资金7.8万元。针对综合行政执法领域专项巡察反馈的4大方面38个具体问题，完成整改37个，1个正在持续推进整改中；完善、修定制度9项。对区委巡察组移交的6条问题线索，从严从快进行核查，以“零容忍”的态度对违规违纪问题寸步不让坚决查处，对相关责任人给予谈话提醒4人次。围绕信访举报、诫勉谈话、问责、立案、受处分情况等重点内容从严进行审查，规范审慎回复党风廉政意见71批1600人次，提出廉政建议4人次。

【一体推进“三不腐”】2023年，大浪街道紧盯“四风”新动态，在传统节日重要节点发送廉洁提醒短信10324条，要求各单位严格落实中央八项规定精神，自觉抵制各种不正之风和奢侈浪费行为，持续加固思想堤坝。严格落实党内谈话制度，全年对存在苗头性、倾向性问题的党员干部及时开展提醒谈话269人次，对提醒谈话制度落实不到位的部门发放《工作提醒函》4份。注重从监督检查、审查调查、专项审计、舆情反映等方面发现问题线索，主动排查辖区党员干部和监察对象问题线索68条，已办结59条，全年立案审查调查48宗48人。对受到诫勉以上处理的党员干部实行“跟进式”教育管理和“回访式”心理疏导80人次，帮助受处分人员卸下思想包袱、轻装上阵，重拾干事创业的信心和激情，严管厚爱，做好审查调查“后半篇文章”。

2023年11月26日，大浪街道纪检监察干部到辖区“二次装修”现场开展明察暗访（纪工委供图）

【强化社会监督】2023年，大浪街道通过完善监督方式、推进监督管理“关口前移”，以强有力监督服务保障营商环境持续优化。街道组建专题调研组，采取实地调研、走访座谈、问卷调查等多种方式，深入调研辖区千余家企业及多个重点园区，全面了解辖区营商环境现状，先后与27名企业负责人进行座谈，发放并收回问卷1032份，收集有效问题50个；针对责任落实、行政审批、执法监管、公共服务、招商引资、助企惠企等6个方面，书面征求区级9个职能单位及街道各部门的意见建议，收集到意见建议7条，形成《大浪街道关于优化营商环境的调研报告》。出台《大浪街道设立营商环境监测点工作方案》，对监督对象、监督内容、功能定位、工作制度及运行管理进行明确。在辖区选择12家有代表性的商圈、园区、企业设立营商环境监测点挂牌运行，组建一支12人的廉情监督员队伍。2023年，通过电话、微信等途径收到问题线索10余条，社会监督发挥明显成效。

【“二小零”专项监督】2023年，大浪街道针对反映强烈的“二小零”备案问题成立工作专班，推动出台提升审批效率的优化措施，增加安全生产备案工作指引，实现备案审批时间同比缩短70%。同时，将街道纪检监察机关的监督举报电话印制在备案回执单上，建立反映问题、表达诉求“直通车”制度；同步设立线上营商环境监测点，在工程监管App上增加“廉政监督”模块功能。2023年，开展“二次装修”专项监督检查43次，出动人员123人次，电话回访62人次，发现整改问题12个，发放《工作提醒函》10份，发现相关问题线索37条，立案18宗18人，持续形成强大震慑。推动各相关部门结合“三定”方案认真梳理岗位职责清单，组织“二小零”及工程建设领域相关部门全面排查可能存在的履职风险点134个和廉政风险点96个，并有针对性地制定切实管用、操作性强的防控措施121条。

【纪审联动监督】2023年，大浪街道聚焦重点项目重点领域，开展2022年度预算执行情况审计、清拆专项资金审计、3个社区离任站长的经济责任审计，抽审街道2022年40个民生微实事项目、19个已完成的政府投资工程项目、4个城中村综合整治项目，揭示重点领域风险隐患。全年督促被审单位积极整改2022年审计中发现的问题，完善制度7项，退回违规发放薪酬500.43万元、多计服务费6.2万元，发出《监察建议书》1份。

【廉政宣传教育】2023年，大浪街道坚持从思想上固本培元，通过理论学习和案例警示，引导广大党员干部提高党性觉悟，增强拒腐防变能力。2023年，针对各部门各社区一把手、新入职年轻干部、资金和项目重点岗位等，开展“清风讲座”5期。持续深化“大榕树下——廉洁文化进社区”廉洁文化品牌，因地制宜开展各类廉洁文化宣传活动39场。积极挖掘运用本土红色资源，以“家风”为切入点和发力点，打造一个开放共享的廉洁文化教育示范阵地，通过习近平总书记关于家风建设的重要论述、文化名人优良家风事例、正反面典型案例、身边优秀家风事例等，引导辖区广大党员干部及其家属从中汲取营养，受到启发，切实筑牢反腐倡廉的家庭防线。

【干部队伍建设】2023年，组织街道党工委、社区党委主要负责同志结合主题教育，讲授党章党规党纪专题党课13次，全覆盖对党员干部进行集中纪律学习培训。聚焦“关键少数”，选取4位部门“一把手”在年度党风廉政建设工作会议上开展述责述廉，邀请辖区党代表、人大代表、政协委员参与评议并现场提问，强化对街道“关键少数”的监督；开展领导干部党章党规党纪教育培训，扎实开展纪检监察干部队伍教育整顿，2023年，开展纪检监察干部队伍集中学习43次，落实“第一议题”38次，开展革命传统教育2次，参观廉政教育基地2次，开展警示教育7次。

（吴丽）

信访工作

【概况】2023年，大浪街道排查受理各类矛盾纠纷12766宗，涉及13312人次，化解率100%，回复率100%。市政府“12345”公开电话投诉6985件，办结率100%，回复率100%。网上信件5781宗，办结率99.7%，回复率100%。大浪街道受理及上级交办的信件均按期办结，国家满意度件、省转件和市转件，按照“三到位一处理”原则办理，对上访人进行满意度回访，群众满意率92.12%。2023年内，赴省访23批61人次，进京访16批56人次。

【信访工作的组织】2023年，大浪街道党工委多次召开信访维稳部署会，传达各级信访维稳工作会议精神，对街道信访维稳工作进行部署，要求集中排查化解本

2023 年 6 月 20 日，大浪街道党工委书记梁嘉（左三）在街道综治信访中心开展接访活动（向飞文供图）

地区本领域突出风险隐患，对重点人员、重点群体进行排查防控，落实好值班备勤、信息报送、应急处置等各项工作要求，坚决堵塞风险漏洞。街道各部门通力合作，成功化解了深圳市创娱星空娱乐有限公司（6 号派对酒吧）劳资纠纷、深圳诗睿迪服饰有限公司劳资纠纷、深圳市迅豹聚能科技有限公司劳资纠纷等 58 宗较大纠纷，街道形势总体平稳。

【网上信访信息系统应用】2023 年，大浪街道群众诉求服务“光明模式”系统整体运行平稳。该系统基础建设部分按照建设标准进行设置；全年考核部分，完成新增 2 个群众诉求服务站点：新围新村服务点和上横朗新村服务点；群众诉求服务平台全年共受理各类矛盾纠纷案件 8426 宗，成功化解 8389 宗，化解率 99. 56%，其中基层治理上报案件数为 1239 宗。严格贯彻“社区发令，部门执行”的工作机制，社区发令累计 230 次，涉及事件 97 宗，已经化解 93 宗。印发《大浪街道群众诉求服务“小红格”工作方案》并开始实施，大浪街道按照“规模适度、无缝覆盖、工作量均衡”原则，将辖区科学划分为 78 个小分格，按照有牌子、有窗口、有人员、有制度、有台账、有信箱、有发令单、有群诉二维码等必备要素的“八有”规范标准，为格内居民常态化提供矛盾调处、投诉建议、心理咨询、法律咨询、帮扶救助等服务。截至 2023 年年底，小分格各项设施及人员配置已经全部完成并维持良好运作。

【领导接访】2023 年，大浪街道深入开展领导干部接访活动，提高解决群众矛盾的效率。根据领导接访日制度，大浪街道信访办制订了《2023 年度大浪办事处党政领导班子成员公开接访方案》，全年定期开展办事处班子领导干部公开接访 295 批 397 人，受理来访群众案件 295 宗，解决率 100%，回复率 100%。班子领导采取定点接访、重点约访、专题接访、带案下访、下基层接访、领导包案等多种方式开展接访工作，主动到一线走访、研判信访工作。街道每名党政领导干部每年包案化解 10 宗信访事项，全年街道共包案 110 余宗，包案解决了深圳市创娱星空娱乐有限公司（6 号派对酒吧）劳资纠纷等 58 宗较大的矛盾纠纷。年内，街道领导在辖区各社区共接待群众案件 59 批 167 人次，包案解决率 100%。

【基层信访建设】大浪街道基层信访工作注重化解涉及民生信访突出问题、建立社会治安综合治理机制、建立联防联控联动机制。依托网格化社会治理机制，街道划分为 78 个片区、547 个小网格、1580 个楼栋格，构建街道、社区、居委会三级信访排查工作网络体系，通过社区综治信访平台，社区综治员统一受理、梳理群众反映的各类诉求和矛盾纠纷，力争当场答复解决，推动矛盾纠纷解决高效化。年内，大浪街道各社区共排查各类矛盾纠纷 8426 宗，化解率 99. 56%。建立社会治安综合治理机制：发挥社区民警、警长、派出所、公安等法治建设主力军作用，年内由派出所等多方力量介入调解的各类纠纷 531 起，调解率 100%，双方当事人满意率 100%。推行“联动融合、多元共治”的思路：各部门联动，采取就地化解、就近调解的方式，构建“小事不出门、大事不出社区、矛盾不上交”的善治格局。年内，街道召开信访联席会议11次，化解重要敏感节点存在重大风险隐患各类纠纷，全年重大矛盾纠纷化解率为99.2%。

【信访工作人员培训】大浪街道组织全体信访工作人员学习《广东省依法分类处理信访诉求工作办法》《〈广东省依法分类处理信访诉求工作办法〉实施细则》《信访工作条例》；组织开展“沟通技巧在信访工作中的应用”“龙华区调解专题培训班”培训活动，提高信访工作者的专业技术水平和职业素养；组织信访工作人员参加区信联办举办的全省一体化信访信息系统专题培训，加强工作人员的信访专业知识储备。

【信访宣传】2023年，大浪街道积极做好信访宣传工作，印刷《信访工作条例》《禁止违法上访宣传册》《深圳市群众诉求服务指南》《公安部文件明确32种上访行为属违法犯罪》等宣传资料，制作信访内容展板，通过滚动播放宣传片、设置流动宣传展板、设立信访及政策咨询台、发放宣传单和宣传册等形式，引导群众依法依规理性、合法、有序上访。年内，通过各种宣传活动发放宣传资料7万余份，覆盖5.3万余人次。

（向飞文）

军事

【概况】2023年，大浪街道持续推进武装工作，兵役登记完成率100%，征兵任务完成率159%，其中大学生占比96.3%。落实民兵整组，按要求科学布局合理编组，党员和退役军人比例均超过编组要求。推进党管武装建设，高标准建成“军事陈列馆”，让全民国防教育既有深度又有广度，既有意思又有意义。2023年3月，被中共深圳市龙华区委员会授予嘉奖；5月被中共深圳市龙华区委员会、深圳市龙华区人民政府授予嘉奖；2023年大浪街道武装部（退役军人服务站）被评为“龙华区退役军人服务保障体系优秀服务站”；2024年2月，被广东省深圳警备区评定为“2023年度全面建设先进基层武装部”。

【党管武装深化】大浪街道党工委主要领导积极落实党管武装制度，强化制度建设。聚焦军政军民团结，有力有效开展双拥共建活动，改革创新推进军民融合深度发展，数字赋能塑造国防教育新模式，扎实筑牢党管武装工作根基。先后为部队办成了一批批实事难事：加固修整驻地部队周边危险边坡、协调部队与地方解决1起劳动纠纷、拆除部队营房周边违建厂房。

【征兵工作】2023年，大浪街道自征兵工作启动以来，广泛宣传、动员，发动适龄青年踊跃报名参军，紧盯大学生群体，组织熟悉大学毕业生情况的社区、股份合作公司工作人员及网格员进村入户精准动员。在上站体检前，大浪街道武装部召开座谈会，详细讲解体检注意事项，为应征青年答疑解惑。会后，实时跟进青年动态，引导其树立正确的思想观、身体观、苦累观，督促养成良好生活习惯。

【国防后备力量建设】2023年，大浪街道围绕民兵担负的使命任务，积极探索武装部党支部与街道应急办、执法二中队党支部及“两新”党组织融合发展，广泛动员符合编组的大型企业、商圈等，对点联系摸清民兵底数，按照“连有支部、排有小组、班有党员”要求，科学布局合理编组，优先把政治觉悟高的党员、退役军人、专业技术人员等纳编，经过持续梳理，整组民兵队伍党员占比30.9%，退役军人占比41.69%，专业对口率100%。坚持“以战领训、按纲施训、真抓实训”的原则开展基地化轮训，不断增强应急应战能力。

【拥军工作】2023年，大浪街道积极走访慰问辖区各部队，发放慰问品及现役军人家属优待费；各党支部开展形式灵活、丰富多样的双拥共建活动，加大拥军服务保障力度。开展国防教育进社区13场次、进园区8场次、进校园5场次，在辖区营造国防教育的浓厚氛围。严格实施“武装+退役”工作模式，建立常态化走访联系退役军人和现役军属机制，着力推进“一部一站”协作模式，打通服务壁垒，实现从军属优待到退役移交等基层双拥工作“一站式办公、一条龙服务、一次性办成”。

（周远达）

统战工作

【概况】 2023年，大浪街道以“思想上同心、目标上同向、行动上同行”为目标，始终坚持“大统战”工作格局，紧紧围绕“同心”主题，凝聚统战共识、贡献统战力量、彰显统战担当，团结带领大浪街道统一战线迈向新征程。

【大统战工作】 2023年，大浪街道坚持“党建+统战”工作思路。在街道层面，成立由街道书记任组长的街道统战工作领导小组；在社区层面，明确各社区党委书记为社区统战工作“第一责任人”，12个社区党委均配备统战委员，各社区完成统战服务室全覆盖。组织“同心研修院”系列学习活动，引导辖区统战人士和统战工作人员统一思想、统一意志、统一行动，先后开展经济、民族宗教、深港文化和国家安全专题学习活动，学习对象涵盖工商联、港澳台侨和新的社会阶层人士、社区网格员和统战工作人员340余人次。

【港澳台侨工作】 2023年，大浪街道充分发挥香港深圳大浪同乡会、大浪港人联谊会、侨联和龙华区台商协会团体作用，共同做好港澳台侨统一战线工作。在春节和中秋佳节，由街道统战委员带队，对辖区港澳台侨人士开展慰问走访，赠送慰问物资300份，共计6万余元；大力支持同乡会、联谊会开展节庆慰问、联谊交流、周年庆典、会员大会、外出学习等活动40场；街道书记和统战委员多次赴港指导与帮助社团开展工作，持续扩大社团影响力，会员数量取得较大增加。

【园区（楼宇）统战工作】 2023年，大浪街道积极指导园区开展统战工作，指导凯豪达和颐丰华统战示范点开展羽毛球活动、“益企行”活动、外出学习活动等20次，参与人员400余人次；联合小镇党委搭建平台，助力引进设计人才，打造“实习生推荐会”“时尚潮这看”“小镇设计汇”等品牌项目，积极开展“与光同行”520联谊交流活动、“益企直播间”等系列活动；成功创建颐丰华创新产业园和紫荆1号双创园为龙华区新的社会阶层人士统战工作实践创新基地。

【民族宗教事务】 2023年，大浪街道稳妥处置非法宗教活动，对辖区非法信教群众开展“一对一”教育帮扶，帮助他们融入社区、适应社会；协助开展“龙华红石榴”暨民族工作月系列活动4次，提供民族政策进社区、进园区，引导各民族群众牢固树立民族团结的观念，增强各民族同胞团结凝聚力；组织基督

2023年10月28日，大浪街道联合颐丰华实践创新基地开展“寻访红色故里　凝聚‘新阶’力量”活动［党政综合办（统战）供图］

教浪口堂开展宗教活动场所多场景综合性应急演练，协助深圳市基督教两会在基督教浪口堂举行“深圳市基督教中国化历史文化展厅”揭牌仪式，协助基督教浪口堂开展平安夜、圣诞节庆祝活动；基督教浪口堂获评广东省“坚持我国基督教中国化方向示范基地”，大浪街道浪口社区获评“深圳市民族团结进步互嵌式示范社区”。

【深港青少年交往交融】2023年，大浪街道开展“‘寻根故里 携手踏浪’——深港青少年同心夏令营活动”，通过5天4晚的同吃、同住、同学，为结对社区20对深港青少年搭建“零距离”交流学习平台；利用粤港澳大湾区建设契机，开展2场港澳青年5S研学活动，参加人数60余人次，推进深港澳同胞广泛交往、深度交融。

【民主监督工作】2023年，大浪街道党工委与民革龙华区总支继续保持对口关系，逐步完善对口联系民主监督工作制度；邀请民革龙华区总支参加大浪街道2022年度处级各党员领导干部民主生活会会前征求意见座谈会；邀请民革龙华区总支对街道文明城市建设工作开展专项民主监督，通过4次实地调研、2次深入访谈、250份问卷调查，形成监督报告，并开展监督工作成果协商会，进一步推动监督成果转化。

【龙华区新联会大浪街道分会】2023年，大浪街道设置大浪时尚小镇统战工作基地为龙华区新联会大浪街道分会场地，目前分会会员共94名，并配备专职秘书；邀请新的社会阶层人士参加趣味运动会、“同心研修院”，开展“‘凝’新聚力，同心未来”直播活动、“同心微课堂”、外出学习、建言献策培训等活动8次，进一步增强新的社会阶层人士的身份认同感、组织归属感。

（叶映婷）

人大工委

【概况】2023年，大浪街道积极组织人大代表、政协委员开展履职活动192次，代表委员参与人数1200人次。聚焦事关全局的重大问题和事关民生的难点问题开展监督、接访等工作，推动解决辖区群众急难愁盼问题42件。引导代表委员建言献策，提交代表建议51件、委员提案45件，办理方案和办理情况实现“双满意”。

【工作机制创新】2023年，大浪街道在龙华区率先成立协助立法联系点，创新搭建“1+5+N”工作机制，即成立一个调研项目组，面向五类调研对象开展N场走访调研活动，就深圳市人大立法项目《深圳市经济特区住房公积金管理条例》开展立法调研。大浪街道立法联系点通过市代表宋广军向深圳市第七届人民代表大会第四次会议提交《以龙华区民营企业劳资关系和谐状况走访调研——关

2023年8月8日，大浪街道开展纪念新安县建县450周年“同根·同源”深港青少年5S研学活动［党政综合办（统战）供图］

2023年2月9日，大浪街道开展代表学堂活动（人大工委办供图）

于改善劳动关系法律保护的建议》，并转化为立法建议。建立“社区书记＋代表委员＋选民”面对面创新机制，搭建一个平台，密切两个联系，用好三种履职形式（述职、接访、议事），进一步加强代表委员与群众，社区与联络站、联系点之间的联系。以辖区12个社区开展的书记茶话会为平台，一期一主题开展议事交流，为高质量社区治理工作提供重要参考。街道人大代表定期向选区选民述职，接访并收集选民诉求，梳理合理诉求和意见转达给相关部门，定期向群众反馈解决进度。推动解决大浪社区增设黄麻埔公交站、浪口一路路面修复、三合华侨新村三线整治、龙胜地铁站人车分流隔离带设置等民生实事12件，发挥好人大代表社区联络站、委员工作站“连心桥”作用。

【履职成效】2023年，大浪街道紧盯群众关心的就业、教育、道路交通等问题重点监督，推动阳台山绿道龙军花园后山段打通、龙华中学弘毅校区外广场灯光问题改善等民生事项42件；积极开展“人大政协＋”系列活动，围绕优化营商环境、交通安全、文体建设等主题，组织各级代表委员积极参与，在闭会期间提出相关意见建议，由职能部门现场回应或会后通过代表闭会建议提案、联系函、直通车平台转办；先后围绕经济发展、交通安全、教育发展等主题累计开展了5场“人大政协＋”活动，收集意见建议40条，推动解决问题25项；每月邀请代表委员走访联系点，收集民生问题，协调解决三合华侨新村部分楼栋燃气入户安装改造等群众反映强烈的热点难点问题；邀请代表委员参加街道民生微实事评审会，实现政府决策与群众需求的精准对接；号召代表委员积极履行社会责任，代表委员及妇女联合会界、社会福利界、经济界委员向交警中队、消防救援站、困难群众累计捐赠运动器材、装备、衣物等物资共约88万元。

【履职阵地建设】2023年，大浪街道积极落实龙华区政协委员工作站“1＋M＋N”机制；林立珂委员工作室获评龙华区唯一一家区级“优秀委员工作室”；新建何永有委员工作室。大浪街道为龙华区建成政协委员工作室数量最多的街道，为更好发挥政协委员的主体作用打下基础。

（何丽冰）

2023年9月13日，大浪街道开展龙华区人大常委会协助立法联系点（龙平联络站）建设暨立法项目组调研座谈会（人大工委办供图）

2023年11月1日，深圳市人大常委会选联任工委王京东视察三合华侨新村A2区飞线整治工程、恒大时尚慧谷交通提升项目情况（人大工委办供图）

政务

综合行政事务

【概况】2023年，大浪街道进一步规范办文办会程序，严控会议次数和规模，严把文件质量关，全年撰写党工委工作报告等各类文稿近300篇；开展多种方式的督查督办工作，处理回复区督查事项266次，跟踪落实区委区政府主要领导交办事项77项、区民生实事10项；主动公开信息4615条。

【办文办会】坚决保障会议材料规范，严控会议次数和规模，组织党工委会议60次，党政联席会议49次。对各类文件严格把关、跟踪负责，确保文件质量，共办理上级文件14000余份，内部请示2700余份。严格落实关于改进文风会风和精简文件方面的规定，实施精准发文，最大限度提高公文处理时效。

【督查督办】围绕中心工作和重点工作，处理回复区督查事项266次，跟踪落实区委区政府主要领导交办事项77项、区民生实事10项，其中区民生实事项目均已按期完成。共反馈“书记信箱”投诉50件。办理人大代表建议112件、政协提案50件，所有建议、提案均已按期回复，且满意度为100%，不断提升为人民服务水平。

【政府信息公开】2023年，大浪街道政府信息公开工作严格按照“公开为原则，不公开为例外”的总体要求，及时回应关切、解疑释惑，科普知识，适应新时代的新变化和新要求，依法依规全程公开政府信息，不断提高公开质量和实效。2023年主动公开信息4615条：通过政务网站公开700条，包括网站新闻动态公告类信息公开639条，各类重点工作5条，财政预决算信息4条，政府工作年度报告4条，信息公开工作年度报告1条，其他信息公开47条；刊登新闻3915条，包含纸媒937条，新媒体2886条，电视新闻92条。

【文稿及信息】坚持把写好文稿作为办公室工作的“主业”和“首业”，准确把握党工委、办事处的决策部署，始终紧贴理论前沿，紧跟政策形势，紧扣工作重心，年内高质量撰写党工委工作报告等各类文稿近300篇。及时向市、区上报街道各项工作进度概况、经验做法及意见建议，获省级刊物采用1条、市级刊物采用7条、《龙华信息》采用24条，获领导批示共3条。

【保密文件处理】坚持保密工作事事讲原则、讲程序、讲规范，认真做好涉密文件签收、办理、保管、清退、销毁等重点环节，环环压实做细，年内办理涉密文件741份（含540份内部文件），召开保密工作领导小组会议3次。坚持做好信息公开保密审查、涉密载体管理、计算机网络保密检查、保密宣传培训等工作，赴社区开展10场保密培训，为近两年新入职公职人员开展1次保密培训。年内检查街道重点部门计算机200台，坚决杜绝失泄密事件发生。

【政务服务】2023年，大浪街道提高政务服务水平，街道便民服务中心设置了24小时自助便民服务区，大厅内设咨询台、填表区、受理区、电脑自助区、等候区等，配置了自助终端机6台（6种类型），设有10个综合服务窗口及1个发证窗口，进驻的政务服务事项共145项，民生事项68项，涉及水务、燃气、社保等多项业务。年内，大浪街道便民服务中心共受理业务55913单，其中现场办理25149单，网上受理30764单；按受理单位分，街道便民服务中心受理约25990件，社区工作站受理约10934件；政务窗口共为1738人办理新引进人才配套租房和生活补贴业务。推动线下窗口向“互联网＋政务服务”线上窗口转变，加强工作人员政务服务信息化培训，促进工作人员“互联网＋政务服务”的观念转变，提高其利用网络信息技术处理公务、服务社会、服务企业、服务民众的能力，进而提高政务服务线上受理率、可办率和办结率。对民众也加大宣传力度，提高其对政务服务信息化的认知程度，引导民众逐步从传统线下窗口转向线上窗口。

（黄佳宜）

机关后勤服务

【概况】2023年，大浪街道全力做好后勤保障相关事宜，保障特殊情况下的后勤应急工作，稳步推进公共机构节能减排、街道党政机关办公用房管理，有序推进物业续租审批程序，加强公务用车日常使用管理。

【日常工作后勤保障】2023年，后勤保障工作方面，围绕街道中心工作，做好街道办公场所花草租摆及绿化养护服务项目政府采购工作。完成街道阅览室、一办主楼天台环境提升工作；在华荣社区三合华侨新村二区路面塌陷、台风“苏拉”等应急事件中为避难人员及工作人员提供保障服务，确保人民群众基本生活。在节能减排工作方面，围绕“十四五”规划，完成照明系统节能改造、水龙头节水改造、街道办公场所汽车充电桩安装及光伏电站建设；以全国节能宣传周为载体，从自身做起，提高全体机关工作人员对节能的认识。在办公用房管理方面，推进上横朗社区网格站和社区食堂、大浪社区工作站办公用房和社区党群中心等13处物业租赁审批程序；做好新设立社区工作站分社选址、物业场地租赁工作，上横朗社区工作站基本确定面积及单价，浪口及华荣社区另选政府物业作为办公场所；响应市区有关要求，抓好街道党政机关办公用房管理，在工务中心的支持下，逐步推进机关事业单位、社区工作站超标办公用房清查工作；落实办公用房安全隐患排查整治工作，对存在安全隐患的建筑进行修缮。在公务用车管理方面，落实龙华区车改办的自查整改工作，按程序完成39辆封存车辆的有偿转让工作，拍卖款已存入国库，相关固定资产已全部销账；落实龙华区机关事务中心关于新能源公务用车及充电桩使用管理自查自纠工作、加强公务用车日常使用管理工作，进一步完善制度，坚决杜绝“公车私用”“私车公养”等违规用车行为，规范日常公务用车的管理使用；完成编制内17台车辆报废工作、编外9台车辆报废及固定资产销账工作，有力推进“广东省公务用车管理平台”与“财政智慧资产管理系统”数据整理工作，逐步做到“账账相符”。在机关食堂日常管理方面，加强大浪街道一办、大浪社区等8个机关食堂的日常管理，将机关食堂勤杂服务项目及大浪社区工作站食堂勤杂服务项目两个项目合并招标，确保后勤保障服务工作的稳定和持续；做好脱贫地区帮扶产品采购工作，截至12月31日，已采购417.68万元产品，超额完成街道2023年采购指标金额(310.58万)，继续促进消费帮扶，巩固拓展脱贫攻坚成果。

（钟伟文　郑琬华）

应急三防工作

【概况】2023年，大浪街道积极开展应急三防工作。应急值班实行24小时值班值守制度，进一步修编完善街道总体应急预案；成功做好台风、暴雨防御工作，未发生人员伤亡及重大财产损失；为辖区55家商铺、场所配置“防水三件套”；对街道现有的9个社区三防仓库、31个室内外避难场所开展专项整治提升行动；为18个室内应急避难场所安装了54处高清监控摄像头，成功接入龙华区视频监控资源共享管理平台，实现场所情况实时监控，汛期场所正常开放运行；加强防灾减灾工作，完成了浪口、华荣、上横朗综合减灾社区创建工作。

【应急值班】2023年，大浪街道应急值班实行24小时值班值守制度，汛期落实24小时三防值守工作，街道不定时对相关部门和各社区工作站的值班值守情况进行检查，确保值班人员全部在岗在位。大浪街道应急管理办（应急三防）及时向街道党工委、龙华区委区政府总值班室和区应急管理局报送值班信息，传达街道党工委和上级指示要求，协同街道各部门严格落实应急响应机制，指挥处置辖区内的安全生产类、自然灾害类等突发事件以及防汛、防风、防旱等工作。2023年，共接报各类事件3575宗。

【应急预案】2023年，大浪街道进一步修编完善了街道总体应急预案，各相关职能部门共完成了22份专项应急预案及工作方案的修编完善工作，进一步健全社会预警体系及突发公共事件应急机制，形成统一指挥、功能齐全、反应灵敏、运转高效的应急机制。开展各类应急演练活动，共开展危险化学品事故、反恐防暴、有限空间作业、食品安全事故、山洪灾害、路面坍塌等应急演练10场次，增强对突发事件现场处置和救援能力。

【三防工作】2023年，大浪街道成功做好台风、暴雨防御工作。成功组织黄色以上级别暴雨防御工作35次、红色暴雨3次、台风防御4次。8月30日—9月2日，大浪街道按照防台风Ⅰ级应急响应要求，全力、全员、全天候开展超强台风“苏拉”（最高达到17级）防御工作，开展老旧屋村人员疏散，在建工地、危险边坡、低洼易涝点、河道等隐患排查，组织安排室内应急避难场所避险工作，街道共出动抢险

2023年5月12日，大浪街道在劳动者广场举行2023年全国防灾减灾日宣传活动［应急管理办（应急三防）供图］

人员3450人次，检查辖区有人居住老村6个，老旧房屋590间，检查停工在建工地37处，转移人员4693人，20个室内应急避难场所全部开放，安置工人、周边居民274人。9月7日晚至9日龙华区出现暴雨，其间，街道共出动巡查人员1752人次，巡查车辆392车次，累计巡查排查1002次；检查老旧屋村1355间；勘察危险边坡、挡土墙429处，积水易涝点216次，河道挡墙146次，低洼地52次，菜地窝棚13次；巡查在建工地140次；辖区发生无人车辆轻微受损4辆、地质灾害12宗、树木倒伏14棵，无人员伤亡。

【三防安全专项整治提升】2023年，大浪街道为辖区55家商铺、场所配置“防水三件套”——挡水板、彩条布、防汛沙袋，辖区积水隐患得到有效治理，实现易涝点商铺物业“防水三件套”基本全覆盖。针对三防安全一盘棋、防汛、创文等工作要求，对街道现有的9个社区三防仓库、31个室内外避难场所开展专项整治提升行动，逐月检查，防止回潮，对部分社区工作站三防仓库、避难场所存在的物资混储、现场管理不到位、台账登记缺失等问题进行限期整改，共计下发整改通知书118份，对室内外避难场所339块污损、缺失标识标牌进行统一更换，专门下发《关于协调做好应急三防标识标牌施工保护的函》，做好室外三防标识标牌前置保护工作，杜绝市政施工等内部因素造成标识标牌损坏。

【防灾减灾工作】2023年，大浪街道为18个室内应急避难场所安装54处高清监控摄像头，成功接入龙华区视频监控资源共享管理平台，实现场所情况实时监控，汛期场所正常开放运行。完成浪口、华荣、上横朗综合减灾社区创建工作，全面提升辖区防灾减灾能力水平。

（吴徐斌）

2023年，大浪街道为大浪、浪口、陶元社区55家易积涝浸水商户、场所统一配置“防水三件套”（挡水板、沙袋、彩条布），消除易积水隐患（大浪社区工作站供图）

劳动管理

【概况】2023年，大浪街道在国务院欠薪平台线索办理（非工程领域）结案率99.95%，排名全区第一；创新劳动争议调解方法，化解劳资纠纷取得显著成效，“打好‘四个突出’组合拳，促进和谐劳动关系建设”获2023年度龙华区“人资奋斗奖”典型案例；加强劳动监察，累计巡查企业2753家；采取“三开源一节流”模式助力仲裁清案，全年劳动仲裁结案率达到98.86%。同时，积极开展就业帮扶，做好重点人群就业帮扶和“1311”高校毕业生就业跟踪服务等工作，持续开展劳动执法普法专项行动，提升劳资双方法律意识。

【劳动信访】2023年，大浪街道在国务院欠薪平台线索办理（非工程领域）成绩突出，全年累计接件1868件，比上年1710件上升9%，年底办结1843件，结案率99.95%，结案率持续排名全区第一。大浪街道创新劳动争议调解方法，全年累计接收劳动信访投诉6545件，比上年4710件增长39%，年底办结6492件，结案率99.2%。新增园区（企业）调解组织50个，联合龙华区人力资源局在61个重点园区（企业）中标准化建设劳动争议调解委员会（全区共成立100个），劳动调解委员会数量位居全区第一。

【劳动监察】2023年，大浪街道采取多种方式加强劳动监察工

作。专项执法与预警排查两手抓，以欠薪线索为着力点，分析各类投诉举报线索数据，对被多次投诉的企业进行预警，列为重点监察对象；加强与城建办、综治办、工会、市场监管等部门信息互通，及时预警劳资矛盾隐患，做到欠薪隐患早发现、早介入、早处置；建立健全劳动监察行政执法和劳动争议调解仲裁协调联动的机制，推动案件一窗受理、接诉即办、高效联动，推动欠薪案件快处快结。年内，累计巡查企业 2753 家，涉及劳务工 127193 人，立案 10 宗，责令整改 8 宗，出具处罚决定书 3 宗，罚款金额合计 11 万元。

【劳动仲裁】2023 年，大浪街道采取“三开源一节流”模式助力仲裁清案，年底劳动仲裁结案率达到 98.86%。“三开源”为加大专职仲裁员的开庭量，充分发挥兼职仲裁员力量，将积压案件回流至监察组调解；“一节流”是加强庭前调解，从源头控制仲裁总量。横向联合党群、司法、仲裁、法院、工会、公安等部门，构建人民调解、司法调解、行政调解、工会调解、行业调解、仲裁调解的劳动人事争议“六调”多元调解格局，纵向巩固“区—街道—社区—企业（园区）”四级劳动人事争议调解建设，形成“六调四纵”调解网格。年内，累计受理立案劳动仲裁 1738 件，比上年 1293 件上升了 34.1%，劳动仲裁累计结案 1733 件，年底结案率达到 98.86%。

【就业帮扶】2023 年，大浪街道积极开展线上线下招聘活动，为就业搭建精准匹配的桥梁，全年开展公益招聘会 87 场，累计有 328 家企业参加，提供就业岗位 8785 个，达成就业意向 3205 人。着力做好重点人群就业帮扶，全年累计接受就业政策咨询 5376 人次，办理基层就业、灵活就业、自主创业、首次创业等 16 项补贴项目，涉及 4543 人、金额 1870.80 万元。办理失业登记 3675 人，其中本地户籍 180 人；认定就业困难人员 10 人，全部实现就业；跟踪脱贫人口就业 2250 人。针对高校毕业生持续开展“1311”就业跟踪服务，跟踪高校毕业生就业 120 人，跟踪率 100%；针对脱贫人口就业，提供“一人一档”“一人一策”的服务，累计跟踪 2250 人。开展“南粤家政”活动，促进家政技能及就业双提升，服务站针对重点家政服务内容，累计开展技能提升活动 14 场，培训学员 1055 人，发布家政服务岗位 7254 个。开发 21 个龙华区青年就业见习岗位，并招募 3 人。

【劳动执法普法】2023 年，大浪街道持续开展执法普法专项行动，提升劳资双方法律意识。街道劳动部门针对“企业合法用工”“企业搬迁劳资纠纷”“园区和谐劳资”等重点问题，开展劳动领域专项执法普法活动 21 次。开展普法宣传五送服务：一送 40 场劳动法律体检进企业；二送 2 场移动仲裁庭活动进园区；三送 10 场劳动用工普法培训进园区；四送 2 场劳动争议调解实务培训进社区、进园区；五送 4 场补贴政策培训进园区。

（杨青）

2023 年 6 月 14 日，大浪街道在紫荆双创园举办劳动用工普法培训，近 50 家企业高管参加［公共服务办（劳动管理）供图］

2023 年 12 月 12 日，大浪街道在行政服务中心召开悦境水会拖欠工资协调会［公共服务办（劳动管理）供图］

人民团体

工会

【概况】2023年，大浪街道总工会全年会员信息采集17707人，完成402.4%；新业态劳动者会员实名认证1409人，完成176.1%；发展新就业形态劳动者会员1246人，完成155.75%，新增建会企业47家，完成111.9%；新增缴费企业13家，完成118.2%；互助保障参保64.7万元，完成112.5%；会员实名认证30006人，完成108.7%；职代会建制5家，完成100%；新增基层级劳模创新工作室15家，完成100%；经费收缴1596.6万元，完成92.6%。

【工会组织建设】2023年，水围、上横朗、赖屋山、华荣4个新设社区工作站先后召开选举大会，成立社区工会联合委员会，除配备一名社会化工会工作者，还安排一名综合能力强的专干协助工作。加强与重点企业工会联系，培育一批积极分子队伍，逐步形成覆盖全面、组织活跃的“社区—企业”两级工会队伍。以品牌企业为骨干，依托大浪时尚小镇公共服务平台，组建大浪街道时尚行业工会联合会，覆盖60余家大中型企业、8000名员工，促进产业集中行业工会组织建设和“小二级”工会实体化，人民网、《工人日报》等媒体予以报道。完成82家非公企业星级工会申报，其中一星级68家、二星级8家、三星级3家、四星级1家、五星级2家。

【产业工人技能培训】2023年，结合辖区时尚产业集聚和经济结构优化需要，在大浪街道产业工

2023年6月1日，大浪街道时尚行业工会联合会委员会在大浪时尚小镇公共服务平台成立（缪淑娴供图）

人培训基地，举办 PLC 编程、电工调试工程师实操、工业机器人等专题培训 6 期，开展劳动技能大比武 2 场，为企业培训智能制造、半导体、高端装备等技术人才 1100 余名。引导企业开展岗位练兵、技能竞赛等群众性创新活动 60 场次。指导百丽凯立方、英泰科汇广场、达达营地制造 3 个重大工程项目制订技术工人比武方案，将竞赛贯穿生产全过程。颐丰华产业园“圆梦计划”教学点开设工商管理、电子商务等 4 个本科班，先后有 200 名职工参加学历提升教育。开设技能培训 6 期，450 人参加培训，教学点两次荣获“优秀校外教学点”称号。制定劳模与工匠人才创新工作室工作指引，发挥劳模和技术骨干“传帮带”作用，帮助 80 余名职工实现技能和职称“双提升”。

【社区工联会规范化】 2023 年，以新石社区工联会（一级）和龙胜社区工联会（五级）为试点开展示范工联会建设，健全“党建带工建，工建服务党建”工作机制，督促社区工联会完善财务制度，规范经费使用流程，有效保障关爱服务、特色活动、阵地建设等重点工作，进一步调动社区工作积极性和主动性。社区工联会全面统筹安排，主动协调网格、劳动、安全等班组力量，为推进建会、经费收缴、实名认证等难点工作提供支持。特别是在实名认证中，发挥网格员优势，上门指导居民操作，化解了困扰基层的“老大难”。新石社区工联会加强源头治理，协调处理劳资纠纷 15 起，涉及金额 19 万元。高峰社区工联会“亲邻音乐会”广受居民好评。

【服务阵地建设】 2023 年，因地制宜，点面结合，通过加大经费投入、实施民生微实事项目、争取园区物业支持等多种途径，新建淘金地、元芬科创园、德泰 3 处工业园区职工服务站，面积均在 100 平方米以上，设置职工书屋，配齐基本设施，将工会普惠性服务送到职工身边。与经服部门合作，在规模较大的汽车充电站设立“暖蜂窗口”20 处、“司机之家”5 处；与运营商合作，在通信营业厅网点新建“暖蜂窗口”18 处，为新就业形态劳动者提供业务优先办理、饮水、休憩等微服务。龙胜社区工联会“暖蜂驿站”“共享共融农场”和赖屋山社区工联会“一米菜园”等阵地建设有声有色。

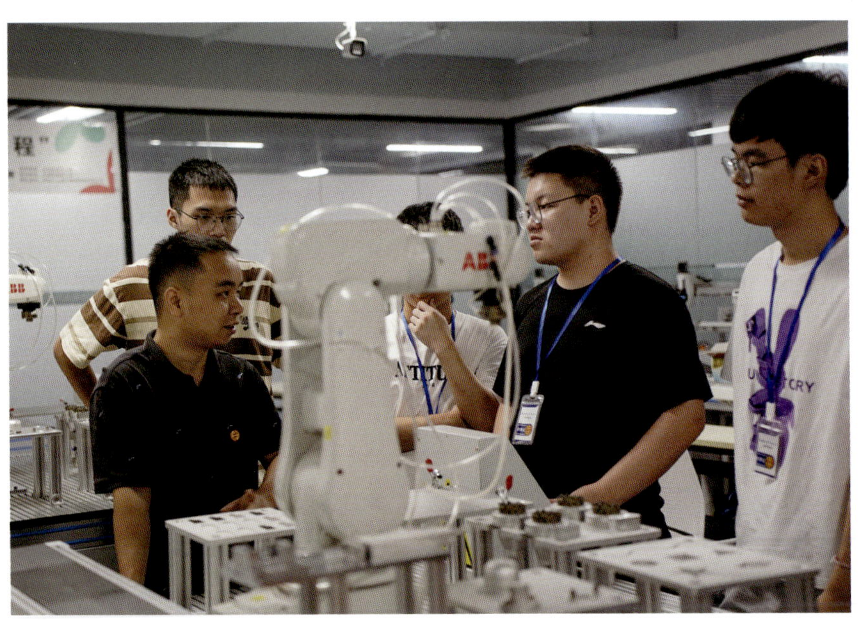

2023 年 4 月 20 日，企业职工在大浪街道产业工人培训基地参加劳动技能操作培训（缪淑娴供图）

【职工关爱】 2023 年，开展夏送清凉活动 15 场，慰问外卖员、快递员、建筑工人、协管员、环卫工等户外劳动者 450 人。开展“工会同行，爱聚员工”春节、端午、国庆、元旦集中慰问活动，为 120 家次缴费企业职工送上价值 65 万元的慰问品。工伤探视 105 人。举行“中轴星光”龙华区职工才艺大赛暨大浪街道职工才艺大赛海选赛，10 个节目进入区决赛。举办龙华区“工会杯”城市定向系列赛——大浪站比赛，200 多名职工参加。各社区工联会与会员单位合作，开展踏青、青工创意跑图、幸福生日趴、交友联谊、茶艺讲座等活动 30 场，更大范围活跃职工业余生活。

【职工权益保障】2023年，联合司法所开展法律服务宣传咨询活动2场，将龙华区总工会法律服务平台资源及驻点律师推送给企业。监督20家企业集体合同履行情况，新签订集体合同2家，指导5家企业建立职工代表大会制度。加强与170名企业预警信息员联系，收集劳资纠纷苗头信息18条。跟踪调解省总工会转发劳资舆情80条，涉及金额60万元。参与化解劳资纠纷12宗，涉及金额115万元。

【五一先进】2023年，大浪街道1人荣获广东省五一劳动奖章；1家企业荣获深圳市劳动奖状；2人荣获龙华区劳动奖章，2家企业荣获龙华区劳动奖状，1人荣获龙华区五一巾帼标兵；街道对10个优秀基层工会、10个职工关爱优秀企业、10名优秀工会主席、10名优秀工会干部、10名技能之星、10名奋斗之星进行隆重表彰。

（马东斌）

共青团

【概况】2023年，大浪街道团工委围绕街道中心工作和上级部署，从品牌活动、队伍建设、组织发展、服务质效四方面扎实开展青年工作，新建“两新”团组织76个，在国企、规上工业企业建团50家，占比65.7%，高质量完成发展团员20名，“青年大学习”参学人数累计达到4.22万人次；共有注册志愿者4.5万余名，新注册志愿者1614名，志愿服务队伍134支，全年累计发布志愿服务项目1.4万个，参与服务志愿者10.13万人次，服务时长合计16.79万小时。

【共青团组织建设】2023年，大浪街道团工委坚持“党建带团建，工建促团建”的工作思路，累计新建76个“两新”团组织（其中，国企、规上工业企业建团50家，占比65.7%），完成3个新分设社区团委组建、2个社区团委更名、4个社区团委调整班子及12个社区少工委组建全覆盖工作。严把团员发展程序关和质量关，高质量完成发展团员20名，强化团费收缴工作，团费收缴金额同比增长22.8%。专题学习、教育实践等工作100%完成，“青年大学习”参学人数累计达到4.22万人次，举办“点亮青春·共筑美好”草坪团课主题团日活动，让团员政治理论学习成常态。突出“多维推介”，推树2人（集体）获“两红两优”市级表彰，5人（集体）获区级表彰，成功推荐10名优秀青年入党，推报3名青年企业家入围市十大杰出青年企业家候选人、1名优秀青年入围龙华区青年演说家决赛、3名在职青年参选市青少年模拟政协提案大赛，持续发挥榜样“点灯效应”。

【青年品牌活动】2023年，大浪街道团工委精心打造“Fun肆大浪”2023年青年城区定向挑战赛活动，引导青年积极参与到城区高质量发展工作中，围绕“人文、生活、绿美、平安、宜居、数字、时尚”七个关键词选取大浪代表性地标建筑设立主题闯关游戏，让青年在关卡游戏中领略大浪的发展脉络和感受大浪城市文化的内涵，活动照片直播吸引了36.5万人次线上关注；创新推出“燃动青春·逐梦大浪”机关青年五四游园会，为青年职工加油鼓劲、减压赋能，通过设置“青春补给站”“青年掠影展”“解压运动会”等多个活动板块，累计吸引1000余人次机关青年职工参与活动，同时，开展“机关开放日”活动，邀请“两新”、志愿者青年代表参观大浪街道便民服务中心、大浪街道平安建设中心并参与青年游园活动，以此拉近共青团与青年之间的距离；提档升级“青·志愿”暑期志愿服务成长营活动，助力青少年扣好人生第一粒“扣子”，通过整合辖区近30个志愿服务岗位，招募青少年参与为期40天的成长营，累计开展睦邻助邻探访、交通手势舞

2023 年 5 月 5 日，大浪街道举办“燃动青春·逐梦大浪”机关青年五四游园会（团工委供图）

“快闪”表演、消防安全文明实践、红色文化讲解员等 42 场次特色文明实践活动，参加人数同比增加 105%，志愿服务时长达 5662 小时，活动新闻和短视频在学习强国、人民日报 App 等多个媒体平台发布。

【服务质效】2023 年，大浪街道团工委聚焦中心，为青年成长搭台赋能。利用辖区各级“青年之家”阵地，组织交友联谊、读书会、预防未成年人犯罪等形式多样的主题活动 437 场，承接青春家园活动 18 场，全年累计服务青少年 2.3 万人次，让大浪青少年的幸福感成色更足；关爱帮扶困弱青少年，全年累计协助 8 名困境青少年申报深圳帮困助弱专项基金并联合各社区团委走访慰问辖区困弱青少年 40 人次，携手龙华爱心扶贫超市和 12 个社区志愿服务队伍开展“志愿新大浪·益起聚力爱”三五学雷锋公益集市义卖活动，在深圳市青少年发展基金会公众号上组建线上募捐队伍，累计为困弱青少年专项募捐善款 3.1 万余元；全面启动第七届创文志愿服务，在劳动者广场 U 站、大浪绿道义栈、辖区图书馆、新时代文明实践站、辖区重点路口等处设立 25 个志愿服务岗，为前往办事、游玩的市民提供信息咨询、方向引导、临时帮扶等服务；聚焦早晚高峰常态化开展重点道路、校园安全劝导活动，全年累计招募志愿者 5.1 万人次，服务时长超 10 万小时，全力保障人流密集路口的畅通，用心守护上班上学居民的平安，截至 12 月，大浪辖区累计发布志愿服务项目 1.4 万个，10.13 万人次参与志愿服务，服务时长 16.79 万小时，大局贡献度显著增强。

【志愿者联合会】2023 年，大浪街道团工委联动街道社会组织促进会，协助推进大浪义工联规范开展换届选举工作，顺利产生新一届理事会及监事，并正式更名为“大浪街道志愿者联合会”，促进街道志愿服务工作向制度化发展、社会化动员、组织化推进迈出坚实的步伐。在春节、母亲节、父亲节、中秋节、国际志愿者日等重要节日，线上线下方式相结合，策划推出志愿服务培训、夏冬季慰问走访、公益体检、全家福公益摄影、“志愿服务送关爱”志愿年俗、“花 YOUNG 食光”志愿者中秋美食节和“志愿同心·聚力同行”志愿者表彰大会等形式多样的活动 19 场，累计服务 1.4 万人次志愿者，让大浪志愿红更具温度和人情味。

2023 年 8 月 19 日，大浪街道“青·志愿”暑期志愿服务成长营结营仪式（团工委供图）

【志愿服务阵地】2023 年，大浪街道现有大浪城市志愿服务 U 站及大浪绿道义栈 2 个志愿服务阵地，分别位于大浪奋斗者广场及大浪绿道，每日常态化招募志愿者，为周边市民及来往游客提供信息咨询、方向引导、临时帮扶等便民志愿服务。截至 12 月，大浪城市志愿服务 U 站及大浪绿道义栈，累计招募志愿者 4745 人次参与志愿服务，服务时长 14235 小时。

（杨宝怡）

2023 年 5 月，全市首个社区“幸福家庭角”在赖屋山社区揭牌启用（妇联供图）

妇联

【概况】2023 年，大浪街道妇联圆满完成换届工作，选举产生 31 名新一届执委和主席团；完成 4 个新分设社区妇联的组建和 3 个社区妇联的替补工作；新组建 77 家妇女组织，累计建立 87 家妇女组织；组建了 1 支包括法律咨询、家庭教育指导、心理咨询、社会工作等专业的巾帼志愿者队伍，吸纳固定成员 19 人。开展 108 场家庭教育活动，服务约 6320 人次；将水围新村建成全省首个儿童友好城中村，推动 3 个社区被评为第一批市级儿童友好社区；实现儿童议事会全覆盖，共开展 49 场活动；街道妇联会同社区妇联，开展 180 场儿童及亲子互动活动，服务约 7200 人次；开展各类妇儿文体活动 250 场，服务妇女儿童 1 万人次；走访慰问困境家庭 292 户次；协助 15 人成功申请市妇联救助基金；开展普法活动 11 场，宣传《反家庭暴力法》《未成年人保护法》《家庭教育促进法》《民法典（婚姻家庭）》《妇女权益保障法》《劳动法》6 部法律，吸引约 5500 人次参与；全年共妥善处理婚调和家暴案件纠纷 914 宗。

【组织建设】2023 年 2 月，大浪街道妇联完成水围、华荣、上横朗社区妇联组建工作，完成浪口、赖屋山、同胜 3 个社区妇联的替补工作，共选举产生社区妇联执委 90 人。2—3 月，组建龙华区大爱万家社工事务所、童心关爱服务协会 2 个妇委会，共选出妇女委员 12 人。6 月，组建龙平社区曼海宁花园小区网格妇联，共选出执委 5 人。9 月 21 日，顺利召开大浪街道妇女第二次代表大会，完成街道妇联换届，共选举产生 31 名第二届执委和新一届主席团，包括 1 名妇联主席、1 名专职副主席、1 名挂职副主席和 4 名兼职副主席，进一步增强了妇联队伍的专业性、代表性、群众性，呈现出年龄结构均衡、代表构成多元、综合素质较高等特点。年内，大浪街道召开各级妇女议事会 24 次，推动解决和落实议事结果 38 件，不断拓宽妇女群众参与基层治理的渠道。

【巾帼志愿者队伍】2023 年，大浪街道妇联组建了 1 支包括法律咨询、家庭教育指导、心理咨询、社会工作等专业的巾帼志愿者队伍，吸纳固定成员 19 人；新成立了同胜、水围、华荣 3 支社区巾帼志愿服务分队及深国电、龙华妇幼保健院 2 支企事业单位分队，吸纳 517 人加入。3—12 月在辖区开展了 2 期线上服务咨询需求调查，收集了心理、法律、家庭教育等三类咨询需求 48 条，由专业巾帼志愿者自愿认领并进行“一对一”专业跟进处理，截至 12 月底，所有需求处理完结。2023 年度，辖区巾帼志愿服务队伍累计开展、参与巾帼志愿服务活动约140场，服务9953人次。

【巾帼建功】2023年，大浪街道妇联积极挖掘基层优秀妇女，为省级三八红旗手、区级十佳巾帼志愿者等各级各类评先评优活动推送优秀个人70名、集体17个，其中获市级表彰2人次、区级表彰30人次。上横朗社区牵手童行巾帼志愿服务分队被深圳市评为“深姐姐志愿服务示范队”，“浪花朵朵”巾帼志愿服务中队和赖屋山社区幸福家庭角巾帼志愿服务分队被龙华区评为“龙华区十佳巾帼志愿服务分队”，赖屋山社区妇儿之家、豪恩妇儿之家被龙华区评为“龙华区十佳妇女儿童之家”，大浪街道妇联提交的“融解父子心中坚冰，助力返乡求学之梦——明某侵害子女受教育权案”被龙华区评为“妇女儿童维权优秀案例”，上横朗社区提交的“潮流式带娃、互助式帮扶”构建社区新型带娃帮扶体系被龙华区评为“基层妇女组织参与社会治理优秀案例”，大浪街道司法所人民调解员、二级心理咨询师罗翠芳被深圳市评为“2021—2022年度深圳市三八红旗手”，辖区居民张秀梅被龙华区评为第六届“龙华好母亲”，赖屋山社区网格妇联蔡素思被龙华区评为“十佳网格妇联‘格姐’”，辖区巾帼志愿者汪俊惠和何建容被龙华区评为“十佳巾帼志愿者”，王兴娜、谢晓丹、郑保杰等14位辖区居民在龙华区“百名达人述初心”活动中获达人称号。12月，在国际志愿者日来临之际，大浪街道妇联开展了巾帼志愿者表彰活动，为35位优秀巾帼志愿者颁发证书和纪念品，激励她们继续发光发热。

【妇儿特色活动】2023年3月，大浪街道组织了“奋进新征程·巾帼绽芳华”三八妇女节系列活动。3月3日开展趣味运动会，机关事业单位、社区、园区及企业的225名妇女同胞参加。3月7日，组织各部门共19位妇干参加心理健康讲座和深坑户外团建活动。三八妇女节当天，携手政协委员巾帼志愿者队对女性清洁工、女性快递员、女性保安等群体进行慰问，共为22名女性送去夏凉被、永生花等物资；并于同日在街道5个办公点放置共510支鲜花，由女同胞们自取。3—6月，为街道80位女性代表发放摄影券，提供商务美照拍摄的机会。母亲节前夕，开展“浓情五月，感恩有你”母亲节主题活动，组织20位身为母亲的困境妇女和巾帼志愿者参与。6月初，在博恒实验学校开展“欢乐六一·筑梦童年”亲子游园活动，通过5个游戏拉近亲子之间的距离，吸引30个家庭90余人参加。暑假期间分两期开展为期21天的“点亮童心·健康成长”暑期公益亲子活动，共100名6～12岁孩子参加。年内，共开展各类妇儿文体活动250场，服务妇女儿童1万人次。

【儿童友好建设】2023年，大浪街道儿童友好工作取得重大突破。5月26日，在“六一”儿童节来临之际，全省首个儿童友好城中村——水围新村正式揭牌，相关信息在学习强国、《人民日报》等媒体平台广泛发布。12月份，水围新村儿童友好城中村项目两期工程已全部竣工并已投入使用，获得了广大居民的一致好评。2023年是大浪街道开展儿童议事会的第四年，实现了社区儿童议事会全覆盖，选出儿童代表360人，开展活动49场。12月，推动水围、龙胜、龙平社区入选第一批市级建设儿童友好社区名单，为下一步建设儿童友好社区全覆盖奠定了坚实的基础。

【家庭、家教、家风建设】2023年，大浪街道力推“爱·有方”家庭教育指导工程系列项目，全年共开展讲座、ABC情景演练、读书会、性教育等各类活动100场，走进8所学校、2所幼儿园、10家企业、12个社区，累计服务6000余人次，帮助40余户家庭缓和亲子关系，转化500余名家长成为“忠实粉丝”，家校社协同育人机制真正落到实处；针对3～6岁学龄前儿童的个性培养、心理健康和素质教育等家庭教育需求，推出“智慧家长”项目，开展8场活动，共吸引亲子家庭320人次参加。5月，在市、区妇联指导下，赖屋山社区打造了全市首个“幸福家庭角”，聚焦0～6岁儿童家庭发展需求特点，打造全新家庭互动空间，并于同日挂牌成立社区家庭教育指导服务点，为广大家长提供“家门口的家庭教育指导服务”。

【妇儿权益保障】2023年，大浪街道在“三八维权周”“11·25反家暴日”开展线上普法宣传及有奖答题活动，加强民众对《反家庭暴力法》《未成年人保护法》《家庭教育促进法》《民法典（婚姻家庭）》《妇女权益保障法》《劳动法》等法律的学习和理解，共有4233位居民参与答题，发出奖品1300份。母亲节活动当天，邀请专业律师为母亲们开展妇女权益保障讲座，帮助大家学会握起保障个人权利的有力武器。11月23日，在陶元社区党群服务中心开展反家暴宣传活动，邀请龙华区人民法院派出婚姻家事庭的法官助理为60名环卫工作者讲授反家暴知识。11月24日，在龙胜公园举办“爱拥抱·反家暴”宣传活动，进一步加深居民对法律及维权方式的认识和理解。年内，大浪街道妇联常态化开展接访，全年共妥善处理914宗婚调和家暴案件纠纷。

【困境关爱帮扶】2023年，大浪街道妇联联动各社区妇联开展走访摸排工作，建立小区困境妇女儿童动态台账并持续更新，目前在册173人，其中困境妇女61人、困境儿童112人，确保做到底数清、情况明。全年走访困境妇女儿童244户次，其中节日慰问59户，为他们送上节日的问候和慰问品。年内，协助15人成功申请市妇联救助基金。

（谢璟鑫）

工商联

【概况】至2023年年底，大浪街道工商联（商会）企业会员共有300家。年内新发展会员75家，全年累计开展活动65场，商企互访200次，为企业协调解决诉求82宗。在慈善方面，积极传播慈善文化，引导会员企业参与“万企帮万村”精准扶贫和光彩事业，向西藏、广东对口扶贫区及本辖区累计捐赠慈善款80万元，用于乡村振兴、扶贫济困、救弱助学等。在参政议政方面表现突出，众多人大代表和政协委员积极行动，开展课题调研，围绕交通、城乡建设、企业发展等多领域社会经济问题提交了诸多提案和建议。

【自身建设】2023年，大浪街道工商联（商会）通过组织企业赴青海开展红色教育，与各部门、各企业党组织开展党建联建及五四活动，促进企业家健康成长，坚定听党话、跟党走的决心。进一步加强与广东、江西、安徽等各地工商联、商协组织的互通交流，巩固自身实力。通过开展推动青年企业家健康发展、维护女性与儿童权益、弘扬慈善公益文化的活动，加强

2023年11月19日，大浪街道举办反家暴普法宣传活动（妇联供图）

2023年3月5日，大浪街道邀请深圳市女企业家商会、龙华区女企业家协会党支部的女党员、女企业家代表参加2023深圳女子时尚“微马”活动［工商联（商会）供图］

对青委会、女企会的平台建设。持续创新读书社品牌活动建设，将企业家大讲堂、季度生日会相融合，搭建学习交友广阔平台。在12月成功通过深圳市首批“标杆商会”复评。

【企业服务】2023年，大浪街道工商联（商会）联合街道职能部门开展互通、互访活动，制定税务服务VIP卡，对接企业需求纾危解困。开展商企互访200次，发展会员企业75家，协调解决产业空间、政务服务、融资保障、企业用工、教育就学、税务等各类诉求82宗。配合政府、各级工商联等开展惠企服务、企业运行状况、金融服务、绿色发展、惠企政策落实、企业服务满意度等方面的问卷调查累计达280份，为制定惠企政策、优化营商环境提供依据和建议。积极承办2023年区工商联（总商会）第一期政企“亲·清直联会”暨大浪街道“人大政协+”议事会，组织开展消防培训、税企座谈会、进出口财务培训、电子储能分享会、普法宣传、宏观经济与发展趋势分享会、劳资和谐讲座等各项培训活动12场。

【慈善活动】2023年，大浪街道工商联（商会）积极传播慈善文化，引导会员企业参与“万企帮万村”精准扶贫和光彩事业，关爱弱势群体。积极参与关爱行动典型及“万企兴万村”行动先进典型等推荐工作。向西藏、广东对口扶贫区及本辖区累计捐赠慈善款80万元，用于乡村振兴、扶贫济困、救弱助学等各方面。

【参政议政】2023年，大浪街道工商联（商会）共有18名人大代表、18名政协委员。在会员企业的踊跃配合下，会内人大代表完成市、区关于劳资和谐、住房公积金管理等课题调研，提出的建议及策略被上级采纳。组织企业参加各类政企交流会、意见征询会等，提交政协提案22条，人大建议31条，涉及交通、城乡建设环境资源保护、财政经济、家政行业管理、教育完善、人才配套、粤港澳湾区青年交流与区域发展、企业发展、医疗建设、数字经济等社会经济问题。　　（易小青）

2023年7月6日，大浪街道工商联（商会）召开第一届执委会（第三届理事会）第七次会议暨2023年年会［工商联（商会）供图］

法　治

综治维稳

【概况】2023年以来，大浪街道严格按照龙华区委政法委的安排部署，以“创建平安大浪”为目标，坚决落实重点群体管理和服务、重点地区治理，常态化开展扫黑除恶、反诈骗、平安阵地建设、社会心理服务等，在平安建设各个领域持续发力，推动平安大浪建设不断取得新进展、新亮点、新成效。

【常态化扫黑除恶斗争工作】2023年，大浪辖区共针对涉黑恶九类案件立案53宗，破案40宗，刑拘30人，逮捕6人，破获黑恶势力团伙1宗，共抓获黑恶势力团伙6人；共接到群众举报涉黑恶线索3条，均已全部核实并办结，结案率100%。2023年，大浪街道共召开4次扫黑除恶斗争工作推进会，部署2023年大浪街道常态化扫黑除恶斗争工作，召开3次理论学习会及2次专题培训会，先后制订了《大浪街道扫黑除恶斗争常态化工作方案》（深龙华大浪〔2023〕13号）、《大浪街道“非法拉客”集中清查整治行动方案》。在辖区人员密集处开展扫黑除恶斗争宣传活动，通过现场悬挂横幅和发放宣传折页，详细地向群众讲解《反有组织犯罪法》的法律规定和方针政策。2023年以来，共张贴扫黑除恶公告海报6000份、制作宣传展架10个、商业中心海报背景墙1面，下发扫黑除恶宣传卡板3000余个，在阳台山公园设立扫黑除恶斗争宣传专栏2个，辖区LED大屏幕累计播放《反有组织犯罪法》龙华区宣传微视频及扫黑除恶电子海报共计464100余分钟，沿街商铺106个LED电子屏累计播放扫黑除恶宣传标语共计216000余分钟；共开展扫黑除恶宣传教育活动9场，其中进校园宣传教育活动2场，组织各社区网格员在辖区开展扫黑除恶斗争宣传入户发放宣传折页活动，共入户宣传11000余人次，派发扫黑除恶宣传折页15000余份。充分利用街道人民群众接访厅及各社区工作站群众服务窗口的优势，在接待窗口醒目位置摆放《反有组织犯罪法》宣传折页，开展《反有组织犯罪法》多维宣传。发挥线上微平台发动群众、联系群众、服务群众的桥梁纽带作用，鼓励、引导群众遵守法律法规，勇于揭发检举黑恶势力违法犯罪线索。2023年以来，联合辖区派出所共检查休闲场所4389次、寄递业3534次、机修业3475次、网吧5962次、学校5561次，清查出租屋43486间（套）次、旅业出租屋26873间次、网络出租屋15823家次、“三小”场所7264家次，消除隐患2395余处。联合辖区派出所开展八大重点行业领域治理行动，做好社会乱象整治工作。

【群防群治队伍建设】2023年，大浪街道整合动员社区工作站人员、民警、网格员、楼长、商户、辖区企事业单位工作人员等群防群治力量共同参与群防群治队伍大巡逻大防控工作。扎实完成平安志愿者队伍的组建、动员、管理和服务工作，自平安建设志愿服务系统发布以来，大浪街道平安志愿服务管理系统共发布活动1047场，报名7104人次，活动签到6011人次，发放941904积分，开展志愿服务宣传培训以及平安社区共护分享会共计35场。以分级分类、重点培养、引领带动的方式，组建了20支比较成熟的、有规模的、素质过硬的示范型群防群治队伍，并于2023年9月底完成龙华区委政法委及龙华分局验收，其中同胜社区大浪商业中心、新石社区国乐科技园等7支群防群治队伍获得先进队伍荣誉；大浪街道群防群治队伍在龙华区平安志愿者技能比武中，大浪街道极端暴力处置队伍荣获桂冠，消防救火扑灭队伍获得全区第三名。群防群治队伍实行扁平化指挥，利用大浪街道数字治理指挥中心视频监控系统，依托4G可视化终端，就近向区域内群防群治人员发布任务命令，短时间内集结调度区域内群防群治力量，实现群防群治“一呼百应”。

【平安创建专项整治】2023年，大浪街道持续推进平安大浪建设，开展各专项整治行动工作。社会面治安防控巡逻方面，对辖区“五失人员”和矛盾突出群体开展排查，建立“一人一档”工作台账；噪声专项治理方面，大浪劳动者广场作为龙华区广场舞噪声整治试点，通过开展联合整治，提升噪声扰民问题处置水平和能力；“千员进万企”服务宣传专项行动累计巡查服务企业、场所11020家次，服务劳务工121836人；发现隐患25191处，现场整改11601处，责令限期整改13590处；龙胜社区社会治安重点地区整治方面，通过打击违法犯罪、城市管理执法、安全隐患整治等方式，有效整治社区乱象。

【重点区域整治】2023年，大浪街道从严厉打击违法犯罪活动、开展城市管理执法、开展安全问题隐患整治行动、完善社会治安防控体系、多元化调解矛盾纠纷、推动基层社会治理创新六大方向出击，有效整治社区乱象。2023年以来，龙胜社区刑事治安总警情147宗，同比下降66.2%，其中刑事总警情76宗，同比下降59.1%；治安总警情71宗，同比下降71.5%。2023年以来，龙胜社区未发生造成较大影响的案件和命案，刑事、治安警情同比上一年整体明显下降。加强对平安社区的宣传，共开展平安社区宣传45场，入户宣传100余次，张贴扫黑除恶海报6000余张，派发反诈骗、《反有组织犯罪法》、扫黑除恶、反恐、禁毒、反邪宣传折页共10000余份，发放宣传礼品5000余个。配合有关部门打击各类违法犯罪，竭力打击“黄、赌、毒”违法犯罪活动，整治行动期间，共出动警力568人次，共检查休闲场所236家次，检查寄递业142次、网吧357次、学校269次，清查出租屋1487间（套）次、旅业出租屋792间次、网络出租屋243家次、“三小”场所542家次，消除隐患145余处，有效净化了辖区治安环境。抓实基础业务，解决群众诉求，认真贯彻落实区关于加强新时期信访工作的一系列重要决策部署，2023年4月以来，龙胜社区工作站法律顾问共处理纠纷、法律咨询案件合计184起，其中法律咨询21宗、家庭邻里纠纷2宗、经济纠纷69宗、劳动纠纷22宗、物业纠纷1宗、投诉建议4宗、其他65宗，调处率100%。

【反邪教工作】2023年，大浪街道成立反邪教工作领导小组，并将反邪教工作纳入长效管理、平安建设、精神文明建设、基层党建工作和活动之中；定期召开季度会议，研究部署防范打击邪教破坏工作，通报阶段工作情况，分析存在问题，部署和明确下一阶段工作任务；做好突发应急预案的处置，把防范和处理邪教工作作为一项经常性工作来抓。开展走访排查，对辖区现有登记在册的涉邪教人员进行梳理分类，对A类重点人员每周走访一次，B1、B2类重点人员每月走访一次，C类涉邪人员每季度日常走访一次，通过走访深入了解涉邪人员生活环境及思想动态，做到一人一档。开展专项行动，全面摸底排查“法轮功”“全能神”等邪教人员，对本地重点场所、重点部位，严格落实责任单位和责任人，实行全天候巡查巡防，确保大浪辖区平稳。开展宣传活动，2023年以来，大浪街道联合各社区工作站在辖区开展反邪教教育宣传系列活动28余场，派发各类宣传单张共计3000份，完成了9个工作站反邪教宣传墙与9个工作站反邪教宣传栏的安装，进一步扩大反邪教宣传覆盖率和知晓率。

【反恐工作】 2023年，大浪街道严格落实关注人员信息排查登记，掌握重点关注人员动态和经济纠纷、劳资纠纷等突出不稳定因素，严防发生串联滋事，维护辖区治安稳定。加强督导检查，对辖区内最小应急单元建设、重点目标、重点区域及人员密集场所开展安保队伍的应急处置能力、反恐防暴装备、日常训练工作、预案机制建设、安保物防人防技防设施等常态化督导检查工作。其中，检查辖区中小学、幼儿园50所，重点目标单位16家，开展安保反恐督导检查80次，开展应急技能操练48次，出动人员300余人次，现场督导整改10处；提升应急力量，在大浪商业中心、龙华第三实验学校开展反恐防暴演练，演练按照“1、3、5分钟”反恐应急响应要求迅速处置突发事件，进一步提高各行业安保人员的应急突发事件处置能力。常态化开展反恐大练兵，督导重点目标单位开展检查拉动测试43次、应急培训12次、专业拉动测试7次、桌面推演1次、实战演习2次，根据“1分钟自救、3分钟互救、5分钟专业力量到达现场”的反恐应急响应要求提升辖区应急处置能力，不断把新技术、新手段深度应用到反恐工作中，提升各单位应急队伍联勤联动效能。深入辖区大型商圈、工业园区、学校、人员密集场所开展反恐宣传活动共16场，派发宣传资料5000余份，普及群众约4000人，通过校园反恐联络微信群转发深圳反恐公众号推文、反恐知识宣教视频，积极动员家长课后引导学生学习反恐防范知识，增强安全警惕意识，共计普及学生5000余人次。

2023年2月5日，浪口社区虔贞广场举办“共建花园”开园仪式暨“平安益家”揭牌仪式［综合治理办（综治维稳）供图］

【平安建设中心】 大浪街道平安建设中心作为省、市参观龙华区平安建设体制机制改革的调研点，相关工作经验获得高度肯定。2023年，大浪街道在原有基础上，升级改造了12309检察服务中心、诉讼服务室，警网联动工作室，监控研判室、综治联勤指挥室等，有效实现数字治理事件管理更精准、群众诉求表达更通畅、社会风险防范化解更有效三大目标。突出运作模式，融通线上线下机制，一是大力推进“1+6+N”基层矛盾纠纷排查化解工作体系建设，打造“一站式”矛盾纠纷化解实体化中心；二是高位推动网格工作规范化标准化建设，全量采集基础信息，实现全流程、闭环式办理，协调指导推动网格化管理；三是整合法院、检察院、公安、司法等政法部门治理资源，突出实战化平台功能；四是以“党建引领数字治理”平台为依托，推动“深平安”社会治理平台全面落地，做好线上运维、线下联动，完成各类案事件的闭环处置；五是广泛组织发动各类社会力量参与基层治理，加强群防群治队伍建设；六是推进基层平安创建和平安宣传，落实违法犯罪排查防控、矛盾纠纷排查化解、社会安全排查处置三大任务。突出多元共治室、罗翠芳调解室等功能室实效，一是壮大群防群治力量，通过发动群众自治夯实平安建设根基，大浪街道群防群治队伍共1.6万人，其中平安深圳App注册人数13743人，各类社会组织4023人，长者、热心群众3769人；二是广泛使用全区平安志愿服务管理系统，通过线上发布自治活动，引导居民参与社区巡逻、反诈宣传等平安建设工作，参加群众可以获得平安志愿服务积分，自活动推广以来，志愿服务管理系统发布活动1047次，报名7105人次，签到6017人次，已发放积分5787人次，发放942864积分；三是坚持和发展新时代“枫桥经验”，全力推进基层人民调解工作创新发展，率先构建“1+3+N”人民调解工作模式，2023年以来，大浪街道调解成功并制作成卷的人民调解卷宗1952宗，同比上升47.54%；四是从源头减少诉讼案件，实现人民调解、行政调解、诉前调解案件在数字平台有序流转，各类调解主体有序衔接，2023年以来，提供各类免费法律咨询9114人次，成功调解并制作卷宗案件1952宗，完成司法确认243宗，全区排名前列。突出实战化工作平台功能，通过基于“大分拨”的分级处置机制、基于“全融通”的接诉即办机制、基于“新三定”的联席会商机制、基于“大数据”的风险预警机制、基于“云协同”的业务协办机制、基于“智能化”的监督评价机制等，保障和推动数字治理事件管理更精准、群众诉求表达更通畅、社会风险防范化解更有效。线上平台设综治中心信息化平台、省区市一体化协同平台、数字治理统一分拨平台、社区综合网格服务管理平台。线下平台设群众接待、矛盾纠纷调解处、网格服务管理、心理服务、联勤指挥、监控研判、诉讼服务、社会组织入驻场地，进一步推动大浪街道平安建设中心规范化、智能化、专业化、社会化建设。

【安全文明小区创建】2023年以来，在区委政法委的指导下，大浪街道聚焦群众身边、聚焦综治末梢，推动辖区悠山美地家园安全文明小区创建点在完善基础设施、规范管理服务、优化环境卫生及强化治安防范上取得了良好效果，营造了整洁优美的生活环境和安全稳定的治安环境，群众对小区治安、环境满意度不断提高。悠山美地位于龙华区大浪街道华繁路8号，该小区占地面积27000平方米，建筑面积127000平方米，住宅面积8000平方米，园林面积23000平方米，商业面积23000平方米，车辆管理数据917辆（地下840、地面77），小区居住人口约3800人。设置治安岗亭2个，保安岗位7处，专职安全人员15名，专职安全经理主管8名，客服人员6名，清洁人员20名，工程人员8名，监控589个，实现小区视频全覆盖，安排工作人员24小时值守监控室。完善组织架构，形成创建共识，在申评小区挂牌成立安全文明小区创建办公室，强化管理力量联动，完善管理组织架构。为规范小区管理，协助制作并上墙治安、消防、保洁、调解等各类制度牌23块，建设小区综治服务站，通过街道综治中心、社区综治中心、小区综治服务站“三级联动”，强化综治末梢，并成立矛盾纠纷调处小组，共调处邻里纠纷10宗，排查上报纠纷3宗，做到矛盾纠纷第一时间发现，第一时间处置。完善“三防”建设，提升治安环境，在创建工作过程中，始终把小区的治安防范放在首位，实现人防、技防、物防三防结合，有效压低辖区治安警情。一是抓好小区群防群治队伍建设，形成由“网格员＋物业保安＋志愿者”组成的群众义务治安联防队伍共20余人，通过加强联防联控，有力遏制案件的发生；二是健全小区科技防控网监控589个，实现小区视频全覆盖，安排工作人员24小时值守监控室；三是按照岗亭五统一标准，对小区出入口处治安岗亭进行全面配备更新，实行门禁系统管理。紧抓“三个结合”，优化小区居住环境，一是结合小区综合整治，提升小区公共环境，其中悠山美地家园已实现雨污分流，花园小区绿化覆盖率处于10%的水平；二是结合城市管理专项行动，美化优化小区的市容卫生环境，悠山美地家园已完成垃圾集中放置、分类管理，同时为进一步做好卫生保洁工作，实行流动式保洁措施，除固定安排早晚两次全面清扫外，还安排卫生保洁员24小时在小区流动巡查督促，发现脏乱现象，即时清扫，彻底消除小区卫生死角，发现乱张贴，及时制止；三是结合社区网格化定格化管理，落实地毯式消防监管全覆盖，实现“早发现、早报告、早治理”的末端消防隐患整治闭环机制。加强宣传引导，营造安全文明小区创建氛围，针对居民安全文明习惯养成，大浪街道坚持宣传与引导并举，2023年以来，共在小区开展11场反诈、禁毒、反邪、扫黑除恶、国家安全等系列宣传活动，增强群众参与感、互动感，引导群众积极参与平安创建工作，让安全文明渗透到群众日常生活各个方面。

2023年2月14日，在“平安龙华　你我守护——龙华区平安志愿者技能比武”中，大浪街道极端暴力处置队伍荣获桂冠［综合治理办（综治维稳）供图］

【心理服务体系建设】大浪街道积极探索社会心理疏导和心理危机干预有效模式，进一步完善全方位、全人群、全周期、全覆盖的社会心理服务体系，提高辖区广大市民心理健康水平，有效应对、防范、化解重大风险。心理咨询室力量配备，在辖区设置了社区级心理咨询室10处，同时，配备了拥有心理学专业背景和丰富工作经验的10位心理老师在各社区心理咨询室轮驻，为来访者提供心理咨询、支持和指导；建立“开放式”社会心理服务平台，为满足社区居民的社会心理服务需求，切实增强实效性，大浪街道改变“等人上门”的传统心理服务模式，通过滚动式轮岗覆盖整个辖区、预约模式上门咨询（预约小程序：善解人心），直面社区居民的心理障碍、社会心理困惑、社会心态失衡等实际问题。目前，大浪街道已完成平安建设中心心理服务指导中心设置率达100%、社区心理服务室设置率达90%。开展服务宣传结构多元化，大浪街道将线上与线下宣传融为一体，构建社会心理服务宣传“多元化格局”，完成社会心理服务宣传海报、心理健康宣传海报，12个工作站均放置心理宣传展架；年内，街道已开展健教宣传活动90场、心理卫生宣传活动23场，新闻报道2次。全面加强各类人群心理服务，一是针对辖区重点人群心理筛查，加强对重点人群及其家属开展心理教育等知识培训，对家属进行心理疏导及危机干预服务；二是提高辖区居民心理服务资源知晓率和心理健康素养水平。2023年以来，共接受个体咨询890人次、团体辅导13场次，接听心理热线62人次，完成危机干预24人次、案例督导4次，成功干预防控轻生行为24起。

【社会建设】2023年，大浪街道打造治理微阵地“平安益家”，聚合社区居民、社会组织、社区志愿队伍、慈善组织、公益团体等多方力量，在全区首创“平安益家”微治理模式。建成“平安益家”2家，分别是大浪街道浪口社区“平安益家”、大浪街道陶元社区元芬新村“平安苑”，带动就地力量反哺就地社区治理。浪口社区“平安益家”选址于虔贞广场共建花园区域内，自2023年2月5日揭牌启用以来，共开展了6场平安宣传及现场招募志愿活动、3场安全急救知识培训、1场户外交通安全常识宣讲、1场书记茶话会、4场志愿者服务培训。陶元社区元芬新村“平安苑”选址在陶元社区元芬新村，元芬新村平安建设志愿服务队以小区物业管理人员为班底，吸纳本村居民、义工、义务律师加入，为辖区群众提供免费律师咨询服务，自启用以来，共开展了3场平安宣传活动、3场平安志愿者队伍培训、3场平安苑共建座谈会、1场志愿者培训、1场“义起来”茶话会、2场专题平安集市。

【禁毒工作】2023年以来，大浪街道全力推进大浪禁毒各项工作，在吸毒人员管控帮扶、禁毒宣教、青少年毒品预防、重点场所涉毒隐患排查、无毒村居创建工作等各个方面都落到实处。对辖区登记在册的412名（在管220名，戒断五年以上192名）吸毒人员开展分类分级风险评估建档，督促在管3名户籍戒毒康复人员按时进行吸毒检测、毛发检测和谈话，做到社戒社康人员报道率、执行率、尿检率100%，社会面吸毒人员分类定级率100%；成立吸毒人员关爱帮扶工作小组，制订帮扶计划，为吸毒人员开展“一对一”面谈帮扶298人次，开展无“毒”前行绿道徒步走特色禁毒宣传，组织辖区青少年及家长、物流寄递从业人员、社区居民在深圳绿道开展“无毒龙华，你我共建”徒步走禁毒宣传活动；以校园为载体，邀请专业禁毒讲师深入辖区中小学开展青少年防范“依托咪酯”禁毒专项讲座，普及新型毒品“依托咪酯”电子烟的危害性，宣传覆盖青少年3000余人；利用塔式微信家长、居民群宣传转发警惕“依托咪酯”电子烟宣传海报、视频，覆盖10万余人。通过“线上+线下”相结合的宣传方式，大力开展常态化毒品预防宣传活动。线上，积极播放和广泛转发推广“起底‘烟粉’（依托咪酯）”禁毒宣传视频，提高宣传覆盖面的广度和影响力的深度；线下，开展禁毒宣传教育活动79场，发放禁毒宣传折页2万余份，媒体宣传共计222篇（其中央级法制网1篇，省级广东禁毒公众号、《南方都市报》3篇，市级《深圳晚报》深圳Plus 15篇，区级《宝安日报》18篇），覆盖约5万人。同时，积极组织辖区居民、青少年、重点行业从业人员参观学习大浪禁毒教育基地299人次，提高辖区群众对禁毒工作的参与度。在辖区打造了禁毒绘画墙等“有特色、有阵地、有载体、有氛围”的禁毒主题宣传示范点，把毒品危害、禁毒法律法规等禁毒知识注入整体街道布局中，集观赏性、互动性、教育性为一体来传播禁毒知识，打造具有大浪特色的禁毒主题宣传示范街。走访排查物流寄递企业259家，筛查行业从业人员底数1229人，张贴禁毒宣传海报1500余份，重点检查物流寄递企业三个100%等落实情况；走访易制毒化学品企业44家，重点检查易制毒化学品企业在购买、储存和使用易制毒化学品等环节是否存在违规使用情况；走访排查辖区闲置厂房、荒地、山区林区场地19处，未发现有种植毒品原植物等现象发生。加大校园周边隐患清查，构筑校园毒品防范屏障，组织禁毒巡查组对辖区20所中小学开展校园周边涉毒隐患排查工作，累计清查各类场所230余家，出租屋2530

户，重点排查校园周边是否存在售卖“依托咪酯”电子烟等现象，排除一切涉毒安全隐患。在春、秋季开学前对辖区校车驾驶员开展毛发初筛检测138人次，无毛发检测阳性情况发生。开展“无毒社区”创建工作，根据区办工作要求，大浪街道申报四个（赖屋山、高峰、新石、水围）“无毒社区”创建社区，按照“六有五无”创建标准，均已完成验收，同时，2023年赖屋山社区被龙华区禁毒办评为“无毒社区”创建社区。

【反信息诈骗】2023年，大浪街道积极推进防范电信网络诈骗各项工作，制订专项行动实施方案，成立专项行动工作小组，在反诈打击、宣教、建设反诈志愿队伍等方面取得实效。充分利用平安志愿服务管理系统调动群众参与反诈宣传工作的积极性，组织各社区组建反诈宣传志愿队伍，发展社区义工、物业安保队员、楼栋长等反诈宣传志愿者240名，2023年以来，已通过系统发布400余场反诈宣传活动。常态化开展扫楼、扫街式宣传工作，累计发动社区工作人员、网格员2000余人次，摆放宣传展架80个，张贴海报2000张，发放宣传单55000余份。“反诈宣传进校园，护航青春共成长”，加大校园反诈骗宣传力度，到爱义学校、龙华区第三实验学校开展反诈宣传，受益师生约200人，发放宣传册400余份。开展“入企扫楼”专项反诈宣传，深入辖区商业大厦、工业园区开展反电诈宣传，社区反诈专员采取重点靶向反诈骗宣传方式，累计走访辖区企业、工业园区约200家，发放反诈宣传手册10000份。“塔式微信群+平安龙华”线上反诈宣传，结合辖区内高发警情类型，以每周2～3次的频率组织相关部门，积极转发至辖区居民群、物业群、学校群等，共发送塔式微信群260个，覆盖人数50多万人次；在辖区人流密集区域通过电子屏幕播放反诈宣传短片，通过高频率转发反诈案例和反诈视频，调动全员主观能动性，广泛发动社会力量，不断拓展反电诈宣传工作的覆盖面，做到点面结合、全面覆盖、不留死角。通过短信群发器以及政务系统，向辖区居民发送反诈宣传短信近85万条，对18000余名群众进行反诈劝阻，劝阻金额累计约1亿元，到12个社区工作站开展“党群共建，守护社区平安”家庭式反诈骗宣传活动，活动共计普及辖区群众300余人，发放宣传折页、反诈宣传大礼包300余份。

【精神障碍患者救治救助】2023年，大浪街道围绕避免肇事肇祸事件为中心，全力推动患者管理服务重点工作，针对重点难点患者，采取针对性措施，切实提高患者管理各项工作指标，提高排查发现、应急处置和救治救助工作水平。自专项任务以来至全市考核节点、验收节点，大浪街道综合评分从289.23分提升至302.87分，龙华区专项提升严重精神障碍患者管理服务行动考核排名从全市倒数跃升至第五，

2023年9月27日，大浪街道在龙华区第三实验学校开展反恐防暴应急演练［综合治理办（综治维稳）供图］

获得4个全市第一，其中，大浪街道面访率全市第一。组织社区关爱帮扶小组全面梳理在册患者，全面建立重点管理患者名册和工作记录台账，全面落实监护制度，依法确定监护人和协助监护人；全面排查上级下发流动人口患者名单，将有意愿纳管的患者第一时间纳入管理，对暂不愿意纳管的流动患者进行积极走访做好政策宣讲，详细记录其不同意纳管的原因，并做好上门走访台账，2023年街道共完成了1540名流动患者专项排查，核实在辖区居住611人，已完成纳管383人。2023年以来，大浪街道合计开展2次应急处置演练，应急处置救治救助患者119人，确保防范肇事肇祸事件，将风险隐患消灭在萌芽状态。以落实监护协议制度为机制，规范送诊流程和医疗救治，做好流浪乞讨精神障碍患者的救治救助工作，2023年以来，街道通过上门走访、培训讲座、签约奖励等多种形式，有效推动有奖监护责任协议签约制度，合计新增签约患者82人，共发放监护人补贴762人次，并于11月年度投保节点期间为774名在册患者购置最高档次监护协议补充保险，开展患者社区康复活动22场，救助送治患者119人，其中街道兜底救治贫困患者32人。

（向飞文）

司法行政

【概况】2023年，大浪街道积极开展社区矫正、安置帮教、人民调解、法律援助、“一社区一法律顾问”、普法宣传、法治政府建设、诉源治理等工作。全年提供各类免费法律咨询9114人次；调解成功并制作成卷的矛盾纠纷1952宗；人民调解协议转司法确认共计243宗；受理法律援助案件75宗，涉案金额人民币925.5万元；“一社区一法律顾问”参与调解案件2315宗，处理各类信访件350宗；开展法治教育课程38场；在大浪商业中心创新举办融合“全域”“新潮”“趣味”的“全域性普法宣传主题活动”；依据《2023年高质量推进法治大浪建设工作方案》和任务清单，通过建立健全三项长效机制，强力推进依法治街工作的落实落细；2023年大浪街道司法所被龙华区司法局评选为“调解工作先进集体”；共培育社区“法律明白人”47名；建成陶元社区法治长廊、龙平社区法治街心公园；统筹培育陶元社区、龙平社区成功获评2023年广东省“民主法治示范社区”；2023年法治政府建设绩效考核得分100分，全区排名第一。

【社区矫正与安置帮教】2023年，大浪街道扎实开展社区矫正、安置帮教，严格落实每日信息化核查抽查制度，通过固定时间点核查以及不定时抽查的方式确保核查全领域覆盖，同时，利用电话报告、当面报告、实地查访和个别谈话等方式及时了解社矫对象的生活和思想情况，确保全体社矫对象在管在控；组织开展征文比赛、园艺减压小组、专题讲座、红色革命传统教育、禁毒宣传等教育活动，不断探索教育矫正新角度、新途径；排查在册社矫对象情况，为35名困难社矫对象送上帮扶慰问品；及时介入两起女性社矫对象遭遇家暴事件，上门调解矛盾纠纷。工作制度流程完善规范方面，加强入矫接收环节的材料把关和信息摸排，完善档案管理“三部曲”制度，常态化开展工作档案自查自纠，规范全流程监管措施工作记录，圆满完成各项考核指标与成立街道社矫委工作。截至2023年底，在册社区矫正对象179人，新增社矫对象181人，解除社区矫正106人，变更执行地14人。在册安置帮教62人，其中15人属刑满释放人员。完成信息化核查119185人，定位抽查或视频抽查13808人次，开展个别谈话1033人次，组织调查评估73人次，实地走访843人次，依法给予训诫29人次、警告7人次，依规完成157人次外出申请审批，并严格落实外出期间监管措施。开展教育培训44场，累计服务1820人次；组织集中点训3场，涉及448人次；组织公益劳动28场，参与1455人次。

【人民调解】2023年，大浪街道坚持情、理、法相融合，做好矛盾纠纷化解工作。通过线下公共法律服务实体平台和线上法律服务热线、网络等资源，实现“7×24”专业法律服务不打烊。提供各类免费法律咨询9114人次，调解成功并制作成卷的矛盾纠纷1952宗；人民调解协议转司法确认共计243宗；受理法律援助案件75宗，涉案金额人民币925.5万元。“一社区一法律顾问”参与调解案件2315宗，处理各类信访件350宗，开展法治教育课程38场。

【法律援助】2023年，大浪街道不断延伸法律援助服务的触角，引导和帮助群众依法理性维权，为未成年人、残疾人等弱势群体提供上门、绿色通道等服务，开展“贴心、暖心”的法律援助服务。年内，大浪街道共受理法律援助案件75宗，涉及205人，涉案金额人民币925.5万元。

【“一社区一法律顾问”】2023年，大浪街道大力推进“一社区一法律顾问”工作，充分发挥社区法律顾问的职能作用，提升公共法律服务队伍能力和服务水平。为优化服务产品供给，大浪街道通过招投标方式为辖区12个社区工作站购买“一社区一法律顾问”服务，不断拓展服务领域，推动实现社区法律顾问从“有形覆盖”到“有效覆盖”。通过不断完善工作机制，严抓考核制度，严管队伍纪律，建立月培训会议制度，提升专业水平。年内，“一社区一法律顾问”参与调解案件2315宗，处理各类信访件350宗，开展法治教育课程38场。

【普法宣传】2023年，大浪街道创新形式，多维度开展普法宣传工作。根据“八五”普法工作规划要求，坚持把普法活动贯穿于执法、司法、管理、服务全过程，以宪法、民法典宣传为主线，结合重要时间节点，每月开展至少一次进机关、进校园、进商圈、进企业等“普法八进”主题宣传活动，深入宣传《民法典》《人民调解法》《宪法》等法律法规；组织开展“模拟法庭”进校园等活动；协助龙华法院多次开展法官进园区法律讲座活动。全链条多形式开展普法宣传工作，累计开展各类普法活动33场，惠及辖区群众6.4万余人次。其中，“全域性普法宣传主题活动”高度融合了“全域”“新潮”“趣味”三大亮点，标题为“大浪街道开展全域性普法，谱出新潮、趣味和亲民”，被《人民日报》《晶报》等多家权威媒体宣传报道。同时，大力培育社区“法律明白人”，建成陶元社区“交通安全法”法治街、龙平社区法治街心公园，让“法”以各种形式出现在百姓身边。

【法治政府建设】2023年，为进一步加强统筹规划，锚定法治建设目标任务，制订《2023年高质量推进法治大浪建设工作方案》和任务清单，通过建立健全三项长效机制，强力推进依法治街工作的落实落细。高质量推进法治大浪建设改革项目为大浪街道唯一入选2023年龙华区基层微改革的项目。建立高标准统筹推进机制，成立以街道党工委书记、办事处主任为双组长的高质量推进法治大浪建设工作领导小组，为基层法治社会治理提供强有力的组织保障；组织新入职公务员参加行政执法法律知识考试，新增加取证人员24人，街道公务员持证率超过90%；举办“新形势下如何更好地推进依法行政”“政府信息公开条例”“宪法专题”等法治培训，敦促街道262名公职人员完成“学法”考试，确保参考率、及格率、优秀率均达到100%；把街道领导、中层干部、社区党委书记、股份合作公司董事长等纳入“关键少数”，通过抓好“关键少数”带动绝大多数。探索推进“街道－社区”两级述法全覆盖，在原有街道领导班子成员述法的基础上，将述法范围向社区党委主要负责人延伸，多维度提升基层法治建设水平；完善高质量依法决策机制，加强街道法制审核工作，推出“合法性双审双查制度”，创新形成“部门初审＋法律顾问再审＋法制办复核＋集体决策”审查模式，有效防范法律风险，对394个行政决策进行合法性审查，出具法律意见书394份；形成高效能联动协调机制，充分整合街道法律顾问、驻队（部门）律师、社区法律顾问、股份合作公司法律顾问四支法律队伍资源。通过严格落实“周反馈、月例会、季通报、半年盘点、年度总结”工作制度，全盘统筹、掌握律师工作开展情况，及时梳理、解决基层治理工作存在的难点、堵点问题。充分发挥律师在合法性审查、规范执法、为群众提供公共法律服务等方面的优势，激发律师队伍“军团联合作战”能力。街道领导组织司法部门、涉案部门以及法律团队形成合力，依法办理11宗行政诉讼案件和18宗行政复议案件；街道办主任出庭应诉并出声，有效促进行政争议的实质性化解。

（刘晓燕　顾学渊）

2023年5月30日，大浪街道组织街道领导、中层干部、社区党委书记、12个社区工作站主要负责人、股份公司董事长等赴龙华区人民法院旁听庭审活动（顾学渊供图）

经 济

经济发展

【概况】2023年，大浪街道各项主要经济指标呈一降三升发展态势：规模以上工业总产值798.37亿元，比上年同期增长4.79%；规模以上工业增加值同比增长11.4%，增速全区第二；固定资产投资完成额实现190.1亿元，同比增长31.3%，增速、完成率全区第二；社会消费品零售总额264.39亿元，同比增长7.5%，增速全区第三；规模以上服务业营业收入81.11亿元，同比下降9.8%。

【工业】2023年，大浪街道工业经济企稳向好，重点企业表现良好。全年规模以上工业总产值798.37亿元，比上年同期增长4.79%。前30强企业整体表现突出，累计产值实现458.54亿元，占辖区总产值的比重超过一半，同比增长9.4%，成为引领街道经济发展的重要平台和核心引擎，提升了辖区产业生产动能。全年工业行业增长面超四成，23个工业行业中实现正增长行业共9个，其中，5个行业实现两位数以上增长。前十行业则呈“五升五降”发展情况，产值合计777.30亿元，占辖区总产值的九成以上。各行业龙头企业的产值比重明显，计算机、通信和其他电子设备制造业等先进制造业市场业绩较好，其中辖区支柱行业计算机、通信和其他电子设备制造业实现工业总产值387.33亿元，占总产值48.52%，比上年同期上升4.9%，拉动规模以上工业整体经济上涨5.6个百分点。

【2023年1—12月规上工业前十行业产值情况】

行业大类	工业总产值/亿元	同比/%	占比/%	拉动/%
计算机、通信和其他电子设备制造业	387.33	12.40	48.52	5.60
电气机械和器材制造业	106.91	-10.3	13.39	-1.62
金属制品业	95.09	16.10	11.91	1.73
专用设备制造业	42.76	4.40	5.36	0.24

（续上表）

行业大类	工业总产值/亿元	同比/%	占比/%	拉动/%
通用设备制造业	40.41	4.20	5.06	0.21
纺织服装、服饰业	31.64	-8.20	3.96	-0.37
橡胶和塑料制品业	26.48	-10.50	3.32	-0.41
皮革、毛皮、羽毛及其制品和制鞋业	23.09	3.10	2.89	0.09
仪器仪表制造业	18.63	-3.50	2.33	-0.09
印刷和记录媒介复制业	5.01	-8.00	0.63	-0.06

【限额以上商贸业】2023年，大浪街道限额以上商贸业回暖向好。限额以上批零业实现商品销售额314.81亿元，同比下降0.56%，其中零售额96.09亿元，同比增长7.69%。限额以上住餐业营业额体量偏小，实现营业额13.90亿元，较上年同期下降3.4%。从重点企业来看，辖区批零业前十强企业表现亮眼、贡献较大，合计实现商品销售额105.86亿元，比上年同期增长12.6%。

【服务业】2023年，大浪街道服务业呈现下降趋势，其他营利性服务业较上年有所下降。辖区规模以上服务业营业收入累计实现81.11亿元，同比下降9.8%，辖区4个相关行业呈现一增三降发展态势，其中其他营利性服务业营业收入累计实现30.59亿元，同比下降6.19%；从重点企业来看，服务业实现营业收入1亿元以上企业共计15家，合计实现35.63亿元，同比下降1.7%，其中营业收入5亿元以上企业共1家，为龙华保安公司。

【2023年1—12月其他营利性服务业各行业情况】

行业大类	营业收入/亿元	同比/%
信息传输、软件和信息技术服务业	2.60	2.96
租赁和商务服务业	17.69	19.09
科学研究和技术服务业	7.02	7.01
居民服务、修理和其他服务业	3.28	3.54

【产业转型升级】2023年，大浪街道坚持产业多元、业态协同，完成3.72亿元数字化技术改造。国高企业总数达920家，总部企业9家，专精特新“小巨人”新增12家，总数达27家，总量及增量均为龙华区第一。爱都科技公司、合发齿轮科技公司等8家企业获评区制造业企业数字化转型标杆案例，爱图仕公司“数字”云平台供应链管理体系、创想三维公司3D数字化营销云平台获评区企业云上平台优秀案例，德泰工业园获评龙华区数字经济园区，数字经济企业突破300家，数字经济规模达443.76亿元，实现两位数高速增长；大浪时尚小镇成立全市首个服装行业数字化转型促进中心，并依托华为优质资源提供“一对一”数字化诊断服务，成功助力玛丝菲尔、赢领智尚、艺之卉等23家时尚企业数字化升级。

【固定资产投资】2023年，大浪街道固定资产投资完成190.1亿元，比上年同期上涨31.3%，增速创五年新高。全年任务完成率106.8%，增速及完成率在六个街道排名均为第二。政府投资项目共43个，完成投资34.11亿元，比上年同期上升82%；社会投资项目共134个，完成投资154.93亿元，比上年同期上升22.9%。全年投资完成额实现亿元以上投资规模项目共计24个，合计完成投资158.05亿元，占比83.14%，其中超20亿元投资规模项目1个。全年累计成功指导57个项目纳入统计，合计实现投资额43.83亿元，约占辖区总投资的23.06%，为辖区投资发展作出了较大贡献。

【对口帮扶】2023年，大浪街道扎实有序推进广西罗城仫佬族自治县、广东紫金县的乡村发展、乡村建设、乡村治理等重点工作，累计提供帮扶资金200万元，帮助紫城镇完成4个民生项目和9个产业项目；累计向紫城镇捐赠电脑351套、书籍6000册、文化E站图书机1台；推动14家股份公司、1家社区和大浪工商联与罗城镇16个村完成结对帮扶协议签订，实现原深度贫困村结对全覆盖；投入150万元推进以路灯项目为主的基础设施建设项目6个，提升乡村公共服务建设项目11个，升级乡村产业发展基地建设项目2个；利用2023年“6·30广东扶贫济困日”活动等平台，积极号召爱心企业共同结对帮扶支持粤桂协作，共完成捐资150万元；协助罗城仫佬族自治县对口帮扶村大力发展特色种植业，建设毛木耳、黑木耳生产加工基地，持续拓宽脱贫群众增收渠道；积极推动机关事业单位带头参与，鼓励辖区企业、股份公司采取“以购代捐”“以买代帮”等方式采购对口地区产品和服务，消费扶贫采购金额累计达402万元，超额完成全年消费帮扶目标。

（冯佳瑜）

2023年10月18日，大浪街道联合海格云链在大浪时尚小镇INPARK文化创意园举行大浪时尚小镇服装产业直播电商交流会

【集体经济】2023年，大浪街道23家社区股份合作公司资产总额46.45亿元，负债总额17.69亿元，净资产总额28.76亿元，全年总收入8.57亿元，比上年同期增长9.03%，股民生活补贴稳步增长。2023年“四个平台”综合监管系统共推送集体资产交易项目28个，其中集体土地使用权交易项目6个，工程交易1个，物业租赁交易21个。

【股份合作公司转型升级】2023年，大浪街道积极探索股份合作公司转型升级新路径，积极推动国企与集企深入合作，指导石凹公司完成石凹第二工业区续租事宜和非农指标调出事宜，助推石凹第二工业区升级改造工作加快落实，为大浪时尚小镇打造策展型时尚体验中心提供关键支撑；打造龙华区首支“国资+集资”基金合作样板，指导街道四家一级股份合作公司与龙华资本公司合作设立深圳市龙华大浪创新私募股权投资基金一期合伙企业（有限合伙），推动集体存量资金与科创融资有效衔接，为股份合作公司盘活长期资金、拓宽投资渠道、助力城市产业升级提供经验借鉴。

（曾东辉）

经济管理

【概况】2023年大浪街道着力优化营商环境，精准高效开展企业服务等经济管理工作。2023年，辖区新增产业空间约50.4万平方米，以“357”全流程服务机制解决企业诉求1700余个，开展公益招聘会46场，开展“百园千企”等普惠性政策宣讲39场，协助辖区238个工业园区、写字楼，2004家企业申请专项资金补助。大力开展金融风险排查，深入28个园区发放宣传册1205份；完成6个城中村的居民供用电安全专项整治，解决381栋居民楼栋用电过载问题及安全隐患问题。2023年，大浪辖区新增“四上”企业186家，总量占全区近三成。

【营商环境优化】2023年，大浪街道持续优化营商环境，完成6个城中村31台供用电设施安全专项整治，获国家能源局肯定；推进建泰、广西工业区、科伟达工业区、龙泰盛车料厂4个“工改工”项目，为16家优质企业匹配产业空间4.2万平方米，新增时尚小镇、联建产业园、国乐科技园等产业空间约50.4万平方米；协助科达利公司、富泰通公司等211家企业解决产业空间需求、电梯需求等诉求710个；组织39场“百园千企”宣讲会，助力近2000家企业“应享尽享、直达快享”，以“357”全流程服务机制解决企业诉求1700余个；协助辖区238个工业园区、写字楼，2004家企业申请龙华区相关职能部门的各类专项资金补助，实现“一站式”服务；拓展企业用工渠道，开展公益招聘会46场。

2023年3月19日，大浪街道“双招双引”交流活动——重庆站（张惠燕供图）

【招商引资】2023年，大浪街道坚持培育和引进并重，招引衡亿安、集度信息、海辰储能等13家规模级企业，新增“四上”企业186家，总量占全区近三成；新增豪恩汽电、智信精密上市企业2家，新增数量全区第一；新增各级专精特新企业308家、“小巨人”12家，总量及增量均为全区第一；新增国高企业208家、创新载体19个，优质市场主体蓬勃发展、竞相成长；街道主要领导分两批前往云南、重庆、安徽、江苏等地区开展招商活动，推动招商引资工作提质增效。2023年以来街道共引进13个重点项目，其中包括二十亿级企业衡亿安（已投产纳统），十亿级企业集度信息服务、大昌行宝昌（宝马4s店），五亿级企业海辰储能装备、思灵机器人等，招商引资成效显著。

【企业服务】2023年，大浪街道深入开展“企业大走访”“百员进百园”等活动，依托街道“政企直通车”“助企早餐会”搭建常态化、精细化政企交流平台，以“357”全流程服务机制解决企业诉求1700余个。积极拓展“互联网+”服务模式，推行“指尖”服务35项；开展“百园千企”等普惠性政策宣讲39场，助力近2000家企业“应享尽享、直达快享”；开展银企对接、招商推介、“1+N+S”数字经济产业发展政策宣讲等活动，累计邀请辖区企业2362家；协助辖区238个工业园区、写字楼，2004家企业申请龙华区相关职能部门的各类专项资金补助，实现“一站式”服务；打造全区首个知识产权保护服务站，为辖区企业提供助企政策咨询和知识产权业务服务，打通服务创新主体“最后一公里”。

【金融风险排查】2023年，大浪街道围绕“守住钱袋子·护好幸福家”的宣传主题，深入28个园区，在园区及企业聚集区域以口头宣讲、发放宣传册的形式进行宣传，发放宣传册1205份；开展宣传月，以重点园区为单位开展3场防范非法集资宣传月活动。在商场、市场等重点场所张贴海报886张，派发宣传折页和宣传单754份；辖区16个银行网点充分利用LED显示屏、宣传片、宣传册等形式提醒前来办理业务的群众防范非法集资风险；采取传统媒体和新兴媒体齐头并进、线上宣传和线下宣传同频共振的方式，营造良好的防范非法集资舆论氛围；定期对大浪辖区内写字楼及金融企业进行排查，走访排查企业156家，并做好信息反馈。

【供电综合整治】2023年，大浪街道大力推进城中村电力改造工作，破解配电设备落地难的问题，推动完成福轩新村、玉田新村等6个城中村的居民供用电安全专项整治，利用政府物业新建、扩建配电房，解决381栋居民楼栋用电过载问题及安全隐患问题，第一批城中村供用电安全专项整治工作获市、区主要领导以及发改局的高度赞扬，得到国家能源局领导的考察调研及工作肯定，并在福轩新村召开媒体现场会，作为全市学习样板进行推广；完成10个社区城中村“飞线”、井盖、变压器围挡排查摸底工作，水围飞线试点已完成验收，变压器围挡已整治7个，电力通信类井盖已修复68个。

【统计业务】2023年，大浪街道完成辖区1187家“四上”“四下”调查单位、177个固定资产投资项目等报表催报工作，高质量完成各专业报表数据报送；组织超过百家重点企业参加“统计员之家”培训，加强“街道－企业”两级统计队伍建设，从源头上提高数据审核能力；以数据质量为工作重点，按照年报工作制度的要求完成统计年报和统计定期报表工作；全面有序推进五经普登记工作，紧盯时间节点，扎实做好普查数据审核验收，推动五经普提速增效；聚焦重点项目，稳步推进固定资产投资，2023年成功指导57个投资项目纳入统计，新增项目合计实现投资额43.83亿元，占辖区总投资的23.06%，贡献明显。

（冯佳瑜）

财政

【概况】2023年，大浪街道始终贯彻落实“过紧日子”要求，强化预算管理，充分发挥财政保障调控作用。推进绩效管理，提升资金配置效率和使用效益。完善资产管理，实现国有资产保值增值。健全制度保障，按时保质完成政府采购工作。

【财政收入支出】2023年，大浪街道持续落实预算执行进度通报机制，每月整理街道财政预算执行进度情况，开展预算执行进度通报，督促形成支出。街道全年一般公共预算支出111038万元，预算执行率达99.83%；政府性基金部门预算支出17280万元，专项债项目预算支出48554万元。

【预算绩效管理】2023年，大浪街道深入推进预算绩效管理，增强绩效约束。严格落实“花钱必问效，无效必问责”，提高财政资金使用效益。高质量完成260个预算项目的支出绩效自评、208个预算项目的绩效监控、2024年整体绩效目标及全部预算项目绩效目标的编制工作，实现绩效目标全覆盖，并初步建立街道预算绩效指标体系。

【资产管理】2023年，大浪街道进一步强化资产管理，实现国有资产保值增值。全面完善街道国有资产清点、调拨、报废、处置工作流程，全年集中处置固定资产上缴财政收入共1902463元。同时，加强政府物业资产的安全巡查、监督管理使用，对政府投资建设的37处及政府公共配套的25处物业开展常态安全生产排查、消防安全隐患检查、维修维护及监督管理。完成政府物业资产清查及登记入账工作，对新移交的政府公共配套物业组织开展审查验收，统筹使用管理。

【政府采购】 2023年，大浪街道发布政府采购意向公示34项，开展政府采购项目66项，扶持中小微企业采购预算金额55444617.69元，占街道采购预算总金额比例为76.2%，在实际采购的中小微企业中，中标金额53971308.8元，节约金额1473308.89元，节约率达2.7%。

【内控制度】 2023年，大浪街道根据上级相关制度的更新调整，完善制度建设，强化内控管理。进一步修订《大浪街道办事处政府采购管理制度》，强化采购人主体责任，优化完善街道的政府采购管理制度。新编制印发《大浪街道办事处政府物业资产管理制度》《大浪街道办事处预算绩效管理制度》《大浪街道办事处固定资产管理制度》，全面制定街道预算管理、财务收支管理、资产管理及合同管理等经济活动管理制度及对应流程图，建立健全内部控制制度体系。

（李思愉）

2023年3月6日，大浪街道举办政府采购管理制度培训会［党政综合办（财务管理）供图］

城市建设与管理

城市建设

【概况】2023 年，大浪街道累计备案小散工程 2401 个，完成现存房屋 11750 栋及非自建房 459 栋安全排查工作；巡查 2500 余家餐饮场所，完成辖区 1328 余家非居场所燃气改造；全面巡查街道辖区现有危险边坡 235 个，地质灾害 16 个。

【建筑工地安全管理】2023 年，大浪街道继续推进二次装修工程备案纳管制度，累计备案小散工程 2401 个；共出动检查人员 12866 人次，发现隐患并督促整改 3474 处，下发停工、整改通知书 82 份。严格按照相关建筑安全规范及市、区相关规定，共对 39 个市、区报建工地进行安全管理，不定期对各报建工地进行安全巡查，2023 年，累计检（复）查工地 418 场次，发现隐患并督促整改 149 处。

【基层城建智能监管平台建设】鉴于一期平台在使用中业务闭环管理和多场景应用方面存在的不足，2023 年度，为适应新形势、新任务、新要求，大浪街道城市建设办（城建）会同街道纪工委和研发单位多次论证，增加物业小区管理、合规查询、廉政监督管理等功能，立项开发二期平台。二期项目建设合同金额 3379266 元，于 2023 年 9 月 22 日开工，截至 2023 年底已完成合同内需求分析、系统设计、综合管理系统、安全规定规范管理、工程项目评分管理、数据库建设、系统接口对接 i 龙华等工作。

【劳资纠纷预防调解】2023 年，大浪街道共调解建筑工地欠薪信访登记件 83 宗（涉及人员 1202 人，涉及金额 1449.9738 万元），调解建筑工地欠薪平台线索 119 宗，调解建筑工地欠薪国满件 39 宗。

【自建房安全排查】2023 年，大浪街道针对辖区内 168 栋 C2 类房屋进行房屋安全鉴定，除上横朗社区白云山旧改 12 栋房屋外，共有 156 栋房屋需进行房屋安全鉴定，已完成 142 栋房屋安全鉴定，鉴定率 84%。针对辖区内 C3 类房屋，目前均已清空围挡粘贴警示标识。开展既有房屋“固本”专项行动，经排查辖区共存在无隐患房屋 608 栋、一定安全隐患房屋 528 栋、严重安全隐患房屋 641 栋。开展分类整治工作，其中未发现安全隐患房屋

608 栋、轻微安全隐患房屋 164 栋、一定安全隐患房屋 528 栋、严重安全隐患房屋 641 栋。开展既有幕墙隐患整治。2023 年度，完成 33 栋既有幕墙实体隐患整治，完成率 100%。

【燃气安全管理】底商巡查工作方面，2023 年大浪街道出动 10014 余人次，覆盖辖区内 2500 余家餐饮场所，开展地毯式燃气安全排查，发现燃气安全隐患 1029 处，已整改 897 处隐患，整改率 87%，未整改均已督促责令；管线巡查工作方面，2023 年大浪街道共出动 4540 人次，排查涉管道燃气市政道路 82 段共 124.7 千米、城中村 1239 栋、住宅小区 84 栋、充电桩 225 处、小散二次装修 110 处，发现压占管道等隐患 35 个，巡查涉燃气管道 6 米范围内第三方工地 530 个，对 34 个未落实管道保护工地发出停工整改通知；燃气企业安全监管方面，对辖区内 1 个燃气充装站、3 个燃气供应站及 11 个服务店共出动燃气检查人员 1986 人次，检查单位 1211 家次，检查中发现 359 处安全隐患，目前完成整改 356 处，整改率达 99.1%；安全宣传方面，联合瓶装燃气企业及有关单位开展燃气应急演练行动 2 场，联同有关单位开展燃气安全宣传活动 9 场，组织 12 个社区工作站开展社区城中村楼栋长燃气安全培训 11 场，联合大浪交警中队瓶装燃气企业配送人员交通安全培训工作 1 场。

2023 年 12 月 12—14 日，大浪街道“瓶改管”工作专班在龙华区第二外国语学校、育英小学、爱义学校、元芬小学分别开展了燃气安全进校园活动［城市建设办（城建）供图］

【“瓶改管”推进工作】2023 年，大浪街道继续推进“瓶改管”项目，2023 年二期“瓶改管”项目点火户数达 36389 户，点火率达 55.07%；完成无点火需求承诺书签署 23163 户。2023 年三期“瓶改管”项目，设计户数 38914 户，已安装 13891 户，验收挂表数量 8782 户。已验收 57 个项目，碰口 11 个项目，点火 5 个项目，点火 246 户。年度安装意愿为 18720 户，总形象工程进度约 87.3%。核实长期白名单 1295 户，过渡期白名单 150488 户，非白名单 223042 户，辖区非居用户已完成改造 1328 户。

【街道公租房管理】2023 年度，大浪街道完成 3 套住建局定向房源分配、21 套公租房二次分配、34 套房源分配，共登记申请人 342 名，排查房屋 340 套，排查问题房源 30 套，催收拖欠的房屋租金累计 256 人次，均已完成整改。

【危险边坡及地质灾害防治】2023 年，大浪街道对辖区现有危险边坡 235 个、地质灾害 16 个建立工作巡查台账，开展全覆盖巡查，共出动巡查 4906 人次，检查隐患点 2453 次，发现并处置安全隐患点 81 处，更新警示牌 224 块，新安装警示牌 15 块，拆除老旧警示牌 136 块。协调开展危险边坡治理 32 处，督促相关单位整改隐患 81 处，开展危险边坡自动化变形监测 6 处、人工变形监测 2 处，开展以前年度危险边坡及地质灾害治理工程结、决算工作 3 个，开展危险边坡用地权属调查 30 处。

【生态文明建设】2023 年，大浪街道辖区 PM2.5 年均浓度为 17.1 微克/立方米，同比减少 4 个百分点，空气质量优良率达到 92.2%，臭氧浓度 150 微克/立方米，辖区空气质量持续好转。完成海绵城市建设面积 9.662 万平方米，建成年度典范项目龙华区第二外国语学校屋顶绿化提升工程。开展海绵城市宣传活动，现场发放宣传折页、主题小礼品 500 余份。

（李梅）

环境保护管理

【概况】2023年，深圳市生态环境局龙华管理局大浪所以持续提升辖区生态环境质量为目标，围绕打好污染防治攻坚战、环境信访维稳等开展各项重点工作。年内，对辖区99家“小废水”企业开展执法检查，开展“证后监管”检查企业246家次；辖区3家重点企业完成VOCs深度治理，辖区42个工地落实“7个100%”扬尘污染防治；处理噪声、油烟、废气投诉共5353宗，处理建筑施工噪声投诉共2904宗。

【“利剑七号”执法行动】2023年，大浪街道开展“利剑七号”系列执法行动，加强“小废水”企业监管，对辖区99家“小废水”企业开展执法检查并督促企业签订废水拉运协议；开展废水监测，确保达标排放。对辖区11家重点涉水企业进行季度采样监测，累计采样46家次；开展“散乱污”企业整治。对市、区“散乱污”整治办抽查通报、日常巡查检查发现的“散乱污”企业，按照相关整治要求，开展现场复查整治并建立动态清单和销号台账，完成135家“散乱污”企业整治销号；开展环评与排污许可红黄牌企业检查。对照问题企业清单，按照排污许可各项制度规定要求，督促、指导问题企业及时整改，共督促18家红黄牌企业完成整改并销号。开展排污许可证后监管，加强排污单位巡查，累计检查246家次，督促企业做好年度执行报告填报、台账记录、自行监测和信息公开等，确保企业持证排污和按证排污；开展建筑施工噪声执法行动。共出动执法人员4428人次，巡查建筑工地2214家次。在“三考”期间，共出动执法人员186人次，巡查考点周边工地噪声及社会生活噪声93家次；开展第三方环保服务机构弄虚作假专项执法行动，对2家环评文件编制企业、4家环境检测机构、2家机动车排放检验机构开展弄虚作假行为执法检查，对环评文件编制企业弄虚作假行为立案处罚2宗。

【大气污染防治工作】2023年，深圳市生态环境局龙华管理局大浪所积极开展涉气企业巡查，推动企业治理升级，削减VOCs排放。2023年持续开展涉VOCs排放工业、汽修企业现场巡查，累计检查1175家次，推动3家重点企业完成VOCs深度治理，2家企业完成低VOCs原辅料替代；开展餐饮油烟日常巡查及检测。2023年累计检查餐饮企业2091家次，油烟监测100家次，对发现未安装油烟净化器餐饮企业下发整改17家，油烟净化器安装率达到98.2%；加强施工工地扬尘管理，开展非道路监测。2023年以来全面督促辖区42个工地落实“7个100%”扬尘污染防治。对未落实扬尘污染防治工地下达整改通知2份，立案处罚1宗，共监测非道路移动机械69台，立案处罚1宗；加强用车大户监管并开展监测。对辖区内3家重点监管的用车大户进行抽查检测，共检测13台，检测结果均达标；积极落实大气污染强化减排工作。引导企业合理安排生产计划，实行错峰生产，通过降低生产负荷或提高废气处理效率等措施，减少VOCs排放。共开展8次大气污染强化减排措施工作，出动352人次。

【环境信访】2023年，深圳市生态环境局龙华管理局大浪所处理噪声、油烟、废气投诉共5353宗，处理差评件117宗，落实信访回访工作5353宗；处理建筑施工噪声投诉共2904宗，已下达处罚决定49宗，处罚金额合计160万元。共收到龙华区信访工作联席会议办公室转来国满件3宗，均已办结。

【危固废物管理】2023年，深圳市生态环境局龙华管理局大浪所开展危险废弃化学品整治，污染防治设施、辐射安全、实验室及危险废物等环境安全隐患排查，出动执法人员1251人次，检查企业471家次，发现固废管理不规范等问题58项，均已完成整改。督促211家机动车维修单位、389家产生危险废物单位、419家产生一般工业固体废物单位完成平台申报；开展固废视频远程执法。合计检查700家次，发现问题企业8家，已整改完成。

通过远程执法减少现场检查频次，更有效率地督促企业规范化管理危险废物，从源头上解决企业存在的安全隐患问题。

（深圳市生态环境局龙华管理局大浪所）

土地整备

【概况】2023 年，大浪街道土地整备中心以年度各项考核任务为导向，积极统筹谋划、稳步推进土地整备入库、征地拆迁项目、建筑物补偿、已征建筑物拆除、结算方案、较大产业用地项目、土地整备征地拆迁资金使用等考核任务，完成了大浪赖屋山（横朗）地块土地整备利益统筹项目、部九窝余泥渣土受纳场工程三期（一期 C 区扩容）项目、大浪街道颐丰华社区医疗地块土地整备利益统筹项目、龙华茜坑水厂改扩建工程等土地入库 47.15 公顷。

【征地拆迁】2023 年，大浪街道土地整备中心完成浪逸路市政工程、龙华茜坑水厂改扩建工程、明浪路西侧修筑林火阻隔带项目等 3 个征地拆迁项目补偿工作，完成建筑物补偿 2.16 万平方米，完成已征建筑物拆除 6.9 万平方米，完成上横朗社区机荷高速边地块土地整备利益统筹项目、大浪颐丰华地块土地整备利益统筹项目、浪逸路市政工程、明浪路西侧修筑林火阻隔带项目、龙华项目等 5 个项目结算审核工作，完成征地拆迁资金使用 386.17 万元。

【较大产业用地项目】2023 年，按照龙华区落实较大产业用地的工作部署，大浪街道大力推进大浪赖屋山（横朗）地块土地整备利益统筹项目范围内剩余 21 栋私宅的补偿协议签订工作，加快已征建筑物的移交拆除和清理工作。

2023 年 6 月 9 日，大浪街道党工委委员张文锋到二十六高项目指挥部现场组织推进横朗地块土地整备工作（土地整备中心供图）

【城市更新】2023 年，大浪街道共有 54 个城市更新项目，项目总占地面积约 330 万平方米。列入城市更新计划 30 个，其中龙胜旧村、英泰工业中心、潭罗片区一期等 14 个项目已开工建设，科伟达项目处于用地报建审批阶段，上下横朗旧村、广西工业区等 6 个项目处于主体确认阶段，华昌路、第八住宅区等 9 个项目处于专项规划编制报审阶段；11 个项目处于计划申报阶段；13 个项目有更新意愿。

（彭夏杰）

市容管理

【概况】2023 年，大浪街道以提高市容环境卫生指数和垃圾分类指数测评成绩为抓手，切实推进环境卫生、园林绿化、城中村路灯照明、动植物防疫防控等市政管理工作。一是持续提升市容环境管理水平，积极开展市容环境清理整治行动，全年出动环卫应急队伍约 17.9 万人次，清理卫生死角约 4.98 万处，重点推进“城市管家”招标进驻工作；二是持续改善辖区绿化景观，共修剪乔木约 8189 棵，补植草皮约 4.2 万平方米，补植苗木约 6.2 万平方米，安装树池篦子约 1309 平方米，制作道路绿地树木

二维码铭牌25000个，重点区域种植各类时花77万株；三是妥善解决城中村有路无灯现象。

【路灯照明】2023年，大浪街道市政管理服务中心加强市政公园、广场、城中村路灯日常巡查维护力度，巡查市政公园、广场、城中村路灯9120盏，发现整改隐患242处，更换、铺设电缆2583米，更换灯具948套，更换灯泡245只，修补路灯井盖17个，拆除废旧灯具292套。2月，对大浪劳动者广场、人工湖、体育公园、阳台山公园东门入口内破损、缺失的照明设施进行维修维护，共安装灯具43套、修复电缆395米，改善公园照明环境；3月，对龙胜山顶公园进行增补修理，共更换灯具60套，修复电缆900米；对龙平公园、民塘路市政公园等15处社区公园破损、缺失的照明设施进行维修维护，共更换灯具149套、修复电缆2686米，保障大浪街道社区公园夜间出行安全；4月，开展大浪街道市政设施防粘贴涂料刷新项目，对辖区华繁路、华荣路、华昌路、华盛路、华旺路、华悦路、华兴路和大浪北路等道路路灯灯杆、景观灯立杆、指示牌杆等市政设施进行清理、打磨、涂刷颜色底漆和防粘贴涂料；5月，为下横朗新二村更换灯具灯杆26套，修复电缆880米，妥善解决附近居民出行安全隐患；7月，对绿道5号线（福城交界处）大浪段新增路灯42套，安装电缆1080米，妥善解决该段绿道有路无灯情况；8月，对浪口公园周边及山坡增设照明设施57套，安装电缆1380米，解决附近居民游园安全隐患；12月，为谭罗新二村旁谭龙路安装灯具26套、电缆475米，妥善解决谭龙路有路无灯情况。

2023年3月4日，大浪街道在劳动者广场开展大浪街道“学雷锋纪念日”垃圾分类主题活动（市政管理服务中心供图）

【市政绿化管养与公园绿道管理】2023年，为提升辖区道路绿化景观，根据《深圳市园林绿化养护规范》及承包养护合同，大浪街道对绿化养护单位工作进行监督和指导，绿化管理人员坚持每天上路巡逻，发现问题及时解决或上报，保证大浪街道市政绿化的整洁和美化效果。全年组织绿化管养公司开展绿化管养作业，共出动人数约1.7万人次，清运绿化垃圾约2306车次，修剪乔木约8189棵，修剪灌木157万平方米，补植草皮约4.2万平方米，补植苗木约6.2万平方米，乔木加固402棵，施肥约170吨，修补树穴66个，刷新公共设施63平方米。全年共投入120万元，在辖区重点干道、主要公园、景观节点，摆放时花、绿雕，营造节日气氛，重点区域种植各类时花77万株。全年认真落实汛期安全防范工作，共出动队伍300人次、56车次，处理倒伏树木27棵，清理断枝214处，加固树木45棵，处理树木遮挡交通指示牌72处。1月，对华荣路、华悦路路口开展花草设计，共种植花卉242平方米，以增加节点景观效果；2月，对华荣路德泰科技园路段绿化带变压器围挡进行更换安装；3月，组织开展城中村裸露土地覆绿提升行动，采取铺种草皮、栽植地被等方式进

行城中村绿化覆绿提升，共铺种草皮3142平方米，栽植地被651平方米；对街道24个城中村行道树树穴安装树池篦子，共改造面积约1309平方米，妥善处理行道树树穴裸露乱象，提升城中村绿化形象；对华旺路绿化带增种特色花卉水红杜鹃194棵，美化创文考核重点路段绿化景观；为进一步加强城市树木保护和管理，大浪街道建立树木“身份证”信息，共制作25000个道路绿地树木二维码铭牌，提升市民爱绿护绿意识；4月，对华兴路、华旺路道路绿化带安装绿化护栏约4.7千米，有效整治绿化带违停乱象；对辖区49所学校、12个工作站等办公点周边花坛树池开展维护整治工作，对2370个树池进行全面整治换新，有效提升市容环境；5月，对劳动者广场、体育公园、龙胜公园等地开展杂物整治清理行动；7月，对凯滨新村、上岭排新村、新岭路、高峰路、创艺路、澳华新村等地的高大乔木进行修剪，共修剪乔木275棵，处理边坡杂树2450株，认真落实汛期安全防范工作；9月，重新铺设大浪街道民塘路公园橡胶颗粒道路，提升公园市容形象；对大浪绿道、大浪体育公园、龙胜公园、劳动者广场等地的监控设施进行检修维保，保障公园游客安全。为协助做好可乐园、三合新二村地块塌陷整治工作，对该处绿化树木跟花坛进行修整整治；11月，持续开展裸露土地风蚀扬尘治理，对DL－035、DL－02、DL－047、DL－006、DL－036、DL－029、DL－033、DL－030、DL－049、DL－048 10块裸露地块进行覆绿，覆盖高密度防尘绿网12.5万平方米，整治面积约为18.8万平方米；11月，为推进公园应急管理服务站试点建设，在大浪绿道入口处建设应急管理服务站，包括外观标识、资源整合、安全防控、应急响应等功能建设；选取六号苗圃基地作为大浪街道辖区树木迁移养护种植地，占地面积约28000平方米，种养的树木可结合辖区绿化管养实际需要随时迁到六号苗圃基地种养，并由专业管养公司对苗圃基地树木进行日常管养。对大浪体育公园文化墙、龙胜公园、劳动者广场破损文化墙、地面、台阶、标牌进行统一更换，提升公园管理服务水平；12月，对阳台山森林公园入口处裸露地和龙强科技园周边路段进行重新围挡、加装护栏、补植覆绿。对华联社区公园、新围社区公园破损地面、台阶、花坛、凉亭进行修缮整治，提升社区公园环境形象。

【环卫安全及工人关爱】 2023年，大浪街道市政服务中心进一步规范环卫作业安全操作，监督环卫企业落实环卫安全培训，共开展环卫安全培训1648场，参加培训人员46563人次，切实提升交通、消防安全意识。3月，美丽基金会联合龙华区城管和综合执法局环卫科于3月7日在大浪街道开展“情系巾帼·温暖三八妇女节”活动，向90名环卫女工人发放油米慰问品；4月，大浪街道对春节期间在岗一线市政环卫工人发放稳岗补贴月52.88万元；6月，龙华区城市管理和综合执法局发放端午物资38份；7月，大浪街道开展高温季节关爱环卫工人行动，共发放600份防温降暑慰问品，向环卫

2023年10月26日，大浪街道开展“环卫工人节”表彰暨关爱环卫工人活动（市政管理服务中心供图）

工人致以敬意和夏季问候；8月，为减轻环卫工人家庭教育负担，对辖区6名一线环卫工人的子女发放助学奖学金；9月，大浪街道在中秋佳节慰问一线优秀环卫工人，共发放慰问品20份；10月26日，为庆祝广东省第30届环卫工人节和深圳第7个“关爱环卫工人日”，大浪街道向辖区环卫工人致以节日的问候和诚挚的祝福，感恩环卫工人“宁愿一人脏，换来万人洁”的奉献精神，激励环卫企业和环卫工人在环卫工作中发挥积极作用。对辖区从事一线环卫工作的优秀环卫工人进行表彰，其中有3名评为市级优秀环卫工人、30名评为区级优秀环卫工人。同时向环境公司、绿化公司全体环卫工人予以发放关爱慰问品香米和食用油1443份，持续打造“关爱环卫工人”品牌。

【市容环境治理及专项整治行动】2023年，大浪街道市政中心坚持以“点的突破、面的巩固、质的提升”为总体思路，建立起街道、部门、社区三级“一把手”多方联动工作体系，将责任压实压细，以环境卫生指数测评为突破口，坚持问题导向、结果导向，长期践行“一线行走办公”。市政中心分成7个小组，全员下基层守住测评重点，对辖区12项环卫测评点位开展巡查，狠抓薄弱环节整改，同时通过发挥社区工作站的基层管理作用，给予环卫、绿化企业监管权，真正做到“社区吹哨，部门报到”，确保提升环卫指数成绩。全年共开展环卫服务企业业务指导培训71场，参加培训人员1750人次。全面开展环境卫生大整治专项行动，全年出动环卫应急队伍约17.9万人次，清理卫生死角约4.98万处，清除乱张贴、乱涂写、乱刻画6.9万处，清运其他垃圾14万吨；每周开展“凌晨平安”“安全生产专项排查”“有限空间”“消防器材”检查行动，对环卫工人是否规范着装、是否穿反光背心、是否安全作业，有限空间警示标识是否喷绘及垃圾转运站安全器材进行检查。年内，按时处理市容环境卫生、城市绿化管理、市政设施管理等数字化城管案件4202宗，处置无主固体垃圾286余吨，结案率达99.8%，全年开展“深圳蓝”可持续行动，持续开展雾炮喷水服务，对辖区道路定期喷洒抑尘剂，降低道路扬尘，提高空气质量。2月，优化大浪南路周边环境，完善围挡等公共设施，共安装烤漆围挡67.9平方米；清理大浪社区观天路（大浪段）两侧大量无主垃圾，共出动91人次、7车次，清理垃圾77吨。对元芬村周边开展市容环境整治，采取时花种植、整改树池篦子等方式，改善居民生活环境。对街道赖屋山东区、下横朗新村、宝龙新村、罗屋围村、上横朗新村、元芬老村、下早老村、水围新村、高峰苑、三合新村、宝山新村内裸露空地碎石等无主建筑垃圾进行清理，清理面积达2266平方米；3月，对浪口、水围社区地面破损、黄土裸露、井盖围栏破损等市容乱象开展专项整治修缮，针对陶元社区元芬天桥漆面脱落、围挡缺失、桥面破损的乱象进行改造整治，对观天路龙山墓园路段两侧开展环境整治项目，种植草皮615.8平方米，种植苗木152盆，安装防撞警示柱15根；4月，对大浪绿道口、大浪时尚创意城、石凹第二工业区、南方明珠科技园开展市容环境清理整治行动，共出动52人次，挖机10台班，清理垃圾约450吨，对新绿城酒店周边、雍朗山庄周边、布龙路桥底开展市容环境清理整治行动，共出动22人次，挖机5台班，铲车10台班，清理垃圾约224吨；5月，对浪口社区机荷高速路周边开展市容环境清理整治行动，共出动32人次，清运无主建筑垃圾约270吨，进一步提升周边市容环境；9月，为方便市民熄灭及投放烟头，减少随处乱扔烟头的行为，在辖区各主次干道市政道路人行道、十字路口、人流量较大的路段共安装602个烟灰柱。

【市政转运站及公厕管理】2023年，大浪街道市政管理服务中心进一步加强对辖区23个垃圾转运站、17个市政公厕的整治，重点完善市政公共厕所配套设施、公厕净化除臭设备、攻坚整治垃圾转运站周边环境及短板问题。2月，为全力配合街道开展

2023 深圳女子时尚“微马”活动，共租用 72 个移动公厕放置在活动现场，给予参赛人员及工作人员如厕便利；3 月，对大浪劳动者广场公共洗手间进行改造提升，对天花板漏水、墙体破损、公厕破损等乱象进行维修整治；4 月，对大浪绿道石凹支线、环线共 3 个移动公厕进行改造提升，妥善解决游客如厕问题。

（谢琦琦）

城市管理

【概况】2023 年，大浪街道开展系列城市管理工作：推进“城市管家”进驻城中村并开展服务活动，截至 2023 年 12 月 31 日，城市管家已通过顾问或接管方式进驻 43 个城中村（包括 3 个无物业城中村），进驻率 67.2%；持续落实门店招牌备案制度，全年通过门店招牌审核 634 宗、户外广告申请 30 宗；积极落实文明养犬管理，通过养犬登记审核 476 例、制发电子犬证 340 份，犬只身份智慧识别率达到 90% 以上；开展植树活动，共栽种苗木 260 余株，植树面积约 2000 平方米；持续推进爱国卫生运动，完成问题整改 446 项；做好春节、国庆等节日氛围营造工作，悬挂灯笼 4566 个、国旗 2990 面。2023 年，大浪街道在深圳市市容环境综合指数测评中总排名全市第二十二，位列龙华区第一。

【市容环境综合指数测评】2023 年，大浪街道以市容环境综合指数测评为导向，务实重干、奋勇争先，推动辖区市容环境持续向好。第一季度不计成绩，第二季度成绩为 91.41 分，等次为 A，排名龙华区第一；第三季度成绩为 92.67 分，等次为 A，排名龙华区第二；第四季度等次为 A+，排名龙华区第一，为龙华区全年首个获评A+等级的街道。全年综合成绩等次为 A，全市排名第二十二、全区排名第一。

【“城市管家”】2023 年，大浪街道齐心协力，纵深推进“城市管家”工作，全年城市管家已通过顾问或接管方式进驻 43 个城中村（包括 3 个无物业城中村），进驻率 67.2%。制订印发《大浪街道“城市管家”专项工作实施方案》《大浪街道“城市管家”监管考核工作实施方案》，组建专项工作专班，完善协同工作机制，建立健全工作机制；通过“月度考核+季度结算+年度评价”的方式，对城市管家的企业管理质量、现场作业质量、城中村物业管理质量和公众评价质量进行综合考评监管，抓实抓牢监管考核；组建“1+12+N”城市管家服务团队，重点推进城中村进驻工作的同时统筹各社区市政、环卫、绿化服务力量，切实提升工作效率；根据各村实际情况制订进驻计划和服务方案，与各股份公司交流、介绍城市管家服务理念和计划，建设完成龙胜 E 区和玉田花园城市管家服务中心，于 2023 年 7 月举行城市管家入驻龙胜社区签约仪式，推动推广物业进村模式；全年共开展服务活动 36 场，服务超 3848 人次，加深居民对“城市管家”的了解与认可。

2023 年 2 月 13 日，大浪街道开展 2023 年义务植树活动（城市管理科供图）

2023 年 5 月 24 日，大浪街道在劳动者广场开展“爱国卫生月”暨“清洁深圳月”活动（城市管理科供图）

【门店招牌备案】2023 年，大浪街道持续落实门店招牌备案制度，指导商户按照《深圳市户外广告设施设置指引》等文件要求开展招牌的设计及申报工作，严格遵循“一店一招、一单位一牌”的原则。2023 年内，大浪辖区通过门店招牌审核 634 宗，户外广告申请 30 宗。

【文明养犬管理】2023 年，大浪街道大力推动文明养犬管理，以深圳爱犬日等活动为契机，在各社区开展宣传活动共 13 场，派发宣传折页，免费派送宠物垃圾袋、牵引绳等，向居民传播文明养犬理念，营造良好的文明养犬氛围；以犬只芯片植入为主，通过摸排建档以及电话、短信引导，有效督促小区和城中村中养犬居民登记办证、注射芯片，对犬只进行规范化管理。年内共通过养犬登记审核 476 例，制发电子犬证 340 份；推进犬只鼻纹识别，提高犬只身份智慧识别率，进一步完善文明养犬全周期管理模式。自 2023 年 4 月 17 日起，大浪街道犬只身份智慧识别率 90% 以上，在大浪体育公园开辟专门区域打造宠物友好空间，提供宠物活动专属场地，满足市民携带宠物户外活动需求。

【节日氛围营造】2023 年，大浪街道做好节日氛围营造工作，对辖区花店、花木场进行摸底排查，选取并设置了 7 个迎春购花点，启用统一标识，营造安全有序、卫生整洁的购花环境，方便居民购买年花；在 17 条道路悬挂春节灯笼 4566 个，营造喜庆祥和的气氛；为迎接国庆节，在华旺路、华荣路等 18 个路段悬挂国旗共 2990 面，并进行巡查，保持国旗干净、整洁、美观。

2023 年 7 月 6 日，大浪街道在龙胜社区工作站举行城市管家签约仪式暨龙胜 E 区城市管家服务中心揭牌仪式（城市管理科供图）

【植树绿化】2023 年，大浪街道组织开展植树绿化活动。2 月 13 日，在部九窝组织开展义务植树活动，街道办干部职工代表、辖区居民代表、义工代表共 100 余人参加。活动期间共栽种宫粉紫荆、秋枫、黄槿等苗木 260 余株，植树面积约 2000 平方米。街道办事处积极协助区城管局做好树木迁移和占用绿地审批工作，对涉及街道纳管的城市绿地和城市树木的审核事项出具初审意见。全年受理并上报临时占用城市绿地和树木迁移申请 9 宗。

【爱国卫生运动】2023 年，大浪街道持续推进爱国卫生运动。根据上级部门督查发现的问题，组织协调督促各职能部门及时完成整改 446 项；利用民生微实事资金 48 万余元，将部分老化、破损的塑料防蚊闸更换成不锈钢防蚊闸，年内共新装防蚊闸 1445 个，完善“四害”防治设施；对物业小区、城中村等重点区域开展防蚊灭蚊行动，并到凯宾新村、大船坑村开展宣传活动，普及防控登革热有关知识；大力开展健康促进行动、清脏治乱行动及病媒生物防治行动，累计发出宣传品 3917 份、新装毒鼠屋 305 个，出动病媒防治专业人员 6459 人次，出动病媒防治专业器械 2375 台次，清除卫生死角 1988 处；开展“清洁深圳月”活动，派发宣传资料 6000 份，免费发放蟑螂屋等用品 12800 份。

（吴少娴）

综合行政执法

【概况】2023年，大浪街道重点围绕垃圾分类、市容环卫、林业绿化、文明养犬、居民生活用水电燃气加价等方面强化执法监督，共清理“六乱一超”83317宗，收容流浪犬408只，查扣涉“黑燃气”210瓶，整治违停共享单车77733辆，拆除违规破旧广告284块（约3408平方米）；共立案查处行政案件337宗，罚款金额45.28万元。

【市容环卫执法】2023年，大浪街道瞄准市容违法乱象高发时段，实行有针对性的夜间、清晨、节假日执法排班，采取错时错峰执法方式，开展227次专项执法行动，整治市容乱象6000余宗，实现执法巡查“不停歇”、履职尽责“不打烊”、优化环境“不止步”，助力华霆路市容景观提升工程在绩效考核中获得满分成绩，街道年度环卫指数测评成绩位列全区第一，获得市、区城管局高度赞扬。

【林业绿化执法】2023年，大浪街道严格落实和践行“绿水青山”思想，从严从重打击破坏生态环境行为，以立案查处为切入点、遏制增量为着力点、复种复绿为突破口，共办理涉林涉绿案件7宗，查处破坏林地面积9392平方米，整改复绿3599平方米，罚款11.2384万元，成为全区率先完成森林图斑查处整改“双闭环”的街道。

【居民生活用水电燃气违规加价执法】2023年，大浪街道由末端执法转为前端统筹，组织数据排查、政策宣贯、投诉处置、难点攻坚、执法查处、舆情保障等多环节全链条综合监管。围绕投诉区域逐户逐栋排查，坚持调解和处罚相结合，菠萝斜新村（私变外卖村）电费问题妥善解决得到市高度肯定，并全市通报表扬；全区第一个街道开展经济处罚，执法办案量全区第一，致力打通辖区7871栋出租屋水电气费用普降惠民的“最后一公里”。

（周鑫苒）

2023年5月6日，大浪街道执法一中队在劳动者广场开展岗位大练兵活动（执法一中队供图）

【消防执法工作】2023年，大浪街道在区消防救援大队指导下运用深圳市法治政府信息平台开展执法，分两个执法组，均配备了执法记录仪、激光测距仪等执法装备，严格按照全过程记录制度、审批程序进行执法。2023年共执法监督检查247家，覆盖委托执法各类场所；完成立案处罚11宗，罚款合计1.717万元。定期与大浪消防救援所开展现场执法及卷宗制作交流，执法人员及辅助执法人员定期进行消防行政执法学习，提高行政执法水平。

2023年7月31日，大浪街道组织开展2023年大浪街道行政执法现场舆情应对培训会（执法一中队供图）

交通安全管理

【概况】2023 年，大浪街道交通安全管理工作因市交安委办挂牌督办开始强化整治，共完成 12 条路 10.05 千米（单侧）的非机动车道建设；推进“亮警工程”安装爆闪灯、道口标、警示牌等“亮警”设施 339 个；推动“校园安全头盔智能评测系统”项目落地；开展交通综合整治行动 739 次；完成交通隐患整治 1720 处；开展超 100 场“畅行大浪·平安至上”交通安全系列宣传活动；建设完成一条交通安全宣传示范长廊和一个示范街区，创建龙华首个交安特有 IP 形象“浪小安”。

【交通设施建设】非机动车道建设方面，2023 年大浪街道非机动车道建设两年规划进入收尾阶段，基本完成可建道路，后续将着重进行非机动车道完善提升工作，打通衔接点，提高舒适度，提高使用率。2023 年内共完成 12 条路 10.05 千米（单侧）的非机动车道建设，建设量达到区下达的 10 千米任务量；“亮警工程”建设方面，在全区率先推进“亮警工程”，选取事故点、交通繁忙路段和 66 个路口，安装爆闪灯、道口标、警示牌等“亮警”设施 339 个，形成夜间守护“警示矩阵”。安装完成后，发生夜间四项指标道路交通事故 6 宗（同比下降 72%），其中伤人事故 5 宗（下降 70%），财损 1 宗（下降 75%），亡人事故下降 100%；智慧交通项目建设方面，创新推动“校园安全头盔智能评测系统”项目落地，以“旧物利用”创新思路盘活现有资源，增加 AI 识别新算法，成功解决人工监测戴头盔费时费力问题。一期校园项目覆盖辖区 62 所学校，构建“实时监测－数据推送－源头追溯－警示约谈”闭环管理体系，实现“家－校－警－街”协同共治新局面，实施后街道校园头盔整体佩戴率从 67.6% 提升为 90% 以上。该项目正式上架广东数字政府应用超市“粤复用”，龙华区安委办正式发文推广。推进“智慧交通低空巡查卫士”项目落地，利用无人机赋能交管工作难点盲点，针对重点人群、重点路段、重点时段进行飞行喊话、事故快处、巡检排患、疏堵保畅等，助力大浪低空经济和智慧交通发展。

2023 年 4 月 4 日，大浪街道开展“畅行大浪·平安至上”交通安全系列宣传活动［综合治理办（交通安全）供图］

【交通综合整治】2023 年，大浪街道开展各类交通综合整治行动 739 次，其中泥头车联合整治 30 次、“打非禁摩”148 次、电动自行车联合整治 78 次、“猎虎行动”265 次、“快闪行动”218 次。查处非机动车违法整治 65019 宗、机动车违法整治 116535 宗、无证驾驶拘留 211 人，共计 181554 宗。整治行动次数是 2022 年（474 次）的 1.5 倍，整治量是 2022 年（28193 宗）的 6.44 倍。对电动车销售门店开展联合整治行动 24 次，是 2022 年（8 次）的 4 倍，累计出动 392 人次，检查门店 160 家次，发现整车过重、非法改装和消防设备隐患问题 30 余处。

【交通隐患治理】2023 年，大浪街道协调治理交通隐患，共排查日常隐患 1854 处，整治 1778 处，整改率 95.9%。收到上级部门下发专项治理任务 49 个，共排查隐患 296 处，治理 275 处，无法整改 9 处，整改率 93%。推进龙城工业区、大浪北路石凹段、观天路罗屋围工业区开设路口事宜；解决联锦路、枭龙路、观天路、园发路等 11 条违停严重及路面破损问题；优化华旺路第二外国语学校、阳台山白云山路口、布龙路阳台山 A 出口非机动车停放区域，设置无障碍通道。

【交通安全宣传】线下宣传活动方面，2023 年，大浪街道高频开展宣传活动，根据不同人群、不同时段特点设计针对性强的互动体验项目，进校园、进社区、进快递外卖企业和环卫企业等，全年开展超 100 场“畅行大浪 · 平安至上”交通安全系列宣传活动，直接触达人员 7 万余人，覆盖 70 万人次；宣传阵地建设方面，在人群密集场所建立宣传阵地 307 个，及时公告事故典型案例。在辖区 70 家电动车销售门店安装 LED 宣传屏，每周推送交警事故警示视频。在龙平社区民塘路与白玉街建设完成一条交通安全宣传示范长廊和一个示范街区，沿主街道两侧布设主题雕塑、标语小品、休闲座椅、宣传栏等系列设施 19 个，地面游戏彩绘 3 处。创建龙华首个交安特有 IP 形象“浪小安”，作为特殊标识融入所有交通安全宣传物料，贯穿大浪交安宣传体系，其蛋仔形象充满童趣，受到居民朋友的喜爱，成为大浪新打卡地标。

【交安队伍规范】2023 年，大浪街道对交安协管员（含内勤办公室、水田扣车场、社区交安站、交警中队等外包人员）进行培训提升，通过明确责任主体、规范工作流程、落实督查考核、制定评比机制、建立信息化平台等举措，提升队伍业务和素质水平，对标网格员管理机制，全面提升交安协管精细化、基层治理体系和治理能力现代化水平。

（程柳）

2023 年 10 月 31 日，大浪街道交通安全示范长廊打造龙华区首个交通安全宣传形象 IP “浪小安”，吸引市民群众纷纷打卡合影［综合治理办（交通安全）供图］

建设工程管理

【概况】2023 年，大浪街道积极开展城市建设与管理，全年共完成 83 个建设项目的预算审核，公开招标项目 29 个，公开邀请招标的项目共 28 个。完成数字化监管和风险防控系统建设，工程审批全程线上化。

【建设项目审核】2023 年，大浪街道共完成 83 个建设项目的预算审核，其中送审预算造价 10284.13 万元，审核预算造价 9970.18 万元，核减造价 313.95 万元，核减率 3.05%。共完成 231 个项目结决算审核，其中结算审核项目 115 个，决算审核项目 116 个。送审工程结算造价 2.74 亿元，审核造价 2.64 亿元，核减造价 969.52 万元，核减率 3.54%；送审工程决算造价 3.31 亿元，审核金额 3.30 亿元，核减金额 77.02 万元，核减率 0.23%。

【工程招投标管理】2023 年，大浪街道组织召开 20 次工程建设领导小组会议，在区公共资源交易网公开招标项目29个，招标金额31722.32742万元，中标金额29075.517244万元。在大浪街道－龙华政府在线网站公开邀请招标的项目共28个，招标金额2120.177683万元，中标金额1890.758047万元。

【数字化监管和风险防控系统建设】2023年，大浪街道已完成数字化监管和风险防控系统总体框架开发，正式投入使用，创建项目相关人员账号83个，与工程相关的委托请示、合同呈签、支付审批、“三算”审核、设计变更等审批流程已植入正式环境，工程审批全程线上化，有效实现信息化防控，缩短审批时间，提高效率，全年共开展5次系统培训会，覆盖工作人员50余人。

（李梅）

2023年11月至12月，大浪街道组织各商品房开展消防火灾应急演练活动［城市建设办（城建）供图］

物业管理

【概况】2023年大浪街道积极开展物业安全检查，排查花园小区各类安全隐患，完成2023年人防工程检查工作，共受理物业纠纷投诉168宗，调处成功率达95%以上。

【物业安全管理】2023年，大浪街道共出动检查人员704人次，检查物业服务项目525项次，发现各类安全隐患共740处，已整改732处，已下发整改通知书189份，整改率98.9%。完成2023年人防工程检查工作，组织大浪街道物业服务企业开展物业安全管理共建共治能力提升培训会，指导、监督业委开展日常活动，指导、监督“城市管家”工作。

【物业纠纷处置】2023年，大浪街道共受理物业纠纷投诉168宗，调处成功率95%以上。定期对辖区内各物业小区进行走访了解民意，摸底排查，重点跟踪。其中，2023年4月，大浪街道水围社区华盛大厦部分业主因水电费问题进行上访。经排查跟踪，该大厦因电费争议，部分业主拒交电费，物业方亦对不交纳电费的住户采取停电、停运电梯的处理方式。因涉及历史遗留建筑矛盾纠纷较为复杂，相关法律法规无法适用，且由于无法办理产权登记，成立业委会无章可依，居民难以平等地位与管理方沟通。工作人员通过大量走访，加强与物业管理处及住户的沟通联系，在各部门通力配合下，于2023年8月，促成矛盾双方达成共识，该纠纷作为年度棘手案件已成功化解，居民恢复正常生活，邻里关系进一步融洽。

（李梅）

社区网格管理

【概况】2023年，大浪辖区共登记实有人口55.7万人、房屋1.4万栋38万间套、法人信息3.4万条；@龙华－民意速办平台接收各类有效事件151727件，已结案148933件，结案率98.16%。

2023 年 4 月 18 日，大浪街道在大浪社区工作站举办以“出租屋楼栋安全巡查与居住人口自主申报”为主题的居家安全培训（社区网格管理中心供图）

2023 年 6 月 29 日，大浪街道举办优秀网格员素质技能提升培训（社区网格管理中心供图）

【“四实”采集管理】 2023 年，大浪街道按照“四实”采集工作要求，积极做好对辖区“实有人口、实有法人、实有房屋、实有事件”信息的采集工作。年内，社区网格管理中心共采集录入系统实有人口信息 55.7 万人，人口信息采集率达 99.60%，信息准确率达 99.99%；采集房屋信息 1.4 万栋 38 万间套，房屋纳管率达 100%；采集实有法人信息 3.4 万条，法人信息采集率达 100%。

【数字治理平台运作】 2023 年，大浪街道持续抓好民意速办平台、社区工作管理平台、i 社区·码上办小程序等数字治理平台的日常管理，确保平台高效、有序运行。在民意速办平台运行方面，全程跟踪推动信息平台规范、有序运行，确保及时响应和解决群众诉求，不断提升民生诉求办理质效，提升群众满意度，切实增强群众的获得感、幸福感和安全感。2023 年共接有效事件 151727 件，已结案 148933 件，结案率 98.16%。其中，自主采集类 127234 件，占比 83.86%（快采快办类 45620 件，占比 30.07%）；群众诉求类 24493 件，占比 16.14%，主要涉及公共安全、城市管理、交通运输、食药市监等，平均处置用时由 6.8 天压缩至 1 个工作日左右。群众诉求案件总评价 21971 件，满意评价 21945 件，满意率 99.88%；社区工作管理平台方面，强化沟通协调指导，不断加强各社区对平台的学习和运用。2023 年，工作平台累计开通注册账号 1044 个，搭建应用 244 个，有效利用数字化手段，实现各项工作电子化管理，切实减轻基层工作人员的负担，社区基层工作效率大大加强；i 社区·码上办小程序方面，加强街道与区、街道与社区的联动，督促社区每月按要求完成找书记排班、发布社区资讯、发布社区活动等任务，及时有效受（办）理找书记诉求，切实提高群众办事便捷度，提升社区治理公众参与度，促进社区和谐有序发展。

【出租屋分类分级管理】 2023 年，大浪街道对照出租屋分类分级评定标准，指导各社区继续开展城中村出租屋分类分级管理工作，加大网格员对出租屋内各类安全隐患的摸排力度，同时结合“夜查”“打开生命通道”等专项行动，强化出租屋业主责任意识。2023 年，街道共纳入出租屋分类分级管理的房屋共 8311 栋 287928 间套，实现城中村出租屋分类分级管理全覆盖，其中评定宽管级出租屋 5216 栋、249801 间套，严管级出租屋 2773 栋、37683 间套，禁止级出租屋 322 栋、445 间套；绿标率 86.76%；累计评定三星级安全文明楼栋 272 栋、四星级安全文明楼栋 72 栋、五星级安全文明楼栋 12 栋。

【楼长自治建设】2023 年，大浪街道楼协会继续推动楼长实体化运作，挂牌成立水围、华荣、赖屋山等 3 个社区楼长服务站，实现大浪街道 12 个社区楼长组织全覆盖；大力开展宣传培训教育，提高楼长履职能力，组织辖区 12 个社区 1000 余名出租屋楼长开展以“出租屋楼栋安全巡查与居住人口自主申报”为主题的 11 场楼长业务培训，提高辖区楼长管理水平和履职能力；联合社区工作站、警务室组织举办楼长座谈会 13 场，结合居住人口自主申报、出租屋分类分级管理、楼栋消防安全隐患排查整治等方面进行座谈交流，指导楼长积极落实自主申报、消防安全、矛盾纠纷调解等工作，做好日常楼长巡查日志记录，提升楼长服务居民的能力，进一步提升楼长角色认同，深化楼长服务意识，打造社区“多元共治”基层社会治理格局。2023 年，共更新登记楼长 103 名，累计系统登记楼长 5689 名，发展楼长协会会员 13 名，现有会员 115 名。

【房屋租赁备案】2023 年，大浪街道全年累计办结租赁合同备案 697 份，登记合同面积 558742.86 平方米，注销租赁合同备案 72 份，代征收房屋租赁税 21.77 万元。

【房屋租赁调解】2023 年，大浪街道扎实做好租赁纠纷调解工作，及时化解双方矛盾。全年累计受理房屋租赁纠纷 266 宗（住宅 245 宗、商业 14 宗、办公 3 宗、厂房 3 宗、仓库 1 宗），涉及总金额 167.47 万元。其中调解成功 84 宗，涉及总金额 15.19 万元；调解双方意见未达成一致，建议走法律程序 182 宗。

【队伍管理】2023 年，大浪街道抓实网格队伍建设，打造一支政治素质好、业务能力强、治理水平高的网格员队伍，为推动社区网格精准化服务提供有力保障。组建网格军事指导员、军事教官队伍，常态化开展网格队伍军事训练，进一步强化纪律作风建设，树立良好的整体形象，夯实街道网格队伍军事化训练基础，进一步加强网格员队伍建设，提振干事创业的精气神。按照“干什么学什么、缺什么补什么”的原则，积极开展新入职网格员培训、网格内勤业务培训、优秀网格员素质提升培训等 5 场业务培训，累计参训 900 余人次，提高基层治理队伍的业务素质和工作能力，夯实基层治理基础。积极做好网格员关心关爱，结合网格员的兴趣爱好，组织开展行绿道、拔河等 6 场文体活动，组建大浪网格篮球队、龙舟队，进一步增强网格队伍的向心力、凝聚力、优越感。

【房屋编码更新】2023 年，大浪街道严格按照房屋信息业务规范对辖区建筑物、房屋信息进行日常维护并做好更新工作。2023 年，辖区有建筑物 1.41 万栋，房屋 38 万间套。年内新增建筑物 260 栋、房屋 15565 间套，注销建筑物 444 栋、房屋 7407 间套。

【居家安全宣传】2023 年，大浪街道通过举办宣传活动、网格员上门、张贴宣传海报、楼长塔式微信群等方式，广泛宣传居家安

2023 年 11 月 7 日，大浪街道在上横朗新村举办居住信息大采集暨冬季出租屋居家安全宣传活动（社区网格管理中心供图）

全、出租屋分类分级等，有效增强辖区居民的安全意识。2023年以来，先后在同胜社区、龙胜社区、浪口社区、上横朗社区举办4场围绕居住信息大采集、出租屋分类分级、居家安全等主题宣传活动，活动通过设置展板、悬挂横幅、上门入户宣讲、沿街派发宣传单等方式，向辖区群众普及用电用气、防火防盗等居家安全知识和居住登记自主申报，推广国家反诈App以及96110全国反诈电话，丰富社区居民的居家安全常识、防诈骗知识。

（刘志贤）

规划土地监察

【概况】2023年，大浪街道以“拓展空间、保障发展”的总体目标，坚持“拆、疏、管、控”的工作主线，奋力攻坚查违领域难点堵点，推进查违工作持续向好。全年共完成违法建筑减存量面积达55.91万平方米；协同整治林地违法图斑，对历史遗留的白云山内碎石场及22号农用地旁违法建筑依法予以强制拆除；联动宝安区石岩街道执法二中队对“插花地”地带开展专项整治行动，全面清理私搭乱建、违章建筑，共同提升城市风貌。在龙华区年度绩效考核、执法效能考评中，大浪街道分别取得100分、125分，排名全区第一，被龙华区规划土地监察局表彰为执法效能考评优秀单位。

【违法建筑消减存量】大浪街道2023年度拆除消化违法建筑任务量53.41万平方米。全年累计完成55.91万平方米，完成率达104.68%。其中，住宅类历史违建完成量8.51万平方米，完成率183.65%，位居全区第一。

【控停建筑处置】金地大控停建筑为公交场站，涉及辖区居民出行需求，处置情况一度停滞不前。2023年，为有效盘活辖区国土空间，结合违法建筑性质、年限、现状等因素，加速控停违法建筑整治进程。依法立案查处金地大控停建筑，经调查取证、现场勘验等程序后，依法对当事人作出限期拆除的行政处罚决定。同时，为保障公交车正常运行，积极协助公交场站公司寻找新场地且顺利搬迁。最终成功拆除消化金地大3处控停建筑，既依法拆除了控停建筑，也妥善解决了民生需求。

【卫片执法】2023年，大浪街道继续推进卫片执法工作。全年各批次部卫片共57宗，其中违法图斑共34宗，总面积316.23亩。大浪街道积极推进整改工作，已整改17宗，整改面积198.56亩，整改率62.79%，排名全区第二。本年度整改占用耕地图斑0.26亩、占用生态保护红线图斑20.34亩，耕地、生态保护红线图斑均100%整改。

【重点项目压茬推进】2023年，大浪街道盯紧目标，持续攻坚，确保重点任务高效落实。由于拆除建筑涉及利益大，当事人抵抗情绪大，大浪街道深入开展政策宣讲，面对面沟通协调，动之以情、晓之以理。在反复沟通无果的情况下，经法律分析、风险研判后，先后依法强制拆除华宁路123－15号、22号地旁、白云山78栋楼顶搭建等历史遗留违法建筑，切实保障城市人居环境；收到部队转函要求查处鹏华工业区违法建设行为后，大浪街道严格依法查处。面对53家商户不撤场情况，依法依规采取张贴公告、逐户约谈、断水断电等方式逐步推进。通过连续加班加点、持续作战，全部商户在一个月内完成撤场工作，并于规定时间内顺利拆除和清理违法建筑。

【光伏项目违法建设查处】2023年，《深圳市发展和改革委关于推进光伏发电方案》出台后，在全市掀起一股兴建光伏项目热潮。大浪街道高度重视，为防止以建设光伏发电项目为幌子开展违法建设，在辖区全面推进光伏项目排查整治。面对港铁天颂2宗新建光伏违建，大浪街道大胆探索、勇于实践，于2023年9月在全区率先发文取消备案并依

2023 年 9 月 13 日，面对港铁天颂光伏违法建设，大浪街道在全区率先发文取消备案并依法拆除，以“零容忍”态度严厉打击违建行为（执法二中队供图）

法拆除，以“零容忍”态度严厉打击违建行为，起到了良好的示范效应。

【非法信访严格办理】2023 年，大浪街道按照“有诉必应、有诉必查、有诉必回”的原则，共推动解决 1093 宗投诉案件，持续维护辖区社会秩序和谐稳定。针对刘某某案上访时间长、逆反心理强、解决难度大等问题，大浪街道多次约谈信访人及利害关系人，深入了解、分析案情。在梳理关系时发现信访人提交的材料真实性存疑，第一时间将违法线索收集移交至市公安局龙华分局，经查，该信访人确实存在非法信访行为。目前，该信访人已被移送至宝安区看守所羁押。该案件的成功查处给企图通过信访获取不当利益的不法分子形成强大震慑，切实保障信访秩序以及社会秩序的有序运转。

（高俪婞）

安全生产监督管理

【概况】2023 年，大浪街道积极开展安全生产监督管理工作，进一步强化工作组织协调，及时调整大浪街道党政领导干部安全生产职责清单和 2023 年度安全生产重点工作清单，统筹协调解决各成员单位职责交叉、错位缺位等问题，全面压实安全生产责任；以安全工作“一盘棋”行动为总引领，结合重大事故隐患专项排查整治行动和安全隐患大排查大整治工作，排查整治各类风险隐患，突出对高危工艺企业风险的管控，重点检查工业企业、“三小”场所、建筑工地、商超市场、老旧屋村等场所 1.6 万余家次，整改隐患 3 万余宗。全年共执法检查企业 1474 家次，采取强制措施 1 家，行政处罚 85 次，罚款金额 57.66 万元；排查整改重大事故隐患 33 处，整改率 100%；挂牌督办隐患 82 宗，整改办结投诉隐患 91 宗。简化工业园区企业小散工程备案审批流程，全年累计备案 534 宗。2023 年，大浪街道未发生较大及以上生产安全事故，小散工程及零星作业领域发生事故 4 宗，死亡 2 人，受伤 2 人。

【安全生产责任体系】2023 年，大浪街道根据市、区文件精神及时厘定新业态安全监管职责，及时调整下发大浪街道党政领导干部安全生产职责清单和 2023 年度安全生产重点工作清单，统筹协调解决各成员单位职责交叉、错位缺位等问题，进一步强化工作组织协调。大浪街道安委办以省级安全发展示范试点城市创建工作、应急管理机构规范化建设工作、应急管理服务站建设工作“三大建设”工作为重要载体，从硬件、软件两个方面持续提升城市安全韧性，着力打造共建共治共享的城市安全格局，扎实开展事故灾难类风险评估工作，坚持用大概率思维应对小概率事件。年内，大浪街道累计召开月（季）度安全生产形势分析会、专项整治工作部署会 19 场次，发布安全生产预警信息 23 份，累计风险筛查企业或公共区域管理单位 1.48 万家，召开事故调查会 5 次。

【安全生产综合治理】2023年，大浪街道牢固树立大安全“一盘棋”工作思想，超前谋划、精准发力，以科学预防、源头治理、精准施策、快速处置等方面为出发点，紧紧围绕区、街道中心任务，制订《大浪街道2023年安全工作“一盘棋”实施方案》，并以此项工作为工作引领，推进各行业领域安全治理全面开展，重点检查工业企业、“三小”场所、建筑工地、商超市场、老旧屋村等场所1.6万余家次，整改隐患3万余宗。开展重大事故隐患专项排查整治行动，全年共检查消防、危险化学品、建筑施工、交通运输等领域企业5859家，排查整改重大事故隐患33处，整改率100%，帮扶指导重点企业93家次，一案双罚4宗，行政处罚52次，行政处罚44.5万元。开展大排查大整治行动，检查单位（场所）6.63万家，排查整改隐患25732处，立案处罚17宗，处罚11.53万元。全年未发生较大及以上生产安全事故，安全形势整体平稳可控。

【安全生产执法】2023年，大浪街道深入推进“执法+专家”式执法，建立“互联网+监管”模式，通过多部门联合检查频次做“减”法、服务效果做“乘”法、以科技赋能实现智慧监管，为企业降本减负，助力企业高质量发展，切实为企业发展打造包容有序的营商环境。2023年，共执法检查企业1474家次，责令限期整改723家，查出隐患1420处，已完成整改隐患1420处，采取强制措施1家，行政处罚85次，罚款金额57.66万元。开展约谈企业243家，指导3011家企业整改隐患10254余处，办理轻微违法不予处罚案件9起。全年共召开行政处罚案件集体讨论会17次，公开行政执法案件141宗。大浪街道还加强执法文书和案卷管理，做到归档规范有序，查阅使用方便。

【高危领域企业监管】2023年，大浪街道以高危领域企业安全监管为核心，定期组织开展8期“整园执法”、14期“利剑行动”及危险化学品“两打一整治”等专项执法行动。年内，检查危化品使用销售企业315家次，对28家涉危化品实验室进行现场检查，发现隐患703处，整改隐患609处，危化品抽样检测7次14个样品，扣押危化品5.6吨，协助扣押并处置黑柴油2宗，危化品类立案处罚6宗，处罚金额6.3万元。开展辖区工贸企业危化品分级分类工作，共对辖区5855家企业进行排查，共录入涉危化品企业654家，其中299家纳入分级企业；对辖区70家涉危化品企业开展应急救援演练、建立四色风险分布图、应急处置卡，同时对应急救援分队开展危化品理论培训及实操技能培训。开展高危工艺企业专项检查，检查粉尘涉爆企业214家、涉锂电企业470家、涉有限空间企业198家。

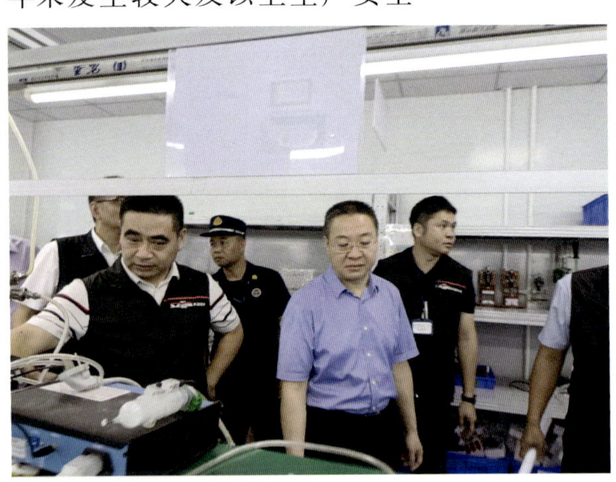

2023年7月27日，大浪街道办事处副主任胡舸磊率队开展安全生产“整园执法”暨重大事故隐患专项排查整治行动［应急管理办（安监）供图］

2023年10月9日，深圳市龙华区首家街面应急管理服务站在大浪街道商业中心揭牌启用［应急管理办（安监）供图］

【安全生产源头管控】2023年，大浪街道加强源头监控，夯实安全生产基础，严格加强园区企业安全监管。简化园区企业小散工程备案审批流程，将原来由社区工作站审批的“500平方米以内的工业类小散装修工程”，划归由街道应急管理办（安监）进行备案审批，以此来增强责任主体“提前预防、规范操作、积极整改”的安全意识，主动履行“预动工、先登记”的主体责任。同时，着力打造时间短、环节简、材料少、流程优的办理流程和审批机制，做到材料齐全及时办、材料不全指导办，平均2个工作日内完成审批，大幅缩短工业园区小散工程的审批时限，提高了办事效率，方便了园区企业的装修建设需要。2023年，大浪街道工业类小散工程累计备案534宗，核查工业园区企业小散工程和零星作业场所1236处，整改隐患2238处。推进202家园区标准化应急管理服务站创建和62家企业标准化创建，推进23家企业购买安责险。开展工业园区内燃气安全检查，检查燃气使用单位84家，发现安全隐患226处，已整改隐患158处，限期整改隐患68处，督促落实燃气使用安全“四个严禁”。

【安全生产宣传教育】2023年，大浪街道结合512防灾减灾日、安全生产月、119消防日等重点时间节点，开展“线上＋线下”丰富多样的宣传教育活动。面向园区、社区发放安全生产宣传海报、单张、宣传册30万份，利用微信宣传发送130条次，发送“卡片信息”20万条，播放安全知识、道路交通、森林消防宣传标语200次，开展各类人员培训189场次。组织安全监管人员、社区网格人员、消安工作人员深入企业、城中村、社区广泛宣传应急管理法律法规和政策规定，多方联动，切实提升辖区群众安全素养。

【建设龙华区首家街面应急管理服务站】为探索建立“事前预防、应急处置、便民服务、能量补给”的安全管理共建共治模式，2023年，大浪街道联合龙华区应急管理局多方调研，实地考察，敲定人流密集的大浪商业中心作为龙华区首家街面服务站选址，将便民服务、安全宣传、应急处置、消防安全、交通劝导等功能融于站中，真正实现“一站存储、快速获取、迅速救援”，以“小基点”巩固“大安全”，打造街面温暖“平安站”。

（罗树栋）

消防安全管理

【概况】2023年，大浪街道积极开展各类消防安全专项整治行动和消防安全宣传教育，推行林长制及森林防火等工作。辖区目前共有105个义务应急消防队员，10个社区配备小型消防站，21个居委会配备微型消防站。2023年大浪街道共接报火警185宗，同比下降6.57%，未发生有影响的火灾事故。其中，电气故障火情54宗，电动车及其电池故障火情38宗，用火不慎火情29宗，其他电器或设备电池故障火情4宗，燃气火情4宗，人员纵火火情3宗，机动车肇事着火1宗，小汽车故障着火2宗，烟花引燃可燃物2宗，小孩玩火3宗，器具长时间使用导致积热不散引发火情4宗，其他火情41宗。

【消防安全专项整治行动】2023年，大浪街道开展各类消防安全专项整治行动：开展对老旧屋、电动自行车、出租屋、“三小”场所等重点领域的消防安全大排查大整治行动；针对辖区特点，开展消防安全大检查专项整治行动，巡查“三小”场所1.5万家；严抓楼栋电气线路整治，通过“社区会同股份公司组织发动、专业宣教叠加警示教育促动、片区整体和居民自行联合推进”等方式，推动5002栋出租屋业主聘请专业机构开展电气检测，并按检测报告逐项整改。2023年共执法监督检查247家，覆盖委托执法各类场所，立案处罚11宗，罚款合计1.717万元。发放消防、燃气、电瓶车宣传单21000余份；常态开展“消防夜查”行动，每周四晚由街道领导带队，联合区、街道消防救援机构、各行业部门、辖区派出

所、社区工作站等常态开展消防安全集中夜查行动，重点查处“三小”场所、出租屋、公共场所中的违规住人、电动车违停违充、疏散通道堵塞等消防隐患，年内共开展54期夜查行动。

【消防安全宣传教育】2023年，大浪街道持续开展消防安全宣传教育。多形式宣传方面，全年共开展32场体验式消防安全教育，居民通过参与隐患排查、灭火实操等提升安全知识，通过展位、宣传栏等载体宣贯《深圳经济特区消防条例》，推进出租屋宣传海报“去旧换新”，网格员入楼入户宣传，进一步营造全民消防氛围；全方位培训方面，开展城中村、小区、娱乐场所、企业消防培训，组织公共场所、废品站、出租屋等业主专题培训，依托小型消防站设置的消防科普宣教基地组织青少年、网格员实践培训；由专职消防队对21个居委会义务消防队每月进行2次拉练，提升义务消防员技能水平，在全区2023年义务消防队大比武中，大浪街道获得团队第一名；在学校、农贸市场、商业体、企业、城中村等人员密集场所开展疏散演练26场，提高专职消防队、社区应急小分队、园区（物业）微型消防站应急处置能力；从严整治发生火情场所，查封火情场所，要求业主聘请有资质的第三方机构全面检测，完成老旧电线、消防器材配备等隐患整改，合格后予以解封。通过“临时查封－专业检测－对表整改－对标复查－警示教育”流程，真正整改存在的问题。2023年共开展“一案一宣”警示教育24场，其中社区火情警示会10场、城中村用电安全整改培训会6场、电动自行车警示教育会8场，以案例教育警示周边业主重视安全，增强居民安全意识和防护水平。

2023年11月3日，龙华区义务消防队大比武中，大浪街道取得了街道第一名、园区团队第一名的成绩［应急管理办（消安）供图］

【消防力量建设】2023年，大浪街道以购买服务的形式从保安公司配备15人作为消防专职网格巡查员，分别配备到12个社区工作站，每个社区1至2人，与社区安全组员、基础网格员捆绑工作，划分消防网格，在辖区开展“三小”场所、出租屋等消防安全日常检查、隐患处置等工作，落实专岗专用。目前街道辖区有大浪消防救援站1个、社区小型消防救援站10个，其中新石、浪口、龙平3座为钢结构小型消防站。2023年，大浪街道大力加强义务消防队建设，建成各类微型消防站50座，其中社区居委微型消防站21座，城中村微型消防站29座，街道专门制定了社区微型消防站的管理办法，明确人员配置、装备保障和训练要求，积极发挥微型消防站日常巡查和“扑小、灭早、灭初期”的作用，大浪街道基本实现了“一居一站”“一村一点”。街道聘请第三方为4个老旧屋村（陶吓老村、元芬老村、鹊山老村、新围老村）公共区

域配备安装消防卷盘、多功能灭火器组合柜等，进一步完善老旧屋村消防基础设施。累计建成消火栓1686座，其中市政645座、社区1028座、小区13座。

【电动自行车充放设施建设】2023年，大浪街道推动利用闲置地块补强补足停放充电设施缺口，推动城中村新建充电桩27处，1422个充电端口；住宅小区新建12处地面停放充电设施，共756个充电端口。目前辖区城中村共有充电桩208处，9427个充电端口；住宅小区共有充电桩29处，1027个充电端口，较好地适应电动自行车飞速增长的充电需求。坚决清理地下空间违规充电，2023年共拆除24处地下空间电动自行车充电设施，辖区有关设施已全部拆除，进一步降低充电过程自燃对楼栋结构带来的风险。开展电动自行车停放充电全区统一专项整治行动5次，共出动575人次，检查各类场所519处，清理门窗洞口拉线“飞线”充电112辆，清理楼梯间及其前室、疏散走道、门厅等处违规停放或进行充电电动自行车140辆。

【林长制工作】2023年，大浪街道积极落实龙华区有关推行林长制的工作部署。由街道党工委书记任第一林长、办事处主任任林长、街道部分处级干部担任副林长；12个社区全都设立了林长和副林长，分别由社区党委书记和相关党委委员担任，街道挂点领导（副林长）到社区指导具体工作。将1400余公顷的林区划分为3个片区进行网格化管理，每个片区具体落实责任人员，明确林区管理人员的工作职责。结合“一长两员”的要求，进一步探索优化森林资源的网格化管理。发挥基层优势，结合相关活动抓好进社区、进学校的机会宣传林长制，推动林长制深入群众心中。在阳台山及12个社区设立林长公示牌，促进林长制工作贯彻落实。

【森林防火工作】2023年，大浪街道以“预防为主，积极消灭”为工作方针，森林巡防队实行半军事化管理，分批24小时值班，对辖区林地进行常态防火巡查，落实“五清”工作，严防焚烧树叶、烧炭积肥的现象发生。加强林区消防设施的建设与维护，林区现有160个消防蓄水桶，巡防队员定期检查水桶储水状况，确保设施完好有效。开展清理生物防火林带及防火隔离带工作，全年清理生物防火林带37条，长度共49.42千米；清理防火隔离带7条，长度共6880米，清明、重阳节前各清理辖区内13个深埋绿化点，确保林区防火隔离效果。加强林区防火宣传工作，开展宣传“五进”活动，与各社区工作站及山边住户签订森林防火责任书，在主要进山路口设点宣传。共派发森林防火宣传手册11000余份，悬挂禁火横幅50条，张贴《禁火令》150张、宣传海报150张，在阳台山东门等重点入山路口竖立大型森林防火宣传牌4个，公园、绿道及重要林区设有消防语音喊话器23个，重点区域设置防火宣传栏18个、防火警示牌52个。

（罗喻文）

动植物防疫监督

【概况】2023年，大浪街道多措并举积极做好重大动物疫病防控工作，一是提升辖区红火蚁防治工作，共防治红火蚁施药面积约90万平方米，施药500公斤，杀灭红火蚁巢4000余个；二是重大动植物疫病防控效果良好，共免疫犬只2617犬次，辖区狂犬病等重大动物疫病“零发生”。

【动物防疫】2023年，大浪街道的动物防疫工作“以防为主”，

积极做好犬只免疫。利用微信公众号平台、美篇、报纸夹带宣传页、挂横幅等宣传形式，提高狂犬病等重大动物疫病免疫率，全年免疫犬只2617犬次。为提高疫情应急处置能力，2023年10月27日举行了重大动物疫情应急演练，加强应急物资储备，对重点染疫场所进行消杀，进一步加强辖区重大动植物疫病防控和净化公共场所，通过宣传让防疫知识深入千家万户，提高辖区居民对重大动植物疫病的认识。

【红火蚁防治】2023年，大浪街道的红火蚁防治工作以“养护+巡查+防治”网格式开展，联系绿化养护公司，提供药物用于养护区域的防治，组织人员对公共绿地进行巡查，发现疫情立即治理，同步聘请红火蚁专业防治公司对辖区绿化带、农业用地、学校和公园开展全方位的消杀防治。年内，防治红火蚁施药面积达100余万平方米，施药约500公斤，共杀灭红火蚁巢约4000个，有效控制了红火蚁的繁殖和扩散。10月27日，市政管理服务中心共出动11人次，开展突发红火蚁疫情应急演练。

（谢琦琦）

2023年10月27日，大浪街道开展重大动物疫情应急演练（市政管理服务中心供图）

教育·文化·体育·卫生

教育

【概况】2023年秋季学期，大浪街道学校共有20所，其中公办学校14所，民办学校6所。公办学校中，高中1所、九年一贯制11所、初中1所、小学1所；民办学校中，十二年制1所、九年一贯制2所、小学2所，另有一所曼彻斯通城堡学校。辖区幼儿园42所，其中公办园17所。辖区在校学生约46465人，在园学生约13408人，教师共有3632人。2023年，大浪街道积极推进华盛学校、博雅实验学校、龙华区第三实验学校、锦顺名居幼儿园等开工建设工作，推动深圳市第二十六高级中学有序建设，9月学校已部分建成使用，年内辖区新增4500个高中学位，努力实现“幼有善育、学有优教”。

【教育安全维护】2023年，大浪街道建立教育联络群，将辖区中小学、幼儿园负责人以及街道各部门负责人纳入工作群，街道分管领导在群内为学校解决各类问题。2023年大浪街道受理整治辖区各中小学、幼儿园反馈的交通、治安、消防、环境等各类隐患约130余项。特别针对加大校园头盔佩戴宣传和交通综合治理方面，街道公服办协助交安办在62所学校、幼儿园周边安装了头盔监控设备，有效督查校园头盔佩戴情况。积极协调相关部门处理校园纠纷及突发事件，2023年已处理校园纠纷、教师欠薪事件共40多起，有效维护师生及家长的合法权益。

【校外培训机构治理】2023年，大浪街道持续开展辖区校外培训机构规范治理工作。落实规范治理校外培训的要求，按照社区“四人小组”工作机制，落实“双减”政策工作要求，协调区教育局、执法队开展校外培训机构学科类培训摸排和整治；共排查校外培训机构160家次，依法关停2家，其中涉及非法办学的1家，分流学生60余人。

（邓美琪　伍玮琼）

【深圳市致理中学】该校位于龙华区大浪街道华辉路96号，是一所区属公办全寄宿制高中。学

深圳市致理中学［公共服务办（公共服务）供图］

校于2023年9月开办，占地面积8万余平方米，建筑面积17万余平方米，办学规模（一期）高中部90个教学班，提供4500个优质高中学位。2023年在校学生1500人，全校教职工181人，专任教师129人，党员54人。从全国选聘优秀教师18人，其中正高级教师5人（含特级教师4人）。市内调动12人，2023年5月份社招3人，面向全国重点高校招聘毕业生96人。学校秉承“致知穷理，笃行不怠”的办学理念，以建设成为一所“以科创教育为特色和以和谐成长为追求的科技类高中学校”为办学定位，致力于培养“理科精进专长”和“全面和谐成长”的新时代高中生。学校建有教学楼、高研系列实验室、艺术美育楼、智慧图书馆、能容纳1500人的大型学术报告演播厅、室内体育馆、露天灯光球场、室内球场、50米泳道恒温室内游泳池、400米跑道运动场等现代化高端教学、体育设施，为学生的健康快乐、全面发展提供强大的硬件保障。学校与深圳大学合作，开设了FEG人工智能实验室，以及重点培养3D建模和Python编程技能的实验室。FEG功能室包含三个功能室：教学室、操作室和多功能展示室，不仅给学生提供最先进的硬件设施和多样化的实践机会，更创造了一个鼓励创新和创造力的学习环境。2023年10月成立深圳市致理中学科学院，引进正高级、特级教师李强主持深圳市致理中学科学院工作。北京大学教授、博士生导师邹月娴担任名誉院长，积极链接顶级高校资源，与北京大学中国芯中心合作，将建立全国首个基础教育“中国芯实验班”，打造“中国芯实验室”。

【深圳市龙华区高峰学校】 该校为公办九年一贯制学校。学校源于1923年黄德庭先生在下早禾坑村黄氏宗祠开办的私塾，历史悠久、底蕴深厚。学校地处深圳市龙华中心区，占地面积31453.07平方米，建筑面积33531.95平方米，运动场面积9526.41平方米。目前有教学班63个，学生3351人，教职工222人。其中高级教师24人，一级教师103人；本科及以上学历200人（其中硕士61人）；高层次人才3人，省级骨干5人，名师工作室3个。近年，高峰学校教师参加各级竞赛大放异彩；学生中考成绩在市区名列前茅，综合素养亦稳步提升，在全国、省、区、市级比赛中获奖达3000余人次，其中获国家级奖项300余人次。

2023年11月28日，深圳市龙华区高峰学校举办百年校庆，市区领导、历任校长、各界校友、社会人士参加校庆庆典［公共服务办（公共服务）供图］

深圳市龙华区大浪实验学校［公共服务办（公共服务）供图］

【深圳市龙华区大浪实验学校】该校为九年一贯制公办学校，共有54个班，学生2594人，教职工179人。师资来自全国各地，队伍年轻、充满活力，其中研究生学历教师45名，市级及以上名师13人，近三年引进国内外高校优秀毕业生31人。学校占地面积3.66万平方米，建筑面积2.52万平方米，拥有生态花园、心灵驿站、蛙鸣池、鱼翔池等特色场地。学校以麒麟文化为根，以“麒灵教育”为教育哲学，致力于培养有担当、勤劳动、会纳悦的“麒灵少年”，促进学生全面发展。学校追求“幸福的人培养幸福的人”，坚持“以人为本，健康发展”的办学理念、“特色教育，和谐校园”的办学目标。学校追求让每一个孩子站在舞台中央，坚持以学为本、以人为本，让每一个孩子在学习的过程中找到自信，内在生长，和谐发展，拥有获得幸福的能力。这与学校“以人为本，健康发展”的办学理念一脉相承。学校特色目标是打造“艺术、体育、书香、课程创建”等多方面特色，践行“三声伴读”（书声琅琅、歌声嘹亮、乐声激扬）、“三品育人”（担当、勤劳、纳悦）和“三动启智”（运动、劳动、活动）。在龙华区教育系统2023年度基层党组织党风廉政建设主体责任考核中，学校党总支、第一党支部、第二党支部全部获得考核优秀的成绩。师生在2023年第二十届中国童话节、广东省中小学生健美操锦标赛、深圳市中小幼青年教师教学能力大赛、深圳市健美操比赛、深圳市少先队先进集体和个人评比活动、深圳市“红领巾奖章”三星章评选活动中获多个奖项。

【深圳市龙华区同胜学校】该校创建于2014年9月，占地面积3.4万平方米，是一所公办九年一贯制学校。学校总投资1.5亿元，总规模54个班（小学36个班，初中18个班），吸纳学生2644人（小学1758人，初中886人），教职工186人，学校师资力量雄厚，着力打造老、中、青相结合的教师队伍。有特级教师、全国优秀教师、省市区级名师领航。学校以“博爱、博学、博雅，同心、同德、同胜”为校风，“做最好的自己”为校训，走文化立校之路，追求“敬业爱生、因材施教”的教风，倡导“勤奋好学、善思好问”的学风。学校始终坚持“学生为本、健康第一”的指导思想，大力开展素质教育，搭设体育与艺术管理机制，开展以足球、乒乓球、田径、定向越野为核心的体育教育，以合唱、舞蹈、手工绘本为核心的艺术教育，同时积极推进学生的劳动教育，着力构建特色教育体系，共同推进素质教育全面发展。学校中考成绩稳步提升，A＋成绩实现新的突破，570分以上1人，560分以上11人，550分以上29人，500分以上共计112人，中考再次取得新突破。师生硕果累累：2023年龙华区义务教育学校特色项目创建中，“岭南舞蹈”特色项目在145个项目中脱颖而出，成为龙华区15个艺术特色项目之一，该校也是唯一一个舞蹈特色学校；校舞蹈团连续三年

深圳市龙华区同胜学校［公共服务办（公共服务）供图］

在龙华区中小学生艺术展演中获一等奖；校葫芦丝团队连续两年获龙华区“炫艺十月”中小学生艺术展演班级器乐一等奖；英语组的作品“中国少年说”获龙华区外语演讲团体赛二等奖；获得深圳市围棋特色学校、龙华区班主任队伍建设示范学校等荣誉称号。

2023年12月15日，深圳市龙华区第二外国语学校开展办学5年教育成果展［公共服务办（公共服务）供图］

【深圳市龙华区第三实验学校】该校于2018年9月借址改造开办，是龙华区教育局下属九年一贯制公办学校，2023年12月27日，以成员校身份加入深圳市龙华高级中学教育集团，开启新的发展篇章。2023年秋季开学季，学校有52个教学班，学生2531人，教职工168人。教职工平均年龄约28岁，打造了以市区骨干教师为引领、青年教师为主的教师团队。其中高级职称8人，特级教师2人，区级以上名师（学科带头人）14人。建设区级以上名师工作室2个。学校提出以“基于生涯、融于生活、成就生命”的“三生教育”文化内涵为引领，坚持“创设多彩人生舞台”的办学理念，坚守“让生命拥有无限可能”的办学宗旨，坚定以“办一所有实验感、设计味、活力态的品牌学校”为办学目标，着力培养有自信、会学习、敢创新的“深圳创少年”。2023年，学校品牌建设不断加强，成功申报“深圳市劳动教育特色学校”，三生坊创客空间获评省级“优秀创客教育空间”称号，学校获评“深圳市中小学心理健康教育特色学校”；师生获得省区市各类奖项近200项，其中不乏省级奖项，王知毅、王渲淋、陈诺等同学获第二十届“广东省少年儿童发明奖”一等奖；陈文浩老师课例获评省级精品课例；饶秀莲、邱思雅老师撰写案例获2023年广东省深化新时代教育评价改革主题征文二等奖。

深圳市龙华区第三实验学校麒麟舞表演［公共服务办（公共服务）供图］

【深圳市龙华区第二外国语学校】该校位于龙华区大浪街道浪口社区华旺路158号，总占地面积23656平方米，建筑面积76175平方米，是一所高起点规划、高标准打造、高质量发展的具有中国品格、国际风范的现代化九年一贯制公办学校。自2019年9月建校以来坚持文化立校，进行场景革命，现已建成“一园”“两场”“三馆”“六中心”的学习场景，培养“博古今、融中西、赢未来”的时代新人。现有57个教学班，其中小学37个班，初中20个班。现有学生2738人，教师174人，教师队伍年轻充满活力，具备扎实的专业素养，现有高层次人才、高级教师十余名。学校广泛吸纳国内外知名高校优秀毕业生，其中硕士研究生比例高达60%，不乏来自清华大学、北京大学、伦敦大学等世界名校的优秀毕业生。学校2023年首届中考成绩喜人，优秀率和均分在大浪片区名列前茅，已成为社区群众交口称赞的“家门口好学校”。学校于2023年12月15日举办“让缤纷的生命更昂扬”办学5年教育教学成果展，展示了全校师生五年来缤纷昂扬的姿态，深受各级领导与社会各界好评。学校2023年获评深圳市首个“植物园进校园示范学校”，获评第六批“广东省绿色学校”“2023·深派教育年度优秀校风示范校”、首批深圳市劳动教育示范学校，场景化特色课程“基于农场的研学课题”获评2023年龙华区义务教育学校科技创新特色项目，多项成果获得媒体报道。学校学生在2023年德国纽伦堡国际发明展，全球发明大会·中国区、广东区，21届广东省少年儿童发明奖，深圳市青少年科技创新大赛，2023年龙华区青少年科技创新大赛活动中，成绩斐然，荣获49个奖项，获奖学生共计100余人。

【深圳市龙华高级中学教育集团大浪校区】 该校为龙华高级中学教育集团旗下九年一贯制走读学校。现于原尚文学校旧址借址办学，学校目前已有25个教学班，在校学生1223人，教师82人。学校坚持“为学生幸福奠基，为民族复兴育人”的集团办学宗旨，让“怀天下、行仁爱、向未来”的校训，“荣誉、责任、创新、奋斗”的学校精神滋养更多师生，积极推动“生涯教育、智慧校园、美育创新”三张特色教育名片，育人成果显著。学校教师梯队中，既有专业素质过硬、年轻有活力的名牌院校毕业生，也有市内外引进的名优骨干教师，教研氛围浓厚。学校教师积极实践和探索基于教学改革、融合信息技术的新型教与学的模式，促进学生开展深度学习。学校初中学段实行行政班和导师制并轨管理，导师从学生生涯成长出发，精细化指导学生全方位成长。学校教育教学成果斐然，增值性评价位列全区前茅。学校在生涯教育、智慧课堂、劳动教育、美育创新、STEAM教育、音乐剧、特色体育（拳击、棍网球）、基于信息化的综合素质评价研究等方面稳步推进，取得了丰硕成果。新校区位于澋罗村片区城市更新单元东北侧，规划占地面积20400平方米，建筑面积46605平方米，计划办学规模45个教学班，预计于2024年9月投入使用。新校区建设以“泛博物馆”概念打造校园各类特色文化空间，为学生探索世界搭建更丰富的平台。

【深圳市龙华中学弘毅校区】 2022年9月，深圳市龙华中学弘毅校区建成投入使用，占地面积1.35万平方米，建筑面积约3.34万平方米。2023年秋季学期，在校学生1863人，教职工124名。学校秉承“文化育人、和美治校”的办学理念，锚定“建设高品质特色化学校，培养善合作创新型人才”的办学目标，恪守“自强、弘毅、担当、创新”的校训精神，积极探索小学、初中、高中12年制一体化贯通培养模式，致力打造一所文化有根基、办学有特色、创新向未来的高品质学校。学校坚持立德树人、五育并举，科学构建国家课程、地方课程、校本课程“三级课程体系”，在开齐开足国家课程的基础上，开设丰富多彩的校本特色

深圳市龙华高级中学教育集团大浪校区［公共服务办（公共服务）供图］

深圳市龙华中学弘毅校区［公共服务办（公共服务）供图］

课程，含“和强、和毅、和美、和礼”四大体系，积极培育以管乐、合唱、美术、传媒为龙头的艺术特色教育和以跆拳道、空手道、篮球为主要项目的体育特色品牌，为学生全面而有个性的发展搭建多元平台。学校办学特色鲜明，成绩突出，先后被评为省一级学校、省健康促进示范学校、省现代教育技术实验学校、省中小学校本培训优秀示范学校、市教育工作先进单位、区人工智能示范校等。2023 年 9 月，学校被评为区教育工作先进单位；2023 年 12 月，学校被评为“广东省绿色学校”。学生德、智、体、美、劳全面发展，取得了令人瞩目的成绩。2023 年世界机器人大赛选拔赛中，10 名同学获奖；深港澳男子青少年篮球邀请赛中，荣获第一名；中国中学生跆拳道联赛总决赛中，荣获初中组团体总分第二名；全国中小学书画大赛中，41 名学生获奖；龙华区青少年舞蹈大赛中，舞蹈团原创舞蹈作品荣获铜奖；龙华区创艺五月中小学生艺术展演中，“天空之声”合唱团、弘毅舞蹈团获一等奖，话剧社、管乐团获二等奖，小学器乐社、合唱团获三等奖。

【深圳市龙华区虔贞学校】该校为龙华区委区政府重点建设的公办九年一贯制学校。学校位于深圳市龙华区大浪街道虔学路 33 号，总占地面积 24961 平方米，总建筑面积 56154 平方米，办学规模为 54 个教学班，其中小学 36 个班，初中 18 个班，可提供 2520 个公办学位。学校建筑设计古朴典雅，教学设施智能现代，校园环境精致舒适。拥有室内篮球场、室内游泳池、图书馆等特色场所，学校将努力促进学生全面而有个性地发展，着力打造适合学生全面而有个性发展的育人模式。学校现有 32 个教学班，学生 1580 人，教职工 113 人。办学以来共选聘全国优秀教师 8 人、优秀应届毕业生 66 人，来自中山大学、北京师范大学、香港中文大学、曼彻斯特大学、多伦多大学、北京航空航天大学、北京外国语大学、中国人民大学、华中科技大学等海内外重点高校。学校在严格执行国家课程的基础上，实施学院制育人模式，设立少年文学院、少年体育学院、少年艺术学院、少年工程学院和少年外交学院，让每个学生加入学院，人人成为小院士，满足学生个性化、多样化的发展需求。2023 年，虔贞师生荣获区级以上奖项 30 余项。其中，八年级学生文学作品入选《中国校园文学》杂志，初中女子拔河队荣获深圳市女子拔河比赛冠军。

深圳市龙华区虔贞学校［公共服务办（公共服务）供图］

【深圳市龙华区博雅实验学校】该校为 2022 年 9 月开办的九年一贯制公办学校，位于龙华区大浪街道布龙路与华兴路交会处东南侧，毗邻环境优美的阳台山和底蕴深厚的下横朗古村，现暂借址于龙华区第二外国语学校（龙华区大浪街道华旺路 158

深圳市龙华区博雅实验学校［公共服务办（公共服务）供图］

号）。学校总占地面积21539.36平方米，建筑面积61181平方米，规划54个教学班，共提供2520个学位。截至2023年，学校已开设一、二、七、八，共4个年级12个班，共有514名学生，46名教职工。学校教师团队主要由经验丰富的市内外名师、“双一流”及海外名校优秀毕业生组成，师资力量雄厚。学校秉持“惟新惟实，博雅多通”的办学理念，以“让每个孩子拥有向上生长的力量”为目标，依托素养基础（博基）、素养提升（博长）、素养融通（博通）课程，培养学生未来发展必备的综合素养，打造“中国味·博雅教育”特色。2023年，学校“导师制”研学特色课程深入开展，卓有成效，登上了龙华教育公众号、龙华新闻，并被“今日头条”《人民日报》客户端转载；“中国味·博雅教育”课程方案被评为“龙华区课程规划优秀案例”；青年教师辩论队夺得“龙华区雏鹰计划辩论赛”一等奖；多名学生在“全国青少年人工智能竞赛”“深圳市科普剧大赛”“龙华区中国少年说演讲大赛”等活动中荣获一等奖。全年师生区级以上获奖共计138人次，办学成效初步显现。

【深圳市龙华区华盛学校】该校为“十四五”期间龙华区高标准规划、高质量建设的一所九年一贯制公办学校，学校占地面积20146.8平方米，总建筑面积55767.33平方米，目前办学规模为16班，771个学位。学校从2021年9月开办以来就致力于在龙华区打造全国基础教育高地，在“积极教育＋人工智能”全球示范发展目标的指引下，立足当下，面向未来，打造一所“链接过去，面向未来”的科创特色学校。华盛学校依据“让孩子创造着长大”的办学理念，对新校课程体系进行顶层设计，经过专家指导与论证，构建“创＋”课程体系，指向学生核心素养，为生命赋能，使每一名“小花生”在面对未来挑战中更加自信与从容，为自己的美好人生奠基，会做人，会生活，具备与世界对话的能力。华盛学校立足于打造一支师德高尚、业务精湛、结构合理的教师队伍，坚持让最优秀的人培养更优秀的人，通过赴外招聘和市、区内选调组建师资队伍。现有专任教师53人，主要来自北京大学、中国人民大学、华中科技大学、中山大学、北京师范大学、华中师范大学、香港大学、北京体育大学等境内外知名高校。华盛学校以培养“具有跨界思维、协作能力、创新品质的未来英才”为育人目标，培养学生适应未来发展的核心能力与素养，全方位提升学生的创新品质，让学生在呵护好奇、鼓励创造的环境中成长为能够开创新世界的未来英才。

深圳市龙华区华盛学校［公共服务办（公共服务）供图］

【深圳市龙华区龙胜实验学校】该校于2023年9月开办，目前在深圳市龙华中学弘毅校区借址办学，是由龙华区委区政府、区教育局高标准建设的一所九年一贯制的精品公办学校。新学校地处深圳地理中心和城市发展中轴的核心地段，距龙华中心区2公里，占地面积17023.02平方米，建筑面积38557.92平方米。学校弘扬“和美龙胜”的精神，秉承“做最好的自己”这一办学理念，以“健全人格，健康生活”的校训为导向，坚持“惟人惟实惟新”的校风、“立德立业立为”的教风、“笃学笃行笃志”的学风，以“培养手中有道、眼里有光、心间有爱、

深圳市龙华区龙胜实验学校［公共服务办（公共服务）供图］

肩上有责的时代新人”为培养目标，以“办师生快乐，家长满意、社会认可的品牌学校”为办学目标。学校致力于打造一支实力雄厚的高水平师资团队，从全国、省、区、市内外选聘、选调一批专家骨干，其中含正高级教师、学科带头人、骨干教师、名班主任、教学名师等。2023 年，从国内外知名高校招聘优秀毕业生 14 人，为学校注入“新鲜血液”。目前，学校一年级、七年级各有 4 个班级，学生 397 人，教职工 34 人，其中博士 1 人，硕士占比近 65%。办学以来，学校实现快速优质发展，围绕校训激发学生成长内驱力，形成内在与外部对话下的龙胜“六立”课程体系，培养学生核心素养、拓展学生思维的教育推进范式。

【深圳市龙华区和平实验小学】 该校占地 1.48 万平方米，建筑 2.56 万平方米，现有 42 个教学班，学生 2052 人。专任教师 121 人，其中全国优秀教师 1 名，高级教师 11 人，省级名师（学科带头人）3 名，市级优秀教师 11 名，研究生学历占比 44%。学校以“让每个生命绽放色彩”为办学理念，以“做个性化基础教育的实践者与引领者”为办学目标，以“儿童友好”为学校特色，尊重每一个儿童生命的独特性和成长节奏，激发每一个儿童不同的天生禀赋。构建“光谱课程体系”，将光的三原色（红、绿、蓝）与人成长的核心要素相对应，用“仁爱”“意志”与“发展”的教育之光为每个生命的成长赋能，构建文艺、生活、科创“三大学院”课程体系，在学科融合与课程整合方面进行了大胆探索实验。开展“四节”［即体育节、戏剧节、感恩节、创意节（科创）］、“四周”（即传统文化周、艺术周、爱国教育周、国际文化周）、“四礼”（即入学礼、入队礼、成长礼、毕业礼）的创新实践课程，为学生提供个性化课程选择。在学习空间建设方面，创设智慧、集成、因变的学习空间，在环境设置和文化创设上，努力打造一所以儿童为中心，将空间、技术与课程深度融合，满足学生多样化学习和个性化发展需要的实验性品牌新校。学校每天一节体育课，每周一节图书馆课，学生体质优良率 84.75%，合格率 99.37%，全

深圳市龙华区和平实验小学［公共服务办（公共服务）供图］

体学生的阅读素养提升显著。2023年，学校荣获深圳市心理健康教育特色学校、深圳市节水标杆学校、龙华区教育局教育工作先进单位、龙华区教育对外开放示范校等称号，被中国成人教育协会评为校家社协同育人基地校。学生荣获各级各类奖项160人次，作为西部校长国培项目实践基地，接待各地校长参观学习200余人次。

【深圳市龙华区和平中学】创建于2023年9月，学校用地面积8999.99平方米，总建筑面积25744平方米，建制18个班，提供900个优质学位。2023年于深圳市龙华区和平实验小学借址办学，目前共有七年级两个教学班，共98名学生。学校共有在编教师9人，拟入编教师7人，新招聘2024届应届生14人，教师均具有本科以上学历，其中研究生学历的教师共14人。学校建筑似一头吉祥象，温和、稳重、有力量，契合“激扬每个生命的力量”的办学理念。以“乘天地之正，以游无穷”为校训，培养拥有自主学习力、社会情感力、实践行动力的向上少年。学校开足开齐国家课程，同时为学生提供各项个性化选择课程，包括科学实验课程、高阶阅读课程、高阶思维课程、名师阅读课程、6大球类课程等。学校校址位于深圳市龙华区大浪街道龙平社区建设东路南侧，计划建成时间为2024年7月，2024年9月起，学校将正式搬至新校址办学。

深圳市龙华区和平中学建设效果图［公共服务办（公共服务）供图］

深圳市龙华区锦华实验学校［公共服务办（公共服务）供图］

【深圳市龙华区锦华实验学校】该校为九年一贯制民办学校，位于深圳市龙华区大浪街道陶吓村。学校在2023年拥有教学班级120个（小学部82个班、初中部38个班），学生6011人（小学生4123人、初中生1888人），教职工402人（其中专任教师328人）。学校占地面积19489平方米，建筑面积33576平方米，拥有高标准的运动场、会议厅、实验室、信息中心、校园电视台及其他功能场室。2023年，学校集体、师生共获奖343项次，其中集体获奖40项，获评龙华区公民办结对帮扶优秀结对学校、龙华区教育系统巾帼先进集体、2023年度“家校警”交通安全护航队标兵学校、龙华区优秀志愿者团队奖、大浪街道校园交通安全主题作品大赛最佳组织奖。锦华实验学校是体育强校，2023年获评龙华区教育系统教职工篮球比赛南区第五名、投篮大赛第二名。获龙华区中小学生篮球比赛初中男子组第一名、女子组第三名。在2023年龙华区中小学田径运动会上，获小学男子组团体第二名、小学女子组团体第五名、小学团体第四名、中学女子组团体第三名、中学团体第四名，学校获优秀组织奖。学校中考成绩始终位于龙华区民办学校前列。锦华实验学校中考考生593人，500分以上166人，550分以上20人，560分以上6人，最高分569分2人。510余人被各级各类高中学校录取，149位被深圳公办学校录取。

【深圳市龙华区爱义学校】该校创办于2002年8月，是一所九年一贯制优质民办学校，广东省一级学校。学校占地面积18000平方米，建筑面积36868平方米。2023学年度，学校共有105个教学班，在校学生4964人，教职员工347人，教师学历合格率达100%，教师资格证持证率达100%。市、区级优秀教师，骨干教师等80余人，各级名师工作室成员多人。学校注重校园环境打造，绿化覆盖率达100%；学校以高标准、跨学科主题打造温馨教室及各类功能场室：如创客实验室、梦想空间、图书室、美术室、舞蹈室、围棋室、街舞室、古筝室等现代化教学教辅用房一应俱全，充分满足教学需求；校园实现现代化、信息化全覆盖。大浪街道办与爱义学校倾力打造了楼顶共建空中花园，作为学校多元化主题劳动教育和生态教育的实践基地、孩子们的打卡乐园。学校秉承“爱无疆，义有道”的办学理念，构建“大美爱义”课程体系，通过德之美、智之美、能之美、艺之美来创建特色课程。在教学管理过程中，积极践行“生本思创”课堂的教育理念，依托教研提高课堂教学效果、提升教学质量，学校中考成绩逐年稳步提升，中考公办高中上线率居同类学校前列。学校先后获得广东省绿色学校、广东省食品安全示范学校食堂、深圳市规范优质民办学校、深圳市平安校园示范校、深圳市德育示范校、深圳市阳光体育学校等百余项荣誉称号；2023年度，学校荣获龙华区民办教育质量奖、龙华区公民办学校结对帮扶考评优秀奖、第一批更高水平安全文明校园、先进基层党组织、安全考核优秀奖、2023年度基层党组织党风廉政建设主体责任考核优秀奖等多个集体奖项，师生荣获各级各类奖项250余人次。2023年12月，学校高分通过深圳市义务教育阶段民办学校办学水平评估，预示着爱义学校将开启优质快速发展的新篇章！

【深圳市龙华区博恒实验学校】该校创办于2005年9月，是一所十二年一贯寄宿制民办学校。学校背靠石凹水库，毗邻深圳绿道，环境优美，空气清新。总占地面积5.7万平方米、建筑面积4.65万平方米。2023年9月，学校共有教学班103个，学生4813人。学校教职工430人，专任教师294人，其中正高级职称2人，副高级职称12人，中级职称14人；省级优秀教师1人，市级优秀教师5人，区级优秀教师35人、优秀班主任11人，区级以上骨干教师63人；硕士研究生18人。学校努力践行“为每位孩子的幸福人生奠基”的办学理念，秉持“厚德博学，恒志创新”的校训精神，紧紧围绕“打造新时代特色鲜明的一流教育”的办学目标，坚持党建引领，实施人才兴校、质量强校战略，立德树人、培育英才，培养出一批批富有创新精神和实践能力的社会主义建设者和接班人。博恒实验学校优化学校管理机构，助推内部精细化管理，设立了“1134”组织架构，

深圳市龙华区爱义学校［公共服务办（公共服务）供图］

深圳市龙华区博恒实验学校鸟瞰图［公共服务办（公共服务）供图］

制定了校委会目标考核清单，各部门、各机构职责分明，相互沟通协调，运行高效；狠抓“三支”队伍建设（教师十大基本功），形成了博恒人才梯队；关注学生综合素养，以积极教育理论为支撑，倾心培育博恒学子“六大品格”；学校积极开发校本课程，用丰富多彩的课程满足不同学生的个性需求，推行“4＋8＋1”综合素养特色，开发了“博士帽”系列校本课程。学校全员普及游泳教学，拥有精英级专业游泳教练团队，近三年来，学校游泳队在省市区各级比赛中取得了骄人的成绩，使游泳真正成为学校品牌课程。未来，学校将进一步增强责任意识、生命价值意识，以服务为宗旨，满怀无坚不摧的信心和励志的勇气，为“学有优教”的教育特色贡献力量！

【深圳曼彻斯通城堡学校】 该校是深圳第一所提供纯正英式教育和寄宿管理体系的国际学校，也是拥有近200年历史的英国知名私立学校曼彻斯通城堡学校（位于苏格兰首府爱丁堡）授权认证的首间海外分校。学校于2018年8月正式办学，位于深圳市龙华区，总占地面积约2万平方米，总建筑面积约5万平方米，班级学生人数20人，推行小班化教学，招收4～18周岁学生（学前班至13年级）。现有在校生近400人，教师90余人。其中外籍教师占比70%，均持有PGCE及QTS等教学资格证，超过50%为硕士学历。双语教师占比30%，100%纯英语授课。2023年，深圳曼校正式通过国际学校联盟（CIS）组织的评审，成为CIS社区中的一员。CIS作为国际上对国际学校有影响力、权威、严格的认证机构，成为其会员学校意味着深圳曼校从运营管理到教学质量等方面已全方位达到了国际教育业界至高的审核标准。通过认证后，不仅有助于提高学校在国际教育界中的影响力，同时也将为就读的学生在学历背景提升与升入更高级学府等方面有所裨益。

深圳曼彻斯通城堡学校［公共服务办（公共服务）供图］

深圳市龙华区育英小学［公共服务办（公共服务）供图］

【深圳市龙华区育英小学】 该校位于龙华区龙观路与布龙路交会处的上早社区，毗邻大浪街道元芬地铁站，是一所全日制老牌民办小学。学校占地面积11000平方米，建筑面积8800平方米，校园绿树成荫，环境雅致。现有44个小学教学班，1849余名学生，101名专任教师，教师学历全部达标，88人具有本科学历，8人具有中级教师职称，40人具有初级教师职称，教师平均年龄33岁，在校平均工作年限5年以上。学校教学设备设施满足现代化教育教学需要，课室均采用鸿合HD－I7060E液晶触摸一体机及实物展台，图书阅览室藏书5万册，建有2个标准篮球场及200米环形塑胶跑道。学校以文化为基础，跆拳道和书画为特色。跆拳道普及率达96%以上，2023年11月，多名学生荣获龙华区教育系统“未来杯”中小学跆拳道锦标赛银牌铜牌。2023年12月，学校荣获龙华区2022—2023学年公民办结对帮扶优秀结对学校。学校以全面实施素质教育，坚持“育人为本，实现和谐教育”为办学理念，以“求实、进取、开拓、创新”为校训，为龙华市民子女提供优质学位，为教师终身发展提供广阔平台，为龙华教育高质量发展助力。

【深圳市龙华区元芬小学】 该校位于龙华区大浪街道元芬社区，是深圳市一级学校。先后被评为“深圳市龙华区教育工作先进单位”“深圳市优质民办中小学校”等。现有38个教学班，学生1691名，教职工118人。学校占地面积6600平方米，建筑面积7452平方米。2000年开办以来，学校一直坚持党的教育方针，坚持“立德树人，为学生终身发展与幸福奠基”的办学思想。在“以质量求生存、以特色求发展、以服务求兴旺”办学理念的统领下，提出了“以人为本，培养自信，为学生成功奠基”的育人理念和“以生为本，关注发展”的教学理念，确立了以“培养全面发展的人”为核心的“崇善尚美、乐学善学、身心健康、实践探究的全面发展的阳光少年”的育人目标，形成了以“办学宗旨、核心素养、育人目标、国家课程、校本课程”五个层次，围绕“现代公民、学会学习、健康生活、科学思维”四个维度构建“五级四维度课程体系”，促进学生全面、多元化发展的办学模式。

深圳市龙华区元芬小学［公共服务办（公共服务）供图］

文化

【概况】 2023年，大浪街道文化活动精彩纷呈，开展文化惠民活动524场次；制订《2023年大浪街道人文工作方案》，完善高质量文体服务体系；新增大浪街道图书馆社区服务点4个，配置图书通借通还设备，并申请纳入深圳市“图书馆之城”统一服务平台；龙华区在全国范围内颇具影响力和代表性的文化盛事——第六届阳台山全国实景山歌大赛在阳台山森林公园成功举办；重新启动“星光大浪”青工歌手大赛。

【文化惠民活动】 2023年，大浪街道开展适合不同年龄和层次人群参与的形式多样、内容丰富的文体活动524场次；1月，为弘扬中华民族传统文化，营造欢乐祥和的节日气氛，举办“挥毫泼墨送春联，龙飞凤舞迎新春”——2023年大浪街道迎新春送春联活动13场次，送出春联和福字合计5660余副（幅）；9月，为丰富辖区居民的精神文化生活，倡导全民健身的运动理念，在大浪劳动者广场举办2023年大浪街道广场舞比赛，共吸引辖区35支群众代表队约400人报名参加；11月，举办大浪街道社区文化节——“榕树下”文艺晚会。

【大浪街道人文工作方案】 2023年，为努力满足群众不断提升的精神文化需求，进一步优化公共文化服务供给，大浪街道党群服务中心牵头制订《聚焦高品质文

（1）

（2）

2023 年 11 月 25 日晚，第六届阳台山全国实景山歌大赛决赛在阳台山森林公园文化广场举行（党群服务中心供图）

化供给　推动大浪文体事业跨越式发展——2023 年大浪街道人文工作方案》，以推进文化载体、红色引领、文脉传承、文化品牌、文化惠民、文旅融合“六大工程”建设为目标任务，构建以人为本、以文惠民、以文兴业的现代公共文化服务体系，提升大浪的城市文明程度和居民人文素养，提高大浪文化软实力和影响力。

【第六届阳台山全国实景山歌大赛】其由深圳市文学艺术界联合会、广东省音乐家协会指导，中共深圳市龙华区委宣传部、龙华区文化广电旅游体育局、深圳市音乐家协会、龙华区大浪街道办事处、龙华区文学艺术界联合会联合主办，龙华区大浪街道党群服务中心承办。该届大赛分为线上初赛、现场复赛、线下决赛和颁奖歌会 4 个环节，共收到 14 个省、自治区的 280 名山歌高手报名，人数为历届山歌赛之最。2023 年 11 月 25 日晚，20 组来自全国各地进入决赛的优秀选手，在总决赛的舞台上同台飙歌，展开巅峰对决，来自广东梅州的林珈羽凭借演唱曲目《长潭水》最终夺得客家山歌组金奖，客家组“山歌王”宝座遗憾空缺。而其他山歌组“山歌王”则由来自贵州黔东南的余秋阳、刘明组合，凭演唱曲目《革一飞歌》成功摘得。11 月 26 日晚，大型麒麟展演《东方麒麟》拉开了本届大赛颁奖歌会的序幕，来自大浪不同社区及学校的五支麒麟队同台献艺，充分展示了本土麒麟文化传承的优秀成果。本届山歌赛的 10 名优秀山歌选手轮番亮相、以歌传情，展现了山歌文化的丰富多彩与无限魅力。本届评委中国东方歌舞团国家一级演员赵大地、广东省文化馆研究馆员徐秋菊，以及第五届其他山歌组“山歌王”欧牧优诺也倾情献唱，将颁奖歌会推向高潮。此次大赛在全面总结、梳理前五届赛事经验的基础上，进一步升级赛事规格，创新大赛机制。决赛和颁奖歌会由龙华融媒矩阵多个媒体平台支持，在“深圳龙华”微信公众号、壹深圳、“TikTok 龙华”等五个平台同步开启境内外线上直播，吸引约 393 万人次观看。此外，大赛还吸引中央、省市级多家主流媒体报道，累计吸引超 490 万人次关注，受到了社会各界的广泛好评。

【“星光大浪”青工歌手大赛】这是大浪 2010 年推出的原创文化活动品牌，通过周赛、月赛、季赛及年度总决赛四个赛程逐出优秀青年歌手。连续举办的十年间，吸引了辖区及周边万余名音乐爱好者参与，辐射群众数百万，是大浪青工关注度和参与度较高的活动，后受疫情影响暂停举办。2023 年“星光大浪”青工歌手大赛重新启动，除了吸收前十届活动运作的成功经验外，还实现了平台、品质、合作的三大转变和提升。赛事由中共深圳市龙华区委宣传部、深圳市龙华区文化广电旅游体育局、深圳市龙华区群团工作部主办，实现

2023 年 11 月 19 日晚，“榕树下”——2023 年大浪街道社区文化艺术节活动在大浪会堂上演。图为客家歌伴舞《涯系客家人》（党群服务中心供图）

了由原来的街道级项目到区级项目的平台提升；增设奖励吸引广大青年原创歌手参赛，带动赛事选手整体品质提升；在大浪商业中心繁华地带搭设舞台开展展演和评比，以政府财政支持与企业赞助各半的合作方式，推进公共文化示范项目的升级转变。5 月 21 日晚，2023 年“星光大浪”青工歌手大赛启动仪式和第一场周赛在大浪商业中心星光广场舞台举办，其间通过无人机低空表演，展现了大浪经济文化等特点，让人耳目一新，受到群众欢迎。2023 年，“星光大浪”共举办了 17 场周赛、8 场月赛和 3 场季赛，服务人数约 50000 人。

【“榕树下”文艺晚会】其由龙华区文化广电旅游体育局、龙华区大浪街道办事处主办，大浪街道党群服务中心承办，是龙华区第三届社区文体节的重要系列活动之一。晚会于 2023 年 11 月 19 日晚在大浪会堂举行，来自大浪本地和深圳市的客家文化爱好者以及业内人士近 350 人在现场观看了演出。晚会在大浪本土文艺青年情景朗诵《榕树下》中拉开帷幕，节目不仅有客家童谣、龙华茶果歌、五句板山歌、客家舞蹈，还有荣获深圳市第二十届“鹏城金秋”市民文化节原创作品比赛（曲艺专场）银奖的相声表演。本场演出演员大部分是客家人，老中青幼同台献艺，精彩纷呈，演出获得观众阵阵热烈的掌声。

【基层文艺人才培育】2023 年大浪街道发掘培育辖区优秀青年文艺人才，为来深青年搭建交流平台，帮助其参加各类活动赛事。3 月，大浪选送的粤曲对唱《情殉劫后花》，参加第五届广东省曲艺大赛，获职业组比赛表演奖三等奖。7 月，大浪选送书法作品《陈丽玲古玺印选》荣获深圳市第十九届青工文体节书法大赛银奖；《古诗二首》《李清照词二首》荣获深圳市第十九届青工文体节书法大赛铜奖。10 月，大浪选送的广场舞《黄河水从我家门前过》获深圳市第二十届“鹏城金秋”广场舞决赛铜奖；相声《缝制梦想》获深圳市第二十届“鹏城金秋”市民文化节原创作品比赛（曲艺专场）银奖。11 月，选送的篆书《戴叔伦诗》和楷书节抄《画禅室随笔》，获深圳市第二十届“鹏城金秋”市民文化节书法大赛（群文组）银奖，隶书《习近平金句》获入围奖；大浪街道党群服务中心获深圳市第二十届“鹏城金秋”市民文化节组织奖。12 月，大浪选送的《家考》获 2023 年度深圳市群众文艺作品评选戏剧类金奖，《缝制梦想》《浮躁》分别获 2023 年度深圳市群众文艺作品评选曲艺类银奖、优秀奖，《战士归来》获 2023 年度深圳市群众文艺作品评选音乐类优秀奖；大浪街道党群服务中心获深圳市第十九届青工文体节组织奖。

【图书馆】2023 年年末，大浪街道 5 个图书馆（大浪街道图书馆、阳台山文化名人图书馆、大浪绿道图书馆、龙胜图书馆、龙平图书馆）累计文献总量 11. 84 万多册，年内借还图书量 15. 93 万多册，累计接待读者 52 万余人次。5 个图书馆和 1 个艺展馆共开展“阅见大浪 · 书香致远”读书日等系列阅读活动 13 场次，以手工制作、沉浸式阅读等多种形式，以大浪特色文化、中国经典等为内容，在大浪辖区掀起一股阅读浪潮。依托图书馆阵地，举办龙华区2023年公益艺术培训63场次，服务群众1132人。新增大浪街道图书馆社区分馆（服务点）4个（陶元、赖屋山、水围、高峰社区服务点），配置图书通借通还设备，并申请纳入深圳市“图书馆之城”统一服务平台。

（印婷婷）

体育

【概况】2023年，大浪街道开展了拔河比赛、“阳台山杯”社区篮球比赛、社区趣味运动会等群众体育活动，推动全民健身进一步发展。组织干部群众参加2023年深圳市龙舟文化艺术节观澜河龙舟赛、龙华区“工会杯”等体育赛事活动，展现大浪市民昂扬向上的精神面貌。日常开展公共文体设施安全检查，新增投放11套体育设施。

【体育设施】2023年，大浪街道做好辖区体育设施普查更新工作。定期巡查各社区及企业园区内的健身路径、篮球场和健身器材，收集登记相关情况反馈至龙华区文化广电旅游体育局。年内新增2套健身路径分别投放至新石社区、龙胜社区；4张乒乓球桌（室内外各2张）投放至新石社区；4张乒乓球桌（室内）投放至陶元社区；1张（室内）乒乓球桌投放至同胜社区。

【体育活动】2023年，大浪街道举办各类体育活动。2月，举办“运动赋能展风采·活力大浪燃激情”——2023年大浪街道全民健身活动暨拔河比赛，该活动由大浪街道办事处主办，大浪街道机关工会、大浪街道党群服务中心承办，以小组赛、淘汰赛、半决赛、决赛等赛制形式开展，共有来自街道各机关事业单位、驻街单位和各社区工作站53支代表队近750名运动员参加。3月，由深圳市妇女联合会、龙华区人民政府主办，龙华区委宣传部、龙华区文化广电旅游体育局、龙华区重点区域建设推进中心、龙华区大浪街道办事处、龙华区妇女联合会、深圳市妇女儿童发展基金会承办的“建设银行·2023深圳女子时尚‘微马’”在大浪时尚小镇举行，共吸引约3800名时尚女性参加，活动在展现深圳女性健康向上、奋发进取，引领时尚潮流的精神面貌和独特风采的同时，擦亮时尚小镇特色名片，带动大浪文旅经济发展。5月18日晚，由大浪街道党工委、办事处主办，街道党群服务中心承办，各社区工作站协办的2023年大浪街道“阳台山杯”社区篮球比赛在大浪街道颐丰华创新产业园开赛，该赛事历时3个月，累计进行了144场比赛，于8月8日晚举行决赛暨闭幕仪式，经过精彩角逐，赤岭头社区队获冠军，龙胜居委队获亚军，上早股份队获季军，石凹村队获殿军，此次比赛共吸引含辖区机关事业单位、社区、股份公司、民营企业、学校和个体工商户等各行各业共49支队伍近600名运动员参加，覆盖观众共计21600人次，直播观看人数达26万人次，是大浪街道历年来规模最大、历时最长、覆盖面最广的群众性篮球赛事。10月，大浪街道举办了龙华区第二届社区文体节系列活动——大浪街道社区趣味运动会，12个社区24个代表队报名参加，通过生动有趣、团结拼搏、活力

2023年8月8日下午，2023年大浪街道“阳台山杯”社区篮球赛决赛暨闭幕式在颐丰华创新产业园篮球场举行。图为决赛现场航拍（李旅昌供图）

进取的趣味运动比赛，展示社区工作者和居民群众的文体精神风貌，提升社区凝聚力。11 月，组织开展了深圳市第 43 届市民长跑日大浪街道分会场活动，街道各机关事业单位代表及社区代表共 150 人参加，全程 2.3 千米。

【体育赛事交流】2023 年，大浪街道积极开展体育赛事交流活动。4—6 月，组织 3 支队伍参加 2023 年深圳市龙舟文化艺术节观澜河龙舟赛，经过两个月的训练和现场激烈角逐，大浪消防中队、大浪网格队和大浪执法联队分获企事业单位组第二名、第五名、第六名，以历史最好成绩刷新大浪纪录。5—9 月，组织队伍参加首届“创新坪山杯”深圳市街道足球邀请赛，获第七名。7 月，组织队伍参加 2023 年龙华区“体彩杯”机关体育羽毛球比赛，获机关二组亚军。11 月，组织队伍参加 2023 年龙华区“工会杯”职工七人制足球赛获机关组季军，参加 2023 年龙华区“体彩杯”机关体育网球比赛，获甲组第四名。12 月，组织队伍参加 2023 年龙华区“工会杯”职工乒乓球赛、羽毛球比赛，均获机关组第五名。

（印婷婷）

医疗卫生

【概况】2023 年，大浪街道推动优质医疗资源扩容，完善急救网络体系建设，积极推动区妇幼保健院新院开工建设工作，现有医院 2 家、社康中心 19 家、诊所 122 家，不断完善“10 分钟就医圈”。组织开展急救知识培训 70 场，辐射人群 9000 人左右；AED 设备新增至 265 台，着力打造“黄金 4 分钟急救圈”。“医格 + 定格”协同联动，共同推动家庭医生签约工作，提升家庭医生服务的知晓率和满意率。全人群家庭医生签约覆盖率 35.42%，重点人群家庭医生签约覆盖率达 95.72%。

2023 年 7 月 22 日，大浪街道获得“第九届深圳市民健康素养大赛”龙华赛区“最佳组织奖”［公共服务办（公共服务）供图］

【公共卫生委员会】2023 年，大浪街道加强社区居委会公共卫生委员会建设，大力实施“社区公共卫生能力提升年”十项行动，推动社区公共卫生委员会建设规范化、标准化、体系化。坚持“医格化 + 定格化”，通过“供需对接、亲情联接、资源链接、帮扶衔接、服务嫁接”，组织开展内容丰富、形式多样的健康惠民服务，街道共有 21 个社区公共卫生委员会，2023 年，累计开展活动 2400 余场次，惠及群众超 13 万人次，满足居民 1500 余个健康需求。

【健康素养提升和监测工作】2023 年，大浪街道加强公众健康教育，围绕“三减三健”等慢性病防治、传染病防控、婴幼儿养育、中医养生保健等多方面健康知识，开展健康宣教活动 910 场次，辐射 8 万余人次，不断扩大健康知识的普及面和知晓度。积极发动群众参加“第九届

2023 年 10 月 19 日，大浪街道联合水围社区公共卫生委员会、龙华区妇幼保健院在水围新村开展“两癌”筛查进社区活动［公共服务办（公共服务）供图］

深圳市民健康素养大赛”，获得区级第二名，大浪街道获得龙华赛区“最佳组织奖”。

【促进场所建设及健康素养工作】2023 年，大浪街道积极完成促进场所建设及健康素养工作。新创建上横朗社区、赖屋山社区 2 个健康单元，陶元社区被评为深圳市健康促进场所银奖单位；积极组队参加深圳市第八届“万步有约”职业人群健走激励大赛，获得龙华区“特等奖”“优秀团队奖”和优秀组织单位奖。

【精神卫生】2023 年，大浪街道加强精神障碍患者规范化管理，现有在册严重精神障碍患者 769 人，已签约 724 人，签约率为 94.15%，规范管理率 99.74%，面访率 97.92%。完善社会心理服务体系建设，开展心灵加油站、职工心理关爱计划等心理服务活动 200 场，惠及 9000 余人次，持续关注社区居民心理健康教育，普及心理健康知识。

（李燕娜、熊豪桂）

【食品安全快检服务】2023 年，大浪街道“一街一车一室”为广大市民筑牢食品安全“防火墙”，做好群众生活“服务站”，勇当食品监管的“先锋者”，用实际行动诠释“民以食为天，食以安为先”的理念，本年度抽检辖区 5 个农贸市场共 763 家次、商超 891 家次、餐饮服务单位 328 家次、食品生产企业 1 家次、配送中心 1 家次，受检单位共 1984 家次，共计检测样品 13976 批次（其中抽检样品 13568 批次，市民送检样品 408 批次），检出阳性样品 318 批次，样品阳性发现率为 2.28%，开展有机磷和氨基甲酸酯类农药等 35 个项目检测，共检测 31002 项次，销毁阳性样品 729.347 千克。

【食品安全宣传】2023 年，大浪街道开展 12 场民生微实事活动，指导老人、儿童辨别有害食品、各类添加剂等，助力食品安全进社区；提高食品中毒应急处置专业能力，组织街道食药安办成员单位到学校开展食品安全应急突发事件处置桌面推演，模拟事故发生、接报、处置、总结、新闻发布等全流程处置操作，提高应急处置水平。有效对接市监所、派出所，协调跟进食品安全绩效考核目标，100% 完成年度考核任务。

【食品安全监督】2023 年，大浪街道每季度召开部署推进会，各包保干部、社区工作站具体实施督导，深圳市市场监督管理局龙华监管局大浪所具体跟进重大隐患整改，形成“督导检查—录入上传—跟踪整改”工作闭环。全年累计纳入食品安全“两个责任”包保主体 10280 家，现存实际开展督导 4402 家（其余 5878 家已倒闭搬离）。C 级包保主体有 424 家，D 级包保主体有 3978 家；C 级包保干部 52 名，D 级包保干部 197 名。全年各季度实施督导率均达到 100%，承诺书签订率 100%，食品安全员录入率 100%，问题发现率 2%，问题整改率 82%。

（刘心儿）

2023 年 10 月 31 日，大浪街道计生协联合浪口社区家庭发展服务中心开展营养主题“真好吃”亲子活动［公共服务办（公共服务）供图］

2023 年 11 月 22 日，大浪街道计生协获得“深圳市青春健康教育示范基地”荣誉称号［公共服务办（公共服务）供图］

社会民生

社会保障

【概况】2023 年，大浪社保站业务工作与窗口服务两手抓，严格落实各项重点工作任务，高质量完成失业保险短期参保人员数据核查和异常增减人员单位核查工作，认真开展业务交叉检查，不断提高业务经办水平，持续优化窗口服务质量，推动各项工作走深走实。

【支部规范化建设】2023 年，大浪社保站狠抓支部政治、思想、组织、纪律建设，支部将学习贯彻习近平新时代中国特色社会主义思想作为首要政治任务，严格落实第一议题学习制度，不断提高政治能力；落实意识形态工作责任制，每半年开展一次意识形态工作专题研究；规范党组织设置，严格按照规定程序开展支部委员会委员及书记选举工作，并于 10 月 18 日完成选举工作；严格落实党员发展工作，完成 1 名同志由预备党员转为正式党员、确定 1 名同志为发展对象并吸收为预备党员。大浪社保站将支部建设与服务群众相融合，通过党员志愿者活动开展送法上门活动，提高群众对社会保险的认识；开展书记茶话会活动，邀请辖区企业参加，就企业关心的问题提出意见和建议，及时回应企业关切。

【社保重点任务落实】2023 年，大浪社保站全站动员做好省集中系统上线工作，加班加点做好权限申报、系统测试、手工收件、存量业务处理等各项工作，同时注意做好上线前后的大厅秩序维护、宣传解释等工作。克服上线初期系统不稳定、功能尚未完善、业务积压严重等困难，平稳度过系统切换关键时期，业务经办回到正常轨道。省系统上线后，加强对工作人员的业务培训，不断提高工作人员同时使用省市系统办理业务的能力。严格按照上级工作部署，积极协助业务科室，通过多轮电话追缴、发送短信、现场追缴等方式，做好失业待遇追回工作，发送信息数百条、拨打电话一千余次。安排专人跟进落实建筑项目参加工伤保险工作，参保缴费率达到 100%，高质量完成失业保险短期参保人员数据核查和异常增减人员单位核查工作，认真做好一次性留工补助核查工作。

【完善服务模式】2023年，针对大浪社保站办事人员多、业务量大的特点，安排全站工作人员轮流在大厅值班，指引使用自助设备、解答群众咨询，与义工相互配合，更好地减轻窗口压力，疏解大厅人流，优化办事环境。值班领导定时进行大厅巡查，检查硬件运行情况及大厅等候情况，及时解决办事群众遇到的问题，化解矛盾纠纷。工作人员深入商业中心、社区、公园、工业园区及辖区企业开展宣传活动6场，对社保各项重点政策进行宣讲，帮助企业及群众增强参保意识，增强对社保政策及业务的了解。积极参加街道组织的各类协调会，宣讲社保政策，化解矛盾纠纷，维护辖区社会秩序稳定。截至目前共参加各类协调会30余场。

【权限管理和业务审核】根据业务工作情况，2023年，大浪社保站及时调整人员业务权限，加大业务审核力度，通过晨会等方式通报审核中遇到的问题，督促受理人员及时整改，严把业务质量关。认真开展业务交叉检查，每月认真完成业务交叉检查任务，总结检查中发现的问题并进行通报，及时完成整改，防范业务风险。

（大浪社保站）

民政

【概况】2023年，大浪辖区有低保户3户8人，低保边缘户1户2人，困难儿童235名，70周岁以上户籍老人879名。大浪街道重点聚焦“老小困弱”群体，开展养老服务、未成年保护、流浪乞讨人员、殡葬服务管理、残疾人保障等工作，加强基层组织建设及社会组织培育，持续提升工作标准化、精细化、系统化服务水平，全年审定立项的民生微实事项目9批次329个，进一步推进民政事业高质量发展。

【养老服务】2023年，大浪街道依托街道长者服务中心和龙平长者助餐配送点，共为54名老人发放居家养老消费券26.17万元；为75户老年人提供居家适老化申请，投入政府补贴90万元；为29名老人提供长者助餐服务，发放助餐补贴11940元，运营补贴2096元；积极应对老龄化，为879名老人发放高龄津贴245.62万元。16个社区星光老年之家开展各类长者服务活动，共同推动三级社区养老服务体系建设。全年共开展“助浴快车”公益项目、独居老人“人生故事馆”服务计划、代际融合项目等特色活动500余场，服务老年人2.4万余人次，辖区老人幸福感、安全感持续增强。

【未成年人保护社会化工作室】2023年，大浪街道成立龙华区首家未成年人保护社会化工作室，推动完善未成年人保护社会化工作室服务体系建设，结合大浪街道实际，打造“一二三四五”未保服务专业体系，项目荣获“2023年度深圳社会工作示范项目”。一个平台——未成年人保护社会化工作室；两个坚强后盾——未保领导小组、护苗机构联盟；三级干预机制——

2023年5月10日，举行第八届“万步有约”启动仪式［公共服务办（公共服务）供图］

预防、重点个案管理、发展；四大主题行动——夜巡宝贝、护苗普法剧场、未保法知识辩论擂台、居家安全服务；五方责任主体——家庭、学校、社区、院落、警力，共同构建未成年人保护服务生态圈。2023年，开展“夜巡宝贝”服务活动96次，共发现200余名未成年人，为8名重点未成年人提供专项辅导；开展困境儿童居家安全服务计划，进行安全防护、防性侵、防欺凌、防意外伤害四个主题分类讲座，对100名困境儿童家庭居家安全环境微改善；举办护苗剧场专项演出，引入《平行西游之超能护“未”队》《猴哥让我再想想》舞台剧，《小龙女之秘笈之夜行》等沉浸戏剧演出，服务上万人次，减少校内外未成年人伤害事件的发生；开展“法力辩辩辩”活动40场，以辩论赛形式，推动未保法“进校园”。

2023年5月27日，大浪街道成立“护苗机构联盟”［公共服务办（公共服务）供图］

【困境儿童摸排】2023年，大浪街道持续推动困境儿童摸排工作。横向健全跨部门协同机制，打破信息壁垒，推动网格、妇联、团工委、司法所、残联、学校、幼儿园等多部门信息数据互联互通，整合街道群团专干、“双百社工”、党群社工、居委会专职等人员组建百人摸排队伍，开展精准摸排工作，摸清儿童身体和生活状况、家庭监护风险等，动态更新“一人一案”台账。共计摸排7.5万名未成年人，纳入困境儿童235人。

【未成年人关爱】2023年，大浪街道对辖区内困境儿童进行走访慰问560余人次，发放新春关爱包、新春福袋等物资550余份。联动心理社工等专业资源为辖区76名重点青少年群体提供讲座、咨询、减压活动等心理疏导服务，护航未成年人健康成长。

【个案会商工作机制】2023年，大浪街道广泛联动法院、检察院等未保工作专业力量，成立大浪街道未成年人保护疑难个案专项小组，适时组织召开个案会商联席会议，精准实施救助，为22名困境儿童申请龙华区未保基金，申请人数为全区第一，累计救助金额达7.9万元。2023年召开3次个案会商会议，重点个案跟进8个，结案3个。依托未成年人保护社会化工作室，形成一套重点个案管理模式，其中，大浪街道“困境少年”逆境成长——社工站“五社联动”助力未成年人保护案例获评“2022年度深圳兜底民生服务社会工作双百工程十佳案例”“龙华区十佳社会工作服务案例”。

【社会救助】2023年，大浪街道加强社会救助工作，兜底民生保障。协助申请各类救助69人，救助金额34.75万元（其中申请临时救助24人，急难型成功救助6人，总计3.22万元；支出型成功救助4人，总计4.61万元；申请市、区慈善会医疗、个案救助23人，总计补助24.42万元；困难学生救助12人，总计补助2.5万元）。对低保和低边家庭进行入户调查摸底，全年共发放低保金96421元，发放分类施保和生活扶助金61146元。

【流浪乞讨人员救助】2023年，大浪街道落实流浪乞讨人员救助工作，累计救助身患疾病、务工不着、证件丢失、衣食无靠等各类流浪人员179人次，发放救助金合计12696.34元；全年累计成功帮助14名流浪人员顺利返乡；承接龙华区民政局"暖流计划"，发动大浪街道社会组织对辖区内重点区域、拆迁工地、背街巷道、绿化带等场所开展巡查服务178人次，切实做好流浪乞讨人员的救助工作。

【殡葬服务安全管理】2023年，为46名逝者家属提供墓位申购服务，满足居民的殡葬需求。对龙山墓园每周开展消防安全重点检查，要求各社区专门配备深埋点管理人员，对各深埋点开展日常巡查和特殊节点专项巡查，预防和杜绝违法丧葬行为、火灾等意外情况。清明及重阳节期间，共接待1.6万余人次前来祭扫，免费为群众提供5500支鲜花，倡导绿色祭扫和鲜花祭祀，并配备电瓶车，在高峰堵车时段接送老人小孩，做好特殊群体祭扫关心关爱工作。

（鄢星颖、赖海越、陈格豪）

【残疾人社会救助】2023年，大浪街道积极为残疾人及家属提供社会化救助。开展残疾人权益保障工作，为159名残疾儿童发放康复训练救助补贴638.77万元，为残疾人提供辅助工具112件，补贴23万元，7名居民获白内障手术补贴1.8万元，为慢性病人发放精神类药物480人次，处理残疾证业务77次，发放补贴总额210余万元；对12户家庭进行无障碍改造，建立40名残疾人康复档案，提供个案管理与康复指导服务；开展"乐善大浪"——志愿者助力残疾人家庭喘息服务，志愿者为援助家庭提供情感支持、出门护送、上下学护送、康复训练、课业辅导等多元化服务568次，服务时长1729.5小时；实施"憨小孩特色就业助残项目"，创建面包烘焙工厂和智能售货柜，投放49台智能售货柜，日运营额达5500元；成立"大浪街道残疾人服务协会"，吸纳50余名会员；开展"我行，我show——残障人士展能计划"，引入传统养生课程，组建合唱团等活动，服务1815人次，项目荣获"龙华区十佳社会工作服务品牌项目"。

（邓志坚）

【民生微实事】2023年，大浪街道持续落实民生微实事项目。全年审定立项的民生微实事项目9批次329个，立项资金2710.236万元，其中服务类项目274个，立项资金1620.7813万元；货物类项目50个，立项资金772.2447万元；工程类项目5个，立项资金317.21万元，全年支付实际金额2399.9701万元。年内，大浪街道强化统筹，发掘辖区特色，打造一批街道级示范性项目；深化观察员制度，实现项目观察100%覆盖，并按季度通报项目进展情况，首创民微评价体系制度，制定民微优秀案例分享集和线上宣传地图，扩大民生微实事影响力与美誉度，全面提升民生微实事品牌效益。

（张郁曼）

【活力资金项目】2023年，大浪街道持续指导社区居委会充分利用活力资金开展惠民活动。全年共完成了8批次的活力资金项目审批工作，辖区21个社区居委会共实施384个活力资金项目，总扶持资金212.81万元，累计服务36633人次，入户探访困弱群体1382户，开展"大爱龙华"聚善日活动173场次，募集资金3.24万元。

【社区居委会建设】2023年，大浪街道持续深化社区居委会标准化、规范化建设。组织开展社区居委会民议事会199场，商议议题341件，涉及交通和停放划线、高空抛物安全隐患、广场舞噪声、文明养犬、垃圾分类等议题。完成龙华区民政局主办的"星级居委会""优秀居委会"创建、专职工作者"服务之星"及社区服务优秀案例评选申报工作。其中下岭排、水围、鹊山等

3个社区居委会完成创建“星级居委会”，下早、石凹、下岭排、水围、龙胜、元芬等7个社区居委会获评“优秀居委会”，下岭排、新围、鹊山、石凹共4个社区居委会专职工作者获评“服务之星”。（邓美琪）

【社会组织培育】2023年，大浪街道首创“轮值站长”制度，鼓励“轮值站长”利用自身资源，引导辖区社会组织积极贡献。开展活动9场，社会组织参与人数累计达500人次；孵化培育备案社区社会组织4个，承接区民政局社会组织公益创投项目，产出微项目6个；开展“不忘初心，益行共享”便民集市活动1场，联合辖区25家社会组织开展了1场社会组织风采嘉年华活动；开展为期3周的“情系候鸟，多彩童年”外来务工子女暑期公益班，缓解家长“看护难”问题；开展“爱暖空巢”候鸟老人互助计划，打造“小老人志愿队”，为辖区内“候鸟老人”群体提供了50多次送医陪诊服务，上门探访与居家陪护服务超150人次。为广西河池市凤山县三门海镇弄仁村募捐助学款1万元；在东兰县、罗城县对辖区重点脱贫户、低保户和三无人员共6户家庭进行入户探访和慰问。2023年为5家社会组织提供信息变更前置服务，4家社会组织提供注销指导服务，走访社会组织20家，初审社会组织年度报告42家。（刘婷）

人口与计划生育

【概况】2023年，大浪街道紧紧围绕高质量发展实施计划，落实优化生育政策、完善积极生育支持措施、促进人口长期均衡发展等工作，全力做好人口管理服务，重点开展托育服务建设。根据广东全员人口信息系统显示，2023年，大浪街道常住人口507874人，户籍人口64715人；常住人口出生总数4356人，政策生育率93.78%；户籍人口出生总数1142人，政策生育率96.76%，性别比为114.66，自然增长率为16.82‰。

【人口监测数据质量】2023年，大浪街道强化与社康、派出所、网格中心对接，提高系统数据质量，共处理全员人口信息采集录入更新信息170677条；完成互联互通数据应用15849条，信息处理及时率达100%。

【生育政策宣传教育】2023年，大浪街道高度关注辖区居民需求，积极开展宣传倡导，以“七个促进”主题活动为抓手，形式多样，向辖区居民宣传生育法律法规及各类健康知识。共开展宣传主题活动376场，服务11400余人次，街道生育关怀志愿者服务队达460人次，开展生育关怀志愿活动180场次，服务时长达1050小时，通过社区居民参与，实践与互动相结合的形式，以此促进家庭成员的全面发展，提高居民的生活质量和幸福指数。大浪街道建有9个社区家庭发展服务中心，通过外包服务运营新石等4个社区家庭发展服务中心，11月23日，大浪街道新石社区家庭发展服务中心获得“2023年度深圳市家庭发展服务中心市级标杆阵地”荣誉称号。

【积极生育支持服务】2023年，共办理生育登记7012份，其中网上申办件6351份，网办率90.57%，提高生育服务效率；解答群众对计划生育政策法规的咨询3000余件，提升群众对计生工作的满意度。实施优生优育惠民工程，利用“互联网+”等媒体平台作用，发布优生优育科普知识和参检资讯宣传，提高辖区育龄群众的优生优育知晓率和参与率，全年核查免费婚前孕前检查数679对。加强“两癌”防治项目工作和优生健康检查工作，强化惠民工程政策宣传，全年累计发放避孕药具42万只，宫颈癌、乳腺癌筛查数1230人次，联合开展优生优育、“两癌”筛查活动进社区、进企业27场，惠及群众1230人。

【计划生育家庭服务】2023年，为1759人发放独生子女父母奖励金176万元，为10户计划生育特殊家庭投入生育关怀经费2.1万元，为4户失独家庭购买综合保险，以及提供家政服务288小时，全年开展节日慰问3次，筹得生育关怀善款1.4万元，落实计生特殊家庭帮扶，共同维护计划生育家庭合法权益。

【家庭健康及青春健康】2023年，围绕家庭健康、幸福家庭等主题开展活动180场，服务5520余人次；围绕青少年健康促进等主题，开展亲子活动、知识讲座、健康义诊等活动30场，服务1200余人次。新增家庭健康指导员区级12名、市级1名；组织居民积极参加市级“健康家·育儿风采”大赛，辖区2组家庭获得优秀奖；在锦华学校开展广东省“性与生殖健康知识展”活动；11月22日，街道计生协荣获市级“青春健康教育示范基地”称号，单位个人荣获市级“青春健康教育杰出贡献奖”。

【托育服务】2023年，大浪街道大力发展多元普惠托育服务，共有托育机构9家，可提供托位数662个，社区覆盖率33.3%。2023年，大浪街道多方调研、多措并举，新增托位数280个，完成率117.6%。完善常态化监督管理机制，积极组织托育机构参加市区培训共8场60余人，组织国育托育机构参加2023年深圳市托育机构品牌推介会，积极宣传托育服务理念和经验成效。联合开展消防安全检查45次，检查问题项均已按期整改，同时会同相关部门解决辖区托育机构信访案件1宗。加强科学育儿指导，全年累计开展科学育儿指导活动101场，辐射亲子家庭2500余户；新增善育指导员师资2名，申报“妈宝亲子课堂”项目点，针对0～3岁婴幼儿家庭开展科学、系统的6大主题课程，有力普及科学育儿理念和知识。

【基层计生协改革示范工作】2023年12月，赖屋山社区计生协成功通过市计生协评估验收工作，提升基层计生协组织活力，推动创新，打造计生协改革示范典型，为计生协事业高质量发展提供组织保障。

（李燕娜　熊豪桂）

社 区

大浪社区

【概况】大浪社区位于大浪街道东北部，是大浪街道党工委、办事处所在地。大浪社区东面及北面与福城街道相邻，西至大浪北路与新石社区相接，南连浪口社区。1993 年 1 月，宝安撤县改区，大浪成立村民委员会，属宝安区龙华镇；2004 年 2 月深圳农村城市化，改设大浪社区居民委员会，原各村经济合作社改制为股份合作公司，成立大浪颐丰华股份合作公司；2007 年 3 月，大浪社区居民委员会撤销，设大浪社区工作站；2011 年 12 月，龙华新区成立，大浪社区工作站属龙华新区大浪办事处；2017 年，社区分设，原大浪社区一分为二，成立了新的大浪社区和新石社区。新的大浪社区工作站于 2017 年 4 月 28 日挂牌成立，办公场所位于下岭排村下岭排路 46 号。2023 年年末，大浪社区面积 5. 5 平方千米，大浪社区管理人口 53723 人，其中户籍人口 5799 人，非户籍人口 47924 人（港澳台 142 人、外籍 3 人），出租屋 30459 间套。

【组织机构】2023 年，大浪社区党委下设大浪社区工作站党支部、4 个股份公司党支部和 6 个城中村党支部，共有党员 145 人，其中预备党员 2 人。大浪社区工作站设置一办三组一中心（综合办公室、公共安全组、社区管理组、市政管理组、党群服务中心）和社区工联会、团委、妇联、残联、计生中心、民兵营等。工作人员共 146 人，其中职员 2 人（含站长）、社区专职工作者 79 人（含网格员）、市容巡查队 26 人，专职党务工作者 2 人、居委会专职 4 人、后勤工作人员 5 人、社工 6 人，区、街道下派各类工作人员 22 人。社区居委会 4 个：上岭排居委会、下岭排居委会、黄麻埔居委会、罗屋围居委会；下辖四个股份有限公司：上岭排股份有限公司、下岭排股份有限公司、黄麻埔股份有限公司、罗屋围股份有限公司。

【社区建设】大浪社区有全市首家麒麟博物馆（大浪麒麟博物馆），及 400 余年历史的国家级非物质文化遗产大船坑舞麒麟。辖区有大浪体育公园和毓林公园 2 处市政公园；社区党群服务中心1家，面积共计约1000平方米；社区公园和户外文体广场（部分含篮球场）7处，面积共计约5600平方米；公办学校一所（大浪实验学校）、民办幼儿园1所；社区经济以中小企业为主，涉及电子、五金、纸品印刷等行业，有康发、宝坤等工业区24个，有美律电子、日启亚、烨光璇等企业518家，“三小”场所约1077间，房屋1755栋；建设微型消防站6个，设有6个应急消防分队，每队5人，共30人。辖区已建成通车的道路有大浪北路、华明路、沿河路和观天路。机荷高速公路贯穿大浪社区全境，连接福龙、布龙、石观、机荷、龙大等道路。

【党群共建】2023年，大浪社区紧扣习近平新时代中国特色社会主义思想主题教育学习要求，开展了专题学、讨论学、分组学等形式多样的理论学习160余次，督促下辖7个党支部制定学习计划，建立学习制度，采用“双学习”和“三步”学习法等，严格落实“第一议题”制度，全年组织召开党委会议22次，深入学习贯彻党的二十大精神、习近平新时代中国特色社会主义思想、习近平文化思想，全面领悟习近平总书记视察广东重要讲话、重要指示精神和中央、省委、市委、区委重大会议精神，不断将思想建党、教育强党引向深入，推动党员理论学习融入日常，抓在经常。组织开展“书记茶话会”、学习党的二十大“声”入群众心百姓宣讲活动、“传承红色基因·强化使命担当”主题党日活动32场次，进一步增强党员干部服务群众的意识和能力。开展“送书送学传精神”活动，通过送学入户、关心慰问等方式，将党的理论知识书籍送到老党员手中，全年组织127名党员到教育示范基地开展7次“行走的思政课”教育活动，送学上门12次，开展交流研讨16次。召开2023年度党建工作动员部署会议，研究谋划全年党建工作，明确重点难点任务清单，细化工作措施，形成了“党建责任层层压实、步步深入、处处见效”的工作格局；通过党委班子一对一结对挂点党支部，建立股份公司党建指导员制度，采用现场督导、台账检查方式，逐步规范党内政治生活；坚持党建带群建，党委班子联合工会专干、团干等开展企业大走访，推进规上企业成立团支部、建立工会和实名认证等工作，走访企业78次，挖掘选拔了一批基层工作典范，2家企业获评龙华区“职工关爱优秀企业”，29个集体和个人获得街道和社区的荣誉。全年共处理各类矛盾纠纷395宗，办结群众信访诉求“小红格”疑难纠纷事项78宗、领导约见案件99宗，有效把矛盾解决在源头、纠纷化解在基层。其中，黄麻埔先锋服务小分队获评2023年龙华区最美先锋服务队、“五员五进”将服务做到群众心坎上获评2023年龙华区定格化管理服务优秀案例；“三维发力”助推基层治理跑出“加速度”宣传内容在“学习强国”平台发布。

2023年8月6日，大浪社区麒麟文化节（大浪社区供图）

【党风廉政】2023年，大浪社区召开4次纪律作风提升工作会议，开展谈话提醒10余人次，进一步提高全体工作人员纪律意识、规矩意识、效率意识、服务意识；社区纪委到辖区4个股份公司参加股份公司会议、党支部会议，强调股份公司换届纪律，落实监督责任，营造风清气正的换届环境。坚持正确选人用人导向，安排专人负责信访维稳工作，做好矛盾纠纷排查，严防不作为、慢作为、乱作为等引发的信访问题；以实干为导向，全年提拔了1名优秀网格员为公共安全组组长、1名优秀网格员为社区管理组副组长。坚决扛牢巡察整改第一责任人职责，先后召开党委会2次，通过专题组织生活会深入学习习近平总书记关于巡视工作的重要论述精神，带领党委班子成员对照巡察反馈问题，结合思想和工作实际，严肃开展批评和自我批评，进一步增强全面从严治党的政治、思想和行动自觉，截至8月15日，巡察反馈的六大方面17个具体问题，已全部完成整改。

2023年8—9月大浪社区开展“五员五进”关心关爱活动（大浪社区供图）

【综合治理】2023年，大浪社区检查“三小”场所2344家次，发现消防安全隐患1053处；开展二次装修、燃气安全、出租屋安全和餐饮场所等专项检查80余次，发现消防安全隐患629处，已全部整改，全年社区安全生产形势平稳，没有发生重大安全生产事故，攻坚克难成效显著。联合多部门，推动了罗屋围“口袋”公园建设、大浪实验学校南侧边坡加固提升、大浪会堂公园路侧边坡提升和下岭排路（永乐路至大船坑路）交通环境整治工程等；对观天路与黄档路交会处三角地进行围合及观天路检修井口进行加网，防止出现安全隐患。大力整治罗屋围工业区、黄麻埔工业区和康发工业区市容乱象，清理观天路与沿河路交会处角落长期堆积垃圾淤泥等废弃物，清理垃圾22吨；出动1.5万余人次整治辖区六乱一超问题3.5万宗，营造了干净整洁的社区人居环境；同时，积极创建深圳市二星级绿色（宜居）社区。利用“E分类”App进楼入户宣传垃圾分类1万余户、2万余人次，个人志愿垃圾分类督导1239人次、党员志愿督导362次，长期开展十四类场所日常巡查，为辖区居民营造一个清洁干净、优美良好的卫生环境，获评区“环保守法示范社区”。全年共处理民意速办案件4779宗，处置率98.5%；接待群众来访312人，办结i龙华群众诉求共631宗，网上信访（信访信息系统）301件，办结率86%；社区精神障碍患者在管在册人员共68名，与61名监护人签订《大浪街道精神障碍患者监护责任书》，签约率91%。面对面宣传防诈常识及防诈App下载约1万余人次，累计发放各类法制宣传资料3.6万余份、利用塔式微信群转发法制宣传资料6万余人次，有效促进了社区和谐稳定，平安建设明显深化。大浪社区网格被评为区平安建设（网格管理、数字治理指挥）“先进社区网格站”。

【民生服务】2023年，大浪社区全年共开展12场书记茶话会，将书记茶话会开进了城中村、企业园区和学校等场所，社区党委更进一步走进基层、贴近群众、倾听民生诉求，收集党员群众诉求25条，解决诉求25条，进一步解决了黄麻埔村口增设公交线路站点、观天路路面修复、罗屋围新村安装晾晒架等一批民生实事。通过探索“定格+关爱”模式，以“五员五进”工作法，将暖心关怀、法律咨询、健康体检、心理疏导、安全宣传等五项关心关爱服务送进困难群众家中，一年以来，全覆盖走访100户困难群众，全方面提供帮扶600余次，进一步强化关爱帮扶，提升各类人群的获得感、幸福感和归属感。充分发挥各片区长的“头雁”作用，依托先锋服务小分队和群众诉求服务“小红格”，开展社区困难群体帮扶、安全检查、创文宣传、矛盾纠纷调解等各项工作，涌现出“促成爱心轮椅捐赠，传递邻里温情”“残疾老人急送医，先锋服务小分队全程护送”“为早产双胞胎生命接力”等暖心故事。

【文化传承】2023年，大浪社区坚持“党建引领+非遗传承”的思路，邀请大船坑舞麒麟传承人谢碧华进行授课，开展了第四届“传承中华精粹　共创时代新篇”客家舞麒麟传承发展培训活动，累计招收培养青少年150余名，其中30余名学员已经被大船坑麒麟队招入队伍，为“客家麒麟舞”的保护、传承注入新鲜血液。活动在“学习强国”、晶报、龙华融媒等平台广泛传播，再次擦亮社区本土客家文化名片，推动人文社区建设。建设黄麻埔、罗屋围2个亲邻之家，厚植亲邻沃土，深入推进人文社区“亲邻党建”，开展外来居民融入系列活动、节庆活动及社区邻里节活动200余场次、服务人数2万余人次，促进邻里交流，进一步提升辖区居民的社区认同感和归属感。特别是通过开展“守护乡愁记忆，传承社区传统文化”社区文化节，将客家文化传承与打造亲邻社区有机结合，让700余名居民近距离感受客家传统文化魅力。

【2023年大浪社区主要领导成员】

社区党委书记、站长
廖俊淇
社区党委副书记、副站长
郑远波（2021年1月起）
社区党委副书记
游永华（2021年1月起）
社区宣传委员兼妇女委员
何莉婷（2021年1月起）
社区纪检委员
曾志良（2021年1月起）
社区组织委员兼青年委员
党冰冰（2021年1月起）
社区统战委员
谢杏忠（2021年1月起）
社区工作站副站长
谢映威（2021年1月起）

（叶晓琪）

新石社区

【概况】新石社区位于大浪街道西北部，东起大浪北路与大浪社区相连，西与宝安区石岩街道接壤，南至机荷高速与浪口社区及横朗社区相邻，北与光明街道及福城街道毗邻。2017年，社区分设，原大浪社区一分为二，成立了新石社区和新的大浪社区。2017年4月28日，新石社区工作站挂牌成立，办公场所位于大浪北路同富邨工业园29栋。辖区有水库2个（石凹水库、大坑水库）；被誉为“中国时尚界的高地”的大浪时尚小镇位于新石社区。2023年年末，新石社区面积约6.93平方千米，总人口6.55万人，其中户籍人口3568人。

【组织机构】2023年，新石社区党委有7名班子成员，其中书记1名，副书记2名，委员4名。下辖工作站党支部、3个股份合作公司党支部（颐丰华、新围、石凹）以及2个城中村（石凹村、新围新村）党支部，管理党员138名。协助大浪街道“两

2023 年 3 月 8 日，来自新围新村的陈女士向新石社区工作站送来一面锦旗，对社区长期的关心关爱慰问表示感谢（新石社区供图）

新”组织党（工）委管理 66 个党组织，其中 4 个园区党委（新李英党委、新百丽党委、同富邨党委以及颐丰华党委）、62 个“两新”党支部。新石社区工作站功能组设综合办公室、公共安全组、市政管理组、社区管理组和党群服务中心，有工作人员 147 人，工作站 42 人、网格员 72 人、市容巡查员 21 人、党务专职 2 人、居委会专职 2 人、工会专职 2 人、党群社工 6 人。社区居委会 2 个：新围社区居委会、石凹社区居委会。

【党的建设】2023 年，新石社区党委深入学习贯彻落实第一议题“双学习”制度，深化“三步学习法”，开展党委会议“第一议题”学习 27 次。邀请党校教授讲授专题党课，号召党员借助“学习强国”“深圳智慧党建”等平台进行自学，组织党员干部第一时间深入学习贯彻党的二十大精神。以定格化管理服务工作、“社区丈量”行走计划、书记茶话会等基层治理新模式解决群众急难愁盼问题 300 余个。结合“3 + 1”帮扶工作，走访慰问困难党员、困境儿童、残疾人 50 余名，帮助困难群众摆脱困境。落实支部改选、补选工作，成立新围新村党支部，推动石凹村党支部成立，选优配强党组织“领头雁”。抓实组织规范建设，对支部“三会一课”记录本、发展党员台账进行专项检查，全面落实组织生活制度。

【社区建设】2023 年，新石社区有公办学校 1 所（龙华区第三实验学校）、民办学校 2 所（博恒实验学校和深圳曼彻斯通城堡学校）、公办幼儿园 4 所（龙华区第三实验学校附属善德幼儿园、龙华区第三实验学校附属善美幼儿园、大浪实验学校附属小燕子幼儿园、大浪实验学校附属时尚幼儿园）、民办幼儿园 2 所（博爵公学幼儿园、光雅华阳幼儿园）；有党代表工作室 1 个、社区议事厅 2 个、警务室 1 个、社康站 2 家、社区公园 8 个、灯光球场 3 个、羽毛球馆 1 个、计划生育文化中心 1 间、星光老人之家 2 家、多媒体活动室 2 间、健身路径 2 条；有区级非物质文化遗产石凹村舞麒麟队。社区交通便捷，主要道路有大浪北路、浪荣路、浪琴路、华宁路，另可通过布龙、石观、机荷、龙大等道路通往各地。

【综合治理】2023 年，新石社区积极开展消防安全、用电安全、交通安全等治理工作。排查整治“三小”场所、出租屋、在建工地、森林、危险边坡等领域安全隐患 700 余处，处理民意速办平台消防类案件 7765 宗，开展 44 场消防安全隐患集中排查整治夜查行动，10 场燃气领域安全、3 场“打通生命通道”、10 场小散工程全区统一专项整治行动。开展城中村楼栋电气安全专项整治，新围新村、新围老村、石凹村三个城中村合计应检 686 栋，已检测 686 栋，检测率 100%。固定点位开展电动车上牌工作，上牌量在全区名列前茅，2023 年共上牌 7886 辆。推动解决明浪路变电站农民工欠薪、中诺公司劳资纠纷等重大纠纷，获居民群众赠送锦旗 2 面。处理来访 296 宗，突发案件（警情）460 宗，龙华区群众诉求平台 721 宗、民意速办平台 570 宗，完成 8 宗调解卷宗，国满件、国求初件 17 宗，市信访件 7 宗，区信访件 4 宗，街道信访件 50 宗。

【民生事务】2023年，新石社区高标准落实21项民生微实事，开展各类活动262余场，覆盖妇女、长者、儿童、困难群体等，推动同富邨篮球场升级改造、丽荣路墙面刷新、新围新村公共晾晒架安装、百丽园区周边绿化带整治等项目。打造"共享花园"，提供青年减压和亲子欢乐驿站系列服务，开展青年交流、儿童青少年兴趣培养、亲子关系提升等主题服务12场次，服务人次约250人次；整合学生家长及志愿者资源，为职工子女开展晚间课业辅导、兴趣辅导和朋辈网络建设服务，每周一到周五19:30—21:00开展"双职工子女晚间课堂"，服务近千人次；开展"榕树下的朝与夕"项目，组织居民早起太极锻炼身体30余节次，开展榕树下睦邻影院12场次，服务居民2100余人次。依托深圳工会"圆梦计划"颐丰华教学点，链接园区、企业与学校三方力量，设本科学历班4个，技能班3个（心理咨询员、高级劳动关系协调师、南粤家政－育婴员），参与学员311人，"圆梦计划"颐丰华教学点荣获"优秀校外教学点"称号。

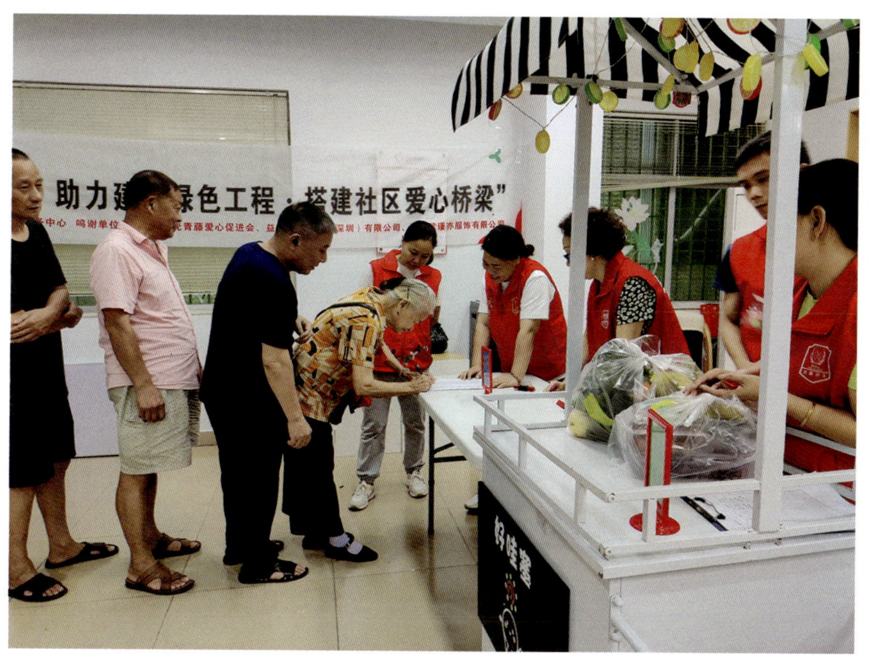

2023年9月28日，新石社区举办了第五期"妥善利用余量食品 · 助力建设绿色工程 · 搭建社区爱心桥梁"爱心果蔬包派送活动（新石社区供图）

【文明城市创建】2023年，新石社区积极开展全国文明城市创建工作。推进市容环境指数测评工作，对测评点位主次干道进行非机动车停车位画线，规范非机动车停放。对华联丰大厦、新围第三工业区、华荣路、华宁路的背街小巷、死角盲区等区域实行地毯式清理。加强对居民垃圾分类的宣传，发放宣传资料4500余份，开展垃圾分类主题活动6次，覆盖约3000余人次，常态化开展夜间桶边督导，完成1个住宅区3个城中村13个分类设施的修整。新石社区环境卫生质量一直走在前列，并在2023年第三季度拿到街道第一的成绩。

【工会建设】2023年，新石社区围绕"促进经济高质量发展"主旋律，于2月、4月、11月开展三批次百人以上建会企业大宣讲、大服务工作回访、再走访工作，深入企业走访160余次；召开"新石社区工会主席茶话会"和"百人进千企"交流座谈会暨"主席现场会"2场，指导企业工会规范运作，宣传惠企惠工政策，搭建沟通交流平台，推动企业高质量发展。工会组建任务8家，完成9家；实名认证任务5000人，完成5000人；互助保障任务金额5万元，完成5.3124万元；劳模创新工作室任务2家，完成2家，其中控汇智能申报区级劳模创新工作室，缴纳经费企业任务1家，实际新增2家缴费，各项任务指标提前超额完成。新石社区工联会获评2023年度工会经费收缴优秀社区工联会、2023年度建会工作优秀社区工联会。

【2023年新石社区主要领导成员】

社区党委书记
郑仕仁（2023年6月止）
社区工作站站长
郑仕仁（2023年6月止）
社区党委书记
杨日亮（2023年11月起）
社区工作站站长
杨日亮（2023年11月起）

社区党委副书记
张燕民（2023 年 11 月止）
社区工作站副站长
张燕民（2023 年 11 月止）
社区党委副书记
莫新德
社区工作站副站长
莫新德
社区党委委员
陈晓明
社区党委委员
谢颖慧
社区党委委员
李　柱
社区党委委员
戴远平

（新石社区工作站）

浪口社区

【概况】浪口社区位于深圳市龙华区大浪街道办事处东南方，管辖范围为华旺路段（华旺路与华荣路交会处至华旺路与华昌路交会处）以南、华荣路以东、华昌路以西、华悦路以南、大浪河以东、龙澜大道以北、茜坑水库以西以南区域。浪口立村 300 余年，1958 年，浪口成立独立生产大队；1961 年 7 月，龙华人民公社成立，浪口和石凹、大船坑合并为大浪农业生产大队；1983 年 7 月，大浪农业生产大队改为大浪乡，浪口生产队改为浪口村，水围生产队改为水围村；1986 年 10 月，宝安县龙华区改为龙华镇，大浪乡改为大浪村民委员会，下设 8 个村民小组，包括浪口村和水围村；2004 年 2 月，撤销龙华镇，成立龙华街道办事处，大浪村民委员会改为大浪社区居民委员会，浪口村、水围村为大浪社区委员会，下辖 2 个居民小组；2006 年 4 月，设立大浪街道办事处，大浪社区居民委员会属大浪街道办事处；2007 年 3 月 29 日，撤销大浪社区居民委员会，分设大浪社区工作站和浪口社区工作站，浪口村民小组变更为浪口社区居民委员会，水围村民小组变更为水围社区居民委员会；2007 年 7 月，成立浪口社区综合党总支；2008 年 4 月，成立浪口社区居民党支部和水围社区居民党支部；2011 年 12 月，龙华新区成立，浪口社区工作站属龙华新区大浪办事处。2017 年 1 月 7 日，龙华行政区挂牌成立，浪口社区属龙华区大浪街道。2022 年 12 月，浪口社区分设为水围社区、浪口社区。2023 年，浪口社区辖浪口居民委员会及金盈新村、宝龙新村、浪口一区、浪口二区、浪口三区 5 个城中村，1 个花园小区（盛荟城），辖区总面积约 2.1 平方千米，社区总人口 45000 人，户籍人口 2882 人。浪口社区原居民为客家人，保留着舞麒麟、吴氏宗祠、刘氏宗祠等客家习俗与古建筑。辖区有全市最古老的福音堂——基督教浪口堂（创建于 1866 年），有国内保存完好的教会女校旧址——虔贞女校（创建于 1878 年）。

【组织机构】2022 年 12 月，原浪口社区分设为水围社区、浪口社区。2023 年，浪口社区党委下设 7 个党支部：浪口社区第一联合党支部、浪口股份合作公司党支部、金盈新村党支部、浪口一区党支部、浪口社区工作站党支部、浪口二区党支部、浪口三区党支部，管理正式党员 80 名，协助 25 个“两新”党组织管理党员 116 名。社区“两委”班子 9 人，其中书记 1 人、副书记

2023 年 3 月 8 日，浪口社区举行“学习雷锋精神”书记茶话会（杨清供图）

3人、委员5人，浪口居民委员会委员7人，其中6人交叉任职。浪口社区工作站设综合办公室、公共安全组及社区管理组，共有90人。

【党的建设】2023年，浪口社区坚持用习近平新时代中国特色社会主义思想凝心铸魂、筑牢根本，进一步强化党委的核心领导作用：强化理论学习，共组织各类集中学习254次，“双学习”27次，开展支部“三会一课”集中培训6场，开展台账检查7次，学习培训、宣讲活动22场。结合定格化管理服务和“小红格”工作，社区党委班子带头到群众身边去，做到理论学习、宣传宣讲、调查研究、倾听民意、解决问题均与群众紧密联系，增强与群众的血肉联系。2023年，开展“书记茶话会”14场，解决群众诉求30宗。深化“1＋N”党群服务阵地体系，打造500米党群服务圈、7个24小时“不打烊”党群服务V站和“奋斗之村”“初心书屋”“初心长廊”等便民空间；慰问关爱社区困难群体200余人次，把关怀和温暖送到党员群众身边；全年开展友邻活动30余场，着力打造以“近邻无难事，睦邻手牵手，亲邻一家人”为主题的“亲邻”工作品牌。

【经济发展】2023年，浪口社区有宝柯、仪佳扬、青年梦工厂等41个工业区，有深圳市万顺兴科技有限公司、深圳市美高美电子实业有限公司、深圳市特力通电子有限公司等企业1294家，其中工业规上企业56家。深圳市大浪浪口股份合作公司有股民488人，物业面积14.7万平方米，总资产3.2亿元，净资产1亿元，年收入约5000万元，公司年人均分配约11万元。

2023年8月11日，浪口社区开展“追寻红色记忆，润泽幸福童年”暑期研学活动（谢裕琪供图）

【社区建设】浪口社区基础设施完善，居民生活便利。有深圳市公安局警察训练学校、龙华区第二外国语学校、虔贞学校、深圳市龙华区华盛学校和幼儿园5所；其中公办幼儿园2所（新太阳幼儿园、善学幼儿园），民办幼儿园3所（新宝龙幼儿园、英泰幼儿园、星辰幼儿园）。有社康服务中心1家（宝龙新村社康）、私立医院1家（深圳厚德医院）；党群服务V站4个（宝龙新村、金盈新村、浪口二区、浪口一区）；文体设施方面，有2个灯光篮球场（浪口一区篮球场、宝龙新村篮球场）和1个社区公园（浪口社区公园），公共文化设施和健身设备向社会免费开放。社区道路交通网络发达，市政道路主要有大浪南路、华旺路、华荣路、华悦路、华盛路、华昌路、华明路、华韵路等。

【消防安全整治】2023年，浪口社区联合相关部门持续开展各项消防安全大排查和整治工作。全年累计检查“三小”场所6750余间次，发现隐患1135处，查封控停12处。巡查再生资源回收站点43家次；开展餐饮场所燃气安全隐患排查治理专项行动24次，检查餐饮场所228家次，整改燃气安全隐患311处，累计更换燃气软管3093条；开展消

防安全隐患集中夜查专项整治行动42次，检查“三小”场所、出租屋楼栋216栋，集中充电场所13处，发现并消除安全隐患245处；不定期开展“打通生命通道专项整治行动”，共排查出租屋97栋，发现并整改消防安全隐患796处；开展大浪街道电动自行车停放充电专项整治行动，针对电动车违规充电、停放等安全隐患，2023年共巡查出租屋楼栋、“三小”场所75处，集中充电桩21处，整改消防安全隐患15处，发放整改通知书2份。年内，浪口社区累计开展消防培训259场次，消防应急演练11场次，举行社区集中消防宣传活动5场次，发放宣传资料3000余份。

【综合治理】2023年，浪口社区持续加强社会矛盾纠纷调处化解工作，共化解处置各类纠纷、投诉信访案件2013件。组织开展巡查工作350余次，发现隐患点5处，开放避难场所5次，未发生灾害事故。全年小散工程备案95家，开出整改通知书50余份，全部督促整改到位；开展统一专项整治行动18次，处理上级下派隐患清单7宗。加强出租屋管理，开展多次各类隐患地毯式检查，全年登记出租屋3633间套，采集实有人口信息43531条；注销出租屋252间套，注销人口信息41363条；采集法人信息1254条，注销法人信息1432条；采集实有事件信息2842条；与出租屋业主签订责任书1366份，签订率100%；招募楼长621人。加强环境治理，完成7场“垃圾分类、从我做起”垃圾分类主题巡回宣讲活动；开展9次微课堂及450次志愿督导活动，推动形成垃圾分类共治共享新格局。组织开展“六乱一超”专项整治行动150余次，清除乱张贴、摆卖、堆放5000余处；清除乱挂晒2500余处；清理超门线经营2500余处。虔贞广场“共建花园”、平安建设微治理阵地“平安益家”正式启用，打通了基层治理的“神经末梢”。

【民生服务】2023年，浪口社区开展民生微实事项目23项，其中服务类21项，货物类2项，投入经费约83.14万元，在36处采阳较好的公共居民住宅区域累计加装晾晒架124件，为浪口一区路段12处易涝点制作防汛挡水板，筑牢防汛“安全堤”；开展各类活动项目80余场。浪口社区开展了一系列改善民生的事务：“爱拥抱·促和谐”困境家庭关爱服务项目入选龙华区党员志愿服务优秀案例；成立龙华区慈善会·浪口社区基金，发挥困难帮扶、精准资助的积极作用；结合社区各类群体的需要和传统文化节日，累计开展文化活动80余场；充分发动居民中的技术能手、行业专家、退休教师等人才参与到志愿者行列中，打造多元、专业的服务队伍参与社区治理，今年来招募志愿者360人次，发布各类服务活动459余场，组织开展爱心缝纫5场、免费健康体检10场，交通文明宣传活动8场、爱心电影8场，服务居民25000余人次。

【2023年浪口社区主要领导成员】

社区党委书记
刘丽雄
社区党委副书记
林　雄
社区党委副书记
林志雄
社区党委委员
吴润兰
社区党委委员
吴茂春
社区党委委员
廖馨婷
社区党委委员
罗小锋

（浪口社区工作站）

水围社区

【概况】水围社区管辖范围为华旺路段（华旺路与华荣路交会处至华旺路与华昌路交会处）以北、华昌路以东、华悦路以北、美宝路以西、沿河路以南以西、大浪北路以南、华荣路以东，辖区面积约2.096平方千米，总人口5.8520万人，其中户籍人口5927人，非户籍人口约5.2593万人。水围社区是典型的工业型社区和城中村社区，下辖水围社区居委会，属一站一居管理模式。辖区涵盖福轩新村、浪口八九区、水围新村、华旺住宅区4个城中村，锦顺名居1个花园小区和盛旺家园、富隆苑2个小产权式花园。水围社区原居民为客家人，保留着舞麒麟、唱山歌等客家习俗。

【组织机构】水围社区党委下设6个党支部：水围社区工作站党支部、水围社区第一联合党支部、水围股份合作公司党支部、水围社区八九区党支部、水围社区水围新村党支部、水围社区福轩新村党支部，管理正式党员102名，协助50个“两新”党组织管理党员231名。社区“两委”班子8人，其中社区党委委员7人，水围居民委员会委员7人，其中6人交叉任职。水围社区工作站设一办三组一中心，即综合办公室、公共安全组、市政管理组、社区管理组、党群服务中心，共有143人。

【党群建设】2023年，水围社区强化党建引领，用理论武装头脑，全年开展“第一议题”学习145次、召开党委会议23次，支委会会议41次，党员大会40次，党课学习18次。摸排走访企业100余家，成立党支部6个。完成社区党支部委员补选1名、增设党支部委员2名，吸收积极分子2名，发展党员1名，预备党员转正1名。深化“1+N”党群服务阵地体系，升级“家门口”的党群服务圈，顺应群众对高品质生活的新期待，在党群服务中心新增“童悦空间”和儿童亲邻友好共享农场，在水围新村内建设七大儿童主题“岛屿”、儿童友好商铺，成立儿童议事会、组建儿童人才库为社区建设积极献策。持续优化党群V站服务项目，居民可通过刷身份证、刷脸进入V站，享受拍照复印、衣物缝补、共享雨伞、共享厨房等20项自助服务；完善“亲邻之家”“初心书屋”“初心长廊”等便民空间；设立暖心置换角、旧物捐赠区、安心驿站、歇脚屋、惠企窗口等区域，依托党群阵地开展送姜茶送清凉、爱心缝纫、旧物捐赠、爱心义诊、企业招聘、电器维修等暖心活动50余场次。暖心柜为快递外卖小哥、环卫工人等群体免费提供自热饭、面包、饮用水等暖心物资，累计服务上万人次。链接辖区教师、青年学生等资源，开展“水围一家亲”寒暑假托班，为来深务工双职工家庭的孩子提供免费的学业辅导、书法培训、绘画指导等服务。坚持党建带工建，整合资源为来深建设者提供工会福利、电动车充电等有温度的“一站式”服务；开展技能培训、权益维护等专项服务85场次，暖心物资惠及6500余人次。2023年，水围社区党群服务中心获评区五星级党群服务阵地，为全区3个获评社区之一，水围社区获评深圳市级儿童友好社区，水围新村获评广东省首个儿童友好城中村。

2023年9月16日，童眼看世界——儿童小当家培训计划之幸福生活节在水围社区党群服务中心图书馆开展（水围社区供图）

【经济发展】2023年，水围社区有德泰、裕景泰、富隆特等45个工业园区，规上企业131家（工业90家、服务业17家、批零业21家、住餐3家），有鸿邦电子（深圳）有限公司、深圳市赢领智尚服饰科技有限公司、克的克坂东电线（深圳）有限公司等企业约 700 家。2023 年，深圳市水围股份合作公司有股民 206 人，物业建筑面积 70984 平方米，其中厂房 8 栋面积 41328 平方米，宿舍 2 栋面积 3600 平方米，写字楼及商铺面积 26056 平方米，空地面积 17000 平方米。总资产 1.32 亿元，净资产 0.76 亿元，年总收入 2477 万元，公司年人均分配 5.9 万元。

2023 年 12 月 3 日，奋斗者礼赞文艺汇演活动在水围新村篮球场开展（水围社区供图）

【社区建设】水围社区基础设施完善，居民生活便利。辖区有华南国源农批市场和大浪八区综合市场 2 个大型农贸市场、义乌商品城和金百纳美食街；党群服务阵地包括 1 个综合型社区党群服务中心（水围社区党群服务中心）和 3 个党群服务 V 站（九区、大浪街道志愿 + 党群服务、德泰工业区）；教育资源方面，拥有 4 所公办幼儿园（幸福童星幼儿园、富隆苑幼儿园、慧美幼儿园、欢乐童年第三幼儿园）和 2 所民办普惠性幼儿园（童之星幼儿园、爱义幼儿园），提供托幼一体服务，满足辖区儿童的教育需求；社区基层医疗方面，有 3 家社康服务中心（浪口社康中心、水围社康中心、大浪区域社康中心）；文体设施方面，辖区内有 3 个社区图书室（党群服务中心成人图书室、儿童图书室、初心书屋），在党群服务中心设置童悦空间（儿童室内游乐园）和儿童亲邻友好共享农场，在水围新村内建设七大儿童主题“岛屿”，在水围新村内增设“儿童专属导引标线”“儿童议事厅”“儿童友好商铺”“自然科普馆”等设施和设备，辖区内有 1 个灯光篮球场（水围新村篮球场），1 个社区公园（华盛路街心公园），社区公共文化设施和健身设备向社会免费开放。

【消防安全整治】水围社区是全市首批、街道首个开展 2023 年城中村供用电安全专项整治的社区，截至 2023 年 6 月 30 日，社区用时 1 个月，共完成整治 251 栋，整改率 95.5%，申请财政补贴 237.462 万元，水围社区福轩新村电改检查验收获满分评价，国家能源局、省市区发改局等相关单位多次莅临水围社区调研，获得央媒、省媒等知名媒体的报道。扎实推进“瓶改管”改造工作，消除用户使用瓶装液化石油气存在的各类安全隐患问题。作为街道三个燃气改造户数过万的社区之一，水围社区需要挂表 313 栋 12159 户，总量占街道安装总户数的 18.34%，2023 年，社区共完成收费 9883 户，收费率 81.28%，点火 8213 户，点火率 67.55%，点火率位于街道前列。2023 年，水围社区联合相关部门常态化开展各项消防安全大排查和整治工作。开展日常巡查整改工作，社区“三小”场所共 1905 家，全年累计检查“三小”场所 8312 余间次，发现隐患 1437 处，现场整改 1006 处，限期整改 431 处，发放整改通知书 431 份。开展电气隐患排查整治行动，共检查“三小”场所、出租屋楼栋 2579 家次，排查整改安全隐患 347 处，张贴宣传标语 2000 余张。开展消防安全突出风险专项整治行动，排查整改 543 栋。开展隐患大排查大整治行动，共检查“三小”场所、出租屋楼栋 2716 家次，排查整改消防安全隐患 536 处。社区再生资源回收站点共 4 家，3 家已街道备案，1 家为以车代库，2023 年，共巡查站点 192 家次，并制订再生资源回收站点整治工作计划及方案。开展专项整治工作，联合职能部门开展消防安全隐患集中夜查专项整治行动45次，共检查“三小”场所、出租屋楼栋1475家次、集中充电桩41处、燃气服务点12处，整改隐患293处，发放张贴宣传标语2000余张。开展打通“生命通道”专项整治行动，共排查出租屋楼栋48栋，整改隐患213处。开展餐饮场所燃气安全隐患排查治理专项行动9次，检查餐饮193家次，整改燃气安全隐患36处。开展城中村出租屋供用电安全专项整治行动，对福轩新村、八九小区等城中村开展电气线路检测并以楼栋为单位编制《电气安全排查报告》，共完成检测473栋，并整改检测问题。开展华霆路锦海通小区专项整治行动，共出动168人次，排查“三小”场所164家次，整改隐患106处；暂扣燃气4瓶，移交燃气公司处置；规划消防禁停线，规范车辆停放，摸排整治强、弱电线路，清剪和拆除“飞线充电”、废弃挂墙强弱电管线、断头电线、废弃线杆等问题，聘请专业机构对杂乱弱电线路集中用套管或扣板进行固定或绑扎。

【综合治理】社区致力于打造宜居名片，开展“创文”三大专项整治行动，完成新桥塘、华昌路—华旺路、华兴路—华盛路三个“飞线”治理试点工作，整改飞线682处，清剪线长度400米、捆扎长度800米，除废线2吨；解决变压器围挡破损、脏污的问题，美化提升7处围挡；整改窨井盖61处，窨井盖锈蚀、脱漆、破损、变形、下沉、塌陷等问题得到彻底解决。全年常态开展环卫测评工作，2023年，在大浪街道月排名中共取得了3次第一的成绩，全年共开展“六乱一超”专项整治行动150余次，清除乱张贴2860余处、乱摆卖2140余处、乱堆放3230余处、乱挂晒1870余处、清理超门线经营4120余处，拆除灯箱、废弃广告牌65个，排查上报破损井盖、地面坑洼360余处；联合执法部门对屡次违规商铺开展集中整治行动，开出处罚通知书16宗。2023年，小散工程共备案251家，已完工193家，对巡查发现隐患点开出整改通知书35份；开展全区统一专项整治行动12次，处理上级下派隐患清单19宗。组织居民线上学习垃圾分类知识活动12次，开展入户宣传8985次，覆盖居民10527户；微课堂培训48次，党员干部及志愿者督导1820余次。辖区边坡挡墙共19处，低洼易涝点2处，共巡查360余次，共发现上报隐患点3处，开放避难场所5次，常态开展汛期防御巡查及转移安置工作。辖区C2类房屋共20栋、C3类房屋13栋，全年巡查整改230余次。2023年，电动车上牌总数4590辆，投保3375宗，投保率73.5%，总上牌量全区排前五名，投保率全区第一，发放交通安全倡议书523份，粘贴警示海报232份，劝导教育2300人次，联合职能部门处理九区35栋国满件投诉，暂扣超标电动车21台。群众诉求平台受理案件874件，办结781件，办结率89.4%；民意速办平台受理案件856件，办结828件，办结率96.7%；国满件21宗（其中国求初件17宗），17宗已化解；全年调解纠纷涉案金额高达300余万元。在册精神障碍患者88人，走访患者30多次、80余人，送治20人。开展

2023年12月29日，幼儿园师生参观水围社区党群服务中心儿童友好亲邻农场（水围社区供图）

法治讲座12次，完成社区矫正10人。办理退役军人建档立卡（优待证）30余人，走访90人次；5人参与征兵，1人入伍，参与民兵训练6次；开展退役军人红星志愿者活动22场。深平安建设启用以来，共接待群众234人，化解矛盾纠纷234条，网格工作室任务数2767件，社会心理服务5次，法律服务1646件，号召物业、党员、居民志愿者等力量，开展平安群防群治行动131次，共吸引711人参与，发挥群防群治合力深化平安建设力度。做好社区工作管理平台及深平安、i社区等平台工作，实现数字治理，水围社区被大浪街道推荐参评龙华区2023年数字治理综合示范社区，市、区相关单位多次对水围社区数字治理工作进行调研，相关工作获得好评。

【民生服务】2023年，以“定格化管理服务”“丈量行动”为抓手，聚焦弱势群体，链接多方资源，开展精准帮扶，开展“一家庭一伙伴”帮扶行动，帮扶困难家庭60户，累计走访慰问106人次，解决急难愁盼问题20个；链接社会资源救困扶弱，涌现出房东为患病困难老人减免房租，学校、爱心企业家为单亲家庭的学生减免、资助学费，为残疾人提供就业机会，城中村物业为患病独居老人加装扶梯解决“下楼难”问题等好人好事。召开书记茶话会12期，收集解决群众诉求62条，解决率100%。组建先锋服务小分队7支，培育有爱心的社区“民星”13人，发掘“亲邻合伙爱心商户”10家，组建志愿服务队伍4支，开展邻里互助、困境帮扶等共治共建活动100余场次，服务居民约3万人次。完善关心关爱服务台账，慰问关爱社区困境群体200余人次，将党组织的关怀和邻里的温暖送到困境群众心坎上。2023年，共实施民生微实事项目22个，涉及金额100余万元，其中服务类项目19个、实物类项目3个，主要项目有智能设备及便民用品采购、公告栏、安全知识宣传、传统节假日、儿童友好项目服务活动等。开展食品安全“两个责任”督查和平台应用工作，水围社区C、D级企业数量共590家，其中C级54家；D级536家，今年度督查完成率均为100%。强化人文服务，开展21场贴心暖心活动，服务居民5700余人次，宣讲普及妇女儿童权益，着力提升辖区内妇女反家暴的法治意识及维权意识。以讲座、座谈、观看影片、户外宣传等形式，开展优生优育、青春期健康、艾滋病防治、家庭健康、育儿等宣传活动20场，参加人数3000余人。受理妇联案件156宗。慰问长者50人次，新申请高龄津贴7人，申请适老化改造项目5人。办理残疾证1人，为1名残疾人申请辅助器具，为7名残疾人申请康复补贴。处理网上申请生育登记561宗，出生证明数据143条，民政数据25条，儿童预防接种信息149条，开展计生服务活动58场，服务4500余人，协助职能部门开展免费的两癌筛查，持续推行免费孕前优生健康检查，加强计生宣传教育，发放计生用品1000盒。2023年，全年处理转接单数量为104单，完成教育实践活动和建团任务15家，为“12355青少年热线”项目募集捐赠了1563.82元，获共青团深圳市龙华区委员会感谢信表扬，开展青年之家活动27场，涉及卫生清扫、反诈防诈宣传行动、垃圾分类的志愿行动、寒冬送温暖的慰问活动等。

【2023年水围社区主要领导成员】

社区党委书记
赖炯华
社区党委副书记
杨　萍
社区党委副书记
叶蒙波
社区党委兼职副书记
李耿华
（2023年8月7日至今）
社区党委委员
吴海庆
社区党委委员
李建华
社区党委委员
谭　玲
社区党委委员
郑云霞

（水围社区工作站）

华荣社区

【概况】华荣社区东起华荣路，往南至华信购物广场、华荣市场、三合新村石妹小区、三合华侨新村C区，北起华旺路，往南转至金瑞中核工业区、谭罗华侨三区、中保富裕新村，至华繁路，南至华达路，转菠萝斜新村、三合新村至石观东路，西至福龙路。华荣社区于2022年从原同胜社区分设而来，2023年1月4日正式挂牌成立，办公地址位于华旺路赖屋山东区83号，辖区面积为1.12平方千米，下辖谭罗、三合两个居委会，属“一站两居”管理模式。2023年年末，华荣社区总人口约6.59万人，其中户籍人口7426人。社区配套设施齐全，居民生活便利。教育资源丰富，辖区建有九年一贯制学校1所，幼儿园2所，医疗服务场所齐全，拥有社康服务中心2家谭罗、悠山美地，警务室2个。辖区拥有华信购物广场和华荣市场等购物场所，满足居民日常购物所需。

【组织架构】2023年年末，华荣社区下设党支部6个，其中社区工作站党支部1个、华荣社区第一联合党支部1个、社区股份合作公司党支部2个，居民党支部2个，在册正式党员92人。社区下设一办三组一中心，即综合办公室、公共安全组、社区管理组、市政管理组、党群服务中心。2023年年末工作人员131人，含社区党委班子成员7人，社区专职85人（含网格员、居委会专职），党务2人，党群社工6人，区、街道其他部门下沉人员、退役军人专干、职业化工会工作者、安全隐患处置员、交通协管员、市容巡查员等人员31人。

2023年3月21日，华荣社区党委在谭罗茶角坎便民微客厅里，以话家常的形式推动破解无物业老旧城中村管理难题（华荣社区供图）

【经济发展】2023年，华荣社区共有工业园区、商业大厦16处，城中村14个、花园小区2个、别墅区1个，小产权小区1个，房屋1410栋，“三小”场所1596家。华荣社区有2家股份合作公司，分别为潭罗和三合股份合作公司。2个股份公司集体经济主要来源于出租厂房（土地）。潭罗股份合作公司年总收入1443万元，股民107人，全年人均分红9万元。三合股份合作公司年总收入927万元，股民79人，全年人均分红4.7万元。

【党的建设】2023年，华荣社区党委运用“四学联动”机制深入开展习近平新时代中国特色社会主义思想主题教育，扎实开展“第一议题”学习91次、主题党日活动51次，举办“赓续弘扬特区精神，勇当改革开放尖兵”等主题教育党课2次。上报成立7个城中村党支部请示，成立工作站党支部1个，吸收入党积极分子5名，预备党员按期转正1名，指导可乐园居民党支部、华荣社区第一联合党支部班子成员补选。建立“三同步”攻坚专班，成功组建非公企业党支部3家。整合居委会、物业公司等多方资源，与7家物业公司签订党委、居委、物业共建协议，建立“紧急救援联动”微信群及应急救援队伍。开展先锋服务214场次，积极解决群众关心的安全隐患、环境治理、查汛防险、困难帮扶等民生实事84宗。落实落细“社区丈量”行走计划，全年共行走楼栋500余栋，收集并解决群众急难愁盼问题和民生事项55宗。围绕惠企助企、党群阵地“优服务”等主题开展书记茶话会12场次，依托5个微型消防站打造便民“微客厅”，召开儿童议事会、网格议事会及民情议事会，解决民生诉求24个。

【平安建设】2023年，华荣社区集中力量对“三小”场所、餐饮场所、二次装修、出租屋、道路交通、危险边坡等重点安全领域开展集中整治行动，共整治各类安全隐患3600余处，联合执法一中队查获黑燃气152瓶，常态化开展餐饮油烟机净化行动，督促餐饮场所完成油烟机清洗1634次，检查食品安全“包保”主体725家，责令违规二次装修停工整改55家，下发电气安全隐患告知书250份，督促楼栋管理员拆除安全出口逃生天面上锁180余处，一楼纯住人房屋使用卷闸门开通逃生通道15处，整治危险边坡2处。坚持以“压实责任、解决问题”为工作导向，处理@龙华－民意速办平台、12345热线、群众诉求平台等系统案件8865宗，民生诉求按时办结率99%，妥善化解纠纷案件125宗，舆情案件28宗、国家信访件5宗，获群众赠送锦旗一面。以常态化走访采集和地毯式集中整治相结合，全面摸排人房底数，共采集人口信息47368人，注销人口信息42640人，修改人口信息63475人，新增楼栋信息21栋，排查非法居留人员7名，协助查处违规存储危险化学品203件，获区表扬。

【城市品质提升】2023年，华荣社区采取“拆建管”组合拳，全年拆除违规破旧户外广告招牌330余块，清理长期无人使用非机动车140余辆，墙面刷新1571处，施划停车位1389个、城中村一楼清洁工具放置处1900余处、临时卸货区68区，整治“六乱一超”5万余处。组建垃圾分类志愿者队伍，开展垃圾分类培训会及垃圾分类主题活动14场次，张贴垃圾分类宣传单6400余份，开展入户宣传24032户，入户宣传率达100%，完成垃圾分类个人志愿督导和党员志愿督导1214次。严格对照文明城市创建工作标准细则，劝离流动商贩4200余次，开具劝告整改通知书546单，清理空中飞线1400余处，约1.6万米，派发文明养犬宣传册和张贴文明养犬海报5000余份，捕抓流浪犬20余只，开展新时代文明实践主题活动150场，文明城市创建有序推进。

【民生事务】2023年，华荣社区将三合、悠山美地党群服务中心升级改造成居民群众想来、爱来、愿来的亲邻之家，合理设置了资源共享区、睦邻议事区、互助互帮区、便民服务区、奋斗学习区、安心休闲区等邻里共享空间。成功组建七大志愿队伍，推出了家门口的“议事厅”“集市汇”“中医馆”“博学堂”，开展丰富多彩的乐邻、安邻、助邻、亲邻、睦邻活动31场次，组织实施儿童议事会、青少年军事训练、青年非洲鼓、长辈课堂等28项民生微实事；充分链接医疗机构、托育机构、社康服务中

2023年8月31日，为全力防御台风“苏拉”，华荣社区党委助力患病老人转移至安全地带（华荣社区供图）

心、社区达人、志愿力量、高校等资源，举办职业技能、家庭亲子、素质提升、普法教育四大类20种公益课程共计75场次，惠及居民7500余人次，98名居民通过培训考核取得了救护员证。定期走访辖区29户特殊困难群体，为2名孤寡老人定期上门居家收纳整理，成功为4名老年人申请居家适老化改造，帮助2名困境儿童进行卧室改造，帮助流浪20余年的杨先生找到家属，协助1名港籍独居老人申请低保，为9名残疾儿童发放儿童康复补贴35万元，为13名残疾人发放两项补贴7万元，为3户残疾人发放住院补贴、住房补贴1.1万余元，居民生活更有保障。

【廉政建设】2023年，华荣社区详细制定了社区考勤、值班值守、请休假、公章使用、公车使用等管理制度，完善二次装修、小散零星工程等审批流程。召开党风廉政建设专题学习教育会议2次，对工作执行不到位、工作落实不及时等问题进行了督促，精心策划以廉洁为主题的游园会2场次，深入二次装修、小散零星工程、“三小场所”等重点领域明察暗访及督查督办9次，走访企业、商铺、小散零星工程、建筑工地，派发“作风廉情监督卡”2000余张，为营造良好的营商环境提供坚强有力的纪律保障。

【2023年华荣社区主要领导成员】

社区党委书记、工作站站长

李天柱

社区党委副书记、工作站副站长

谢文波

社区党委副书记、工作站副站长

尹　文

社区党委委员

陈博华

社区党委委员

庄初周

社区党委委员

颜丽梅

社区党委委员

李　君

（华荣社区工作站）

赖屋山社区

【概况】赖屋山社区东起金瑞中核高科技工业园，西至阳台山森林公园，南接谭罗社区居委会，北至下横朗社区居委会。2022年6月21日，大浪街道召开社区分设工作会议后，原同胜社区更名为赖屋山社区，2022年12月9日召开党员大会，补选成立新一届党委班子；2023年1月4日，社区工作站正式揭牌成立，办公场所位于华旺路赖屋山东区83号，辖区面积1.83平方千米。赖屋山社区下辖赖屋山居委会，属“一站一居”管理模式。辖区共有工业园区5个，工厂企业84家，“三小”场所833家，城中村5个，花园小区1个，管理房屋399栋，出租屋13596间套。赖屋山社区区位特殊，地铁6号线阳台山东地铁站、阳台山森林公园、龙华环城绿道（阳台山段）、龙华区妇幼保健院，以及正在建设中的大浪体育中心均在辖区内，与大浪街道人流最密集的夜间经济示范区大浪商业中心仅一路之隔。交通便利，布龙路、华旺路、华繁路等主干道纵横交错，居民“职住分离”现象较普遍。社会结构复杂，个别城中村内集商业街、工业园、住宅区等多种生活业态于一体，人员成分多元。2023年年末，赖屋山社区管理人口2.1万人，其中户籍人口2457人。

【组织机构】2023年，赖屋山社区党委下设5个党支部，分别是赖屋山社区工作站党支部、赖屋山股份合作公司党支部、赖屋山社区宝山新村党支部、赖屋山社区阳台山庄党支部、赖屋山社区琼珠花园居民党支部，管理服务社区党员65名，协助街道管理服务“两新”党支部4个，管理服务“两新”党员21名。党群服务阵地有1处：赖屋山社区党群服务中心。下辖赖屋山居委会，属于“一站一居”管理模式。社区党委班子成员5人，工作站内设综合办公室、公共安全组、市政管理组、社区管理组、党群服务中心等5个职能组，共有人员83人。

2023 年 5 月 19 日，赖屋山社区举行“幸福家庭角”“社区家庭教育指导服务点”揭牌仪式（赖屋山社区供图）

【党的建设】2023 年，赖屋山社区党委扎实开展习近平新时代中国特色社会主义思想主题教育，严格落实学习计划。截至目前开展理论学习、交流研讨、主题宣讲 138 次，为 5 名老党员、流动党员“送学上门”。组建城中村党支部 3 个，新建企业党组织 3 家，推动党组织“触角”向下延伸；严把程序关、人选关、纪律关，稳妥有序推进股份公司换届选举；党风廉政从严从紧，对二次装修等廉政风险点进行重点排查，持之以恒正风肃纪。

【机制创新】2023 年，赖屋山社区开展定格化管理服务培训 22 次，组织机关下沉力量常态化入格走访，解决弯道违停、篮球场翻新等群众急难愁盼问题 28 个，推动服务一站到底、问题一抓到底。不断探索搭建多元参与的社区治理平台，创新提出“一会三团”工作机制，以“亲邻议事会”为核心，“友邻共建团、善邻共治团、睦邻共享团”三团聚力，为基层治理注入内生动力。赖屋山社区构建“一会三团”体系激活基层治理“邻聚力”荣获南方日报社“数·质——圳治 2023 深圳治理现代化”党建引领基层治理优秀案例。

【经济发展】2023 年，赖屋山社区有工业园区 5 个，工厂企业 84 家，“三小”场所 833 家，城中村 5 个，花园小区 1 个，管理房屋 399 栋，出租屋 13596 间套。赖屋山社区下辖赖屋山股份合作公司，股份公司集体经济主要来源于集体用地和物业资源，以“土地建厂、厂房出租”的经营方式发展，主营业务收入主要来源为厂房、宿舍和商铺出租收入等。2023 年，赖屋山股份合作公司年总收入约 1360.9 万元，人均分红 4.2 万元。

【党群阵地】赖屋山社区党群服务中心突出亲民、为民、便民，在建好政务服务大厅、党组织生活馆、新时代大讲堂、党代表工作室、党建书吧等基本功能室的基础上，结合实际和党员群众需求，设置了心理咨询室、阅览室、舞蹈室、健身室、母婴室、妇儿之家、长者服务站等拓展功能室，形成“5 + X”的功能布局。赖屋山社区党委深入贯彻落实习近平总书记关于注重家庭家教家风的重要指示精神，在社区党群服务中心着力打造“家”文化，成功创建了市级“幸福家庭角”示范点、“舒心驿站”示范点、家庭发展服务中心示范点，逐渐形成以“家庭”为主题的特色党群服务品牌，用良好家教家风助推社区党风政风建设。

【平安建设】2023 年，赖屋山社区发扬“铁脚板”精神，积极推动网格数据“清仓见底”；对辖区内公司、单位、个体经营逐一核查，全力推进第五次全国经济普查工作。举办消防安全培训演练 5 场，治理“三小”场所、出租屋消防安全、道路交通、森林防火、三防等领域安全隐患 5400 余处；加强“二小零”工程备案和监管，现场控停 63 家次；稳步推进燃气“瓶改管”及“清瓶”工作，二期项目点火 2014 户。推行群众诉求服务“小分格”工作模式，全年处理诉求案件 1700 宗，现场成功调解重点案件 82 宗，居民诉求得到快速解决。深入推进平安大浪建设，开展禁毒、反电诈、扫黑除恶等宣传16场，获全区首批“无毒社区”称号。

【环境提升】2023年，赖屋山社区改善基础设施建设，对宝山一区破损篮球场进行修缮，对赖屋山东区进行环境提升，新增公共晾衣架400米，修复破损井盖128处、破损道路500余处，划定非机动车位9000余米。集中整治市容环境薄弱环节，全力争创垃圾分类“百分百行动”示范社区，社区环境更加宜居宜业；联合执法一中队持续治理阳台山东地铁站周边环境，突出治安问题解除挂牌督办。

【民生事务】2023年，赖屋山社区全力做好困难群体社会保障兜底工作，救助流浪人员25人次；为11户困难家庭申请救助金2.9万元，为6户老年人家庭提供居家适老化改造，被确定为2023年市基层计生协改革示范点，获评龙华区计生协先进单位、龙华区“六好”公共卫生委员会。通过“书记茶话会”“丈量行走”等形式听民意、解民忧、办实事，收到居民锦旗9面。党群共建“家”文化，挂牌全市首家社区级“幸福家庭角”“社区家庭教育指导服务点”，获评龙华区十佳妇女儿童之家。将阳台山庄五区荒废花坛改造为“一米农场”，建设赖屋山东区亲邻之家，组建幸福家庭、便民服务等志愿服务队7支，开展家庭教育、科学育儿、电商直播、家政技能培训、邻里节等活动300余场，评选出一批“好家庭”“好邻里”，以“小阵地”服务“大民生”，“爱在赖屋山”令居民耳熟能详，口口相传。

【队伍管理】2023年，赖屋山社区强化队伍作风整顿和党风廉政教育，落实谈心谈话制度，对二次装修等廉政风险点进行重点排查，引导党员干部、编外人员严守纪律规矩。严格落实意识形态工作责任，压实新闻、信息“三审制”，紧盯舆情动态，突出抓好舆论阵地管理。赖屋山社区党群服务中心团队被评为“龙华区党群服务星级团队”，赖屋山社区幸福家庭巾帼志愿服务分队被评为“龙华区十佳巾帼志愿服务队伍”。

【2023年赖屋山社区主要领导成员】

社区党委书记、工作站站长
樊文博

社区党委副书记、工作站副站长
杨锦源

社区党委委员
吕丹红

社区党委委员
吴明明

社区党委委员
刘广杰

（谢玉婷）

2023年6月13日下午，“与邻为伴　与邻为善”社区首届“亲邻节”在赖屋山新村温情启幕（赖屋山社区供图）

同胜社区

【概况】同胜社区位于大浪街道中部偏西，东起华荣路与水围社区相连，西至阳台山森林公园与宝安区石岩街道相连，南起华旺路与赖屋山社区相邻，北起华兴路与上横朗社区相邻。1999年1月1日，同胜村从原龙华村委划出，辖上横朗、下横朗、赖屋山、谭罗、三合5个社区居委会，隶属龙华镇；2004年2月，深圳农村城市化，同胜村改为同胜社区居委会，隶属龙华街道；2006年4月29日，原龙华街道作为深圳市街道区划调整与管理体制创新的试点单位，新成立大浪、龙华、民治3个街道办事处并挂牌办公，同胜社区划归大浪街道办事处管辖；2007年2月8日，同胜社区居委会撤销，挂牌成立同胜社区工作站，这是原宝安区推行“居站分设”“一站多居”社区管理体制创新成立的首个社区工作站；2011年12月30日，深圳市龙华新区挂牌成立，同胜社区隶属大浪街道；2017年1月7日，龙华行政区挂牌成立，同胜社区属龙华区大浪街道；2020年，因大浪街道分设社区，原同胜社区工作站分设为同胜社区工作站（新）和横朗社区工作站；同年12月25日，横朗社区党委和社区工作站正式揭牌成立；2022年，因大浪街道再次分设社区，原横朗社区工作站分设为同胜社区工作站（新）和上横朗社区工作站；2022年12月19日，同胜社区党委、纪委成立；2023年1月4日，同胜社区工作站正式挂牌。2023年，同胜辖区面积2.603平方千米，总人口4.5151万人，户籍人口4942人。

2023年2月28日，同胜社区党委进星耀产业园召开“同心助企行”书记茶话会（同胜社区供图）

【组织机构】2023年，同胜社区党委管理2个股份合作公司党支部、3个党支部、1个工作站党支部，党员共98名，新成立“两新”党支部3个。同胜社区现有工作人员104人（含区、街道派驻37人），其中党委班子7人，居委会1人，综合办公室8人，公共安全组16人，市政管理18人，社区管理组46人，党建党群组8人。

【党群建设】2023年，同胜社区持续推进党史学习教育长效化，年内开展“第一议题”学习21次，主题教育6场，组织6个党支部深入学习党的二十大精神及主题教育的重大意义和目标要求12次。各党组织定期开展“三会一课”，开展党员大会28次，支委会62次，党课30次，主题党日72次。积极推动“学习强国”学习平台成为广大党员群众的理论阵地和“指尖课堂”，社区党委学习小组获评“大浪街道2023年度优秀学习集体”。组织下辖2个支部开展补选工作，成立1个居民党支部；充分发挥党组织战斗堡垒和党员先锋模范作用，持续激发5支党员先锋志愿服务小分队共建活力，积极开展志愿服务活动68场次。发挥党建引领作用，推动3家物业公司签订共建协议，推选1家“五星”级物业公司，稳步推进股份合作公司换届工作。深耕定格化、精细化管理，将辖区精细划分为7个片区、43个网格、113个楼栋格，形成“1+7+113”社区定格管理服务工作体系，围绕“六包六联”工作机制，积极发动区、街道二级党员进社区、察民情、办实事、解难题，累计开展定格化管理服务10075场次，解决居民群众困难诉求2405件，服务居民群众5000余人次。常态化开展惠民文化活动，结合社区实际、居民需求、节庆主题，精准策划开展红色教育宣传、中医养生、便民集市、瑜伽培训、舞蹈培训、亲子趣味游园等活动150余场次，服务居民群众6000余人次。着力打造社区长者旗袍秀队、社区青工舞蹈队、社区居民合唱队、巾帼志愿者服务队等5支特色文化服务队伍。接收新转入团员19人，团委创建义工志愿者招募项目8个，共计招募志愿者526人次。推动新成立小区、城中村网格妇联等基层妇女组织5个；常态走访慰问辖区17户困境妇女、困境儿童家庭，提供心理辅导、关爱慰问、困难帮扶等服务。处置妇女儿童维权、家庭纠纷等案件118宗。

【经济发展】2023年，同胜社区有同胜股份合作公司（一级股份公司）、下横朗股份合作公司（二级股份公司）2个集体股份公司。社区集体经济主要依靠自有物业、厂房及宿舍出租。2023年，两级股份公司总资产36328万元，总收入5749万元。社区集体经济股份分红最高为下横朗股份合作公司，人均15.8万元/年。

【社区建设】同胜社区属“一站一居”型社区，下辖下横朗居委会。辖区内共有“三小”场所1546家，工业园区20个，建会企业67家；有城中村4个，即同胜综合小区、玉田花园、富裕新村、下横朗新村；花园小区2个，即桂冠华庭和安宏基星曜广场。设有警务室1个，社康站1个（同胜社康中心）、九年一贯制学校1所（博雅学校建设中）、幼儿园3所（桂冠华庭幼儿园、星耀幼儿园、小牛津幼儿园）、广场2个（劳动者广场、同胜文化广场）、商业街1个（大浪商业中心）。

【综合治理】2023年，同胜社区大力开展矛盾纠纷摸排化解，各类平台受理信访件2803宗，办结率98%，满意度95%。建立健全维稳预警机制，其中一线网格员预警易引发群体性事件3宗，做到提前介入，将问题和风险消除在萌芽状态。国求初件、国满件平台共受理案件11宗，办结率100%，满意度100%，信访形势平稳可控；扎实做好重点特殊人群工作，定期开展走访辖区登记在册人员，做到一人一档。积极推进文明城市创建，日常巡查辖区236个创文点位，共出动1500余人次，发现并整改问题1632处，整改城市管理智能化监管平台案件114宗。着力提升环境卫生水平，对标对表逐项查摆问题，扎实开展市容秩序整治204次。组织发动志愿者开展垃圾分类志愿督导，其中党员督导384人次，个人督导682人次；广泛征求居民对生活垃圾分类的意见建议，联合网格进行日常垃圾分类宣传活动，完成率100%。持续加强基础网格数据的采集核实，年内共走访出租屋3万余间、采集更新核实

2023年11月10日，同胜社区党委学习小组获评“大浪街道2023年度优秀学习集体”（张紫帆供图）

实有人口信息3.7万条，上报各类隐患信息约4000条，完成快采快办3197条。开展城中村水电燃气收费摸底排查工作，摸排辖区出租屋381栋、19915间套，向房屋所有人宣贯新规并提醒自查自纠。加大推进出租屋分类分级工作，摸清底数，精准分类，参与出租屋分类分级房屋23491间套，房屋楼栋（绿标）已完成69.07%，宽管级出租屋（绿标）已完成89.29%。

【民生事务】2023年，同胜社区开展“书记茶话会”活动11次，共收集企业和群众意见21条，解决进度90.5%，推动群众急难愁盼问题分级处置和源头化解。根据辖区特点和群众需求，年内累计申请民生微实事项目20个，涉及金额75.6051万元，其中服务类项目19个，货物类项目1个，项目覆盖老有颐养、学有优教、住有宜居、幼有善育四大领域。抓好社会服务工作落实党和政府关怀，为辖区居民申请龙华区慈善会救助8人、区慈善会助学金1人、未成年人保护基金2人；为4户70岁以上户籍老年人申请适老化改造；加强街面流浪乞讨人员救助管理，接待救助流浪人员12人，慰问低保户34人次。加强基层工会组织建设工作，积极推进企业建会及会费缴纳工作，年内共走访企业62家/次，完成企业单独建会4家，企业缴费3家，基层级劳模创新工作室1家，会员信息采集1990人，工会实名会员3260人，互助保障计划参保113人次，累计投保金额14956.3元。

【2023年同胜社区主要领导成员】

社区党委书记、工作站站长
何葆林

社区党委副书记、工作站副站长
陈　琛

社区党委副书记、工作站副站长
廖燕文

社区党委委员
曾映锋

社区党委委员
谭艳清

社区党委委员
何　林

社区党委委员
李春萍

（同胜社区工作站）

上横朗社区

【概况】上横朗社区位于大浪街道中部偏西，东起华荣路与水围社区相连，西至阳台山森林公园与宝安区石岩街道相连，南起华兴路与同胜社区相邻，北至机荷高速与新石社区毗邻。1999年1月1日，同胜村从原龙华村委划出，辖上横朗、下横朗、赖屋山、谭罗、三合5个社区居委会，隶属龙华镇；2004年2月，深圳农村城市化，同胜村改为同胜社区居委会，隶属龙华街道；2006年4月29日，原龙华街道作为深圳市街道区划调整与管理体制创新的试点单位，新成立大浪、龙华、民治3个街道办事处并挂牌办公，同胜社区划归大浪街道办事处管辖；2007年2月8日，同胜社区居委会撤销，挂牌成立同胜社区工作站，这是原宝安区推行“居站分设”“一站多居”社区管理体制创新成立的首个社区工作站；2011年12月30日，深圳市龙华新区挂牌成立，同胜社区隶属龙华新区大浪街道；2017年1月7日，龙华行政区挂牌成立，同胜社区属龙华区大浪街道；2020年，因大浪街道分设社区，原同胜社区工作站分设为同胜社区工作站（新）和横朗社区工作站。同年12月25日，横朗社区党委和社区工作站正式揭牌成立；2022年，因大浪街道再次分设社区，原横朗社区工作站分设为同胜社区工作站（新）和上横朗社区工作站；2022年8月11日，上横朗社区党委、纪委成立；2023年1月4日，上横朗社区工作站正式挂牌；2023年，上横朗辖区面积2.21平方千米，总人口2.3188万人，户籍人口3378人。

【组织机构】2023年，上横朗社区党委管理上横朗股份合作公司党支部、上横朗新村党支部、上横朗社区工作站党支部3个党支部，党员共72名，新成立“两新”党支部8个。社区工作站设综合办公室、公共安全组、市

2023年7月，上横朗社区开展为期4周的AI暑假夏令营，通过科学实验和AI课程，让辖区孩子们开拓视野、增长见识（上横朗社区供图）

政管理组、社区管理组、党群服务中心，工作人员86人，其中负责人类5人，主办类5人，辅助类36人（含网格员28人），经费包干3人，区、街道派驻社区工作人员37人。社区居民委员会1个：上横朗社区居民委员会。

【党群建设】2023年，上横朗社区积极推进党群建设。年内，社区党委开展“第一议题”学习28次，党的二十大精神宣讲活动3次，党委会议28次，党课学习2次，组织生活会1次。各党组织定期开展“三会一课”，开展党员大会24次，支委会36次，党课12次，主题党日36次。完成上横朗社区工作站党支部成立工作，严把发展党员“入口关”，3人成为入党积极分子，1人发展为预备党员。通过集体学习、个人自学、研讨交流、现场教学等方式，组织党员干部原原本本学、逐段逐句悟，深刻汲取习近平新时代中国特色社会主义思想的理论营养。组织社区党员50名到前海国际会展中心、前海石公园进行沉浸式现场教学，使党员深切感受到深圳改革开放四十载所取得的伟大成就。深耕定格化、精细化管理，将辖区精细划分为5个片区、26个网格、80个楼栋格，安排街道、社区党员干部入格扎实开展定格化管理服务工作，共开展服务行动250余场。依托定格化管理服务机制，深入推动人文社区“亲邻服务”，开展“一社区·聚邻友·惠生活”“献礼七一‘民星’达人秀”文艺汇演等亲邻服务活动100余场，1000余人次参与。成立“五益五邻”社区先锋队，启动“社区帮带娃”等急难事邻里互助平台，营造“五益五邻”社区浓厚氛围。新成立恒大时尚慧谷居民党支部。依托社区党群阵地，不定期开展各类文化活动。结合社区情况和居民需求，开展面向志愿者、老年人、青少年、妇儿等活动347场次，累计服务6626人次。“邻里妈妈团”服务项目获评2023年度龙华区“终身学习品牌项目”。成立社区团委。联系团员465次，依托智慧团建系统处理团组织关系转接59次，接收新转入团员19人，发展新团员2人。完成3家“两新”企业建团工作，全部入驻智慧团建系统。

【经济发展】2023年，上横朗社区有上横朗股份合作公司（二级股份公司）1个集体股份公司。上横朗股份合作公司有股民426人，物业面积17万平方米，总资产22789万元，年总收入5364万元，公司年人均分配约10万元。集体经济来源于集体用地和物业资源。主营业务收入来源为厂房、宿舍和商铺出租收入等。辖区有15个工业园区，以生产加工为主，辖区规模以上企业116家，建会企业159家。

【社区建设】上横朗社区有上横朗新村小公园和同富裕社区公园，公园内均设有健身路径和篮球场。上横朗社区交通便利，联通主干路华辉路、华兴路、枭龙路、工业园路，各主干路在社区内均设有公交路线站台。上横朗社区有警务室1间，学校2所（同胜学校、致理中学）、幼儿园1所（幸福花蕾幼儿园）。党群服务中心1个（上横朗社区党群服务中心），内设有阅览室、书画室、舞蹈室、心理咨询室、四点半课堂，为社区居民提供活动服务阵地。2023年，上横朗社区完成宣传栏及铁艺架制作安装项目、上横朗新村篮球场整体更新维护、上横朗新村电动车雨棚安装3个项目。

【综合治理】2023年，上横朗社区高度重视群众诉求案件处理工作。第一时间组织社区力量协调处置，保证事事有回应、有结果。社区群众诉求平台受理案件共251宗，已办结案件236宗，办结率为94.02%；“i龙华”扫码总量210宗，扫码率83.67%；民意速办平台受理案件349宗，已办结案件314宗，办结率89.97%；化解群众线下诉求、支援应急案件98宗。积极开展创文工作，对照标准逐项查摆问题，把创文工作与城中村整治、社区公共安全等工作结合起来，全面提升治理成效。加强城中村区域市容环境卫生整治，共发现问题10420处（其中整治超门线1242处、地面垃圾4082处、乱张贴321处、乱挂晒3102处、劝导早餐档423处、劝导流动摊贩1130处、处理民意速办案件120宗），共享单车“随手扶”378辆、规整乱停乱放1408辆。走访29名精神障碍患者。开展“三小”场所消防安全生产整治工作，出动1645人次，检查门店2124家，发现隐患643处，已整改633处，下发文书171份。高效推进燃气“瓶改管”集中改造。社区“瓶改管”二期工程涉及查漏部分共171户，已全部完成立管和挂表，其中同胜科技大厦主管未到户，等待燃气公司统一点火。完成防灾减灾社区创建任务。持续加强基础网格数据的采集核实，年内走访出租屋127996间套，采集人口信息20641条，修改26177条，注销人口信息18153条；采集法人信息905条，修改法人信息3695条，注销法人信息714条；新增房屋信息18栋109间套，注销房屋信息6栋109间套；通报各类隐患信息2986条，其中实有事件1944条，重复0条、快采快办1042条、有效上报2986条，通报率100%。参与出租屋分类分级楼栋328栋（宽管级217栋、严管级110栋，禁止级1栋），参与出租屋分类分级房屋11829间套（宽管级10276间套、严管级1552间套，禁止级1间套），房屋楼栋（绿标）已完成66%，宽管级出租屋（绿标）已完成86.87%。

2023年10月28日下午，上横朗社区党委在亲邻之家小广场开展“我为群众办实事”主题书记茶话会（上横朗社区供图）

【民生事务】2023年，上横朗社区开展书记茶话会共12场，累计收集问题46条，进一步激发居民群众参与社区治理的内生动力。根据辖区特点和群众需求，申请民生微实事项目14个，涉及金额约78万元，其中服务类项目12个，实物类项目2个，项目覆盖老有颐养、学有优教、住有宜居等三大领域。定期巡查社区公共区域，对流浪乞讨人员开展救助管理，落实上横朗深埋点（平坟点）日常巡查及信息上报制度。开展退役军人建档立卡工作，为社区所有退役军人免费购买“鹏军保”保险。完成社区妇联组建及新建网格妇联4个。走访慰问辖区困难妇女、困境儿童14名；调解家庭纠纷57宗，处理民意速办案件44宗，家暴婚调案件9宗。成立社区工联会。走访企业122次，企业组建工会2家，换届企业1家。会员信息采集、实名认证数3015人，发动企业投保互助保障计划3万余元，涉及保障人数达1000人。发展基层级劳模创新工作室1家。

【党风廉政建设】2023年，上横朗社区把牢股份公司换届选举“廉洁关”，对上横朗股份公司全体“三会”成员进行逐一约谈，掌握选举动态，进一步重申换届选举纪律，确保换届选举依法依规开展，维护社区和谐稳定。把纪律监督融入日常。对社区工作人员开展谈话提醒16人次，树立“严管就是厚爱”思想。对股份公司利益统筹项目、重点工作任务落实、大额度资金使用、民生微实事等社区重点事项进行常态化监督。盘活现有资源，统筹开展廉政宣教工作。2023年，上横朗社区开展廉洁文化宣传活动4场。

【2023年上横朗社区主要领导成员】

社区党委书记、工作站站长
张冠灵
社区党委副书记、工作站副站长
温国新
社区党委委员
杜曼妮
社区党委委员
陈焕彬
社区党委委员
肖慧涓

（上横朗社区工作站）

高峰社区

【概况】高峰社区位于大浪街道东部偏南，东与龙华街道相接，西至布龙路与陶元社区相连，南起高峰水与龙平社区相邻，北至华达路与浪口社区相接。高峰社区的前身为大浪街道龙华社区居民委员会。2007年3月30日，龙华社区居民委员会撤销，高峰社区挂牌成立，辖区面积约10平方千米；2017年4月高峰社区调整管辖范围，划出高峰水库南端以南区域，与原龙胜社区部分区域成立龙平社区，调整后高峰社区面积约7.9平方千米。2020年，高峰社区进一步分设，布龙路以西区域划出，成立陶元社区。调整后，高峰社区面积约1.85平方千米。2023年年末，高峰社区管辖居住人口约5.2万人，其中户籍人口7109人。高峰社区工作站办公场所位于龙观西路高峰大厦。

【组织机构】根据社区分设的工作安排，2020年9月14日成立了高峰社区（筹备组），分别于2021年1月9日及1月22日完成社区党委及社区居委会的换届工作。社区下辖居委会4个：赤岭头、上早、下早、鹊山。高峰社区工作站设一办三组，即综合办公室、公共安全组、市政管理组、社区管理组，社区管理组下设片区小组。2023年年末有工作人员127人，含社区党委6人、综合办公室6人、公共安全组7人、社区管理组56人，以及上级派驻人员52人（党务2人，社工6人，市容巡查员28人，综治巡防员4人，社区治理1人，消安委2人，交通协管3人，安监巡查员1人，退役军人专干1人，残联专干1人，驻点律师1人、窗口2人）。

【社区建设】高峰社区有党群服务中心1家、党群服务V站1个、亲邻之家1个，面积共计1800余平方米。辖区内设有警务室2个（桃苑新村警务室、下早新村警务室），社康中心1个（高峰社康），羽毛球馆1个，社区计划生育文化中心1间。教育资源有民办幼儿园5所（育英幼儿园、华星贝贝幼儿园、朝晖幼儿园、三合幼儿园、若贝尔自然树幼儿园），公办九年制学校1所（高峰学校），民办学校1所（育英小学）。高峰社区交通便利，龙观西路连接观澜石岩，布龙路通往布吉，距通往市中心的主要道路福龙路不到3公里路程。

2023年7月，高峰社区为长期从事志愿服务的党员志愿者开展“红色高峰　先锋映像”摄影活动（高峰社区供图）

【经济发展】2023年年末，高峰社区辖区共有4个居委会、5家股份合作公司（高峰、赤岭头、上早、下早、鹊山股份合作公司）。辖区共有出租屋1172栋，合计3.16万间套，“三小”场所1300余间。鹊山股份公司资产3827万元，全年分红484万元，股民110人，人均分红4.4万元；赤岭头股份公司资产16078万元，全年分红578万元，股民251人，人均分红2.3万元；上早股份公司资产5815元，全年分红271万元，股民112人，人均分红2.4万元；下早股份公司资产26349万元，全年分红2875万元，股民205人，人均分红14万元；高峰股份合作公司资产11521.9万元，全年分红462万元，股民1540人（含56名60岁以上原籍居民），人均分红0.3万元。

高峰社区积极参与“龙喀同心，携手同行”——“个十百千万”三年圆梦计划（高峰社区供图）

【党群共建】2023年，高峰社区坚持把学习贯彻习近平新时代中国特色社会主义思想作为首要政治任务，扎实开展主题教育。以“领学”“促学”　“助学”为抓手，全年组织“第一议题”学习172次、“三会一课”182次、主题党日活动96次。结合“学习强国”“深圳智慧党建”等平台，同时学习习近平总书记最新讲话和《习近平著作选读》等相关书籍，累计开展“双学习”89次，着力打造“学习型”基层党组织。邀请区党员教育“十百千万”项目讲师、街道处级党员领导干部及专家讲授专题党课，依托龙华城市客厅等红色教育基地开展“行走的思政课”，组织党员参加各类培训比赛28期共810人次，荣获“优秀学员”“策划大师”称号、“遇事能办”现场调研竞赛一等奖、“开口能说”演讲比赛一等奖等奖项。组织学习《中国共产党廉洁自律准则》等相关条例和准则96次，讲授廉政党课1次，党风廉政警示教育1次，组织“两委”班子参观廉明馆，开展“弘扬好家风”宣传活动3场，派发“作风廉情监督卡”600张，切实筑牢防腐拒变的思想防线。每月，在辖区各党群服务阵地、居委会宣传栏等地，落实党务、居务、财务公开制度，推动全面从严治党向基层延伸。为4名行动不便、老党员开展暖心“送学上门”，进一步增强凝聚力和归属感。组建6支党员先锋服务小分队，结合“我为群众办实事”“堡垒行动”，开展“书记茶话会”12场，落实“社区丈量行走计划”，为群众先后解决企业周边道路乱停车、用水调价合表、楼栋外墙飞线清理等最关心、最直接的利益问题78个。聚焦群众“最需要、最迫切、最关注”，打造家门口的“党建示范点”“亲邻之家”，运用“四步工作法”挖掘培育社区“民星”和“亲邻合伙人”18人；吸纳支部党员、物业员工、志愿者等，组建一支邻里共治服务队，举办微笑优服务专项培训，积极开展“亲邻服务”“亲邻陪伴”“亲邻集市”“亲邻音乐会”系列活动超千场，其中“老邻舍”互助养老志愿队伍为辖区220位长者全年提供陪聊、就医、做饭等公益服务，多次获省市区平台报道。

【民生服务】2023年，高峰社区实施民生微实事项目23个，申请金额 192.98 万元，涵盖社区文化氛围提升、老龄大学、全民反诈、残障群体关爱等方面，做实“民生七优”服务。依托新时代文明实践站及党群服务阵地，举办十大便民服务进党群、科学育儿亲子、暖心关爱职工等主题活动超百场，“3 + 1”帮扶小组累计开展寒冬送暖衣、认领微心愿、走访慰问 200 次；为 7 名 70 岁以上户籍老人完成申请适老化改造。号召党员群众积极参与“龙喀同心，携手同行”——“个十百千万”三年圆梦计划，最终实现 6 位喀什学子的“微心愿”。走访包点百人以上企业 71 次，解决企业诉求 10 宗。常态化开展志愿服务近 200 场，志愿者自编自导《来了就是深圳人》舞台剧，多次受邀参加街道表演，展现“亲邻服务有温度，‘邻聚’社区一家亲”的高峰风貌。

【部门联动】2023 年，高峰社区与区退役军人事务局创新理论联学、重点任务联推、志愿服务联动，共破解群众急难愁盼问题 7 个。与辖区 5 家物业管理有限公司签订共建协议，面向居民、外卖骑手、环卫工人等开展系列活动，以有温度的服务提升群众“满意度”。结合高峰学校百年校庆，开展家校社联动项目，走进黄氏宗祠，让思政课从校园走向社区。联动区应急局、区卫健委等部门，秉着“快”“细”“实”“新”原则，面向社区工作人员队伍开展各类业务培训 10 场，推动定格化管理服务“六包六联”工作提质增效。联动派出所、区法院，开展反诈系列宣传活动 83 场，线上转发推文近 2 万余次，发放宣传册近 10 万份，全面普及安全知识和防范避险技能，守住居民的“钱袋子”。

【基层治理】2023 年，高峰社区积极发挥“法律明白人”的示范引领作用，依法治理，持续推动法治社区建设。深入推进“四大平台”推广应用，全面深化开展扫黑除恶斗争，纵深推进基层安全稳定治理，充分发挥“群诉平台”“小分格”机制优势，全年共解决各类群众诉求案件 2600 余宗，国求初件好评率达 100%。荣获区委区政府嘉奖令、区委平安办“有关安保维稳专项工作”先进个人、区委平安办“平安建设优秀个人”等表彰。守牢筑稳安全底线。结合集中夜查等专项整治行动，发现并处置消防隐患 10518 处，坚决把隐患消除在萌芽状态。“社校家警”四方联动开展交通宣传 23 场、联合整治行动 9 场，为居民创造良好交通环境。加大“二小零”巡查监管力度，全年受理二次装修申报 165 起，守牢安全生产底线。以“时时放心不下”的责任感和紧迫感，全年出动 780 人次，巡查边坡 16 处、老旧老屋 258 处、河道 2 处、挡墙 7 处、建筑工地 624 处。其中在防御台风“苏拉”时期转移群众 160 人，接收避难群众 28 人，在“0907”特大暴雨的深夜及时处理龙华河桃苑新村段出现的河水漫溢倒灌隐患，竭尽全力保障人民群众生命财产安全。共建助推绿美社区。以全面推进乡村振兴为契机，按计划全力加速推进燃气“瓶改管”工程，结合文明城市创建和市容环境综合指数测评，

恰逢高峰学校建校百年，高峰社区联动高峰学校开展“家校社联动”项目，图为校社联动，在高峰学校发源地——黄氏宗祠开展“行走的思政课”（高峰社区供图）

开展专项整治行动 89 次，及时解决破损路面、废旧城市家具翻新、停车位划线等问题 4697 处，市容环境综合指数测评案件整改率 100%。嘉龙鑫水果批发市场、创艺垃圾转运站多次获得公共洗手间组一等奖，得到街道嘉奖。联合育英学校，开展垃圾分类督导和培训 52 场，举办集“逛、玩、乐”一体的沉浸式垃圾分类宣传活动，参观科普教育馆，整改 107 处问题，整改率 100%，推动垃圾分类入脑入心。

2023 年 5 月 11 日，陶元社区党委书记郑伟雄在元芬新村平安苑组织开展“亲‘青’有约，亲邻共建”微棠达人见面会（程雪平供图）

【2023 年高峰社区主要领导成员】

社区党委书记、站长
陈　燕
社区党委副书记 、副站长
郑燕华
社区纪检委员
钟东平
社区组织委员兼青年委员
周淇彬
社区统战委员
朱　华
社区妇女委员兼宣传委员
陈慧桢
社区纪委书记
钟东平
社区纪委委员
周淇彬
社区纪委委员
何惠婷

（陈慧桢）

陶元社区

【概况】陶元社区位于大浪街道的中南部偏西，东起布龙路与高峰社区毗邻，西至阳台山森林公园与宝安区、南山区相连，南至高峰水库南端与龙平社区相接，北至联润路西北面与华荣社区相邻。2020 年大浪街道社区分设，原高峰社区分设为（新的）高峰社区和陶元社区；2020 年 12 月 25 日，陶元社区党委和社区工作站正式揭牌成立，办公场所位于云峰路 32 号，辖区面积 8.121 平方千米。2023 年年末，陶元社区居民总人口 64564 人，户籍人口 9804 人，出租居民楼 2110 栋。陶元社区依山傍水，有冷水坑水库和高峰水库两座水库，从冷水坑水库入口即可前往龙华环城绿道阳台山段。交通出行便利，地铁 6 号线和福龙路贯穿于此。陶元社区党委、工作站统筹社区所有公共服务，全面整合各级各部门在社区设置的平台、工作力量和阵地资源等，将党建、政务服务、群团服务、计生卫生、劳动保障、社会救助、信访、民生微实事等事项纳入中心服务职能，实行服务清单管理模式，提供一站式、综合性、多功能的优质服务。

【组织机构】2023 年，陶元社区党委下设 11 个党支部，分别为陶元社区工作站党支部、陶吓股份合作公司党支部、元芬股份合作公司党支部、元芬社区居民党支部、元芬微棠居民党支部、元芬新村党支部、中兴小区党支部、羊龙新村党支部、陶吓新村党支部、陶吓锦华片区党支部、天诚小区党支部，管理服务社区党员 204 名（其中 1 名预备党员），协助街道管理服务“两新”党支部 33 个，管理服务“两新”党员 150 名。党群服务阵地有 6 处：街道环城绿道党群服务驿站、陶元社区党群服务中心、陶吓社区亲邻之家、元芬新村党群服务 V 站、元芬新村微棠亲邻之家和元芬新村亲邻之家；下辖陶吓、元芬2个居委会，属于“一站两居”的管理模式。陶元社区工作站内设综合办公室、公共安全组、市政管理组、社区管理组、党群服务中心五个职能组，共有工作人员130人。

【党的建设】2023年，陶元社区党委旗帜鲜明讲政治，深入学习贯彻党的二十大精神和习近平新时代中国特色社会主义思想，组织召开党委会18次，开展“第一议题”学习18次。压紧压实党建主体责任，督促各党支部按照“三步学习法”落实“第一议题”学习120余次。筹划一系列“奋进新征程”主题党建活动，开展党的二十大主题知识竞赛、演讲比赛，通过以赛促学、喜闻乐见的方式全面宣传党的二十大精神。邀请专家讲师专题解读长征精神、抗战精神、特区精神，组织开展大潮起珠江——广东改革开放40周年展览参访、阳台山“胜利大营救”主题拓展等活动，传承红色基因，激励党员干部以奋发有为的精神状态投身社区建设。

【经济发展】2023年，陶元社区有元芬和陶吓2家股份合作公司，辖区有12个工业园区，以生产加工为主，深圳市隆利科技股份有限公司、深圳深凯硅胶制品有限公司、得利时钟表（深圳）有限公司等大型企业为首的工业产业带动社区经济发展。陶吓股份合作公司全年收入1603.97万元，合计发放股民福利共1026.6万元，每股实分得2.9万元；元芬股份合作公司全年收入3240万元，合计发放股利2000万元，每股分得3.9万元。结合元芬村的历史文化及地块模型，持续深化“微棠·元芬新青年社区”模式，以市场化力量积极参与元芬村的整体规划及综合整治改造，推动由政府“大包大揽”变为引导各方力量共同治理，探索党建引领城中村全周期治理。

【社区建设】陶元社区辖区内有警务室1间、社康服务中心1家（元芬社康服务中心）、私立学校2所（锦华实验学校、元芬小学）、幼儿园5所（深圳市龙华区元芬幼儿园、深圳市龙华区柏克莱第二幼儿园、深圳市龙华区翠景幼儿园、深圳市龙华区锦华幼儿园、深圳市龙华区爱迪第三幼儿园）。党群服务中心1个（陶元社区党群服务中心），内设阅览室、书画室、舞蹈室、心理咨询室、法律咨询室、四点半课堂、儿童玩具室、老年人活动中心、家庭发展服务中心、退伍军人事务站、智慧指挥中心、新时代大讲堂、党组织生活馆、职工之家、统战服务室和1个党群服务V站（元芬新村微棠党群服务V站），为居民提供精细化、精准化服务。

【综合治理】2023年，陶元社区持续深化党建引领社区基层治理工作。登记造册“三小”场所1469家，其中餐饮场所445家，持续开展出租屋、“三小”场所、电动车集中充电点、老村等安全隐患排查整治工作，其中整改陶吓老村私拉乱接电线隐患91间（套）；持续推进7个城中村楼栋电气安全专项整治工作，已检测楼栋815栋，检测率97.72%；处理民意速办平台安全生产隐患案件6436例，开展消防安全集中夜查50次，开展消防安全宣传活动10场，开具

2023年8月5日，陶元社区党委书记、工作站站长郑伟雄参加大浪街道“幸福生活节”暨社团文化集市，并为社区热心公益企业颁发“爱心企业”牌匾（陶元社区供图）

场地使用证明107份；联动交警部门，开展交通安全宣传活动126场，走访核实物流行业52余次；常态化排查辖区41处挡土墙与危险边坡、357间老屋、2座水库、1处河道、桥洞等隐患地点，共出动巡查应急人员约736人次，巡查隐患点2923次；受理、审批二次装修施工申请180宗，符合申请资格177宗（已完工148处，施工中20处，控停9处），出动462人次。组织开展交通安全、反诈骗、反邪教等宣传活动92场，坚持和发展新时代“枫桥经验”，用心用情化解矛盾纠纷1390宗，深入推进平安社区、法治社区建设。2023年，陶元社区荣获省级“民主法治示范社区”荣誉称号。

【文明城市创建工作】2023年，陶元社区扎实开展文明城市创建工作，组织召开垃圾分类、文明养犬等文明城市创建宣传活动27场次，发现“六乱一超”问题29808处（主要问题有：乱摆卖3479起，乱张贴2620起，乱涂画1831起，乱搭建1341起，乱挂晒2886起，乱堆放3727起，超门线4458起，共享单车乱停放3312起，地面脏污1386起，流动摊贩3352起，散落垃圾1416起），已完成整改1023处。组织党员、志愿者参与垃圾分类督导、环境清洁日、交通劝导等志愿服务670余人次，持续擦亮文明创建底色。

【民生服务】2023年，陶元社区围绕物业党建联建、惠企、党群优服务等，开展社区书记茶话会12场，关心关爱社区残障人士、困境儿童、困难家庭等特殊群体150余人次，并为4名困境儿童申请了学费减免和学位补贴。组织开展社团文化节、青年羽毛球赛、桌游交友、非遗文化传承等亲邻社区活动91场，积极培育向上向善、刚健朴实的文化气质。持续开展计生、民政、退役军人事务、残联等民生服务，其中受理生育登记658条，为辖区符合孕前检查的群众建档129对，处理互联互通信息、社康等计生信息4456条；完成区级健康素养入户调查55户，市级健康素养入户调查205户，完成深圳市慢性病及危险因素监测121人次，荣获市级健康社区创建银奖；受理高龄津贴申请7例，残疾人在岗就业3例，少儿康复16例，临时救助群众17人。登记户籍退役军人47人。

【群团工作】2023年年末，陶元社区有建会企业207家，建设两处职工服务站阵地（分别为陶元社区职工服务站和元芬科创园职工服务站）。新建“两新”团支部5家，接收团员组织关系16人，转出团员组织关系9人，超龄离团团员9人，组织开展“青年之家”青年素质能力活动36场次。2023年，陶元社区被列为全国第一批“青春行动”试点社区，青春行动创建工作获得省级媒体“南方+”专题宣传报道、陶元社区团委荣获龙华区“五四红旗团委”荣誉称号。走访慰问17户困境妇女儿童家庭，通过龙华区慈善会——陶元社区基金给困境妇女儿童家庭申请帮扶救助金3户，通过申请深圳市妇联贫困妇女儿童救助基金3户，接访来电来访33宗，其中涉及家庭暴力16宗，涉及未成年人家庭暴力9宗，涉及感情纠纷8宗；开展好家风好家教、红色文化教育、家庭性教育学习交流等主题活动22场次，完成4个社区网格妇联+1个“五个类型”的妇委会的组建，持续健全社区妇联基层组织。

【2023年陶元社区主要领导成员】

社区党委书记、工作站站长、元芬社区居委会主任

郑伟雄

社区党委副书记、工作站副站长

钟宏亮

社区党委副书记、工作站副站长

戴康林

社区党委委员

龙金珍

社区党委委员

林旭荃

社区党委委员

刘　辉

社区党委委员

黄振勋

（徐宝瑜）

龙胜社区

【概况】龙胜社区位于大浪街道东南部，东起工业西路与龙华街道相接，西至高峰水、布龙路，分别与高峰社区和龙平社区相邻，南至建设路与民治街道相接，北靠龙华河。1993 年 1 月，宝安撤县，分设宝安区、龙岗区。龙华镇属宝安区，下辖行政村 8 个（大浪、龙华、民治、清湖、油松、龙胜、上塘等）、自然村 52 个；居民委员会 2 个（景龙、龙园）。2004 年，原龙胜村民委员会改为龙胜社区居民委员会。2006 年 4 月，龙胜社区属宝安区大浪街道办事处。2007 年 3 月 30 日，设立深圳市宝安区大浪街道龙胜社区工作站，建立龙胜社区综合党总支。2011 年 12 月 30 日，深圳市龙华新区成立，大浪街道办事处改为大浪办事处，龙胜社区属龙华新区大浪办事处。2016 年 5 月，龙胜社区综合党总支改名为龙胜社区党委。2017 年 1 月 7 日，深圳市龙华区成立；2017 年 1 月 9 日，大浪办事处改为大浪街道办事处，龙胜社区属龙华新区大浪街道办事处。4 月 28 日，原龙胜社区布龙路以西的曼海宁花园、和平里花园、港铁天颂小区等生活小区划分至新设的龙平社区，龙胜社区面积调整为 1.18 平方千米。2023 年年末，辖区总人口约 2.3 万人，其中户籍人口 1689 人。辖区有大浪客家文化体验中心、大浪商会大厦。

【组织机构】龙胜社区党委管辖党支部 7 个，2023 年年底，龙胜社区居民党支部更名为龙胜新村三区党支部，龙胜社区联合支部更名为龙胜新村一区党支部、龙胜新村二区党支部，龙胜社区工作站支部、龙胜社区股份合作公司党支部、龙胜新村五区党支部及龙胜一队小区党支部不变。管理党员 120 人（含预备党员）。龙胜社区为“一站一居”管理模式，2023 年年底，龙胜社区党委班子成员 5 人，纪委班子成员 3 人，居委会班子成员 7 人。龙胜社区工作站设综合办公室、公共安全组、市政组、社区管理组、社区党群组 5 个功能组，站长 1 人，副站长 2 人，社区专职人员（含网格员）41 人，购买服务人员 4 人；街道下派党务专职 2 名，残联专干、统战专干及驻点律师各 1 人，街道治理中心下派 2 人，消安下派 1 人，综治办下派保安员 5 人，市容巡查员 13 人，交安办下派人员 3 名，共 77 人。

2023 年 7 月 17 日，龙胜社区在龙胜田中路组织党员志愿者开展社区市容环境整治工作（李巧慧供图）

【党的建设】2023 年，龙胜社区党委、各党支部利用“第一议题制度”“三会一课”“学习强国”等方式深入开展理论学习 100 余次，通过红色研学、党史知识竞赛、直播课等方式，持续推进党史学习教育常态化、长效化。督促指导党员干部积极登录“学习强国”、智慧党建系统的学习教育，发放党建书籍 100 余册。运用“亲邻党建”“茶话会”等平台，发挥党建引领“红色引擎”作用，以定格化管理服务为抓手，建立健全“街道－社区－片区－网格－楼栋”联动工作体系，深化党组织“头雁”工程，召开“书记茶话工作，建立“两新”支部2个，组建城中村党支部4个。通过“关心帮扶＋交流结对”打造党建特色品牌服务，充分结合社区特色，因地制宜合理规划，打造品牌特色宣传阵地。挂牌、建设“亲邻之家”1个，打造邻里议事空间1个，组织开展亲邻活动，组建亲邻帮帮团2个，开展困难救助35次，受益群众600人次，完成“微心愿”20个，培育有爱心的社区“民星”5人，发掘亲邻合伙人5个，收集和处理问题4个，打造居民家门口的暖心服务，营造便民睦邻的良好氛围。

2023年9月19日，龙胜社区在龙胜老村一区开展消防安全夜查行动，对发现的隐患开具整改告知书限期整改（龙胜社区供图）

【经济发展】龙胜社区经济以商业为主，有工商企业1226家，其中工业企业1家。工业园区有规模较大的台资企业建泰轮胎厂，2023年，建泰厂员工约420人。辖区有房屋683栋，其中10层以上71栋；出租屋14504间套。辖区的龙胜老村、龙胜工业区、广西工业区、建泰公司、第三工业区（龙胜物业）、龙华老街片区开展城市更新项目。龙胜老村城市更新项目在建设中，2023年3月，龙胜股份公司8块空地纳入市土地整备统筹计划，总面积115197.4平方米。2023年，龙胜股份公司股民年终分得红利9万元每人，同比增长12.5%。

【社区建设】龙胜社区有龙胜公园、龙胜山顶公园、街心公园3座公园，公园内均设有健身路径，其中龙胜公园和山顶公园另设有篮球场；有民办教育办学机构2家（三智幼儿园、启航幼儿园），公办学校1所（龙华中学弘毅校区）。龙胜社区交通便利，连通主干路工业路、龙胜路、和平路、建设路、布龙路，各主干路在社区内均设有公交路线站台。2023年，龙胜社区进一步完善便民设施，在党群服务中心增设便民停车棚和宣传栏，在党群服务中心设置篮球场围栏网及石板凳和母婴室，维修龙胜新村C区、田中路街心花园、龙胜公园的健身器材。

【综合治理】2023年，常态化开展“三小”和重点场所排查登记，分类排查整治隐患。2023年，开展出租屋、“三小”餐饮场所燃气安全检查1120家次，出动842余人次，排查“三小”场所1422家，出租屋754栋，发现安全隐患442处，现场整改324处，限期整改118处；全年共受理申报登记小散工程、零星工程共计42宗。查封控停及上报小散工程违规作业情况8宗，发现隐患约97处，受理场所使用申请9份，审批通过9份。扎实推进燃气“瓶改管”“清瓶”工作，既做好政策的宣传，引导缴费；又做好名单的摸排统计，建立燃气白名单并导入系统，尤其在二期“瓶改管”集中点火工作中，网格员带队入户、“清瓶”、积极协调沟通，高效推进。其中工业西路点火率为

97.72%，作为单一项目创龙华区历史新高；其他5个项目二期综合点火率为72.93%，排街道第一。受理群众诉求案件共计374宗，投诉建议25宗，已化解375宗；联合社区法律顾问工作处理纠纷、法律咨询等案件共计245起，有效防范化解社区邻里之间矛盾纠纷。为协助社康做好流动精神障碍患者的排查工作，社区精神障碍患者在册44人（年度新增迁入人员4人，迁走3人），已签订监护人责任书37人，签约率84%。根据出租屋分类分级楼栋评星定级标准，评出12栋三星级楼栋，4栋四星级楼栋，2栋五星级楼栋，有效为管理和规范出租屋信息提供保障。

【民生事务】2023年，龙胜社区申报民生微实事项目20项，其中服务类项目有油画、书法培训、太极培训、篮球培训、妇女系列活动、青少年关爱活动等16项。2023年6—7月开展“多彩中国梦·舞动少年心”关爱青少年主题活动共3期，围绕“好家风好家教礼仪提升”“科技托起强国之星际探秘”“我是小小兵”等主题共80名青少年积极参与，该活动获评大浪街道民生微实事优秀案例分享。货物类项目有增设停车棚和宣传栏、健身器材维修、母婴室提升、购置篮球场围栏网及石板凳等4项，涉及资金总额逾81万元，年内项目完工率100%。网上办理生育登记证明379份，办理独生子女父母奖励金7例，为独生子女家庭购买意外保险119份，完成接种疫苗发布信息180条，录入派出所反馈信息153条，录入出生证明数据64条，录入民政婚姻信息17条，录入业务通报信息40条。上级部门反馈核查免费孕优项目信息共105对夫妇，其中建档68对，已参加孕检47对。全年走访5000余户居民，排查未成年群体4410人，发现家庭经济困难的未成年人8人；60岁以上老人997人，为老人申请高龄津贴10人、高龄津贴认证111人、意外保险购买167人、问卷抽样入户调查121人；户籍老年人殡葬登记5人；入户慰问困难老人、儿童及家庭26人次。

【市容环境】2023年，龙胜社区做好环卫测评工作，全年出动车辆34车次，清理城中村卫生死角及乱堆放物件40余吨，主要整治城中村“六乱一超”，其中清理路面散落垃圾8591处、乱张贴1725处，整改乱挂晒1219处、乱堆放3062处、超门线经营1913处，处理城管系统案件1798条。做好@龙华－民意速办系统，全年共办结相关整治案件176宗；开展垃圾分类进社区，全年共开展了2场垃圾分类书记茶话会和2场社区书记垃圾分类专场培训会，其他各类宣传培训活动共计56场次，覆盖辖区居民1000余人，共有6个住宅区开展了垃圾分类宣传，区系统显示全年入户宣传9428次，覆盖辖区7720户，入户宣传完成全年目标的100%。

【文体活动】2023年，龙胜社区依托社区党群服务中心、新时代文明实践站、社区长青老龄大学、家庭发展服务中心、舒心驿站等阵地，充分发挥青年生力军、妇女半边天、退伍军人、爱心志愿者、“五老”的先锋作用，常态化开展素质提升、志愿服务和文化体育活动共计220场次，惠及居民群众1万余人次；推进民生微实事项目在各领域覆盖，全年民生微实事共立项目20个，其中实物类4个，服务类16个，投入资金81万元，共185场次，4500人次参加。项目涵盖儿童关怀、青年服务、长者关怀、环境优化、街区治理等多个领域，多个优秀项目被市、区主流媒体通过纸媒或新媒体等方式广泛宣传报道。

【队伍建设】2023年，龙胜社区在“大榕树下”廉洁文化品牌影响下，做好宣传栏、廉政公园等阵地的动态管理，处置网络舆情8宗，主动传播社会正能量，每月定期检查网络安全，坚决守好意识形态安全。由社区纪委书记牵头，对日常工作落实不严、作风不实等苗头性问题人员开展谈心谈话，全年共计开展作风纪律工作会议3场次，落实谈心谈话8人次；开展廉洁文化主题活动及更新宣传栏，调动居民共同参与，传递廉洁自律的风气，全年社区纪委班子组织走访居民1050余户、商铺230余家，发放作风廉情监督卡2000余张；通过管理机制和考核办法凝聚社区队伍的组织力和战斗力；择优选拔出主办岗副组长2名，增设网格小组长1名，评出三星网格员24名，四星网格员7名，五星网格员1名，不断优化社区梯级队伍建设。

【2023年龙胜社区主要领导成员】

社区党委书记、社区工作站站长

刘国君

社区党委副书记、工作站副站长

梁宇婷

社区党委委员、工作站副站长

陈　芳

社区党委委员

何耀良

社区党委委员

孙　杰

（李巧慧）

龙平社区

【概况】 龙平社区位于大浪街道南部，东起布龙路与龙胜社区毗邻，西与南山区接壤，南至建设路与民治街道相邻，北靠高峰水与高峰社区、陶元社区毗邻。龙平社区于2017年由原高峰社区与龙胜社区的部分区域分设而来，面积约2.82平方千米，辖区有特发和平里、潜龙曼海宁、龙军花园、鹏华香域、福东龙华府、港铁天颂、尚峻花园7个住宅花园小区，无城中村。2017年4月28日，龙平社区揭牌成立，办公场所位于腾龙路208号特发和平里二期紫荆阁裙楼。2023年年末，龙平社区总人口约4万人，其中户籍人口24433人；有房屋339栋共20260间套，其中高层建筑59栋。龙平社区属于“一站一居”的管理模式，下设龙平居委会。

【党的建设】 2023年，龙平社区党委深入学习贯彻习近平新时代中国特色社会主义思想主题教育和党的二十大精神，社区党委全年共开展学习21次，下辖党组织开展“第一议题”学习318次，书记讲党课72次。通过打造“龙平社区陈贵平书记工作室”，构建类别丰富的师资队伍，培养选拔社区优秀人才，在积极探索解决社区治理中的难题的同时，为社区培育了一支朝气蓬勃的基层党组织队伍及后备力量队伍。社区党委每月常态化开展各类主题的社区书记茶话会，共收集并解决居民诉求问题23个，办结率86.9%。结合定格化管理服务，组建先锋服务队，走访慰问困境儿童35户，慰问独居老人108人次，慰问残疾人63人次，救助流浪乞讨人员5人，调解矛盾纠纷420余宗。

【组织机构】 2023年，龙平社区党委管理18个居民党支部，党员共505名，“两新”党支部22个，协助管理“两新”党员120名。社区工作站设综合办公室、公共安全组、市政管理组、社区管理组，工作人员83人，其中党委班子7人，综合办公室17人，

2023年2月28日，龙平社区党委召开定格化管理服务专题书记茶话会（董东供图）

公共安全组16人，市政管理组11人，社区管理组26人，居委会专职2人，专职党务3人，其他工作人员6人。

【社区建设】龙平辖区有特发和平里、港铁天颂、潜龙曼海宁、尚峻花园、鹏华香域、福东龙华府、龙军花园等7个花园小区；有龙军工业区、祥昭大厦、金西城电商园、恒博商务大厦、淘金地园区、海宁广场等6个写字楼建筑（群）；辖区建有小学1所、幼儿园4所、社康站3所、警务室1间；民塘路市政公园、白玉街花漾街区公园、大浪龙平公园、港铁街心公园、福东龙市民公园等5座市政公园星罗棋布；龙华区和平实验中学、龙胜实验学校、和平路带状公园、龙华派出所新址、锦华东路、深铁珑境、卓越柏奕府正在建设当中。

【综合治理】2023年，龙平社区积极开展消防安全、用电安全、燃气安全、交通安全及施工安全等治理工作。开展“三小”场所、小散工程等隐患排查，共出动589人次，巡查1385家次，发现并整改隐患209处，开具责令整改文书106份，复查文书55份；处置基层治理信息系统平台案件1211宗；开展用电安全、夜间巡查、高空作业、燃气安全、交通安全、小散工程和二次装修安全等专项整治行动，发现隐患240余处，全部整改完毕；做好信访调解及基层群众服务，消除化解各类安全隐患和矛盾纠纷，共处理民意速办案件3086宗，办结3067宗，受理群众诉求案件174宗，化解168宗，民生诉求436宗，社区接访150宗，国满件23宗。

2023年11月5日，龙平社区开展首届群众性文艺节活动（董东供图）

【城市品质提升】龙平社区通过文明城市建设工作，提升辖区环境卫生：全面发动、广泛宣传，在显著位置设立公益广告118处，营造出浓厚的创文氛围；组织市容队员加强巡查管理，全年共出动2132人次，巡查商铺924家次，整治商铺超门线经营528宗，查处流动摊贩乱摆卖行为625宗，清理乱张贴1200余处，纠正电动自行车乱摆放620余处；开展专项整治行动31次，清理卫生死角垃圾10车；常态化开展市容市貌户外广告巡查工作，共清理整治53处；组织环境志愿队行走于社区，维护市容市貌，劝导居民文明出行，共同爱护社区环境；打造龙华区首个垃圾分类“百分百行动”示范社区，垃圾分类导师78名，全年共组织活动12场，覆盖人群5000余人，全年共出动395人次，对辖区55个密闭式分类收集桶点开展巡查1365次，检查发现各类问题共359处，组织整改问题359处。

【惠民活动】2023年，龙平社区办理生育登记313例，城镇独生子女父母奖励金业务162例，办理老人高龄津贴共60例，为12户户籍老年人申请适老化改造，为57位长者申请就餐服务；社区工作站在元旦、春节等重要节日，开展优生优育、防病治病等健康科普知识宣传；在妇女节、母亲节、儿童节等节日，举办6～14岁阳光少年亲子活动5场、儿童议事会活动3场、青少年红色绘本故事2场、亲子趣味运动会1场、综合素质提升训练营25场；为辖区女性提供减压和素质提升的课程，举办了太极拳66场、国画班40场、声乐班40场。发动辖区巾帼志愿者参与城市品质提升行动25次，服务社区活动40场次，引导辖区妇女有序参与社区治理和基层公共事务。年内，社区三支舞蹈队参加2023年深圳市“龙华杯”广场舞交流大赛，其中龙平社区曼海宁老协舞蹈队、龙平夕阳活力队、龙平社区曼海宁健身队分别荣获二等奖、三等奖、优胜奖。

【网格化管理】 2023年新增人口数21356人，注销人口数18946人，走访人口数301395人次。房屋走访共170982间套，楼栋新增67栋，新增房屋872间套；楼栋注销43栋，注销房屋184间套；法人新增采集企业数1051家，注销企业数689家，走访企业数量1981家。辖区隐患走访通报各类隐患3702条，其中实有事件1718条，快采快办案件1984条。

【亮点品牌】 探索尝试社区搭台、群众唱戏文化惠民新路，创造性地举办了社区首届群众性文艺节，共举办3场演出涵盖36个节目，线上线下观看人数达到30余万人，照片直播浏览量达到24.3万次，综合视频浏览量达到1.4万次，《羊城晚报》《深圳特区报》《深圳商报》《晶报》和市、区电视台分别作了采访报道。原创的社区之歌《龙平是我家》深受居民好评，传唱度持续攀升。“亲邻故事会”和多彩文化活动，拉近了邻里一家亲的距离。

【2023年龙平社区主要领导成员】

社区党委书记、工作站站长、居委会主任

陈贵平

社区党委副书记、工作站副站长

杨春水

社区党委副书记、工作站副站长

刘甫兵

社区党委委员

彭丽娜

社区党委委员

谢凤妮

社区党委委员

毛玉兰

社区党委委员

杨晓鹏

（罗雅珊）

大浪荣誉

先进集体

省级先进集体

所在单位	荣誉	授予单位	授予时间
陶元社区	民主法治示范村（社区）	广东省司法厅	2023 年 1 月

市级先进集体

所在单位	荣誉	授予单位	授予时间
深圳市巨烽显示科技有限公司	2023 年深圳市五一劳动奖状	深圳市总工会	2023 年 4 月
大浪街道同胜社区（现名称为赖屋山社区）	2022—2023 年度深圳市五四红旗团委	共青团深圳市委员会	2023 年 5 月
陶元社区	健康社区（银奖）	深圳市卫生健康委员会、深圳市健康教育与促进中心	2023 年 5 月
大浪街道浪口社区	深圳市民族团结进步互嵌式示范社区	深圳市民族宗教事务局	2023 年 8 月
浪口社区工作站	互嵌式示范社区	深圳市民族宗教事务局	2023 年 8 月
大浪街道党群服务中心	深圳市第二十届“鹏城金秋”市民文化节“组织奖”	中共深圳市委宣传部、深圳市文化广电旅游体育局	2023 年 11 月
大浪街道新石社区家庭发展服务中心	助力民生幸福标杆品牌阵地	深圳市卫生健康委员会深圳市计划生育协会	2023 年 11 月
《羊台山》杂志	2023 年度深圳优秀内刊传媒奖	深圳市出版业协会、深圳报业集团	2023 年 12 月

（续上表）

所在单位	荣誉	授予单位	授予时间
大浪街道党群服务中心	第十九届青工文体节“组织奖”	中共深圳市委宣传部、深圳市文化广电旅游体育局	2023 年 12 月
廖国良等四人	见义勇为	深圳市见义勇为基金会	2023 年 12 月
赖屋山社区计生协	2023 年基层计生协示范点	深圳市计划生育协会	2024 年 1 月
赖屋山社区	深圳市 2023 年基层计生协改革示范点	深圳市计生协	2024 年 1 月
大浪街道司法所	调解工作先进集体	深圳市司法局	2024 年 2 月

区级先进集体

所在单位	荣誉	授予单位	授予时间
大浪街道公共服务办（劳动管理）	大浪街道“南粤家政”荣获全区第二名（评级为 B）	深圳市龙华区“粤菜师傅”“广东技工”“南粤家政”三项工程领导小组办公室	2023 年
党政综合办（人大政协）	优秀人大代表社区联络站	龙华区人大常委会	2023 年 3 月
高峰社区	特别防护期安保工作嘉奖令	中共深圳市龙华区委员会、深圳市龙华区人民政府	2023 年 3 月
深圳市爱图仕影像器材有限公司	2023 年龙华区五一劳动奖状	龙华区总工会	2023 年 4 月
深圳市华思旭科技有限公司	2023 年龙华区五一劳动奖状	龙华区总工会	2023 年 4 月
高峰社区团委	2022—2023 年度龙华区五四红旗团委名单	共青团深圳市龙华区委员会	2023 年 4 月
陶元社区	龙华区五四红旗团委	共青团深圳市龙华区委员会	2023 年 4 月
大浪社区	环保守法示范社区	深圳市生态环境局龙华管理局	2023 年 5 月
大浪社区网格站	平安建设先进社区网格站	深圳市龙华区平安建设中心	2023 年 5 月
大浪街道水围社区团委	感谢信	共青团深圳市龙华区委员会	2023 年 9 月
水围社区	社区工作管理平台应用优秀社区	龙华区数字治理建设领导小组办公室	2023 年 11 月

（续上表）

所在单位	荣誉	授予单位	授予时间
上横朗社区“邻里妈妈团”服务项目	2023 年度龙华区“终身学习品牌项目”	龙华区教育局	2023 年 11 月
党政综合办（人大政协）	优秀委员工作站	政协深圳市龙华区委员会	2023 年 12 月
水围社区党群服务中心	龙华区五星级党群服务中心	中共深圳市龙华区委组织部	2023 年 12 月
水围社区“童眼看世界”儿童小当家培养项目	第三届龙华区“亲邻家园”党群服务星级评选星级项目	中共深圳市龙华区委组织部	2023 年 12 月
赖屋山社区	龙华区“无毒社区”	龙华区禁毒委员会办公室	2023 年 12 月
龙平社区退役军人服务站	优秀服务站	深圳市龙华区退役军人事务局、深圳市龙华区退役军人服务中心	2023 年 12 月
大浪社区党委	定格化管理服务优秀案例	中共深圳市龙华区委组织部	2023 年 12 月
大浪社区黄麻埔先锋服务队	最美先锋服务队	中共深圳市龙华区委组织部	2023 年 12 月
深圳市盛荟集团有限公司	龙华区 2023 年度“十佳爱心企业”	龙华区委宣传部	2023 年 12 月
水围社区计划生育协会	龙华区计划生育协会工作“先进单位”	深圳市龙华区卫生健康局、深圳市龙华区计划生育协会	2024 年 1 月
大浪街道水围社区公共卫生委员会	2023 年“六好”公共卫生委员会	深圳市龙华区卫生健康局	2024 年 1 月
大浪街道水围社区公共卫生委员会：党建引领水围新村建设儿童友好社区	2023 年社区公共卫生服务优秀案例	深圳市龙华区卫生健康局	2024 年 1 月
赖屋山社区	2023 年度龙华区“六好”公共卫生委员会	龙华区卫生健康局	2024 年 1 月
赖屋山社区	2023 年度龙华区社区公共卫生服务优秀案例	龙华区卫生健康局	2024 年 1 月

（续上表）

所在单位	荣誉	授予单位	授予时间
赖屋山社区	2019—2023 年度龙华区先进社区级计生协	龙华区计划生育协会	2024 年 1 月
大浪街道党工委	2023 年龙华区“学习强国”先进单位	龙华区委宣传部	2024 年 3 月
大浪街道“浪花朵朵”巾帼志愿服务中队	龙华区十佳巾帼志愿服务队伍	龙华区妇女联合会	2024 年 3 月
大浪街道赖屋山社区幸福家庭巾帼志愿服务分队	龙华区十佳巾帼志愿服务队伍	龙华区妇女联合会	2024 年 3 月
赖屋山社区妇儿之家	龙华区十佳妇女儿童之家	龙华区妇女联合会	2024 年 3 月
豪恩公司妇儿之家	龙华区十佳妇女儿童之家	龙华区妇女联合会	2024 年 3 月
深圳佰事德文化发展有限公司女主播妇女委员会	龙华区优秀“三新”妇女组织	龙华区妇女联合会	2024 年 3 月
龙华区妇幼保健院妇儿之家	龙华区十佳妇女儿童之家	龙华区妇女联合会	2024 年 3 月
水围社区工联会	2023 年度龙华区工会会员实名认证工作优秀社区工联会	龙华区总工会	2024 年 3 月
新石社区工联会	2023 年度工会经费收缴优秀社区工联会	深圳市龙华区总工会	2024 年 3 月
新石社区工联会	2023 年度建会工作优秀社区工联会	深圳市龙华区总工会	2024 年 3 月
大浪街道社区网格管理中心	2023 年度优秀街道社区网格管理中心	龙华区平安建设中心	2024 年 7 月
大浪街道新石社区网格站	2023 年度优秀社区网格站	龙华区平安建设中心	2024 年 7 月
大浪街道陶元社区网格站	2023 年度优秀社区网格站	龙华区平安建设中心	2024 年 7 月
大浪街道水围社区网格站	2023 年度数字治理工作先进网格站	龙华区平安建设中心	2024 年 7 月

先进个人

省级先进个人

姓名	所在单位	荣誉	授予单位	授予时间
刘庆扬	深圳市国电科技通信有限公司	2023年广东省五一劳动奖章	广东省总工会	2023年4月
张　丹	大浪街道公共服务办（公共服务）	2023年广东省青少年模拟政协提案征集活动“优秀模拟政协提案作品”	共青团广东省委员会	2024年1月

市级先进个人

姓名	所在单位	荣誉	授予单位	授予时间
杨　毅	浪口社区网格组	深圳急救荣誉市民	深圳市急救中心	2023年1月
罗翠芳	大浪街道司法所人民调解员（二级心理咨询师）	2021—2022年度深圳市三八红旗手	深圳市妇女联合会	2023年3月
曲　良	丽荣鞋业（深圳）有限公司	2023年深圳市五一劳动奖章（竞赛类）	深圳市总工会	2023年4月
刘　静	丽荣鞋业（深圳）有限公司	2023年深圳市五一劳动奖章（竞赛类）	深圳市总工会	2023年4月
黄淑娟	深圳计文波服装设计有限公司	2023年深圳市五一劳动奖章（竞赛类）	深圳市总工会	2023年4月
龚　鑫	大浪街道水围社区工作站	2022—2023年度深圳市优秀共青团员	共青团深圳市委员会	2023年5月
李惠玲	赖屋山社区工作站	2022年深圳社工督导之星金星奖（十佳督导）	深圳市社会工作者协会	2023年6月
郑富文	龙平社区工作站	十佳网格员	深圳市社区网格管理办公室	2023年9月
商志勇	同胜社区网格站	优秀网格员	深圳市社区网格管理办公室	2023年9月
郑富文	龙平社区工作站	百优网格员	深圳市社区网格管理办公室	2023年9月
张　丹	大浪街道公共服务办（公共服务）	青春健康教育杰出贡献奖	深圳市计划生育协会	2023年11月

（续上表）

姓名	所在单位	荣誉	授予单位	授予时间
张　丹	大浪街道公共服务办（公共服务）	深圳市第三届青少年模拟提案大赛“职业青年组优秀作品奖”	共青团深圳市委员会	2023 年 11 月
朱宣烨、吴少娴	大浪街道城市管理科	调研成果《深圳城中村物业管理立法的体系构建》获评深圳市依法治市法治深调研课题评审三等奖	中共深圳市委全面依法治市委员会办公室	2024 年 1 月
宋广军	深圳影儿时尚集团有限公司	2023 年度深圳市、区人大代表履职优秀案例	深圳市人大常委会	2024 年 4 月

区级先进个人

姓名	所在单位	荣誉	授予单位	授予时间
汪俊惠	—	龙华区十佳巾帼志愿者	龙华区妇女联合会	2023 年
何建容	大街道陶元社区妇联、大浪街道陶吓股份合作公司董事会、陶元社区长青老龄大学	龙华区十佳巾帼志愿者	龙华区妇女联合会	2023 年
张秀梅	—	第六届龙华好母亲	龙华区妇女联合会	2023 年
谭艳清	同胜社区工作站	部长质量奖	龙华区委组织部	2023 年 1 月
钟宏亮	陶元社区	转运之星	龙华区入境人员转运指挥部	2023 年 1 月
薛慕霞	龙胜社区工作站	龙华区土地整备专项工作通报表扬	龙华区人民政府	2023 年 2 月
刘志扬	党政综合办（人大政协）	龙华区优秀代表联络员	龙华区人大常委会	2023 年 3 月
陈　燕	高峰社区	龙华区三八红旗手	深圳市龙华区妇女联合会	2023 年 3 月
陈　燕	高峰社区	2022 年安保维稳专项工作表现突出先进个人	中共深圳市龙华区委平安龙华建设领导小组办公室	2023 年 3 月

（续上表）

姓名	所在单位	荣誉	授予单位	授予时间
刘国君	龙胜社区工作站	龙华区安保维稳专项工作“通报表扬”	龙华区委平安龙华建设领导小组办公室	2023 年 3 月
陈　芳	龙胜社区工作站	2022 年社区居委会专职工作者社区服务案例评选获“优秀案例”	龙华区民政局	2023 年 3 月
李春萍	同胜社区工作站	龙华区三八红旗手	龙华区妇女联合会	2023 年 3 月
郑伟雄	陶元社区	安保维稳专项	中共深圳市龙华区委、深圳市龙华区人民政府	2023 年 3 月
戴康林	陶元社区	安保维稳专项	中共深圳市龙华区委平安建设领导小组办公室	2023 年 3 月
龙金珍	陶元社区	金牌调解	中共深圳市龙华区委组织部、中共深圳市龙华区委党校	2023 年 3 月
汪卫敏	深圳瑞波光电子有限公司	2023 年龙华区五一劳动奖章	龙华区总工会	2023 年 4 月
吴有才	深圳市控汇智能股份有限公司	2023 年龙华区五一劳动奖章	龙华区总工会	2023 年 4 月
潘　婷	赖屋山社区	五星党员	龙华区委组织部	2023 年 4 月
蒙超琼	大浪街道组织人事办	龙华区 2022 年“争创奋斗型模范机关、争建五星支部、争做五星党员”行动“五星党员”	深圳市龙华区委组织部	2023 年 4 月
张礼雪	水围社区工作站	全区计生协先进工作者	深圳市龙华区计划生育协会	2023 年 4 月
吴少娴	大浪街道城市管理科	2022—2023 年度龙华区优秀共青团员	共青团深圳市龙华区委员会	2023 年 5 月
郑　瑜	深圳市锦森创新贸易有限公司	2022—2023 年度龙华区优秀共青团员	共青团深圳市龙华区委员会	2023 年 5 月
梁淑珍	大浪街道团工委	2022—2023 年度龙华区优秀共青团干部	共青团深圳市龙华区委员会	2023 年 5 月

（续上表）

姓名	所在单位	荣誉	授予单位	授予时间
曾　宇	华荣社区	表扬信	龙华区安全管理委员会办公室	2023 年 5 月
叶李雄	华荣社区	表扬信	龙华区安全管理委员会办公室	2023 年 5 月
蒙超琼	大浪街道组织人事办	优秀会员	深圳市龙华区党务工作者协会	2023 年 6 月
蒙超琼	大浪街道组织人事办	优秀党务工作者	深圳市龙华区大浪街道工作委员会	2023 年 6 月
郑伟雄	陶元社区	龙华区 2022 年度考核优秀嘉奖	中共深圳市龙华区委、深圳市龙华区人民政府	2023 年 8 月
蔡孟西	龙平社区	龙华区垃圾分类达人	龙华区城市管理执法局	2023 年 10 月
李奇隆	陶元社区	第二季度群防群治先进个人	中共深圳市龙华区委政法委员会	2023 年 11 月
朱延国	陶元社区	第三季度群防群治先进个人	中共深圳市龙华区委政法委员会	2023 年 11 月
戴雅丽	水围社区工作站	社区工作管理平台应用优秀个人	龙华区数字治理建设领导小组办公室	2023 年 11 月
潘世营	大浪街道公共服务办（劳动管理）	和谐卫士	龙华区人力资源局	2023 年 12 月
徐　姗	大浪街道公共服务办（劳动管理）	仲裁标兵	龙华区人力资源局	2023 年 12 月
钟雪花	大浪街道公共服务办（劳动管理）	仲裁标兵	龙华区人力资源局	2023 年 12 月
徐显宁	水围社区	表扬通报	中共深圳市龙华区委组织部	2023 年 12 月
谢思晴	赖屋山社区	大浪街道生育关怀志愿者服务队优秀管理员	龙华区大浪街道计划生育协会	2023 年 12 月
何福生	赖屋山社区	群防群治先进个人	龙华区委政法委员会	2023 年 12 月

（续上表）

姓名	所在单位	荣誉	授予单位	授予时间
蒙超琼	大浪街道组织人事办	第三届龙华区“亲邻家园”“党群安全守护者”	深圳市龙华区委组织部	2023 年 12 月
彭敏忠、谢建花家庭	—	龙华第五届“好家训好家风好家庭”	龙华区委宣传部	2023 年 12 月
刘茂珍	—	龙华区第九届“闪亮龙华人”	龙华区委宣传部	2023 年 12 月
吴春风	—	龙华区第九届“闪亮龙华人”	龙华区委宣传部	2023 年 12 月
李　柱	新石社区工作站	退役军人服务保障体系“优秀站长”	龙华区退役军人服务中心	2023 年 12 月
谢思晴	赖屋山社区	社区公共卫生服务优秀工作者	龙华区卫生健康局	2024 年 1 月
谢思晴	赖屋山社区	先进个人（2023 年优秀会员）	深圳市龙华区计划生育协会	2024 年 1 月
谢燕媚	龙平社区	2019—2023 年度全区计划生育协会先进个人（志愿者）	深圳市龙华区计划生育协会	2024 年 1 月
袁莉莉	龙平社区	2019—2023 年度全区计划生育协会先进个人（会员）	深圳市龙华区计划生育协会	2024 年 1 月
郭　忆	龙平社区	社区公共卫生服务优秀工作者	龙华区卫生健康局	2024 年 1 月
高沁渝	大浪街道组织人事办	奋斗先锋	深圳市龙华区委组织部	2024 年 1 月
钟细妹	大浪街道党群服务中心	第三届龙华区“亲邻家园”党群服务星级评选“微笑服务之星”	深圳市龙华区委组织部	2024 年 1 月
肖天宝	新石社区工作站	实干先锋奖	龙华区群团工作部	2024 年 1 月
谭　觅	新石社区工作站	第三届龙华区“亲邻家园”党群服务星级评选“金牌讲解员”	龙华区委组织部	2024 年 1 月

（续上表）

姓名	所在单位	荣誉	授予单位	授予时间
袁毓文	大浪街道司法所	龙华区 2023 年度司法行政“先进个人”	龙华区司法局	2024 年 2 月
李冰梅	大浪街道司法所	龙华区 2023 年度司法行政“先进个人”	龙华区司法局	2024 年 2 月
李国英	大浪街道司法所	龙华区 2023 年度司法行政“先进个人”	龙华区司法局	2024 年 2 月
蔡素思	赖屋山社区网格妇联	龙华区十佳网格妇联“格姐”称号	龙华区妇女联合会	2024 年 3 月
任文文	龙平社区网格站	2023 年度十佳网格员	龙华区平安建设中心	2024 年 3 月
周　波	新石社区网格站	2023 年度十佳网格员	龙华区平安建设中心	2024 年 3 月
杨桂花	大浪街道社区网格管理中心	2023 年度网格系统优秀个人	龙华区平安建设中心	2024 年 3 月
林跃斌	大浪街道社区网格管理中心	2023 年度网格系统优秀个人	龙华区平安建设中心	2024 年 3 月
罗远松	大浪街道社区网格管理中心	2023 年度网格系统优秀个人	龙华区平安建设中心	2024 年 3 月
谢敏仪	大浪街道社区网格管理中心	2023 年度民意速办优秀个人	龙华区平安建设中心	2024 年 3 月
吴伟强	大浪街道社区网格管理中心	2023 年度网格调解员优秀个人	龙华区平安建设中心	2024 年 3 月
陈小红	大浪社区网格站	2023 年度优秀网格员	龙华区平安建设中心	2024 年 3 月
陈楚霞	大浪社区网格站	2023 年度优秀网格员	龙华区平安建设中心	2024 年 3 月
廖文辉	新石社区网格站	2023 年度优秀网格员	龙华区平安建设中心	2024 年 3 月
周　波	新石社区网格站	2023 年度优秀网格员	龙华区平安建设中心	2024 年 3 月
彭洪锦	新石社区网格站	2023 年度优秀网格员	龙华区平安建设中心	2024 年 3 月
欧虹利	浪口社区网格站	优秀网格员	龙华区平安建设中心	2024 年 3 月

（续上表）

姓名	所在单位	荣誉	授予单位	授予时间
陈幼玲	浪口社区网格站	优秀网格员	龙华区平安建设中心	2024 年 3 月
黄志伟	水围社区网格站	优秀网格员	龙华区平安建设中心	2024 年 3 月
林一琳	水围社区网格站	优秀网格员	龙华区平安建设中心	2024 年 3 月
李　博	华荣社区网格站	优秀网格员	龙华区平安建设中心	2024 年 3 月
朱北光	华荣社区网格站	优秀网格员	龙华区平安建设中心	2024 年 3 月
卢扬达	华荣社区网格站	优秀网格员	龙华区平安建设中心	2024 年 3 月
张杏芳	赖屋山社区网格站	优秀网格员	龙华区平安建设中心	2024 年 3 月
杨正辉	同胜社区网格站	优秀网格员	龙华区平安建设中心	2024 年 3 月
陈业辉	同胜社区网格站	优秀网格员	龙华区平安建设中心	2024 年 3 月
叶琦	上横朗社区网格站	优秀网格员	龙华区平安建设中心	2024 年 3 月
张宇洋	高峰社区网格站	优秀网格员	龙华区平安建设中心	2024 年 3 月
刘耀辉	高峰社区网格站	优秀网格员	龙华区平安建设中心	2024 年 3 月
李毅冉	陶元社区网格站	优秀网格员	龙华区平安建设中心	2024 年 3 月
程必光	陶元社区网格站	优秀网格员	龙华区平安建设中心	2024 年 3 月
李万金	陶元社区网格站	优秀网格员	龙华区平安建设中心	2024 年 3 月
李德发	龙胜社区网格站	优秀网格员	龙华区平安建设中心	2024 年 3 月
许德君	龙平社区网格站	优秀网格员	龙华区平安建设中心	2024 年 3 月
林云霞	水围社区	龙华区十佳社会工作者	深圳市龙华区民政局	2024 年 4 月

大浪街道各社区人口分布及密度情况

（人口数及密度因统计时点差异，存在动态变化可能）

序号	社区（由密到疏）	人口数/人	面积/千米^2	密度/（人·千米^2）
1	华荣社区	68812	1.12	61384
2	高峰社区	60210	1.85	32546
3	水围社区	60901	2.10	29056
4	浪口社区	52193	2.10	24818
5	龙胜社区	24058	1.18	20388
6	同胜社区	41175	2.60	15818
7	龙平社区	36713	2.82	13019
8	赖屋山社区	19606	1.83	10737
9	新石社区	66496	6.55	10152
10	上横朗社区	22221	2.21	10055
11	大浪社区	45000	5.5	8182
12	陶元社区	60869	8.12	7496
总计	大浪街道	565252	37.83	14942

辖区五年间各类“四上”企业数量变化情况

年份	规模以上工业	限额以上批发和零售业	限额以上住宿和餐饮业	规模以上服务业	有资质的建筑业	房地产开发经营业	累计数
2019 年	425	153	13	80	15	8	694
2020 年	472	191	14	98	20	10	805
2021 年	552	250	18	128	21	12	981
2022 年	560	333	25	165	26	14	1123
2023 年	512	361	27	190	38	15	1143

大浪街道十大数字产业链企业情况

序号	十大产业链	企业数/个	产值/亿元
1	工业互联网	65	117. 32
2	区块链	10	1. 79
3	人工智能	40	127. 05
4	集成电路	174	136. 40
5	新型显示	224	303. 83
6	智能制造装备	162	267. 75
7	消费互联网	57	77. 00
8	时尚创意	63	70. 14
9	数字文化	28	6. 67
10	生命健康	17	16. 35
总计		840	1124. 30

大浪街道“11+6”产业链群企业名单

链群分类	链群类型	企业数/个	2023 年产值/亿元
1	智能终端产业	23	104. 69
2	半导体与集成电路产业	174	136. 40
3	新能源产业	25	41. 68
4	安全节能环保产业	5	2. 04
5	网络与通信产业	44	106. 67
6	精密仪器设备产业	5	3. 17
7	高端医疗器械产业	4	4. 06
8	智能传感器产业	4	1. 52
10	激光与增材产业	20	33. 74
11	现代时尚产业	63	70. 14
14	区块链产业	10	1. 79
17	可见光通信与光计算产业	23	28. 78
总计		400	534. 68

大浪街道2023年经济高质量发展工作方案

为全面贯彻落实高质量发展要求，推动我街道经济运行稳中求进、稳中向好，坚决完成各项经济指标任务，加快推进“时尚、数字、生态、人文”大浪发展，全力推动辖区经济高质量发展，特制定本方案。

一、工作目标

坚持以习近平新时代中国特色社会主义思想为指导，全面贯彻落实党的二十大精神、中央经济工作会议精神，深入贯彻习近平总书记对广东、深圳系列重要讲话和重要指示精神，按照省委十三届二次全会、市委七届六次全会和省委、市委经济工作会议决策部署，以及区二届二次党代会、区委经济工作会议具体要求，坚持高质量发展工作总目标，坚持稳中求进工作总基调，把扩大内需战略同深化供给侧结构性改革有机结合起来，推动街道经济发展量质齐升，确保主要经济指标全面完成目标任务，为全面建设“数字龙华、都市核心”作出大浪的更大贡献。

二、主要措施

（一）强化激励推动工业稳增长。力争实现规上工业增加值增速8%，不断增强工业经济动力。**加大激励政策宣传力度，**增强企业挖潜增效信心，全年举办2场以上规上工业企业激励政策宣讲会，积极宣传市、区两级扩产增效奖励政策，激发各类工业企业增资扩产积极性。**稳定重点企业产能布局，**发挥重点企业“一对一”服务机制，快速协调解决企业发展诉求，当好企业“传话人”，每月上门走访服务企业30家，确保企业诉求解决率达95%；密切沟通辖区重点企业，力争科达利、美糖科技等高增长企业保持增速稳定，隆利科技、丽荣鞋业等12家负增长企业尽快转正。**大力扶持规下企业，**全年举办2场规下政策宣讲会，确保规下企业用好用足惠企政策。加大摸排力度，全年推动10家以上创新能力强、成长性好的规下企业及时纳入样本

库。［责任单位：经济服务办（经济服务）］

（二）大力拓展产业发展空间引导升级转型。充分用好用足现有750万平方米产业空间，全年争取新增20万平方米产业用房面积，为产业发展提供坚实空间保障。**加快完成空置厂房、写字楼摸底工作**，对大浪时尚小镇、天诚工业园、恒大时尚慧谷等重点园区厂房、写字楼空置情况进行摸底，每半个月定期更新，促进产业空间供给、需求的动态平衡。**全力推进“工业上楼”行动**，重点推进建泰、科伟达工业区等“工改工”项目于2023年内开工建设；紧抓国乐科技园等现有重点“工业上楼”项目，强化科技创新引领，发力“专精特新”，推动国乐科技园专业化、精细化、特色化发展，争取引进20家优质中小微企业，打造成为高新技术企业孵化园区。**争取新增认定2～3个数字经济园区，打造一批高水平特色示范园区**。引进顶层品牌，瞄准高端商旅人群，构建高质量商业集群，助力联建工业园形成集数字制造、商业文旅为一体的特色示范园区。发挥政府物业优势，积极对接区投管、企服中心，加大招商引资力度，将恒大时尚慧谷打造成为宜业、宜居、宜商的总部基地。利用天诚工业园高层高、高承重、大空间的优势，着力引进2家以上中大型数字化企业，布局自动化、数字化生产线，打造智能制造、装备制造示范园区。依托紫荆双创园“国家级孵化器”、颐丰华产业园“市级优秀产业园”等产业载体，孵化培育不少于10家科技型中小企业，形成良好的“众创空间－孵化器－加速器”一体化企业培育机制。推动市场化运营，引导集体物业引进高水平物业管理团队，推动集体旧工业厂房升级改造，引导产业转型升级；同时依托市、区国有资本平台，加大园区企业上市培育，引导集体经济多样化经营发展，摆脱传统单一“收租经济”经营状况，推进辖区产业基础高级化、产业链条现代化，实现能级和核心竞争力显著提升。［责任单位：经济服务办（经济服务）、经济服务办（集体资产）、城市建设办（城建）、土地整备中心］

（三）加快推进土地整备工作。**推动存量土地提质增效**，加强工业用地整备，强化土地要素保障，服务重点项目建设，持续推动大浪中心片区、浪口河坑工业区、同富邨工业园等连片升级改造，满足优质项目用地需求。**大力盘活用地资源**，推进新围地块、颐丰华医疗地块等7个利益统筹项目土地整备，力争2023年完成入库30万平方米，完成年度减存量任务60万平方米，为优化产业发展空间、增进民生福祉腾出更多土地资源。［责任单位：土地整备中心、执法二中队、城市建设办（城建）、经济服务办（经济服务）］

（四）加大招商引资工作力度。力争全年引进3个以上优质项目，其中十亿级企业2家，增添持续发展动力。**制订赴长三角、京津冀等重点地区招商推广计划**，大力开展境内各地“双招双引”“上门招商”活动，争取全年开展招商活动4场以上，上半年不少于2场。**细化产业链招商图谱**，加强与福田、南山等先进区的联动，聚焦华为、迈瑞医疗、富士康等重点企业产业链上下游进行招商，进一步增强产业链韧性和竞争力。**加快推动优质项目落地发展**，加快路华集团等在谈企业落地，确保衡亿安、佰创电子等已落地项目尽快开工，形成压茬纳统招商引资大趋势。**提质壮大产业集群**，助力园区招大引强，依托国乐科技园、紫荆双创园等数字经济优势资源，与园区开展联合招商活动5场以上，大力引进优质客户，打造一批数字经济产业集群；争取引进1家行业协会，依托行业协会和优质产业空间推动产业链招商，形成产业集聚效应，打造一批高水平特色产业园，衍生探索集群经济新的发展路径。［责任单位：经济服务办（经济服务）、党政综合办（统战政协）］

（五）全面提升服务企业实效。**落实街道领导挂点走访方案**，加快制订街道领导挂点服务企业和园区工作方案（附件1），及时掌握企业经营动态，精准高效开展企业服务，提振企业发展信心。**大力协调解决企业发展诉**

求，认真开展“我为企业找订单、我为企业找资金、我为企业找人才、我为企业优环境”系列活动，支持50家次以上企业参加各类展会，助力开拓国内外市场。**用足用好“1+N+S”产业扶持政策**，针对企业关注的空间供给、融资成本、创新人才团队引进等问题，开展金融服务对接会、惠企政策宣讲会12次，帮助企业解决发展痛点问题，帮助企业尽享惠企政策红利。**推动军民融合发展**，加大对现有军民融合企业的服务力度，走访指导企业20家次，鼓励辖区高科技企业参与军工生产研发并将名单定时反馈区军民融合办；大力引进军民融合企业，促进资源对接共享及产业协作配套，促进更多军民融合企业汇聚大浪，打造军民融合示范点。［责任单位：各机关事业单位、各社区工作站］

（六）加大人才招引力度。**精准匹配企业用工需求**，建立完善企业岗位储备库，全年举办春风行动公益招聘活动10场，高校生招聘会、逢十招聘会26场，线上招聘会30场，助力企业快速恢复产能，夯实企业发展人才基础。**助力辖区企业招才引智**，充分对接市区人力资源局，积极发动辖区企业参与各类校企人才对接会、组团招聘进校园、校企联合培养等活动，积极推进重点企业成立青年就业实践基地，帮助企业引进心仪人才。**推动“青年驿居”项目建设**，积极对接区人才安居公司，利用可移动模块化建筑户型模块化、建筑灵活组合、快速智能建造、可拆卸易地重装等特性，充分利用辖区大型园区、大型企业、新建学校、轨道交通站点周边的国有储备土地、企事业单位自有用地以及集体闲置土地，采用定制化与市场化相结合的方式，建设一批“青年驿居”项目，精准解决大型园区青年职工住房需求，实现职住平衡。［责任单位：公共服务办（劳动管理）、党政综合办（财务管理）、城市建设办（城建）、城市建设办（前期）、建设工程事务中心、土地整备中心、应急管理办（消安）、经济服务办（经济服务）、经济服务办（集体资产）、执法二中队］

（七）培育壮大优质企业。**加快企业上市步伐**，紧紧围绕今年企业上市的工作目标，抢抓机遇，集中攻坚，加强智信精密、豪恩等竞争能力强、发展潜力高的优质企业上市培育，组织20家次企业参加上市辅导培训会，全年开展上市培训会不少于2次，力争上市企业新增2家。**完善企业梯度培育体系**，主动靠前服务，引导企业规范、准确申报，做好培育辅导、申报认定、享受优惠等阶段的全程服务，助推企业创新发展，做大企业培育蓄水池，争取新认定国高企业200家、专精特新企业100家以上。**加强知识产权保护**，积极对接市场监督管理局龙华管理局，依托龙华区知识产权服务中心，力争打造1个知识产权保护服务站，为辖区企业提供助企政策咨询和知识产权业务服务，支持鼓励企业进行高价值专利创新挖掘与市场布局；结合世界知识产权日，在大型商圈、工业园区组织开展不少于1场知识产权保护政策宣传活动，有效提升企业创新能力。［责任单位：经济服务办（经济服务）、市场监督管理局龙华管理局大浪所、党政综合办（财务管理）、党政综合办（统战政协）、小镇党委］

（八）提升金融服务实体经济能力。**助力金融业集聚壮大**，积极对接区金融局，协助引导融资租赁、担保等优质金融机构落户布局，链接银行、证券等金融资源，充分发挥街道、社区等基层力量，引导做深做实金融驿站项目。**加大对实体企业金融支持**，鼓励金融机构加大对“12+4”产业集群等重点项目、优质企业的支持力度，联合各金融机构开展多层次、多样化银企对接活动6场以上。［责任单位：经济服务办（经济服务）］

（九）大力挖掘消费增长潜力。力争实现社会消费品零售总额突破250亿元、增长7%，住宿餐饮业增长10%。认真落实《2023年深圳市龙华区关于全面促进消费提质升级的实施方案》，**推动消费龙头企业保持稳定增长**，积极挖掘新的消费增长点，增强消费能力，改善消费条件，创造消费场景，鼓励绿联科技、影恩诗等大型消费企业保持增长势头。**积极培育消费新业态，**鼓励发展首店经济、夜间经济、直播经济等数字消费新业态，搭建直播电商公共资源服务平台，指导影儿、梵思诺、卡尔丹顿等已开展直播的企业规范化销售，满足顾客购物体验；着力发展网红直播消费，支持直播企业、MCN 机构入驻，推动辖区丽荣鞋业、爱特爱等传统服装企业打造自有直播电商品牌，发展“线下门店 + 线上购物”销售新模式。**加快推进重点商圈建设，**高质量打造大浪商业中心夜间经济示范点，针对青年群体喜爱轻便茶饮、夜间休闲娱乐的生活习惯发展网红茶饮街、后浪夜娱酒吧街等特色业态；依托特斯拉、大众等汽车品牌打造汽车销售一条街，助推形成集休闲、娱乐、购物、商住于一体的消费打卡点和网红打卡首选地。**持续提升夜间经济示范点，**引导元芬微棠美食街、华昌路美食街等多个特色街区改造提升，打造多元化特色消费、旅游观光名片，培育更多新的经济增长点，进一步激发市场活力，提升消费能级，推动商业和消费高质量发展。［责任单位：经济服务办（经济服务）、党建工作办（宣传）、小镇党委、执法一中队、执法二中队、执法三中队、城市管理科、市政管理服务中心、市场监督管理局龙华管理局大浪所］

（十）激发时尚小镇发展活力。协调落实《深圳市龙华区关于支持大浪时尚小镇时尚产业发展的若干措施》，**推进“数字 + 时尚”融合发展，**加快时尚产业人工智能创新应用示范中心建设，推动企业发展直播新业态；积极推动小镇融入前海科技联动体系，加强深港数字与时尚产业合作，推动时尚与科技、生产、生活、文化、旅游、商贸融合发展。**扩大小镇品牌影响力，**举办中国纺织创新年会·设计峰会等国家级行业活动，深化与深圳时装周合作，高标准举办“大浪杯”中国女装设计大赛，全面提升龙华大浪会场的影响力和话语权。**盘活时尚产业空间，**通过时尚之心土地整备、石凹第二工业区升级改造、浪静路二次升级改造等项目，提升空间品质，打造具有鲜明 IP 的时尚文化阵地、艺术公园综合体、创意人才聚集区。［责任单位：小镇党委、城市建设办（城建）、土地整备中心、经济服务办（经济服务）］

（十一）全面推进乡村振兴工作。深化紫金现代农业产业体系建设，依托紫龙现代农业产业园，加快拓展茶叶特色产业种植规模，打造茶产业种植基地，链接苏区红色文化、非遗资源打造红旅、茶旅、农旅深度融合的产业示范带，推动形成镇域特色产业发展集聚区，大力发展绿色经济、美丽经济。**推动粤桂协作地区“一县一园”建设，**协助罗城仫佬族自治县对口帮扶村大力发展特色种植业，建设毛木耳、黑木耳生产加工基地，因地制宜发展富民兴民产业，持续拓宽脱贫群众增收渠道，打造粤桂帮扶协作巩固拓展脱贫攻坚成果示范点。**强化消费帮扶，**依托龙华爱心帮扶超市、“圳帮扶”电商等消费帮扶平台，积极搭建机关单位、学校、企业与协作地区农特产品供需对接桥梁，通过带头帮扶采购、发动群众参与等多种形式助力，确保完成本年度 350 万元的消费帮扶目标。［责任单位：经济服务办（经济服务）、党政综合办（财务管理）、党政综合办（统战政协）、党政综合办（机关事务）、总工会］

（十二）稳步推进固定资产投资。力争完成区下达的 178 亿固定投资任务、街道 2.99 亿元政府投资任务。**完善固投调度工作机制，**定期召开固定资产投资协调会，推动重点难点问题高效解决，提高项目入库效率。**紧盯辖区重点项目，**加大力度协调推进建泰城市更新项目、赤岭头一片区更新单元、上下横朗城市更新单元等重点项目开工建设，抓细抓紧项目建设前期手续、施工进度、入库统计等工作，实现项目快落地、快开工、快建设、快入库。**深度挖潜在库项目投资潜力，**全面摸排掌握辖区建设项目进展情况，推动潭罗一期、龙胜车辆段上盖物业、能源生态园、“瓶改管”等项目加快建设进度，促进投资稳定增长。**全面抓实工业投资工作，**深挖英泰三期、万众城等工业投资潜力，加快推动衡亿安、佰创电子、富芯晶圆等储备项目入库，全年力争完成50家工业技改项目，实现量质齐升。［责任单位：城市建设办（城建）、城市建设办（前期）、建设工程事务中心、土地整备中心、小镇党委、经济服务办（经济服务）］

（十三）高标准完成统计工作。**加强企业统计业务指导，**扎实做好对辖区1097家“四上”企业的统计业务指导工作，分专业、分批次扎实做好重点企业、新增企业统计业务培训，确保统计数据真实、准确、完整，上报及时；抓好辖区85家规下工业样本企业走访服务，加强填报指导，确保数据应统尽统。**做好新增纳统工作，**与市监、税务等部门加强联动，及时掌握新引进企业情况，积极宣传“小升规”扶持政策，提升企业入库积极性，力争年内新增200家“四上”企业。**加强统计队伍建设，**通过培训学习、组织统计大比武活动等方式，强化统计知识学习，全年开展统计员业务之家活动不少于2期，夯实统计人员业务能力。［责任单位：经济服务办（经济服务）］

（十四）高质量做好第五次全国经济普查工作。**科学谋划统筹经济普查工作，**强化组织领导，5月前成立普查工作领导小组，明确各单位职责分工，全方位做好经费、物资、人员等保障，保质保量完成经普工作任务。**健全普查工作机制，**加强普查员和普查指导员选调、培训与管理，明确“两员”工作职责、目标、要求，夯实普查工作基础；加强督促检查、跟踪问效、政策激励，提高普查工作质效。**强化宣传引导作用，**充分发挥各类宣传渠道作用，依托社区网格，广泛动员和组织社会力量积极参与，引导广大普查对象依法配合普查、全社会积极参与普查，为顺利实施经济普查营造良好的社会氛围。［责任单位：经济服务办（经济服务）、纪工委、党政综合办（办公室）、党政综合办（财务管理）、党政综合办（机关事务）、组织人事办、党建工作办（宣传）、公共服务办（社会事务）、公共服务办（卫健计生）、综合治理办（综治维稳）、司法所、城市建设办（城建）、经济服务办（集体资产）、城市管理科、建设工程事务中心、社区网格管理中心、应急管理办（安监）、市场监督管理局龙华管理局大浪所、大浪派出所、龙华派出所、各社区工作站］

（十五）大力推进节能减排。**打造分布式光伏应用示范项目，**联系接洽深能源、中华煤气等新能源公司10家以上，逐步扩大可再生能源发电规模，建成年发电量不少于2万千瓦的分布式光伏项目，积极推进可再生能源利用，推动产业结构绿色转型。**推动先进节能技术应用，**引导各类用能单位在新建或改造项目中更多应用节能降碳绿色技术，集约建设充电桩、多功能智能杆等，加大高能效站点模式运用。**深化园区综合能源服务，**推动工业企业、园区加强用能管理，协同推进大中小企业节能提效，建设园区新型多元储能、智慧能源管控系统等项目，带动传统制造业绿色化循环化发展。［责任单位：经济服务办（经济服务）、党政综合办（机关事务），党政综合办（财务管理）、公共服务办（卫健计生）、城市建设办（城建）、执法二中队、各社区工作站］

（十六）强化营商环境廉政建设。**设立一批营商环境监测点，**兼顾不同区域、不同行业、不同规模的企业，完成12家营商环境监测点试点工作；对街道党员干部及公职人员的服务态度、工作效率、纪律作风、规范执法、审批效能等行为进行监督，着力发现并纠正承诺不兑现、支持不到位、惠企政策“空转”等问题，为大浪经济发展提供坚强纪律保障。**优化监管体系规范执法行为，**严格规范涉企执法，开展涉企执法专项监督，各执法单位科学制定抽查比例和频次，切实解决涉企执法不规范不统一、选择性执法、多头执法等企业反映较多的问题。［责任单位：纪工委、组织人事办、公共服务办（劳动管理）、应急管理办（安监）、应急管理办（消安）、执法一中队、执法二中队、执法三中队、市场监督

管理局龙华管理局大浪所、各社区工作站]

（十七）守好筑牢安全生产底线。加大安全巡查力度，建立各类巡查隐患台账，做好辖区安全巡查整治工作，应急管理办（安监）负责对工业园区每半年进行至少1次全覆盖检查，经济服务办（经济服务）对商超、非星级酒店、废品站、商业运营新能源充电桩等每季度至少检查1次。**深入推进工业园区转供电工作，**持续跟进工业园区转供电升级改造进度，完成区下达的任务目标，及时开展勘察、设计、签订合同和施工工作等，确保顺利进场施工及时通过项目验收。**抓好城中村供用电安全专项整治工作，**积极推进区下达的21台重过载变压器增容改造任务，确保5月底前全部完成；大力推进市下达的6个城中村变电装置过载整治任务，6月底前完成福轩新村、八九区城中村整治，年底前完成玉田新村等4个城中村任务量。加快取消供电“中间层”，减轻企业及居民用电负担，助力营商环境优化，为经济健康发展保驾护航。[责任单位：经济服务办（经济服务）、应急管理办（安监）、应急管理办（消安）、应急管理办（交安）、城市建设办（城建）、城市建设办（前期）、城市管理科、执法一中队、执法二中队、社区网格管理中心、市政管理服务中心、市场监督管理局龙华管理局大浪所、大浪环保所、大浪派出所、各社区工作站]

三、保障措施

（一）压实目标责任

各部门要高度重视，按照部门职能分工落实各项目标任务，涉及多部门配合联动的，牵头部门要加强统筹，主动推进，与相关配合部门共同推进。各责任单位对照目标，制定具体落实措施，细化量化到具体岗位和人员，积极稳妥推动工作落实。

（二）加强信息报送

各部门要履行好部门职责，建立工作台账，指定专人定期报送企业走访服务情况，请各相关部门、各社区工作站落实好定期报送企业走访工作情况任务。各责任部门要关注重点企业诉求，做好问题反馈和后续处理进度跟踪。

（三）强化监测预警

街道领导班子每月召开经济工作进度会议，经济服务办（经济服务）要做好各分项指标的监测，动态跟踪工作进展，对进度较慢的，及时向有关部门提出预警。请各相关部门、各社区工作站每季度填写并报送责任分工及进度安排表，经济服务办（经济服务）对各部门反馈的重点企业、重点项目问题，主动予以协调，提供业务指导，确保企业数据准确，把握经济发展趋势，进一步提高宏观经济政策的预见性和针对性。

（四）加强督查落实

党政综合办（办公室）、纪工委加强对各部门指标任务完成情况的跟踪、检查和督促，加大对相关工作的考核力度，强化责任意识，确保各有关部门的工作落在实处。

2023年高质量推进法治大浪建设工作方案

为全面贯彻落实党的二十大精神和习近平法治思想，高质量推进法治大浪建设，根据《法治龙华建设规划（2022—2025年）》等法治建设工作指南以及省、市、区相关工作部署和要求，结合“法治深圳建设”指标项目，制定本方案。

一、总体要求

坚持以习近平新时代中国特色社会主义思想为指导，深入践行习近平法治思想，把大浪建成习近平法治思想的生动实践地和精彩演绎地。坚持以中央全面依法治国委员会《关于支持深圳建设中国特色社会主义法治先行示范城市的意见》为引领，在龙华区“全面创建全国基层法治示范区”中勇当尖兵，以优良的法治环境、高标准的法治水平为打造“时尚数字、生态、人文”大浪提供坚实法治保障。

二、坚持党的领导，全面构建法治保障机制

（一）强化组织领导

为高质量推进法治大浪建设，确保各项工作任务落实落地，决定成立高质量推进法治大浪建设工作领导小组，具体如下：

组长：梁嘉　党工委书记

文良方　党工委副书记、办事处主任

副组长：街道领导班子成员及副处级以上干部

成员：街道各机关事业单位、社区工作站

领导小组下设办公室，负责统筹协调法治大浪建设各项工作。办公室设在司法所，主任由胡舸磊同志兼任，副主任由龙燕倩同志兼任。

（二）健全工作机制

1. 高标准统筹推进机制：司法所作为高质量推进法治大浪建设工作领导小组办公室要充分发挥牵头抓总作用，科学谋划，高标准统筹推进各项工作任务，小组成员单位要认真履职尽责、密切配合，努力形成法治大浪建设的强大合力。领导小组各成员单位“一把手”要切实履行第一责任人职责，不断增强思想自觉和行动自觉，做到重要工作亲自部署、重大问题亲自过问、重点环节亲自协调、重要任务亲自督办。领导小组组长至少每半年召开一次工作推进会，听取有关工作汇报，研究部署法治大浪建设重点工作；领导小组办公室至少每季度对法治大浪建设工作落实情况进行通报，有效督促、倒逼相关任务开展，真正把各项工作纳入法治化轨道。

2. 高质量依法决策机制：司法所应当高质量加强街道重要事项法制审核工作，街道办事处重要行政决策出台应当经过驻队（部门）律师、街道法律顾问合法性审查后，再提交集体讨论及决策，严格落实“合法性双审双查”制度。根据《广东省重大行政决策程序规定》，送请合法性审查，应当提供书面函件，函件主要内容应该包括：决策事项的来龙去脉，拟解决的法律问题，有关法律法规、规章等依据及决策承办部门驻队（部门）律师的书面合法性审查意见等。提供的材料不符合要求的，可以退回或者要求补充。送请合法性审查，应当保证必要的审查时间，一般不少于7个工作日。补充材料的时间不计入合法性审查期限。

3. 高效能联动协调机制：司法所应当高效能加强整合街道法律顾问、驻队（部门）律师、社区法律顾问三支法律队伍资源，形成“周反馈、月例会、季通报、半年盘点、年度总结”工作机制，加强法律事务的沟通交流，对重大事务及时开展专题商讨、集体讨论。加强法治队伍建设，充分发挥其专业优势、实践优势和职业优势，在合法性审查、规范执法、为群众提供公共法律服务等方面发挥积极作用，努力提升法治大浪建设水平。

（三）加强法律资源有机融合，整合法律队伍力量

司法所加强统筹街道法律队伍力量，整合政府法律顾问、驻队（部门）律师、社区法律顾问三支法律队伍资源，加强法治

队伍建设，开展规范化、精细化管理，激活法律服务队伍工作热情，充分发挥其专业优势、实践优势和职业优势，在合法性审查、规范执法、为群众提供公共法律服务等方面积极发挥作用，努力提升法治大浪建设水平。

1. 设立准入制度。为提升法律队伍力量的整体水平，确保队伍的正规化、专业化和职业化，各部门可以按照实际工作需要，确定配置律师的条件。但被选取作为法律顾问的律师事务所必须有 3 名以上专职律师，内部制度健全；选取作为法律顾问的律师必须政治立场坚定，至少具有 1 年以上的执业经历，3 年内未受过行政处罚或行业处分。

2. 实行备案制度。各部门需将聘用的律师事务所基本情况、驻队（部门）律师人员名单、聘用合同等报司法所备案，遇人员调整及时报备。经济服务办（集体资产）负责统筹辖区股份合作公司法律服务购买、工作开展情况并报司法所备案，司法所负责统筹各社区法律服务购买、工作开展情况等。

3. 加强工作指导。一是完善基本工作制度。司法所牵头全面介入、深度指导律师开展工作，通过“周反馈、月例会、季通报、半年盘点、年度总结”工作机制从“被动法律审查”转向“主动参与谋划”。通过联席会议、信息报送等制度掌握、了解律师工作开展情况，及时研究解决工作中遇到的困难和问题，指导开展各项法律服务工作。二是建立工作台账。每个部门必须建立律师服务工作台账。律师每次提供服务时必须认真填写法律服务的时间、对象、内容和结果等。工作台账要一次一记、一部门一卷。部门主要负责人要对律师每次填写的内容予以确认。三是建立工作上报制度。各部门确定一名联络员（非驻点律师），于每周五及每月最后一个工作日上午下班前，将工作开展落实情况、典型案例、经验做法、遇到的问题和困难等以书面形式通过协同网报送至司法所账号。（司法所联络员李冰梅，电话：29671783；粤政易 E 平台法治大浪建设联络员群）

4. 定期检查考核。各部门结合工作要求和工作职责，建立全面覆盖的量化指标考核体系，每年定期对律师工作进行考核。考核手段包括检查台账、听取工作汇报等，检查和评估结果要向司法所备案。对按工作职责要求完成任务的，可以继续聘用；对没按工作职责要求完成任务的，建议不再聘用；对律师在执业过程中违法违规的，由其承担相应的刑事、行政责任或行业处分。［责任单位：司法所、党政综合办（财务管理）、综合治理办（综治维稳）、应急管理办（安监）、经济服务办（集体资产）、综合科、执法一中队、执法二中队、土地整备中心］

三、坚持依法执政，全面落实科学民主合法行政决策

（一）党政主要负责人履行法治建设职责

党政主要负责人履行推进法治建设第一责任人职责并积极组织宪法法律等学法活动。党政主要负责人及其他领导班子成员履行推进法治建设职责及将学法守法用法情况纳入个人年终述职报告，每年按要求提交。

推进“街道－社区”两级述法全覆盖，探索述法主体扩大化，在原有街道领导班子成员述法的基础上，将主体范围向社区党委工作站主要负责人延伸，加强基层法治建设水平。（责任单位：司法所、社区工作站）

（二）严格落实法治政府建设年度工作报告制度

每年按时保质向区委区政府、上级有关部门提交本街道的法治政府建设年度工作报告，抄送区司法局，并在“龙华政府在线”向社会公开。［责任单位：司法所、党政综合办（办公室）］

（三）加强宪法学习宣传教育

积极推进“12・4”国家宪法日宣传活动，上报“12・4”国家宪法日宣传方案、总结以及由街道办领导带队参加主场活动。自行组织专项宪法宣传活动并邀请市级媒体报道，自行设计原创法治公益广告（包括海报、视频、音频）并发布。（责任单位：司法所）

（四）落实领导干部学法

按要求落实省市关于领导干

部学法的相关要求，组织街道中层以上领导干部参加法治专题培训班或者宪法法治专题讲座等学法活动达2次及以上。（责任单位：司法所）

（五）组织旁听法院庭审活动

根据工作岗位的实际需求，每季度至少组织一次街道领导、中层干部、执法工作人员、社区党委书记、股份公司董事长等现场旁听庭审活动，开展生动直观的法治教育。（责任单位：司法所）

（六）落实重大决策合法性审查制度

一是强化依法决策意识，严格遵循法定权限和程序作出行政决策，确保决策内容合法，着力提升重大决策公信力和执行力。参照《广东省重大行政决策程序规定》，进一步完善重大决策“合法性双审双查”制度，决策承办部门驻点律师对重大决策进行合法性初审，再交由街道法制办开展合法性审查，最后提交集体讨论、决策。决策承办部门向法制办送请合法性审查，应当提供决策草案及相关材料，包括有关法律法规、规章等依据和履行决策法定程序的说明及部门驻点律师合法性审查意见等。提供的材料不符合要求的，法制办可以退回，或者要求补充，重大决策合法性审查的时间一般不少于7个工作日。二是建立健全街道政府法律顾问制度，充分发挥法律顾问专业优势，参与街道重要行政行为的合法性审查工作，针对街道事务、经济发展和社会管理中的重点、难点、堵点进行分析研判并出具法律意见，确保每一项重大决策依法依规。（责任单位：决策事项具体承办部门、司法所）

四、坚持依法行政，全面推进严格规范公正文明执法

（一）落实行政执法“三项制度”

根据《广东省行政执法公示办法》等规定，严格执行行政执法公示制度，将行政执法主体、权限、依据、程序、执法决定、救济渠道等信息在广东省行政执法信息公示平台全面、准确、及时公示，并做好信息维护；建立行政执法全过程数据化记录工作机制，贯彻落实全市统一的行政执法数据元标准、行政执法文书标准、行政执法案件电子卷宗标准、行政执法案卷评查标准等。落实行政执法全过程记录制度，健全行政执法音像记录管理制度；行政执法部门应设立法制审核机构，制定并公布重大行政执法决定法制审核目录清单，严格执行重大行政执法决定法制审核制度。［责任单位：综合科、执法一中队、执法二中队、执法三中队、应急管理办（安监）、应急管理办（消安）］

（二）规范整理归档执法过程中形成的音像记录

根据行政执法全过程记录制度要求及《深圳市档案馆音像档案接收标准（试行）》等规定，执法部门要建立健全音像记录整理归档制度，按要求归档。对办结满1个月的执法音像记录上传至电子档案管理系统存储，完成比例应达90%；编号、著录、存储结构、元数据项符合音像档案接收标准；对归档音像记录应实行2种以上介质或2套以上安全备份。［责任单位：综合科、执法一中队、执法二中队、执法三中队、应急管理办（安监）、应急管理办（消安）］

（三）协同探索柔性执法

按照惩罚与教育相结合的原则，不断运用教育提醒、劝导示范、警示告诫、行政提示、行政指导、行政约谈等非强制式柔性执法方式教育、引导、督促当事人依法依规开展相关活动；严格落实行政裁量权基准，防止任性执法、类案不同罚、过度处罚等问题，杜绝“一刀切”“运动式”执法，努力做到宽严相济，让执法既有力度又有温度。［责任单位：综合科、执法一中队、执法二中队、执法三中队、应急管理办（安监）、应急管理办（消安）］

（四）保障行政执法力量

街道办持行政执法证的执法人员要达到街道办总编制数80%以上；健全行政执法人员管理制度，严禁出现一人持“双证”、临时聘用人员申领行政执法证件、行政执法证件过期仍使用等情况。各执法部门建立执法辅助人员管理制度，明确适用岗位、身份性质、职责权限、权利义务、聘用条件和程序，实现执

法辅助人员规范管理。［责任单位：司法所、综合科、执法一中队、执法二中队、执法三中队、应急管理办（安监）、应急管理办（消安）］

五、 坚持公正司法， 全面加强权力制约和监督

（一）规范行政诉讼应诉工作

党政综合办（办公室）收到行政诉讼案件相关材料应于当天，最迟不超过第二天告知、移交司法所；涉案部门要在收到通知的2天内提供案件详细情况说明及作出行政行为的依据；司法所要及时向街道主要负责同志、分管领导汇报，组织召开案件研讨会，全面分析案件合法性、合理性、正当性情况，提前预判判决或裁决倾向，充分做好应诉准备；对于有可能败诉的案件，涉案部门要与当事人充分沟通协商，争取撤诉；对于已败诉的案件，涉案部门要深剖原因，深挖问题，制定有效措施杜绝类似问题再次出现。严格按照行政诉讼应诉工作要求，做好庭前会商、庭中应诉、庭后总结等工作，并落实好行政诉讼案件若干制度：

一是行政诉讼案件备案制度。司法所根据区司法局有关要求收到行政诉讼案件应诉通知书10个工作日内需告知区司法局；诉讼情况及诉讼结果需于10个工作日内向区司法局备案，备案包括行政诉讼案件简要介绍、行政机关负责人出庭情况、判决结果等；每月30日前需将本街道的行政诉讼情况报送区司法局。

二是败诉案件分析报告制度。对败诉的所有行政案件都要如实报告，报告内容应当包含案件基本情况、败诉原因分析、改进工作措施及改进情况等方面内容。

三是行政机关负责人出庭应诉制度。依法履行出庭应诉职责，提高出庭应诉率，提升行政应诉专业化水平。对于本街道的行政案件，街道负责人的出庭应诉率应达90%以上；街道正职负责人的出庭应诉率应达20%以上。人民法院书面建议行政机关负责人出庭应诉的，街道行政机关负责人应出庭应诉。

出庭应诉人员在庭审过程中积极参与法庭调查、辩论，陈述己方意见，回应对方质疑，就实质性解决行政争议发表意见等，确保“出庭又出声”，充分发挥“关键少数”在解决行政争议中的实质作用。［责任单位：司法所、党政综合办（办公室）、涉案部门］

（二）规范行政复议答复工作

党政综合办（办公室）或相关职能部门一旦接收行政复议案件材料，应于当天，最迟不超过第二天将相关材料告知、移交司法所，涉案部门要在收到通知的2天内提供案件详细情况说明及作出行政行为的依据。司法所要及时向街道主要负责同志、分管领导汇报，组织召开案件研讨会，全面分析案件合法性、合理性、正当性情况，按时履行复议答复，履行行政复议决定，认真执行行政复议建议书或意见书，配合复议案件审理。避免在实际工作中出现超期答复、答复材料中的法律依据与作出具体行政行为的依据不一致且不予说明、不提供相关证据材料，甚至是拒收《答复通知书》的情况。（责任单位：司法所、涉案部门）

（三）依法配合检察机关的监督活动

检察机关在开展刑事检察、公益诉讼检察、民事检察和行政检察等监督活动中发出书面调查取证通知的，有关部门应当在指定的期限内按照调查取证通知的要求提供相关证据材料，确属无法提供的，应当书面说明理由。检察机关对检察建议涉及的监督事项依法向有关部门了解情况，现场走访、查验以及需要进行检验、委托鉴定、评估、审计、勘验、检查等措施的，有关部门应当予以配合，无法配合的，应当书面说明理由。（责任单位：涉案部门、司法所）

（四）落实法律监督文书并及时反馈

认真落实司法建议书、纠正违法通知书、检察建议书等法律监督文书，根据文书列明的时间要求及时将落实情况反馈法律监督文书出具单位；若未能完全纠正、落实并回复，或者未能及时纠正、落实、回复的，应当书面说明理由。（责任单位：涉业务部门、司法所）

六、坚持法治精神，全面加快建设法治社会

（一）优化现代公共法律服务体系

1. 提供便捷高效公共法律服务。进一步优化公共法律服务实体平台功能和布局，在街道政务服务中心、元芬微棠设置24小时法律服务自助终端机，打造“500米公共法律服务圈”，实现法律咨询、法律援助、普法教育、人民调解等法律服务抬头能见、举手能及、扫码可得。（责任部门：司法所）

2. 完善“品牌＋网格＋流动”人民调解新模式。积极发挥人民调解员作用，加大矛盾纠纷排查力度，提高矛盾纠纷化解数量和质量，保证调解成功率不低于98%。人民调解员年度培训学时累计不低于48学时。年度对辖区全体人民调解员至少开展两次业务培训。高度重视调解案例的甄选、编辑和运用工作，结合工作实际，组织调解员围绕典型案例的基本案情、调解过程与方法、案件启示等开展学习与交流。同时，加强典型案例宣传，增强人民群众法治观念，提高人民调解的知晓度、首选率。撰写紧贴社会热点、高质量的人民调解典型案例，年度上报调解案例不少于10篇。及时在广东省人民调解案件登记管理系统录入案件信息、更新调解员信息、调解组织信息。（责任部门：司法所）

3. 强化法律援助服务和宣传。推动“法律援助＋公益服务”无缝衔接，设立法律援助窗口，通过服务窗口、电话、网络等多种方式提供法律咨询服务；为弱势群体无偿提供法律咨询、代拟法律文书、代理民事案件等法律援助服务。严格按照国家、省办理法律援助案件程序规定和法律援助服务规范等要求提供服务和办理法律援助事项。开展经常性的法律援助宣传教育，普及法律援助知识，每季度将开展情况报区法律援助中心。加强以案释法和案例选编报送工作，每年至少向区法律援助中心报送2宗法律援助典型案例。努力让困难群众和特殊案件的当事人感受到公平正义。（责任部门：司法所）

（二）深化开展法治宣传教育

1. 加强法治宣传教育。贯彻落实《中央宣传部、司法部关于开展法治宣传教育的第八个五年规划（2021—2025年）》；以使法治成为社会共识和基本准则为目标，以持续提升公民法治素养为重点，以提高普法针对性和实效性为工作着力点，落实“谁执法谁普法”普法责任制，推进普法工作守正创新、提质增效、全面发展。繁荣发展社会主义法治文化，因地制宜争取建成法治公园、法治广场、法治长廊等法治文化阵地建设，建立法治文化建设示范点，发挥引领示范作用。全面贯彻实施宪法，坚定维护宪法尊严和权威；加大民法典“五进（进机关、进社区、进企业、进商圈、进校园）”宣传力度，推进民法典实施。组织整合政府法律顾问、驻部门律师、一社区一法律顾问、股份合作公司法律顾问等律师团队在辖区开展全域性法治宣传活动；司法所联同相关职能部门开展主题普法宣传活动，联同公共服务办（劳动管理）、大浪时尚小镇公共法律服务中心送法进园区、进企业，以案释法宣传劳动法律法规；联同公共服务办（社会事务）送法进校园，以趣味模拟法庭将法治的种子播撒于孩子们的心田等，充分整合资源，形成“你中有我、我中有你”的融合式、浸润式、场景式、多样式普法。推进普法与依法治理有机融合，持续深化创建2个“省级民主法治示范社区”，持续培育1个“全国民主法治示范社区”。坚持和发展新时代“枫桥经验”，深化“一社区一法律顾问”驻点模式，完善社区法律顾问普法工作机制。持续组织培育“法律明白人”，发挥“法律明白人”在普法和基层社会治理中的重要作用。［责任单位：司法所、党政综合办（财务管理）、城市建设办（前期）、公共服务办（劳动管理）、公共服务办（社会事务）、建设工程事务中心、其他涉业务部门、社区工作站］

2. 全面落实“谁执法谁普法”责任制。积极配合区普法办开展区级“谁执法谁普法”履职报告评议活动。每年至少组

织召开一次守法普法协调小组会议或落实普法责任制联席会议；创新举措落实“谁执法谁普法”普法责任制，利用市级普法平台开展普法活动。（责任单位：司法所、涉业务部门）

（三）提升社会治理法治化水平

1. 多元化解社会矛盾纠纷。做强人民调解、探索行政调解、配合司法调解，以“三调联动”推进矛盾纠纷高效解决。在继续夯实人民调解工作的基础上，重点探索推进行政调解工作，充分发挥行政调解委员会的作用，根据区公布的行政调解事项目录，加大签订搬迁补偿协议纠纷、农村集体资产权属争议、物业管理纠纷等领域的行政调解力度，推进行政调解与人民调解、司法调解有效衔接，实现信息资源共享、各种调解方式共同发挥作用。［责任单位：司法所、城市建设办（城建）、经济服务办（集体资产）、土地整备中心、其他涉业务部门］

2. 助推平安建设大格局。及时完成社区矫正档案归档工作，制作档案、台账内容应客观真实；认真做好监管核查与数据录入，在智慧社区矫正管理平台中对社区矫正对象的监管核查率、数据录入率需达到100%；按时向上级主管部门报送信息数据。重点突出社区矫正工作各环节的落实情况，以及工作中采取的新举措、总结的新经验、取得的新成果，切实提高信息质量。（责任部门：司法所、社区工作站）

七、工作要求

（一）加强组织领导

把党的领导贯彻到法治大浪建设全过程和各方面，确保法治大浪建设始终沿着正确的政治方向阔步前行。党政主要负责人履行推进法治大浪建设第一责任人职责，聚焦法治大浪建设重点工作任务，定期部署推进、完善工作举措、强化组织实施。

（二）全面统筹协调

司法所作为牵头部门要加强对法治大浪建设的统筹规划、指导督促；各责任部门要高度重视，精心组织，深入开展，将法治大浪建设工作摆在重要议事日程，对本方案确定的工作任务，结合实际，认真部署安排，按照时间进度抓好落实。

（三）强化责任落实

各责任部门主要负责同志要充分承担起应有责任，以问题为导向，做好筹划、推进、部署，形成工作“时间表”“路线图”“责任书”，做到工作布置到位、责任分解到位、措施落实到位、目标完成到位。同时，必须明确政治素质好、业务水平高、工作稳定性强的工作人员作为联络员，按照时间节点做好信息报送和沟通。

（四）深化宣传总结

各部门落实本方案过程中，要注意研究法治大浪建设的新情况、新问题，及时总结、宣传法治大浪建设过程中形成的好的经验做法，求真务实，扎实工作，全力推进法治大浪建设稳步前进。

（五）成立工作专班

为切实推进法治建设高质量发展，为街道储备法治力量、构建人才梯队，建议从部门、社区抽调3名精干人员组成工作专班。根据工作需要，原则上抽调期为1年，抽调期间被抽调人员不负责原单位工作，拟抽调人员原则上要求30周岁以下，政治素质较高、责任心强；具有法学专业或法律工作背景，本科或以上学历；综合协调和学习接受能力较强，服从工作安排。

大浪街道2023年安全工作“一盘棋”实施方案

2023年是深入学习贯彻党的二十大精神的一年，也是调整优化疫情防控措施，促进经济发展、保障社会稳定关键性的一年，为认真落实习近平总书记关于安全生产的重要论述和重要指示批示精神，把安全生产工作列入重要议事日程、纳入本单位办公会第一议题，及时组织研究解决安全生产突出问题，深入分析本行业领域的隐患因素，全面整治各类风险隐患，推进建立大安全大应急框架，围绕“人的安全素质”“物的本质安全”“社会的协同治理”“风险监测预警”4个维度，推动灾害事故防范应对向事前预防转型，坚决防范和遏制重特大事故发生。大浪安委办根据街道领导指示和辖区实际，特制定大浪街道2023年安全工作“一盘棋”实施方案。

一、组织机构

街道成立2023年安全工作“一盘棋”工作领导小组，负责各项安全工作的全面领导。

组长：梁嘉（党工委书记）

常务副组长：文良方（党工委副书记、办事处主任）

副组长：余海（党工委委员）

张文锋（党工委委员）

刘恒润（办事处副主任）

曹宇昕（四级调研员）

李立维（四级调研员）

成员由各专项整治行动的牵头单位和安委会其他成员单位主要负责人组成。领导小组下设办公室，办公室设在大浪安委办，全面统筹协调工作。办公室主任由应急管理办公室主任担任，副主任由应急管理办（安监）、城市建设办（城建）、应急管理办（消安）、综合治理办（交通安全）、应急管理办（应急三防）、执法三中队主要负责同志担任，日常工作由各牵头部门主要负责同志组织落实。

二、总体工作任务

（一）加强安全生产工作的统筹领导

持续推进安委办、消安办、交安办工作制度化、规范化建设，进一步发挥安委办、消安办、交安办统筹、协调、督促、指导作用，编织一张严密的安全生产治理网，筑牢安全生产防线。进一步强化“五项机制”，压紧各级责任，确保安全生产工作做细做实。

一是强化“一岗双责制”。街道各级领导要严格履责，把安全生产工作贯穿业务工作全过程，做到安全生产工作与业务工作同时安排部署、同时组织实施、同时监督检查。每季度、每月召开安全分析会议，及时掌握安全生产总体情况，研判解决安全生产工作中的突出矛盾和问题。

二是强化问题交办制。坚持问题导向，紧盯问题隐患闭环整改。实行重点问题、重大隐患交办制，强化对问题点对点的督办。

三是强化工作清单制。综合上级要求、领导关注、面上形势等情况，每月对安全生产工作进行梳理，形成月度重点任务清单，明确具体要求和时限，逐月对账销号。

四是强化联合督查制。常态化开展安全隐患大排查大整改专项行动，抓紧抓实风险隐患排查治理，围绕今年重点工作对8个行业领域牵头单位、12个社区工作站进行全覆盖执法检查，形成合力。

五是强化整改通报制。对检查发现的问题落实通报制，倒逼整改工作提速提效。扎实开展年度安全生产工作考核和定期巡查工作，精心做好市、区考核巡查迎检工作及反馈问题整改落实。

（二）抓好重点行业领域安全

1. 工贸企业生产安全。

全年目标：一是开展对辖区5500多家企业的巡查，按照分类分级要求，辖区一般工贸企业巡查检查一遍，高危工艺企业每季度巡查一遍。二是按照企业标准化创建要求，开展10家工业园区网格的标准化、100家企业的标准化创建。三是每周开展“整园执法”“利剑行动”专项行动，全年不少于40场次。四是开展街道危险化学品“两打一整治”综合行动不少于10次，全覆盖执法检查辖区危化品使用、销售企业。五是每月不少于一次开展有限空间企业、涉粉涉爆企业、锂电池企业、涉氨制冷企业、高温熔融企业等专项整治行动。六是整治推动50家高危行业领域企业购买安责险。七是利用安全教育警示中心对各类人员和企业“三级责任人”的培训，2023年不少于80场。

主要举措：一是细化安全网格，每个安全网格配足安全员和一名安全专家，配齐执法巡查装备，进一步量化网格巡查组月度巡查执法任务。二是完善高危行业企业的基础台账，对新建高危工艺企业及时纳入监管，牵头组织开展“两打一整治”、有限空间企业、涉粉涉爆企业、锂电池企业、涉氨制冷企业、铝加工（深井铸造）企业等专项整治行动。三是以“整园执法”“利剑行动”为依托，联合相关职能部门开展园区小散工程及零星作业、打通消防通道、清拆违章搭建、划线、扫边等行动，推动园区物管单位落实主体责任。四是对新增工贸企业全面进行风险筛查，纳入风险管控。五是大力推广先进技术装备，通过机械化换人、自动化减人等安全技术及管理措施，督促企业提升本质安全水平，禁止自动化程度低、工艺装备落后等本质安全水平低的项目进区入园。六是针对性加强安全警示教育和专题培训，提升全员安全素质和能力，全面防范高处坠落、泄漏、中毒、窒息、爆炸、机械伤害等突出风险。七是加大特种设施设备的监管，重点是叉车、压力容器、锅炉、电梯、起重机、大型游乐设施，督促使用单位按相关法律法规、技术规程等落实日常检查，相关部门按照年度检查计划和专项方案落实监管。

责任分工：应急管理办（安监）牵头，城市建设办（城建）、应急管理办（消安）、执法二中队、大浪派出所、龙华派出所、大浪消防救援站、大浪市监所、大浪环保所等相关部门和各社区工作站依职责分工实施。

2. 城镇燃气安全。

全年目标：一是落实燃气管道保护“四个一”工作要求，有力有序推进燃气管道、“瓶改管”建设。二是督促影响燃气管线安全的施工项目、施工单位落实地下管线安全保护“6个100%”。三是督促使用燃气的餐饮等行业生产经营单位在用气场所全部安装并使用可燃气体报警装置，安装率达到100%。四是督促“三小”瓶装燃气使用场所落实燃气使用安全“四个严禁”。

主要举措：一是开展非居民燃气用户检查。以餐饮企业为燃气使用主体，定期组织开展“三小”餐饮场所、商业综合体、学校医院等公福单位、工业园区、建筑工地内饭堂等燃气使用场所燃气安全检查。二是开展居民燃气用户检查。结合“瓶改管”“清瓶”工作，开展城中村（住宅区）入户摸排，梳理统计使用瓶装燃气居民用户底数，形成台账清单，定期开展入户安全抽查巡查。三是开展瓶装燃气企业检查。加强瓶装燃气充装、供应配送单位监管检查，督促企业严格落实燃气安全主体责任；协调区主管部门有序推动瓶装燃气服务单位撤点，严格按照瓶装燃气用户“白名单”提供配送服务。四是开展可燃气体报警装置推广使用。督促餐饮企业等非居民燃气使用单位安装使用符合规范的可燃气体报警装置，对未安装、安装不规范等违法行为依照安全生产相关法规进行查处。加大宣传力度，推动居民用户购买使用家用可燃气体报警装置。五是开展燃气管道保护检查。开展涉燃气管道保护范围施工项目巡查，督促落实“6个100%”要求，对未经“一张表”备案的及时通报，督促停工整改，并加强对施工单位监管。六是加大执法力度。组织开展“黑煤气”执法，对借用送水店等便利无证经营瓶装燃气违法行为，“以车代库”开展瓶装燃气服务违法行为实施严厉打击；联合开展对无证从事非法运输燃气的执法，可在跨界重点路段对运输燃气厢式货车进行专项检查。组织开展对销售、生产不合格燃气灶具、减压阀、软管等燃气使用设施设备违法行为的执法，严格查处给过期未检、过期报废、非自有、无二维码等气瓶充装燃气的违法行为。

责任分工：城市建设办（城建）牵头，经济服务办（经济服务）、应急管理办（安监）、综合治理办（交通安全）、执法一中队、社区网格管理中心、大浪市监所等相关部门和各社区工作站依职责分工实施。

3. 建筑施工安全。

全年目标：通过开展辖区建筑施工行业领域安全专项整治行动，以落实企业安全生产主体责任为核心，以整治建筑施工行业领域存在的突出问题为重点，全面贯彻实施建筑施工行业领域安全生产纳管办法。一是加强建筑施工行业领域安全风险管控和隐患排查治理，及时有效消除安全隐患。二是严厉惩处建筑施工行业领域安全生产违法违规行为，强化企业主体责任落实。三是加大宣传培训教育力度，提升从业人员安全生产素质，有效防范和减少一般安全事故，杜绝较大及以上安全事故发生。

主要举措：一是针对建筑施工（二次装修、小散工程）、零星作业事故特点，建立安全生产备案、日常安全巡查、定期技术巡查核查、组织执法查处等链条清晰、分工明确的工作流程。二是从落实防高坠、防触电、防坍塌等安全防护措施情况，作业人员正确穿戴劳动防护用品和使用合格作业工具情况，小散工程备案登记（备案与实际不符）、安全生产承诺、风险告知情况，施工单位资质条件和作业人员持证上岗情况，作业前安全教育培训和安全交底情况等开展安全大检查，督促落实高处作业、特种作业、悬空作业、起重吊装作业、动火作业、拆墙作业等安全措施。三是依法查处小散工程、零星作业中存在安全生产违法及虚假备案行为，严格实施“四个一律”。

责任分工：城市建设办（城建）牵头，执法二中队、建筑工程事务中心、应急管理办（安监）、各社区工作站依职责分工实施；零星作业由各社区工作站具体实施。

4. 交通安全。

全年目标：一是完善辖区慢行系统，建成慢行系统30公里以上。二是加强执法力度，每月查处电动车违法不少于5500宗。三是加强宣传工作，建成一个交通安全宣传示范街区或长廊；每月组织一次主题宣传活动。四是全力压降事故起数和伤亡人数。

主要举措：一是继续强化电动车违法行为综合整治。会同社区工作站加快新国标电动车上牌和超标车转换进度，协调交警部门加强路面典型违法行为查处，会同执法一中队和社区工作站加强对无序停放电动车的规整，会同市监安监消防等部门加强对电动车销售和维修门店的执法检查。二是协调推动涉道路交通类项目建设。会同前期办和工务中心，推动慢行系统联网成片，完成两年建成规划。会同工务中心采取事前预防和短平快方式，加快隐患治理。升级改造城中村卡口监控视频，数据指导头盔佩戴率提升。在辖区重点路段和路口加装“亮警”设施，形成大规模“警示矩阵”。推动社会投资类立体停车库项目申报、数据接入和补贴申领。三是更加重视交通安全宣传作用。创新形式内容，区分应用场景，瞄准重点人群，开展矩阵式体系化多方位文体滚动宣传。

责任分工：综合治理办（交通安全）牵头，大浪交警中队、辖区派出所、大浪交管所和街道各社区工作站、各部门，依据街道第一季度交通工作联席会精神落实。

5. 消防安全。

全年目标：一是每季度召开一次成员单位会议研究消防工作。二是制定“三清单”：党政领导干部消防安全“责任清单”和年度“工作清单”，以及行业部门检查清单。三是对辖区66个城中村公共区域电气线路、微型消防站进行检查。以楼栋为单位，全面检查住房用电安全和公共区域电路安全。四是坚持每周三的夜查制度，督导街道挂点社区领导和各社区工作站每周三夜查行动日检查“三小”场所数量不少于25家，出租屋数量不少于3栋。五是每个月进行行政处罚案件不少于1宗。六是按照“一火情一警示”组织召开现场警示会；结合119消防宣传月、“消防安全进万家”和消防宣传“五进”等活动开展系列消防宣传活动，并开展物业小区、城中村、工业园区义务消防队伍大比武。七是以社区工作站为网格，对城中村出租屋楼栋开展消防隐患排查，并按不低于30%的比例进行抽查检测，对检查发现的消防安全隐患督促楼栋业主整改。

主要举措： 一是从打通消防生命通道、畅通安全出口、整治电气火灾隐患、清理违规住人、提升消防安全意识，加强电动自行车充电治理，严控室内充电行为，规范电动自行车充电管理。二是加强消防行政执法能力建设，参加市消防支队的消防执法培训，全面提升消安办消防行政执法能力，严厉查处消防安全违法行为。三是持续开展消防安全宣传教育，社区网格员要落实“三入户”（防火检查入户、安全提醒入户、消防器材入户），指导辖区居民做好防火、用电、用气等安全工作引导，在12个社区，选消防隐患大的楼栋，每家每户配备必要的灭火、应急照明、逃生自救器材。四是由消安办牵头，每周三组织开展夜查行动，协调当天值班的街道领导带队到包点社区开展夜查，其他各社区由社区党委委员到包点区域开展夜查行动。五是加强森林火灾预防、扑救和灾后处置，最大程度消除森林火险隐患，对“五清”“五个一”及防灭火宣传、火源管控开展大检查。六是检查重点林区、公园及绿道是否派驻专人把守、有无配备金属扫描仪并使用、有无配备语音提示设备、有无动态播放火险预警提示音频、有无设置一块警示牌、有无配备火种收缴柜。七是检查森林消防队伍的值班备勤及应急处置能力，配备个人装备、灭火装备等救援物资。八是加强重点场所、小区城中村等灭火器、烟感、防毒面具等消防器材完好率检查，为社区、微型消防站、应急小分队等公共区域和应急队伍，补充更新相关消防器材。九是加强消防队伍建设，对21支居委会义务消防小分队、各社区微型消防站、263个工业园区的消防队每年不少于2次培训，并不定时进行拉动和演练，使队伍既有防的水平，更有救的能力。

责任分工： 应急管理办（消安）牵头，公共服务办（社会事务）、应急管理办（安监）、经济服务办（经济服务）、执法二中队、执法三中队、城市建设办（城建）、综合治理办（交通安全）、工务中心、社区网格管理中心、大浪交管所、大浪市监所、大浪消防救援站等相关部门和各社区工作站依职责分工实施。

6. 食品安全。

全年目标： 一是对799家C级、5414家D级主体进行全面监管，包括微型食品生产企业、食品加工小作坊，小（微）型食品销售企业、餐饮企业，学校及幼儿园食堂，以及其他食品生产经营者。二是明确街道、社区两级包保干部范围、数量。三是各级包保干部每季度对包保主体至少开展1次督导，对所签订承诺书的包保主体完成一次全覆盖督导。

主要举措： 一是组织对辖区食品生产经营主体分布、规模、业态等全覆盖摸底调查，结合实际确定包保主体分级标准。二是协调相关部门，明确街道、社区两级包保干部范围、数量，建立两级包保主体台账，并建立街道、社区两级责任清单和任务清单。三是组织包保干部签订《食品安全责任与任务承诺书》，并对所签订承诺书的包保主体完成一次全覆盖督导。

责任分工： 执法三中队牵头，公共服务办（社会事务）、公共服务办（卫健计生）、应急管理办（安监）、城市建设办（城建）、经济服务办（经济服务）、社区网格管理中心、大浪市监所，以及各社区工作站依职责分工实施。

7. 应急三防安全。

全年目标： 一是提升三防物资配备能力，完善三防物资储备仓库建设，2023年增加3个社区级三防物资储备仓库。二是按照规定储备必要的物资，并定期进行补充、更新。定期对三防物资台账、三防物资存放点进行检查，分级分层明确三防物资管理、使用、维护责任，做到定点存放、定期维护、定期检验，确保各类物资处于完好状态。三是实行三防物资街道、社区二级储备，可实现多级联动，快速有序调运三防物资，确保发生自然灾害时，能及时、准确、高效地应对。四是持续运行开发大浪街道三防数字仓储系统二期工程。

主要举措：一是加强日常巡察。按季度开展街道三防仓库、社区三防仓库日常巡查、检查。对三防物资台账、三防物资存放点进行检查，分级分层明确三防物资管理、使用、维护责任，做到定点存放、定期维护、定期检验，确保各类物资处于完好状态。做好规范化、标准化，保证三防物资齐全、有效，满足三防急抢险的需要。二是加强数字化仓储建设。持续运行开发大浪街道三防数字仓储系统二期工程，对新分设社区工作站工作人员进行系统操作培训，标准化配置电脑、打印机、盘点 PDA。

责任分工：应急管理办（应急三防）牵头，各社区工作站依职责分工实施。

8. 物业服务行业安全。

全年目标：结合《龙华区物业服务单位安全管理共建共治管理工作方案》，一是要求物业成立安全管理办公室，制度上墙，配备 1 名专职安全员。二是督促物业组建一支安全巡查队伍和一支应急处置队伍，对小区开展的小散工程、零星作业、电动自行车、燃气、有限空间作业、“三小”场所、餐饮场所燃气、消防和用电等领域进行全面巡查，对发现的问题能及时处置。三是要求物业主动发挥“吹哨人”监督作用，建立隐患排查整改台账，实现隐患响应闭环管理。小区小散工程、零星作业、电动自行车、有限空间作业四大领域为重点。四是要求物业对高处作业、临时用电、动火动土有限空间告示危险作业实施报备，与施工单位签订安全生产管理协议，并每月不少于一场的安全类培训。五是要求物业加强消防设施的检查，同时确保消防通道畅通和消防栓的完好。

主要举措：一是督促物管单位设置施工作业信息栏，建立健全安全管理台账和隐患排查清单。二是指导物业对小散工程作业备案、审批等进行查验，建立检修清洁、动火作业、临时用电等危险作业等报备制度。三是要求物业不定期开展电动自行车专项检查，小区内设置专用的充电车棚或区域，并配备消防设施，严禁随意停放、飞线充电。四是开展高处作业、用电动火、施工现场、作业环境、施工人员、施工设备检查和特种作业人员资质查验工作，在风险隐患点张贴安全操作规程和安全警示标识。五是督促物业保安人员加强对送气人员、瓶装燃气的核查，严控“黑煤气”进村入户。六是督导物管单位建立完善安全管理制度，落实主体责任，及时开展隐患自查自纠，配合做好各类安全警示教育。

责任分工：城市建设办（城建）牵头，应急管理办（消安）、执法一中队、执法二中队、执法三中队、应急管理办（安监）、经济服务办（经济服务）、城市管理科、建设工程事务中心、社区网格管理中心、大浪消防救援站、各社区工作站等相关部门依职责分工实施。

（三）加大各类人员的培训

1. 培训对象。

（1）工业企业负责人、安全管理人员安全培训。开展《安全生产法》等法律法规及标准、生产经营单位安全生产主体责任、事故隐患排查治理、常见生产安全事故防范、事故应急管理等方面知识培训。每半年举办一期，不少于 80 场次。［应急管理办（安监）、应急管理办（消安）负责组织实施］

（2）密闭场所（KTV、网吧、电影院、剧本杀、密室逃脱等）人员安全培训。开展提升场所经营业主和工作人员安全生产管理意识和应急处置能力，消防安全主体责任，消防安全法律法规，消防设施配备管理等知识培训，每年举办 4 期，每半年 2 期，在 5 月和 9 月完成。（执法三中队负责组织实施）

(3)商超、再生资源回收站($300m^2$以上)人员安全培训。开展常见安全事故与案例分析、电气安全知识、初起火灾扑救措施、火灾逃生技巧、灭火器的正确使用方法知识培训,每半年开展一期,在3月与10月完成。[经济服务办(经济服务)负责组织实施]

(4)外卖、快递物流、交通协管员、泥头车司机等交通高危从业人员安全培训。开展遵守道路交通法律法规,文明出行、守法出行知识培训,随机培训,不少于6场次。[综合治理办(交通安全)负责组织实施]

(5)建筑施工人员安全培训。开展三级安全教育,二次装修及小散工程安全知识培训,强化电工、焊工、高空作业人员、起重作业人员以及各种特种车辆驾驶操作员的专业安全教育,每半年一期,每期不少于10场,5月、10月前开展。[城市建设办(城建)负责组织实施]

(6)学校、职业培训和人力资源机构人员安全培训。开展校园居家安全、道路交通安全、消防安全等专项现场教学,全年培训一期,共2场,在6月完成。[公共服务办(社会事务)、公共服务办(劳动管理)分别负责组织实施]

2. 培训方式。

采取集中授课的方式。由大浪安委办统筹协调,派安全专家授课,各行业主管部门组织相关受训人员,利用大浪安全教育警示中心设备设施,因地制宜,因人而异,开展集中、体验式教育培训。同时,利用社区、工业园区开展安全知识咨询活动、应急演练和现场观摩活动、事故警示教育活动,逐步推动宣教工作形式实用化,载体多样化,工作常态化。

(四)加大安全生产工作宣传力度

1. 开展好专题宣传。

深入学习贯彻习近平总书记关于应急管理和安全生产重要论述,集中学习《生命重于泰山》电视专题片,增强指挥处置应急事件和预防各类安全事故的思想自觉和行动自觉。利用“全国安全生产月”、“安全生产万里行”、“5·12”全国防灾减灾日、“10·13”国际减灾日、“11·9”全国消防宣传日、“12·2”全国交通安全日等系列主题教育,营造浓厚的安全文化氛围。选择工业园区、重点企业、城中村、人员密集场所等人流量较大的地点设置互动体验设施和安全互动游戏,增强活动的趣味性和娱乐性。

2. 发挥好传统媒介的宣传。

充分利用好户外LED显示屏、微信、海报、折页、宣传栏、小视频等,指导辖区居民做好用火、用电、用气等安全工作,持续开展安全“五进”“小手拉大手”等专项宣传活动,提醒骑行电动车居民,正确佩戴安全头盔,按道行驶;正确使用燃气,并安装燃气报警器等。

3. 发挥好宣传阵地的作用。

充分利用街道安全警示教育中心、消防宣教中心、党群服务中心、交通劝导站等阵地,组织开展《安全生产法》主题系列宣传活动宣讲、参观见学、安全互动体验、安全警示视频播放、“我是安全吹哨人”、“查找身边的隐患”等活动,提升广大市民群众安全意识。

4. 开展形式多样的户外宣传。

深入阳台山森林公园、大浪绿道、公园、商场、广场、地铁站出入口、大浪商业中心等人员密集场所开展各类宣传,举办各种安全宣传活动,加大安全常识的知晓率。

三、时间安排和步骤

(一)动员部署(2月28日前)

各责任部门按照工作方案,细化本辖区、本行业领域安全风险防范和隐患排查整治工作,明确整治目标任务和责任分工,并召开专门会议进行动员。

(二)全面实施(3月1日至12月31日)

各单位主要负责人要亲自部署、亲自督办,认真对照方案要求,紧密结合自身业务工作,明确责任人、完成时限、任务清单等内容,进一步强化措施、夯实责任、集中力量、通力合作,务必做到责任落实到位、工作措施到位、任务完成到位。

（三）总结提升（2024 年 1 月至 3 月）

各责任部门组织开展总结评估，对全年的各项工作任务开展“回头看”，固化行动中的好经验、好做法，推动形成长效机制。

四、 工作要求

（一）强化组织领导，动员部署到位。

各单位要切实把防范化解重大安全风险摆在突出位置，主要领导要亲自部署、靠前指挥、认真组织开展安全风险防范和隐患排查整治，确保在防范安全风险、消除事故隐患“攻坚战”上见行动见成效。

（二）全面排查隐患，科学落实管控。

各单位要深入分析研究本行业、本辖区的重大安全风险，紧盯风险隐患突出的重点企业、重点部位、重点环节，建立健全底数清单，以杜绝和防范群死群伤事故作为根本出发点，采取科学有效的管控措施，必要时实施联防联控，确保风险处于可控范围内。

（三）强化督导检查，确保工作见效。

各牵头单位要研究制定相关工作指引，定期组织开展督导检查活动，及时研究解决整治行动中遇到的困难和问题，统筹好各专项整治工作。安委办要联合督查室，每月开展一次专项督查检查，定期将行动开展情况以月报形式向党工委、办事处报告，并通报到各部门和各社区工作站。

（四）及时反馈情况，总结固化成效。

各部门、各社区工作站要明确专人，及时收集汇总各项工作任务的落实情况和存在问题，并形成书面材料于每月 25 日前报安委办，并开展每季度讲评会，各单位于 3 月 27 日、6 月 26 日、9 月 25 日、12 月 25 日（另注：12 月 25 日工作情况汇报为全年工作总结）将工作情况进行汇报，安委办形成全年工作材料报党工委、办事处。

大浪街道2023年促进和谐劳动关系暨稳就业工作方案

为深入贯彻落实党的二十大精神，执行党中央、国务院及省、市、区关于构建和谐劳动关系的决策部署，强化就业优先政策，根据龙华区《创建和谐劳动关系城区三年行动计划（2023—2025）（征求意见稿）》和《关于进一步做好稳就业保就业工作方案》等工作要求，结合大浪街道实际，制定本方案。

一、工作目标

以习近平新时代中国特色社会主义思想为指导，深入思考新时代的劳动关系治理工作，改变过去街道在劳动关系治理上“兵来将挡、水来土掩”的传统做法，促进劳动关系治理实现三个转变：从后期处置到前瞻部署、从被动处理到主动谋划、从单打独斗到凝聚合力。推动街道加快建成和谐劳动关系街区，使劳动治理体系进一步完善，劳动纠纷隐患预警和化解效率进一步提高，劳动风险得到有效控制，企业管理更加规范，劳资纠纷明显减少，社会就业更加充分，劳动者权益得到充分保障，人人尊重劳动，经济社会更高质量发展。

二、组织领导

在街道党工委的坚强领导下，成立促进和谐劳动关系暨稳就业工作领导小组，具体如下：

组长：梁嘉（党工委书记）

文良方（党工委副书记、办事处主任）

副组长：街道领导班子成员及副处级以上干部

成员：街道各机关事业单位、各社区工作站、大浪社保站、大浪派出所、龙华派出所、龙华法院派出庭

领导小组下设办公室，负责统筹协调促进和谐劳动关系及稳就业各项工作。办公室设在公共服务办（劳动管理），主任由李立维同志兼任，副主任由蒋作平同志兼任。

三、具体任务

（一）完善工作机制，夯实劳动基层治理体系

以夯实基层劳动治理体系为出发点，突出党建引领，完善工作机制，理顺协作关系，凝聚合力共同营造“和谐劳动关系”浓厚氛围。

1. 坚持党建引领劳动。充分发挥党总揽全局、协调各方的领导核心作用，把促进和谐劳动关系和稳就业工作纳入基层党建考核内容，推动党建与劳动关系治理有机融合，形成齐抓共管、合力攻坚的良好局面。社区处在劳动关系治理第一线，社区党委要大力推动就业咨询、工作推介、纠纷化解等劳动公共服务进群众办事窗口。持续加强社区级劳动争议调解委员会标准化建设工作，按照“1名党委委员+2名劳动调解员”标准配齐劳动争议调解力量，建设标准化调解室。组织人事办要发动两新党组织，与劳动办、工会一起推动企业（园区）组建企业级劳动争议调解委员会。工会、共青团、妇联要注重发挥群团组织的桥梁和纽带作用，定期联系企业开展群团活动，共促劳动关系和谐。［责任单位：公共服务办（劳动管理）、组织人事办、总工会、妇联、团工委、各社区工作站］

2. 构建统筹推进机制。公共服务办（劳动管理）要充分发挥牵头抓总作用，科学谋划，高标准统筹推进劳动关系治理各项工作任务，成员单位要认真履职尽责、密切配合，努力形成构建大浪和谐劳动的强大合力。领导小组各成员单位“一把手”要切实履行第一责任人职责，不断增强思想自觉和行动自觉，做到重要工作亲自部署、重大问题亲自过问、重点环节亲自协调、重要任务亲自督办。领导小组组长至少每半年召开一次工作推进会，听取有关工作汇报，研究部署大浪劳动和就业工作；领导小组办公室至少每季度对劳动和就业工作落实情况进行通报，有效督促、倒逼相关任务开展，确保工作目标完成。

3. 建设过硬劳资队伍。街道现有街道级劳动调解组织1个，社区级劳动调解组织12个，园区级劳动调解组织60个，配备专（兼）职工作人员242名，在宣传劳动法规、处置劳资纠纷、服务指导就业等方面做了大量卓有成效的工作。今年要在发挥组织功能、建设过硬队伍方面寻求突破。一方面，规范组织建设管理。建立动态补充调整机制，每年12月对组织建设情况进行系统摸排，及时新建、调整、撤销相关调解组织，遴选补充工作人员，做到随缺随补，确保工作有人抓不掉线。另一方面，加强人员培训。针对社区（园区）调解组织工作人员法规不熟、业务不精、流动较快的特点，每年组织1～2期劳动争议调解实务培训，针对新进人员，以跟班教学、岗位实训等方式强化调解能力提升，把队伍做大做强。［责任单位：公共服务办（劳动管理）、总工会、各社区工作站］

4. 强化基础阵地建设。以法律咨询、劳动争议调解、关心关爱服务为核心内容，以颐丰华和谐劳动关系服务站为样板，组建2个和谐劳动关系服务站，打通园区劳动关系治理“最后一公里”。依托辖区公园、环卫工人驿站（71个）、快递小哥休息亭、V站、社区或园区宣传栏和便利店等既有设施，设置“大浪劳动便民服务”宣传小链接，植入扫码找工作、劳动维权、心理咨询等便民服务。在商业中心、阳台山广场、时尚小镇等大浪地标位置，通过视听播报、海报宣传等方式大力宣传“和谐劳动关系”“劳动光荣”和“工匠精神”等内容。秉持“在休闲中普法，在普法中休闲”理念，打造劳动普法主题公园（拟选址劳动者广场），赋予灯箱雕塑、多媒体装置、路灯灯杆等劳动文化元素，大力弘扬工匠精神，浓厚人人尊重劳动的社会氛围。［责任单位：公共服务办（劳动管理）、党建工作办（宣传）、城市建设办（前期）、各社区工作站］

（二）聚焦多元共治，高效化解劳资纠纷

以提前预警和有效化解劳资纠纷为目标，以不发生影响重大群体性劳资纠纷为底线，下好防范劳资纠纷先手棋，打好化解劳资纠纷主动仗，维护好劳动者合法权益，确保各项区评比指标名列前茅。

1. 强化劳资纠纷预警摸排。各部门要积极发动社区党员、网格员、劳动监察员、园区物业和劳资预警员（街道工会登记在册劳资预警员178名）加入劳动纠纷隐患排查，从群众举报、拖欠房租、水电费异常等“弱信号”中捕捉企业欠薪和搬迁的强信号，做到空间区域、园区企业全覆盖；用好线上线下“1+4”投诉平台［1］，畅通劳动信访投诉渠道，做到线上线下全覆盖；注重劳资纠纷历史数据分析对比，加大对投诉多的企业、行业和区域监察力度，做到重点企业行业全覆盖。［责任单位：公共服务办（劳动管理）、城市建设办（城建）、社区网格管理中心、总工会、各社区工作站］

2. 构建劳资纠纷多元调解格局。着力筑牢调解这个维护劳动关系和谐稳定的“第一道防线”，横向联合司法、综治、法院、工会、公安、城建等部门，构建劳动争议人民调解、司法调解、行政调解、工会调解、企业调解、行业调解“六调”格局；纵向巩固拓展区－街道－社区－企业（园区）四级劳动争议调解结构，形成“六调四纵”调解网络，实现从单方疲于应对向多元分工协作、从群众越级申诉向就近就地解决、从被动处理向主动预防的“三个转变”，共同营造“有争议，先调解”的和谐氛围。今年，街道劳资纠纷调解率目标是达到90%。［责任单位：公共服务办（劳动管理）、城市建设办（城建）、综合治理办（综治维稳）、总工会、司法所、各社区工作站、大浪派出所、龙华派出所、龙华法院派出庭］

3. 提升劳动仲裁效能。一是继续推行“三开源一节流”［2］经验做法，坚持“能调尽调、小案单人调、大案联合调”，确保年底仲裁结案率达到95%。二是落实“仲裁建议书”制度，针对企业管理不规范、制度不健全、法律意识淡薄等问题，今年出具不少于18份“仲裁建议书”，帮助有明显管理漏洞的企业及时规范管理制度。三是今年开展2场“移动仲裁庭”活动，将仲裁庭审与普法宣传结合起来，以公开庭审、以案释法的方式，推动劳动争议仲裁庭“进园区”。四是强化仲裁与诉讼衔接。加强与法院沟通，协调法院建立对倒闭企业（集体欠薪无法支付）从立案执行到启动破产的全链条快速处理通道，提升仲裁裁决到问题解决的时效质效。［责任单位：公共服务办（劳动管理）、龙华法院派出庭］

4. 严厉打击劳动违法行为。坚持督导整改在前，行政处罚在后，勇于向严重劳动违法行为亮剑，严格公正执法。一是严厉打击非法用工行为。对摸排到的非法用工线索严格按程序开展调查，及时报区人力资源局立案处罚。二是严厉打击恶意欠薪行为。对恶意欠薪案件，扎实做好前期调查取证工作，依法依规进行立案处罚，对情形恶劣符合拒不支付劳动报酬罪立案条件的要及时移交公安机关。三是严厉打击其他严重违法行为。依法惩处侵害女职工孕期、产期、哺乳期特殊劳动保护权益行为，依法打击“黑中介”、虚假招聘、乱收费，以及以求职、就业、创业为名义的信贷陷阱和传销、诈骗等违法犯罪活动。［责任单位：公共服务办（劳动管理）、大浪派出所、龙华派出所］

5. 根治工程领域欠薪。一是强化监管排查。城建办要落实行业监管责任，对辖区二次装修工程、市区报建项目开展常态化检查；工务中心及各工作站分别对其监管项目开展工程项目欠薪排查。对拒不落实《保障农民工工资支付条例》的，包括农民工实名制、农民工工资专用账户、施工总承包单位代发工资、工资保证金存储、人工费按月拨付、工程款支付担保、维权信息公示等制度，及时提请上级部门处理，从源头上防范欠薪发生。二是强化平台调解。工程欠薪经常与工程结算、工程质量、材料款纠纷混在一起，建设单位与总包、分包、包工头之间经常相互推诿扯皮，相关部门要根据实际情况，根据三级沟通平台机制［3］及时搭建沟通平台，压实各方责任，促进纠纷化解。三是强化违法惩戒。对拒不支付工资的用人单位，劳动部门依据《保障农民工工资支付条例》等法律相关规定，对用人单位进行惩处，必要时会同相关部门开展失信联合惩戒，使欠薪违法者“一处违法、处处受限”。［责任单位：城市建设办（城建）、公共服务办（劳动管理）、综合治理办（综治维稳）、建设工程事务中心、各社区工作站、大浪派出所、龙华派出所］

（三）聚焦就业招聘，提升公共就业服务水平

突出就业这个民生之本，聚焦重点就业群体、弱势群体、困难群体，因人施策，通过引导培训、推荐企业吸纳、帮助灵活就业等方式，促进更加充分就业，让就业困难群体共享经济社会发展成果。

1. 精准解决企业用工需求。一是动态更新掌握企业用工需求，抓住企业复工复产关键期，积极开展“春风行动”“南粤春暖”等线上线下公益招聘活动，今年要组织不少于66场招聘会，包括2场大型现场招聘会，5场专场招聘会，为企业招工铺路架桥。二是精准摸排企业对中高端人才的需求，充分利用市、区人力资源系统的平台，发动企业参加每年的校企人才对接会、高端人才引进计划、高校毕业生就业双向会等系列活动，切实帮助辖区企业解决人才需求。三是支持辖区人力资源服务和劳务派遣机构健康发展，为大浪企业招工贡献力量。发挥大浪颐丰华园区的一家专注于先进制造业技能人才培养的特色企业（深圳三人易行教育科技有限公司）优势，做好供需对接，缓解大浪技能人才紧缺问题。［责任单位：公共服务办（劳动管理）、各社区工作站］

2. 兜底帮扶就业困难人员。建立高校毕业生、断保脱贫人口、失业人员、残疾人等就业困难人员促就业工作台账，提供“一人一档”“一人一策”精准服务。扎实做好未就业高校毕业生就业服务工作，持续开展“1311”就业跟踪服务［4］，做到就业困难大学生跟踪率、就业率双100%。深挖街道（社区）就业岗位资源，结合街道实际开发一批清扫保洁、护路管水、公共基础设施维护等社区公益性岗位，兜底安置就业困难人员。用好市区人力资源平台，发动辖区就业困难人员参加区人力资源局组织的“周四直聘日”和“周末充电日”等活动，以技能提升促进就业困难人员就业，年度登记失业率控制在3%以内。［责任单位：公共服务办（劳动管理）、公共服务办（社会事务）、各社区工作站］

3. 鼓励自主创业和灵活就业。一是联合市区人力资源局共同做好创业指导、创业项目孵化等工作，加大创业补贴的宣传力度，扎实做好创业补贴审核发放工作，支持大众创业。二是充分挖掘新业态就业潜力，组织劳动者参加短视频、抖音同城探店号、直播带货等运营技能培训，提升劳动者灵活就业和自主创业能力。三是探索在大浪街道人流密集区域建设一个“零工市场”，方便手艺人、技术工人、灵活就业人员寻找就业机会。［责任单位：公共服务办（劳动管理）、各社区工作站］

（四）聚焦惠企助企，促进经济高质量发展

大浪靠产业立身，产业靠企业带动，要加大政策惠企、服务助企力度，以企业发展带动产业集聚，以产业集聚带动人才汇聚，为经济社会发展注入强劲活力和动力。

1. 扎实开展“三送服务”。一是劳动部门要加大送政策送补贴送服务力度。积极开展劳动政策宣讲活动，强化日常监察、纠纷调解和仲裁办案现场主动普法、灵活普法，聘请专业讲师给企业管理层开展集中普法宣传（目标10场）和就业政策宣讲（目标4场）活动，为企业培养更多政策“明白人”。加大惠企政策宣传力度，扩大对自主创业、吸纳脱贫人口等15项就业补贴的宣传力度，覆盖更多辖区企业。对资金链出现问题、经营出现困难的企业，联合经服办共同寻求政策资金支持。主动关心企业，提供贴心周到的员工招聘、稳岗就业、校企合作、法律咨询等方面的惠企服务。二是各社区要强化与劳动办联动，发挥属地管理优势，通过茶话会、实地走访等形式（每月不少于2次）精准摸排企业需求，提供精准服务。［责任单位：公共服务办（劳动管理）、经济服务办（经济服务）、各社区工作站］

2. 组织开展企业法律体检（目标企业数40家）。从近年来劳动争议调解和仲裁的数据看，企业劳资纠纷多数源于企业自身对劳动相关法律法规认知水平不高、企业规章制度合规性建设不到位。通过对企业开展劳动法律法规体检，能深入了解企业劳动关系现状，帮助企业查找和改善劳动用工存在的问题，指导督促企业合法用工，构建和谐劳动关系，并以此为蓝本，梳理制定企业法律体检问题清单，分发辖区未参与法律体检的企业，举一反三，对照自查整改，助推企业依法经营、规范管理、科学管理。［责任单位：公共服务办（劳动管理）］

（五）聚焦关心关爱，提升劳动者幸福感

时刻把劳工安危冷暖放在心上，打出一套提升技能、维护权益、健康关爱的组合拳，着力营造“让劳动者更有尊严”的浓厚氛围，让劳动群众的安全感幸福感获得感更加充盈。

1. 开展劳动职业技能培训。依托大浪产业工人培训基地，开展电气、机械、视觉开发有关的技能培训和技能大赛（目标是4场技能培训和2场技能比武大赛），培养紧缺急需的专业技能人才，弘扬工匠精神。积极推动“三项工程”发展，大力开展“南粤家政”培训服务，今年开展家政技能培训8场，带动260人次就业；积极配合区人力资源局推进“粤菜师傅”落地大浪。积极推进重点企业成立青年就业实践基地，面向广大高校毕业生开发一批优质就业实习岗位；为促进港澳台青年来深就业创业，针对港澳台青年努力挖掘优质实习和就业岗位，打造“台湾青年实习就业基地”（目标2家企业）。［责任单位：公共服务办（劳动管理）、党政综合办（统战政协）、总工会］

2. 强化劳动者权益保障。联合工会和司法所，安排专职律师常驻信访窗口，宣扬法规政策，长期为劳动者提供法律咨询和法律援助服务。劳动部门要做好牵头工作，主动加强与安监、环保、卫生监督、市场监督协调沟通，定期开展保护劳动者合法权益方面的执法检查和联合行动；积极同社保机构、工伤认定机构、职业病医院建立联动工作机制，畅通职业病、工伤认定赔付链路，进一步强化职业伤害保障。加大对新业态就业群体权益保障力度，探索建立联合监管机制，切实保障从业者获取劳动报酬、休息休假、社会保险、职业安全等基本权益。［责任单位：公共服务办（劳动管理）、应急管理办（安监）、总工会、各社区工作站、大浪社保站］

3. 开展劳务工关心关爱活动。厚植关爱劳动群众文化根基，倡导劳动光荣，让各行劳动者都能感受到职业尊严。围绕龙华地域特色“春暖龙华”“与你同行”“龙月华光”和“榕树家园”四大劳务工关爱品牌开展8场活动，重点做好针对餐饮、外卖和家政从业人员的 3 场比赛。针对外来劳务工及其子女开展拓展游戏、健康义诊、急救培训、免费婚前孕前优生健康检查、免费“两癌”筛查、养生保健讲座、红色旅游、组织职工看电影等活动。各社区工作站和两新党组织要围绕“和谐劳动关系服务日”（每月 11 日）开展或者发动大型园区企业开展关心关爱活动（每年不少于 2 场）。依托街道职工服务中心的两名心理咨询师，为辖区劳动者长期提供免费心理咨询和心理危机干预服务，防范化解职工心理障碍。［责任单位：公共服务办（劳动管理）、公共服务办（社会事务）、公共服务办（卫健计生）、总工会、组织人事办、各社区工作站］

四、 工作要求

（一）统一思想认识，凝聚工作合力。劳动关系是现代社会最基本最重要的社会关系之一，促进劳动关系和谐是我们共同的责任。各成员单位要提高政治站位，站在维护社会和谐稳定，改善民生福祉，促进经济社会高质量发展的高度开展工作，坚持分工不分家，心往一处想，劲往一处使，相互支持配合，形成强大工作合力。

（二）明确责任分工，狠抓工作落实。劳动关系工作涉及社会方方面面，各成员单位要结合自身职能和工作实际，按照既定任务分工、时间节点，保质保量对照任务分工表抓好落实。领导小组将随时进行督导检查，对工作出色的单位和个人进行表彰，对工作滞后的进行通报，确保方案部署全部落到实处。

（三）突出问题导向，确保工作实效。要牢固树立问题导向、目标导向，紧盯发展瓶颈、关键环节，紧盯企业之忧、民生之盼，拿出抓铁有痕、踏石留印的作风干劲，从源头抓起，从症结抓起，真抓实干，办实事办好事，让企业无忧，让民生有盼。

附： 名词解释

1. **“1＋4”投诉平台：**线下信访窗口，线上国满件、国务院欠薪平台、12345 热线、民意速办。

2. **“三开源一节流”：**加大专职仲裁员开庭量、发挥兼职仲裁员力量、将积压案件回流调解和加大庭前调解力度。

3. **“三级沟通平台机制”：**第一级由城建办和社区工作站首发调处；第二级由综治办搭平台组织街道相关职能部门联合调处；第三级平台参照光明模式由社区发令，邀请市区住建和人力资源部门与街道职能部门联合调处。

4. **“1311 就业跟踪服务”：**提供一次政策宣讲、三次免费推荐就业、一次免费职业指导、一次免费职业培训。

聚焦高品质文化供给 推动大浪文体事业跨越式发展

——2023年大浪街道人文工作方案

为全面贯彻落实党的二十大精神，努力满足群众不断提升的精神文化需求，进一步优化公共文化服务供给，加速推进文体设施建设，大力扶持文艺精品创作，激发文化创新创造活力，结合“数字、时尚、生态、人文”大浪发展定位目标，现制订本工作方案。

一、 指导思想

坚持以习近平新时代中国特色社会主义思想为指导，全面系统深入贯彻落实党的二十大精神，推进落实文化自信自强、铸就社会主义文化新辉煌要求，坚持中国特色社会主义文化发展道路，坚持马克思主义在意识形态领域指导地位的根本制度，围绕举旗帜、聚民心、育新人、兴文化、展形象的使命任务，以社会主义核心价值观为引领，以推动“人文大浪”建设，营造和谐幸福社会为目标，创新文体活动形式，构建以人为本、以文惠民、以文兴业的现代公共文化服务体系，打造更多文化惠民品牌，增强市民的文化获得感、幸福感和家园归属感。

二、 组织架构

为进一步推进“人文大浪”工作落实，确保各项工作任务的完成，特成立工作领导小组，具体如下：

组长：梁嘉　党工委书记

文良方　党工委副书记、办事处主任

执行副组长：游植煌　党工委委员

副组长：谢秉波　党工委委员

刘武　党工委委员、总工会主席

张文锋　党工委委员

刘文胜　办事处副主任

胡舸磊　办事处副主任

刘恒润　办事处副主任

陈艳玲　办事处副主任

蒲涛　执法队队长

成员：组织人事办、党建工作办（宣传）、公共服务办（社会事务）、党政综合办（财务管理）、党政综合办（机关事务）、城市建设办（前期）、经济服务办（经济服务）、执法一中队、总工会、团工委、妇联、党群服务中心、建设工程事务中心、市政管理服务中心、各社区工作站。

领导小组办公室设在党群服务中心，负责统筹、协调、组织、指导各项工作开展。

三、 工作机制

（一）总体目标

以践行社会主义核心价值体系为核心、以增强群众文化幸福指数为目标，着力于提升大浪的城市文明程度和居民人文素养，着眼于提升大浪的城市品质，围绕居民多样化、多层次、多方面文化的需求，努力肩负起举旗帜、聚民心、育新人、兴文化、展形象的使命任务，把大浪建设成为“人文精神高尚、文化事业繁荣、文化产业发达、文化氛围浓郁、文化特色鲜明”的和谐幸福城区。

（二）基本原则

1. 坚持政府主导与社会参与相统一。坚持以社会主义核心价值观为引领，不断加大人文建设工作的投入。激发社会力量参与文化事业和文化产业的热情与积极性，推动公共文化服务供给的多元化、社会化。

2. 坚持历史传承与城市发展相统一。既坚持保护、传承传统文化，又在传承中增强城市发展的生命力，把历史传承与城区发展结合起来。

3. 坚持载体建设与精神文明建设相统一。既注重加强文化艺术场馆、文化艺术场所等公共文化设施建设，搭建公共文化服务平台，又注重内涵发展，特别是城区文明水平及市民文明素养的提升，实现文化与社会多方位、各领域的深度融合。

4. 坚持本土培育与精品活动相统一。既对原有的文化资源元素加以保护、培育，又结合新时代生活气息，打造更多、更新、更强、更美的文化精品。

（三）实施路径

1. 统筹规划，突出亮点。从历史文化、辖区功能发展等角度，结合实际条件和资源，科学统筹、合理规划文体活动设计方案。重点抓好本土红色文化、客家文化、时尚文化、青工文化建设，立重点、抓特色、出亮点，着力谋划凸显大浪特色的人文活动项目品牌。

2. 搭建平台，全面覆盖。始终坚持以人民为中心，呼应居民文化需求，开展适合不同年龄和层次人群参与的形式多样、内容丰富的文体活动。坚持量质并重，精准匹配不同类型的服务供给，引导市民群众根据自身条件和兴趣爱好，选择适合的文体项目积极参与。

3. 普惠利民，公益先导。不断完善公共文化服务体系，不断丰富公共文化服务内涵，充分保障群众基本文化权益，积极满足群众多样文化需求，不断提升各类人群的文化获得感与幸福感。大力发展普惠型公益性文体事业，依托公益开放的公共文体设施以及形式多样、精准惠民的文体活动载体，深入推进文体事业面向高层次人才、来深建设者及广大市民的“分众式”惠民服务。

4. 形式多样，融合创新。着眼于广，打造群众基础好、参与度高、趣味性强的文体活动内容；着眼于新，开展特色鲜明、形式新颖的活动；着眼于智，将传统与现代流行文化项目相结合，运用数字化、智能化、移动化技术手段，推动文化、体育、旅游与科技深度融合发展。

四、工作任务

围绕“聚集高品质文化供给，推动大浪文体事业跨越式发展”的工作目标，依托大浪特色及优势资源，持续开展文化惠民活动，深入推进人文提升“六大工程”建设，努力提高大浪文化软硬实力和影响力。

（一）文化载体工程

1. 协助推动大浪文化艺术中心和大浪体育中心建设。协助区建设单位推动“双子星”（大浪文化艺术中心和大浪体育中心）建设，为辖区群众提供更多优质的设施和场所。本年度将完成工程整体形象进度的61%。其中，年底前大浪体育中心装修工程基本完工，游泳池、多功能馆、羽毛球馆等场馆完成机电工程。大浪文化艺术中心完成主体结构和钢结构施工。［责任单位：城市建设办（前期）、建设工程事务中心；完成时间：2024年12月］

2. 完善群众性文体设施满足群众需求。整合各部门各社区的资源和力量，充分开发利用闲置土地资源，在居民楼顶、城区拐角或国有闲置地块为辖区群众提供更丰富、更高质量的文体设施。评估推进行政服务中心楼顶健身场地建设，力争增设篮球场、网球场和羽毛球场等场地。主动对接区文体局，因地制宜，向有条件的社区投放乒乓球台、篮球场、羽毛球场、健身路径等设施。协调落实300平方米以上地块空地，争取安装一套高端智能健身设备，为辖区群众提供更高质量的体育设施供给。［责任单位：党群服务中心、城市建设办（前期）、建设工程事务中心、党政综合办（机关事务）、各社区工作站；完成时间：2023年12月］

3. 打造百花齐放的文明实践矩阵。根据社区分设实际，打造“1+12+N”的文明实践阵地体系（即1个街道文明实践所+12个社区文明实践站+多点开花的文明实践阵地），深化特色实践阵地建设和新时代文明实践基地建设，在新设社区新建3个新时代文明实践站，推进1个文明实践阵地进园区，打造1个文明实践主题公园；加大宣传栏的提升改造，加快“学习强国”线下体验空间的建设；扩大文明实践范畴，以居民群众喜闻乐见的形式开展宣传宣讲各类活动，提高居民群众参与度和满意率。［责任单位：党建工作办（宣传）、各社区工作站；完成时间：2023年12月］

4. 打造社区特色文化广场。在有条件的社区，建设社区文化广场，增加特色文化元素；加大资金投入力度，对重要地段进行艺术景观的打造，点缀提亮街景品质；重点规划打造浪口虔贞文化公园，范围涵盖虔贞学校、浪口基督教堂、虔贞女校艺展馆、虔贞广场和爱义城市更新项目公配物业。［责任单位：城市建设办（前期）、市政管理服务中心、建设工程事务中心；完成时间：2023年12月］

5. 提升图书阅读空间品质。在新设社区工作站建设面积不少于100平方米图书馆，整合阅览室空间与社区图书馆功能定位，实现图书在全市范围内通借通还；在城市更新项目中的公配物业，增设图书馆功能室，开展特色化装修设计，提升图书馆阅读空间品质，打造“现代化城市书吧”，让图书馆成为市民享受阅读的好去处。［责任单位：城市建设办（前期）、建设工程事务中心、党政综合办（机关事务）、党群服务中心、各社区工作站；完成时间：2023年12月］

6. 开展群众性公园文体活动。以公园为群众文化活动阵地，整合公园的管理力量，为文体活动营造良好的市容环境；建立社会体育指导员制度，有序引导群众开展啦啦操、健身操、鬼步舞、篮球、柔力球、毽子舞、太极等运动，提升城市居民的体育能力和健康素质。（责任单位：市政管理服务中心、执法一中队、党群服务中心；完成时间：全年）

（二）红色引领工程

打造党史学习教育新地标“阳台山党史馆”。2021年深坑遗址、芋荷塘反“围剿”战斗遗址等文化名人大营救遗址线索的发现，进一步增强和丰富了深圳党史学习教育的红色资源，在深圳下一个百年征程中，将发挥存史、资政、育人的重要作用。今年将推动阳台山党史馆的建设工作，完成展陈内容整理（3月—7月）、概念方案设计（7月—8月）、审稿设计修改（9月—11月）、招标（11月—12月）等工作，打造面积约620平方米的阳台山党性教育基地，持续挖掘、开发、保护红色资源，大力讲好党的故事、革命的故事、英雄的故事，传承红色基因，赓续奋斗精神。［责任单位：党群服务中心，城市建设办（前期）；完成时间：2024年6月］

（三）文脉传承工程

1. 加强虔贞女校提级管理。开展虔贞女校文物管理提级申报工作，将虔贞女校由区级保护单位提级申报为市级以上文物保护单位；对场馆的绿化和馆内设施进行提升改造，提升场馆整体品质形象；力争在虔贞女校艺展馆举行一月一次文化主题沙龙活动。［责任单位：党群服务中心、市政管理服务中心、党建工作办（宣传）；完成时间：2023年12月］

2. 保护传承麒麟文化。在政策允许的条件下，升级改造麒麟博物馆及麒麟广场；推动大船坑舞麒麟队长谢玉球申报国家级非遗传承人；做好国家级非遗项目的传承和保护工作，组织开展“麒麟进社区”“麒麟进校园”活动共计20场，做好青少年培训工作；以麒麟文化为重点，开展相关客家文化对外交流活动。（责任单位：党群服务中心；完成时间：2023年12月）

3. 拓展本土文化内涵。深入挖掘阳台山革命历史，开展《巍巍英雄山》专著的编写工作，文稿10万字以上；进一步挖掘虔贞百年历史，编写专著《好久唔曾相会过》，文稿10万字以上；以上两项工作力争2024年6月前完成。（责任单位：党群服务中心；完成时间：2024年6月）

4. 深耕本土文学精品。坚持文学性、艺术性和思想性的办刊宗旨，立足本土、面向全国，办好《羊台山》杂志；新辟专栏，增加大浪元素，多角度、多方面反映大浪三个文明建设亮点，展现更浓的“大浪味”；发掘新人新作，以杂志为链接，聚集一批有共同志趣的本土文学爱好者，打造一支活跃在基层的“文学轻骑兵”。［责任单位：党建工作办（宣传）；完成时间：2023年12月］

（四）文化品牌工程

1. 打造“时尚＋体育”活动品牌——深圳女子时尚“微马”。以“创新＋时尚＋青春”为主题，协同区文体局举办2023深圳女子时尚“微马”，全面展现深圳女性健康向上、奋发进取、引领时尚潮流的精神面貌和独特风采，擦亮时尚小镇特色名片，带动大浪文旅经济发展。［牵头单位：党群服务中心、综合治理办（综治维稳）、综合治

理办（交通安全）、市政管理服务中心、执法一中队、执法二中队、城市建设办（城建）；完成时间：2023 年 3 月］

2. 深耕客家山歌活动品牌——阳台山全国实景山歌大赛。争取广东省音乐家协会作为主办单位，高规格举办第六届阳台山全国实景山歌大赛，通过全方位、多渠道宣传矩阵，进一步扩大赛事的社会影响力；发动更多不同民族、不同国籍的歌手参与，推动本土客家山歌的发展，促进民族文化交流，使阳台山山歌大赛文化品牌项目不断走向国际化。（责任单位：党群服务中心、各社区工作站；完成时间：2023 年 12 月）

3. 打造青工文化活动品牌——“星光大浪”青工歌手大赛。重启“星光大浪”青工歌手赛事，精心策划、高位宣传、扎实推进，力争于 5 月正式启动赛事。通过周赛、月赛、季赛、年度总决赛等持续整年的阶段赛事活动，将其打造成最具地区影响力的大浪文化名片。（责任单位：党群服务中心；完成时间：2024 年 1 月）

4. 打造一社区一特色文体活动品牌项目。结合 12 个社区资源条件、历史底蕴等特点，整合资源，量身打造，开展特色活动打造社区文化名片，形成“一社区一文化阵地一文艺队伍一特色活动”的社区文化品牌。（责任单位：各社区工作站；完成时间：2023 年 12 月）

5. 制作大浪人文美学宣传片。结合本土红色遗址、民风民俗、历史建筑等文化资源，制作大浪形象宣传片，从时尚、数字、生态、人文等方面全方位展现大浪人文之美、生态之美，提升大浪对外形象，彰显城区之美。［责任单位：党建工作办（宣传）；完成时间：2023 年 4 月］

（五）文化惠民工程

1. 举办百场惠民文化活动。持续开展常态化的群众性文化活动，全面提升公共文化服务供给的数量质量，满足市民的基本文化权益需求。街道各职能部门和各社区错位开发不同层级和类型的文体活动，全年累计开展文化惠民活动 100 场以上。其中，团工委、总工会、妇联、公共服务办（社会事务）、组织人事办、党群服务中心围绕本部门的主责主业，设计街道层级活动，要求覆盖面广、品质高、亮点突出、特色明显、社会效益显著。各社区从服务辖区群众需求出发，组织开展接地气、引导群众树立社会主义核心价值观的活动，提升群众在文化教育方面的收获感、幸福感。［责任单位：党群服务中心、团工委、总工会、妇联、公共服务办（社会事务）、组织人事办、各社区工作站；完成时间：全年］

2. 掀起人文荟萃十二重浪。结合重大节庆，科学策划不同主题的文体活动，做到周周有活动，月月有比赛，人人能参与，项项有特色。策划开展高质量的文化活动，重点开展“十二重浪”活动，做到覆盖面广、影响力大、社会反响好。分别是：

一月，“挥毫泼墨送春联，龙飞凤舞迎新春”义写春联活动；

二月，“运动赋能展风采，活力大浪燃激情”拔河比赛；

三月，深圳女子时尚“微马”；

四月，“阳台山杯”篮球赛、乒乓球赛、羽毛球赛、绿道微马等系列赛事（4 月—12 月）；

五月，“星光大浪”青工歌手大赛（2023 年 5 月—2024 年 1 月）；

六月，“舞动大浪”广场舞大赛；

七月，七一晚会；

八月，“传承”国家级非遗麒麟舞培训；

九月，第三届龙华区社区文体节趣味运动会；

十月，“品方言·寻客家”文艺晚会；

十一月，“阅见大浪”系列阅读活动；

十二月，第六届阳台山全国实景山歌大赛。

（责任单位：党群服务中心、组织人事办、总工会、各社区工作站；完成时间：全年）

3. 打造社区特色文体队伍。在原有社区文体活动团体的基础上，加强引导和扶持，形成一社区一特色文化队伍。（责任单位：党群服务中心、各社区工作站；完成时间：全年）

4. 深入推进全民阅读。围绕世界读书日和深圳读书月，在 6 个街道图书馆开展“阅见大浪”系列阅读活动；引入社会力量，利用虔贞女校公共文化空间、商业中心覔书店，每月开展绘本故事会、咖啡小课堂、书友会、读书沙龙；各社区依托社区阅览室，通过开展亲子阅读活动、为居民提供图书服务等方式，提升居民文化涵养。（责任单位：党群服务中心、各社区工作站；完成时间：全年）

5. 举办第十九届文博会分会场活动。配合区文体局开展第十九届文博会大浪各分会场活动，发动辖区文化企业做好配套活动点的申报工作，做好文博会的宣传推介工作、现场管理和活动开展等工作。（责任单位：党群服务中心；完成时间：全年）

（六）文旅融合工程

推动开发文体旅游项目。坚持以文塑旅、以旅彰文，推进文化和旅游深度融合发展。积极协助龙华区文体局和中旅集团开展大浪旅游资源考察工作，优化文旅产品供给，将客家文化、红色文化与时尚文化深度结合，重点推介大浪商业中心－时尚小镇－虔贞女校的联线景观，打造大浪人文旅游名片。在商业中心开展深圳－河源扶贫产品展销会，通过扶贫产品的展示植入促进双向旅游资源的推介，利用各社区的平战结合阵地向居民开展扶贫展销活动的巡展和宣传，以扶贫活动促进双向旅游文化交流。［责任单位：经济服务办（经济服务）、商会、小镇党委、党群服务中心、各社区工作站；完成时间：全年］

五、工作要求

（一）凝聚思想认识，强化组织领导

各成员单位要凝聚起强大的思想共识，把人文大浪建设工作摆在更加突出的位置，以文化建设为内驱动力，凝聚文体发展新势能，强基固本、守正创新，高标准建立文化分层错位发展机制，高质量推进文化体育事业、产业纵深发展，推动大浪不断迈向内涵丰富、品牌独特的现代文明城区新台阶。

（二）提高政治站位，压实主体责任

人文大浪建设是一项系统性工作，涉及面广、工作量大。各成员单位要结合自身职能和工作实际，按照既定任务分工，各司其职，以抓铁有痕、踏石留印的作风干劲，落实主体责任，形成部门和社区两级合力，助力文体活动在辖区实现多领域、全覆盖，不断统筹推进文化体育事业再上新水平。

（三）赋能共建共享，打造文体高地

各成员单位要充分尊重市民群众的主体地位，进一步构建规模化、系列化、多层次的文体活动体系，着力全方位、多元化满足人民向往美好生活的精神文化需求，推动群众生活与文化、体育产业深度融合，进一步丰富大浪文体服务的品牌内涵，打造共融、共建、共享的文化新高地，赋能文体事业高质量发展。

（四）强化经费保障，确保工作实效

各相关单位要夯实各项文体工作基础，进一步做好经费预算，对阵地建设、工程推进、品牌打造、文脉传承、文化惠民、文旅融合等相关经费进行总体测算，党政综合办（财务管理）要根据各单位需求给予资金保障，党政综合办（机关事务）要做好各类活动的物资及场地保障，确保各项工作的顺利推进，助推大浪文体事业实现大跨步提升。

调研报告及媒体看大浪

调研报告

基于整体性治理视角的基层治理效能提升路径调研报告

大浪街道党工委书记　梁嘉

习近平总书记指出："基层是党的执政之基、力量之源。"基层治理，是实现国家治理体系和治理能力现代化的基石，是提升社会治理有效性的基础。加强和创新基层治理，既是推进国家治理体系和治理能力现代化的题中应有之义，也是夯实党的执政基础、巩固基层政权的必然要求，关乎国家长治久安、社会和谐稳定和广大人民群众的切身利益。

街道和社区是城市社会治理的基本单元。当前，随着经济社会发展，社会主要矛盾转化，公共事务日益复杂，群众诉求愈加多元，城区基层治理面临着较强的碎片化问题，亟待寻求整合与协调。为进一步优化治理体制机制、提升基层治理效能，本文从整体性治理视角出发，立足基层治理实践，广泛开展调研，深入分析基层治理中存在的困境与问题，并提出对策建议。

一、基本背景

整体性治理理论产生于20世纪90年代，它强调政府部门之间、政府组织与非政府组织之间的协同与整合机制的综合运用，以实现治理主体协同合作，为公众提供无缝隙公共服务。① 该理论旨在解决公共管理过程中

① 韩瑞波：《整体性治理在国家治理中的适用性分析：一个文献综述》，《吉首大学学报（社会科学版）》2016年第6期，第67－73页。

的碎片化难题，对化解城区社会治理的主体、空间、权力、信息的碎片化，及建立具有灵敏性、回应性、参与性的整体性治理体系和责任机制具有借鉴和指导意义。① 本文从整体性治理视角出发，通过调研大浪街道在基层治理中暴露出的碎片化问题，深入分析其背后原因，为加强基层治理体系和治理能力现代化建设贡献力量。

大浪街道位于深圳市中心区北部，龙华区西部，辖区总面积37.84平方千米（全区6个街道中最大），除去划入生态控制线和水源保护区的面积外，实际城区面积约18.14平方千米。大浪是工业重镇、产业大镇，园区多、企业多，有工业园区208个，工业企业6141余家；同时也是人口大镇，城中村多、居住人口多，共有72个城中村，人口约55.7万人（其中户籍人口约8.3万人），是全市居住人口高度集中的街道之一。大量城中村在解决外来务工人员住房方面发挥了积极作用，但随着经济发展和城市化进程加快，问题也逐渐凸显。高密度城区、高流动性人口导致社会呈现碎片化特征，加大了治理难度。同时，基层政府内部由于条块分割、专业分工等原因，虽然近年来不断加强服务型政府建设，但仍在管理服务、体制机制等方面呈现出碎片化状态。社区“两委”因长期受政府行政化影响，也同样存在社区治理碎片化问题。

为破解城区基层治理碎片化问题，大浪街道依托治理机制创新，充分整合治理资源，在营商环境、城市管理、综合治理、内部建设等多方面持续进行探索。在营商环境方面，今年以来坚持高质量发展工作总目标，从经济、法治、劳动、安全、文化等五个方面发力，制定出台街道五项高质量发展方案，全面提升辖区营商环境，推动街道经济发展量质齐升。在城市管理方面，创新融合基层治理“三支队伍”，有序推进网格员队伍、社区队伍、社会面队伍改革融合，提升社区精细化管理水平，推动建立现代化城市管理长效机制。在综合治理方面，打造“一站式”群众诉求服务平台，建立健全劳动监管预警体系，不断完善矛盾纠纷多元排查化解机制，最大限度把社会矛盾解决在早、化解在小。在内部建设方面，组织街道各部门积极立足岗位职责，结合“三定”方案梳理为民“责任清单”，着力建设权界清晰、分工合理、追责有据的岗位职责体系，推动构建“照清单履职、按清单办事、依清单问责”的简约高效基层治理新格局。

二、调研情况

尽管街道在多方面积极推动破解碎片化难题，不断提升社会治理效能，但在实际工作中仍存在一定困境。本次调研立足街道实际，采取了文献调查、线上问卷调研、线下个别访谈等多种调研方法，力求全面准确、科学严谨地反映真实情况、了解真实问题。

本次调研以问卷调研为主要调研方法，分为两个阶段。第一阶段主要针对大浪街道内部机关社区的沟通协作情况进行调研，共发放问卷342份，收回有效问卷342份，问卷回收率达100%。从调研对象来看，33.63%的受访者为街道机关部门工作人员，66.37%的受访者为各社区工作人员，近一半（47.37%）受访者已在大浪街道工作10年以上。对于横向平行部门间和纵向上下级部门间沟通交流的情况，受访者总体持中性偏积极的态度，在调研中也针对政府沟通交流的碎片化情况反映了一些问题。

第二阶段针对辖区基层治理效能面对居民群众开展调研，共发放问卷11416份，收回有效问卷11416份，问卷回收率达

① 龚志文、孙慧哲：《城区社会治理的碎片化分割及其矫治——以北京市房山区治理创新实践为例》，《天津行政学院学报》2020年第1期，第79-86页。

100%。受访者中，男女比例约为1.13∶1，年龄主要集中在30～39岁（39.41%）、20～29岁（25.79%）、40～49岁（21.83%），学历低于本科的占比约八成（高中/专科52.23%、初中及以下27.79%），所从事职业的前三位分别为普通工人（30.4%）、公司职员（25.95%）、自由职业者（14.55%），住房形式以租房为主（82.99%），总体符合街道辖区居民以外来青壮年普通劳动力为主的基本构成情况。调研从公共服务、基层治理、多元参与等多角度对居民参与度、满意度、归属感等进行调查，力求针对基层治理碎片化难题，深入了解群众真实意见、深刻剖析存在问题、有效提升街道基层治理效能。

三、存在困境

（一）政府内部运作碎片化问题

本次开展的内部调研从横向和纵向两个角度对跨级别、跨部门的沟通协作效果进行提问。调研显示，认为街道内部合作效果、与上级单位沟通协作效果“一般”或“比较高效”的均约占七成，总体持中性偏积极态度，政府内部沟通协作还存在一定进步空间。

“条块”协同合作有待提升。在条块分割的科层体制设计下，代表垂直职能部门的“条条”和代表基层属地政府的“块块”存在一定程度的职能交叉，但协同合作不足，产生了“看得见、管不着”“管得着、看不见”的窘境。在街道、社区内部调研中，认为基层工作最主要的困难是基层缺少实际管理职权的占35.96%。社区基层工作人员反映，对道路违停、电动车违章、城中村水电乱收费、店铺隐患整改等问题，只能发现、服务和提醒，但由于没有执法权而无法有效解决问题，比较被动；职能部门虽然拥有执法权，却由于人手不足等原因无法及时有效处置解决。

部门联动体系有待完善。横向来看，功能化、专门化的组织架构难以解决部门间的协调沟通问题，各部门工作中协同配合不足，部门联动体系建设有待完善。43.86%的工作人员认为在跨部门沟通协作中最常遇到的问题是“部门间信息壁垒较高，难以获取有效信息”。对于导致跨部门沟通协作困难的原因，50.58%的工作人员选择了“跨部门之间信息没有共享”。走访调研发现，综合行政执法工作中的户外广告招牌审批权与执法权分散在不同部门，由于信息交流共享不畅，存在执法部门不清楚商铺招牌已经获审批而上门检查的情况，引起商户反感。此外，随着社会的发展，居民的诉求逐渐趋于多样化、复杂化，各种新情况、新问题不断出现，城中村的日常管理日趋复杂，涉外卖、电商、网约车等新兴行业诉求日益增多，现有的职责体系无法解决新问题，需要多个部门协同参与，但各部门之间由于信息传递不通畅、问题解决机制不完善等，影响了政府监管的效率。

基层干部协同意识不强。仍有少数基层干部系统观念薄弱，协同思想观念尚未养成，往往就局部论局部，缺乏看长远、看整体的意识，统筹协调、联动补位能力不足。在内部调研中，认为在跨部门沟通协作中最常遇到的问题是“同事只顾自己部门工作，缺乏沟通协调、联动补位意识”的人最多，占比45.03%；其后分别为“部门间信息壁垒较高，难以获取有效信息”（占比43.86%）、“互相推脱责任，反复拉锯”（占比38.6%）。一些基层干部认为，只负责自己的“责任田”就好，系统观念相对薄弱。还有个别基层干部，对其他部门和个人的信息反馈较为轻视，无形之中筑起信息藩篱，加强了工作的封闭性、隔离性和排斥性。

（二）社区治理碎片化问题

社区治理碎片化是指“在社区治理过程中，受到政府治理碎片化的影响和社会碎片化的映射，治理主体之间缺乏协作，利益条块分割、各自为政，呈现管理碎片化的状态"①。社区治理碎片化问题主要体现在社区工作零碎化、居民利益诉求多元化等方面。

社区工作零碎化。"上面千条线，下面一根针"，社区治理受上级多个部门的业务指导，承受着行政责任下移的压力。对于基层工作中遇到的主要困难，有近一半的人（49.12%）选择了"上级部门下发的任务繁重，没有时间精力更好地服务群众"。交叉分析发现，选择此选项的人群中，80.35%为社区工作人员。为承接繁多的工作，社区"两委"内部进一步划分工作组分散下移治理责任。同一工作组内由于上级不同部门的信息平台互不兼容、条线分割等原因，导致频繁出现反复报送信息、重复录入不同系统等现象；不同工作组之间也会由于信息共享机制不完善等原因而影响工作效率。社区内部的业务分割和责任分散削弱了社区治理的整体性、系统性，影响了社区治理效能的整体提升。

居民利益诉求多元化。大浪人口基数大、流动人口多、人口异质性强，陌生人社区是社区治理中面临的常态。调研中，约三成受访居民表示在所居住的区域没有邻居的联系方式，近五成表示有联系方式的邻居不超过5个，52.3%的受访居民感觉社区只是下班后居住的地方，缺乏家园归属感。在陌生人社区的背景下，社区文化相对较为淡薄，流动人口认同感和归属感不强，社区居民对社区治理的目标诉求呈现出多元化、复杂化、碎片化的特点，往往只关注与自身利益密切相关的物业、治安等领域而忽视社区公共利益。对于基层工作中遇到的主要困难，超三成工作人员（33.92%）选择了"居民主体复杂、诉求多元，难以满足群众不同需求"。基层反映，"居民的想法、各类诉求都不一样，有时有些不合理的诉求且会提出重复的或恶意的诉求、投诉"。又如，街道电动自行车保有量大，安全出行需求旺盛，街道大力推进慢行系统建设，保障了电动车的骑行安全，但与此同时，过窄的慢行道路也加剧了拥堵，影响街边店铺卸货而导致店主意见较大。

公共服务供给碎片化。从公共服务供给角度看，一方面，政府碎片化导致公共服务的供给和具体执行缺乏整体性、协调性；另一方面，政府、企业、社会组织等不同公共服务供给主体间合作不多、力度不够，缺少良好的沟通平台和合作途径，导致公共服务供给碎片化。调研显示，在活动参与方面，近七成居民（68.54%）表示未曾参加过街道、社区举办的各类公共服务活动。有34.14%的受访居民表示因为"缺少了解渠道，不知道在哪里参加活动"，所以较少参加活动；在参与过活动的居民中，有50.55%的居民参加了三次以上，参与重复性较强。从公共服务供给反馈的角度看，碎片化的供给模式无法对群众的诉求与期望作出整体性的有效回应，造成居民满意度不高的局面。对于街道、社区在提供公共服务的过程中存在的问题，排名前三的分别是"群众缺少服务项目的了解渠道，参与度低"（43.54%）、"公共服务不均衡"（35.72%）和"参与人群范围相对固定"（29.09%），可见联系、服务居民群众的活动载体仍有待进一步拓展。

（三）基层治理协作碎片化问题

在整体性治理运作过程中，政府只是治理主体之一。但当前在街道的基层治理中，社会组织、辖区企业、公民等社会行为体在系统性治理过程中联系不强、参与度不足、作用发挥不多，各主体间协作不足也造成公共服务供给存在一定问题，基层治理体系和治理能力现代化建设有待进一步提高。

多元治理主体各自为政。为

---

① 汤辉：《整体性治理视角下社区治理效能提升路径研究》，《黑龙江社会科学》2023年第4期，第41－48页。

实现基层治理目标，基层各治理主体需要进行协商与合作。当前社区“两委”、物业公司、居民和社会组织等基层治理多元主体都在社区建设中发挥作用，但由于缺乏必要的协调和统一，呈现出一定的差异性和多头管理现象，形成工作壁垒。调研显示，当在生活中遇到问题、需要服务时，49.98%的居民倾向于找社区，43.13%的居民倾向于找村委物业或小区物业，38.33%的居民倾向于找街道办，11.8%的居民表示找房东、动用私人关系、网络求助或其他，多元治理主体相对较为分散，且调研显示居民对街道、社区、物业、其他四类主体提供的服务满意度呈逐渐下降趋势。

*居民群众参与渠道不畅。*社区的碎片化使得居民对社区的认同感和归属感缺失，难以形成共识，降低了居民群众参与社区治理和公共事务的实际效能。调研显示，居民群众参与社区治理和公共事务的积极性不高、渠道不畅。在公共性较强、关涉社区公共利益的深度社区参与方面，78.12%的受访居民表示从未曾参与社区治理，35.6%的受访居民表示不愿意参加社区民主协商活动。这体现了价值引领的缺失导致社区共同体精神构建难以实现，制度化和精细化的民意表达机制和社区参与机制仍然缺失，社区治理和服务的创新性不足，居民群众参与基层治理仍然受到限制。

*社会组织参与仍存瓶颈。*基层社会治理面临着资源配置不足、公共服务质量有待提高的现实挑战，需要拓宽治理参与渠道，积极引入社会组织参与基层治理，提升公共服务质量。但当前社会组织参与社区治理仍存在政策、投入、监管等因素造成的参与瓶颈。调研显示，26.66%的社会组织认为自身自我发展和建设能力较弱；22.71%的社会组织认为缺乏稳定的资金保障导致无法持续性地参与社区治理活动；22.06%的社会组织认为缺乏有效的监管体系；14.84%的组织表示参与基层治理的壁垒较高，这些困难在一定程度上阻碍了社会组织有效参与社区治理。政府购买项目资金支持力度有限，难以提供持续性的资金保障。同时，大部分社会组织高度依赖街道、社区，自我发展和建设能力较弱，加上经济资源较少，造成公共服务能力不强、治理能力难以有效发挥的局面。

四、 对策建议

社会治理的基础在基层、根本在社区。党的二十大报告中提出，“建设人人有责、人人尽责、人人享有的社会治理共同体”。加速形成共商共建共治共享的基层治理新格局，需要街道上下协作共商、齐心参与。

（一）治理机制制度化。构建跨层联动、跨部门沟通的综合治理机制，探索设置综合协调机构，健全协同治理的规制程序，打造通力协作、运转高效的治理网络。建立问题清单、权责清单和绩效清单等台账制度，逐项理清责任链条，明确责任分工，加强跨部门、跨区域、跨层级业务协同，提高基层治理效能。完善各司其职、各负其责、相互配合、齐抓共管的协同配合机制，推动街道干部协调联动能力整体提升。培养街道干部的整体性意识，提升系统分析和前瞻性思考能力。通过开展常态化协同，促进街道干部在实践中学习方法、提升技能。强化服务职能，打造“1+12+78+N”定格化管理机制，进一步整合调动街道管理资源，打破部门壁垒，促进公共服务供给下沉，协调解决居民日益多元化和复杂化的利益诉求，不断提升基层综合治理成效。

（二）治理手段数字化。充分发挥数字化“黏合剂”作用，推动碎片化问题根源性解决。结合基层治理实际情况，以整体性治理理念优化完善信息系统，加快基层治理资源和服务的整合，破解基层治理碎片化和信息孤岛问题。以解决基层治理中的“痛点”“难点”问题为导向，探索构建互联网、大数据、云计算、物联网、人工智能等新一代信息技术在社会治理方面融合应用的机制和路径，进而推动形成数据创新应用的全治理链，不断增强基层社会治理效能。着力打造整体关联、动态平衡的数字化治理结构，建立健全数字化治理平台和应用场景“统一规划、统一标准、统一建设、统一运维”的机制，进一步增强数字化治理的整合效应。有效运用数字化手段和措施解决公共领域的各种错配问题，有效整合数字化资源、平台和场景，更好满足群众需求。

（三）治理方式多元化。坚持群众路线，充分发动群众自治力量。推动建立社区群众议事会，选取群众代表，将涉及社区的一些重大事项交议事会讨论，使群众充分参与社区事务。坚持因地制宜，引入市场化力量，发挥其专业优势，填补公共服务薄弱环节，持续满足居民的多样化需求。建立权责利相统一、按劳计酬的政府购买服务制度，强化全过程监督管理，持续增强社会组织协调资源的能力，提升发展可持续性。坚持求同存异，广泛支持社会力量积极参与社区事务。坚持党建引领，以党员为骨干力量，在一些较大的居民自发活动群体如广场舞群体、篮球爱好者群体等探索设置群众活动团体委员会，积极帮助群众团体协调场地，参与街道活动等，对群众群体活动进行引导、支持。

（四）强化价值共创巩固基层治理基础。提升文化认同促进价值共创。以优秀传统文化为纽带，结合地域特点、人文特色、红色文化以及新时代精神文明建设成果，推动辖区居民共有精神家园建设；充分发挥文明实践中心、文化驿站、文化广场、未成年人活动室的作用，有计划、持续性开展政策宣讲、文化体验、文娱活动，讲好身边的故事，提高群众参与度，增强社区文化吸引力；树立文化品牌意识，围绕社区价值观培育，开展“一社一品”创建活动，绘好社区文化“新图景”，不断增强群众认同感。提供高质量服务品质，发挥党建引领优势，整合社区在职党员、老党员老干部、先进模范人物、志愿者、民间达人的资源优势，打造热心社区公共服务的团队，引领更多居民参与到社区的公共服务供给，在提高公共服务质量的同时强化对共同价值观的认可，进一步发挥公共价值对于促进邻里和谐、维系社会稳定以及增进归属感等多重作用。

大浪街道企业用工与就业需求矛盾的深层次研究

大浪街道办事处副主任、三级调研员　李涛

（2023 年 11 月）

就业是最大的民生，也是经济发展最基本的支撑。习近平总书记立足党和国家工作全局，明确提出**"构建中国特色和谐劳动关系"**这一重大命题，深刻阐述构建和谐劳动关系的指导思想、工作原则、政策措施等一系列重大问题，形成了关于构建和谐劳动关系的重要论述。

习近平总书记强调：**"强化就业优先政策，健全就业促进机制，促进高质量充分就业。"**劳动就业质量高低，劳动关系和谐与否，事关辖区企业发展和职工利益，事关大浪经济发展与社会和谐，建设和谐劳动关系作为大浪街道党工委、办事处今年统筹推进的五大重点工作之一，推动高质量充分就业更是劳动管理工作的重中之重。

目前 2023 届应届毕业生已集中进入劳动力市场寻找工作，青年劳动力失业率自 2 月以来连续升高，6 月青年劳动力失业率升至 21.3%，青年人就业压力较大。但在失业率高企的同时，又存在不少企业特别是制造业招不到人的情况。"就业难"与"招工难"两难并存的现象，凸显了当前就业市场的结构性矛盾。大浪街道作为深圳市龙华区的工业重镇，辖区有 6000 多家工业企业、50 多万劳动人口，其企业用工与就业需求之间的矛盾尤为突出。为给大浪街道下一步的公共就业服务提供方向指引，结合主题教育要求，我们组建了**"大浪街道企业用工与就业需求矛盾的深层次研究"**专题调研小组，深入调研辖区企业存在的用工难、劳务工就业难的现状，挖掘原因、分析问题，形成以下调研报告。

一、 企业用工与劳务工就业的基本情况

为全面掌握企业用工与劳务工就业情况，本次调研主要采取发放调研问卷和实地走访企业座谈等形式。针对企业用工情况与劳务工就业情况分别设计了两份问卷，并通过线上渠道发放回收；同时选取辖区内有代表性的企业进行实地走访调研，选取企业基本情况如下：

表 1　大浪街道辖区内代表性企业基本情况

企业	国标行业	主要产品	产值	走访时间
新百丽鞋业（深圳）有限公司	皮鞋制造	鞋包	26 亿元	2023 年 11 月 8 日
深圳影儿时尚集团有限公司	纺织品、针织品及原料批发	女式服装	超 20 亿元	2023 年 11 月 8 日
深圳市华宝新能源股份有限公司	其他电池制造	户外电池、光伏板	超 10 亿元	2023 年 11 月 10 日
美律电子（深圳）有限公司	通信系统设备制造	耳机	超 30 亿元	2023 年 11 月 10 日
深圳市绿联科技股份有限公司	其他电子产品零售	3C 产品	超 40 亿元	2023 年 11 月 10 日

此外调研团队还与深圳三人易行教育科技有限公司、深圳吉祥星科技股份有限公司、深圳市豪恩科技集团股份有限公司等多家企业的人事部负责人开展访谈，详细了解企业用工情况。

1．**企业招工用工情况分析**

通过走访企业和问卷调查，发现大浪街道辖区的企业以制造业居多（占54.2%），绝大多数企业（87.5%）存在招工难的问题，招工难度最大的是技工（33.3%），第二是普工（25%），第三是管理岗位（20.8%）。具体如下：

（1）招工：不同工种招工难度不同。

普工的招聘主要取决于薪资待遇、工作内容与工作环境。在薪资待遇方面，普工看重每小时工价以及是否包食宿。时薪25元比时薪23元在招工市场上的竞争力明显更高，反映普工难招的基本是时薪较低的企业，而像时薪26～27元的富士康没有普工难招的问题；在工作内容与环境方面，普工大都是流水线作业，但环境干净、坐式办公、工作时长等也是求职者考量的重要因素。如**新百丽鞋业（深圳）有限公司**需要全程车间站班、手工操作多，且每天工作11小时、每周单休1天，这导致其面临普工难招的问题。

与此形成对比的是问卷中反馈最难招的技工。我国技工人才整体稀缺，尤其是高端技工，我国的高技能人才仅占就业人员总量的6.5%（发达国家高级技工比例为20%～40%）；此外，对于汽车电子行业等朝阳行业的技术研发岗，行业发展呈井喷态势，而成熟的技术人员数量有限。如**深圳市豪恩科技集团股份有限公司**反映：“技术大牛非常难招，做这个技术的全行业一共就那么多人，他们会跳来跳去，不是‘公司选人’，而是‘人选公司’。”

（2）渠道：普工的招工渠道以内推、劳务派遣为主。

大浪作为制造业重镇，聚集着6423家工业企业，占龙华全区工业企业总量的1/3，它们对于普工的需求量是巨大的。多数企业会优先招聘正式员工，最有效的形式是内部员工推荐，一是熟人更了解公司情况，推荐成功率高；二是很多公司会采取激励机制，如**深圳市华宝新能源股份有限公司**规定，每成功推荐一个新员工，老员工会获得1200元奖励，而在**新百丽鞋业（深圳）有限公司**，这个奖励是2000元。此外，劳务派遣也对普工招聘起到了不可或缺的作用，一是极大程度满足了制造业订单波峰波谷的需求；二是企业只需要与劳务派遣公司对接沟通，不需为派遣员工发放工资以及缴纳五险一金。企业普遍反馈，通过线上渠道招聘普工的效果一般，一是由于部分普工还是习惯熟人介绍、工厂门口咨询等传统求职方式；二是像BOSS直聘等线上平台活跃着很多劳务派遣公司，求职者难以区分岗位发布者的身份。

（3）留人：员工能否留得住要看企业文化。

对于企业招工用工来说，招工只是第一步，留住工人更关系到企业管理以及长远发展。**新百丽鞋业（深圳）有限公司**反映：“我们对于人事工作的要求是，不仅‘招得来’，更要‘留得住’。”如果说薪资待遇与工作内容决定了员工来不来，那么企业文化就决定了员工做得久不久。整体看来，成长性高的优质企业往往会更加重视企业文化的塑造，而一些中小微企业忙于生存，时常会忽略这项因素。

能让员工留得住的企业文化一般有两方面内容：一是人事团队的专业度，合法合规用工不仅有助于营造有序的用工环境，更可以塑造积极健康的企业形象。**美律电子（深圳）有限公司**对于加班时间有着严格的管理，不允许随意超时加班；**深圳市绿联科技股份有限公司**反映：“互联网时代信息都是透明的，企业人事管理做得好也会吸引人才；如果压榨员工或劳资纠纷多，则会影响企业名声。”二是企业的人性化管理与人文关怀，优质企业会重视员工的情绪价值，着力提高其归属感与荣誉感，比如**深圳市豪恩科技集团股份有限公司**为员工提供了花园咖啡厅、健身房等配套设施，在节假日送上暖心礼品，定期组织运动会、家庭开放日等活动；**深圳市绿联科技股份有限公司**的员工年龄平均为26岁，公司认为“年轻人确实更难管理，但可塑性也强，企业不能因为难管就放弃人才，所以人事部门要对自己有更高要求”。

2. 劳务工求职就业情况分析

通过分析调查问卷，有97.4%的劳务工在找工作时首要看重薪资待遇，仅有5.3%的劳务工对当前工作很满意，有52.6%的劳务工认为今年找工作比较难，选择最多的三个原因分别是：（1）企业因素，招工需求少，岗位少（52.6%）；（2）供需矛盾，企业提供薪酬待遇与劳动者期望相差较大（42.1%）；（3）自身因素，学历、技能不够（36.8%）。劳务工求职就业呈现以下特点：

（1）整体：结构性失业。

今年有1158万大学生进入劳动力市场，然而与之不相对称的是，一些用工单位招不到合适的劳动力。其重要原因是教育资源错配引发劳动力资源错配，劳动者的技能水平与岗位需求不匹配。青年群体结构性就业矛盾日益突出，供需脱节、人岗不适、“慢就业”现象时有发生，“就业难”和“招工难”的结构性矛盾长期并存。根据深圳市高校毕业生就业服务工作时序进度要求，离校未就业高校毕业生就业率在年底前需达到90%以上，截至11月15日，龙华区2023届离校未就业毕业生就业率57.10%，大浪街道为79.4%，虽然暂居全区第一，但是距离按时完成任务目标仍有一定距离，需进一步抓紧发力。

（2）求职：不同工种的求职难度与求职渠道均不同。

普工的入职门槛低，市场需求大，找一份工作其实不难，但一部分普工期望找到待遇更高、环境更好的工作；另一部分普工则倾向于工资结算更快、形式更灵活、时间更自由的工作，于是他们选择通过劳务派遣公司派驻到企业工作，流动性相对较大。

技术工种或者管理人才在求职市场上竞争力相对较高，真正有一技之长的求职难度较低，缺少技能和经验的则求职难度较大，他们多通过在线渠道或猎头进行求职，问卷中对当前工作很满意的劳务人员约50%为管理岗位。

（3）00后：求职就业呈现两个极端。

新一代的年轻劳动者已进入劳动力市场，但与用工方之间常常存在“代沟”。网上流传的“00后整顿职场”，虽是玩笑段子，但也一定程度上反映出了当前00后的家庭环境、成长背景、就业观念都发生了较大变化。整体看来呈现两个极端：一个是追求稳定，很多高校毕业生宁愿利用两年“黄金择业期”待业全职考公考研，也不想去企业工作，更不想从事制造业；另一个是追求自由，很多年轻人喜欢及时享乐，宁愿选择新业态灵活就业，也不愿待在车间乃至办公室。在调查问卷中，年龄在16～25岁的劳务工占比44.7%，其中仅有35.3%从事传统制造业，其余多是从事互联网营销、外卖配送等行业。

二、企业用工与就业需求矛盾分析

1. 客观因素：人口红利减少

一直以来，深圳被称为“对外来人员最有吸引力的城市”。但近些年，随着交通基础设施完善、区域间产业转移和脱贫攻坚工程的实施，传统劳务输出地的县域产业迅猛发展，吸引不少农民工主动返乡就业；另外，一些在外积累了资金、技术和市场渠道的农民工返乡创业，并通过乡邻关系召回了在外务工的同乡。

农民工就业正经历从发达地区向家乡回流的区域再配置，这一过程因疫情暴发而加速，但并未因疫情结束而放缓。尤其是近几年深圳的工资水平优势式微，但房价与生活成本却居高不下，这导致来深圳打工的外来人口明显少于疫情之前，而外来务工者是制造业普工的主要来源，人口红利减少是造成大浪制造业招工难的最重要原因之一。

2. 企业因素：薪资水平不高与忽略企业文化建设

薪资水平是求职者最看重的因素。由于整体经济形势尚未完全恢复，企业考虑用工成本，需千方百计降本增效，尤其是中小企业，其提供的工作岗位和环境不是很理想，薪资待遇（工资、福利、食宿等）相比于大型制造企业也缺乏吸引力，在招工市场上没有优势，导致招工难的问题更加突出。

企业文化是影响招工用工的另一项重要因素。健康积极的企业文化不仅能提高团队凝聚力，为企业创造更大价值，更可以形成良性循环，吸引更多优秀人才。大型企业一般会组建专业人事团队，在此方面做得比较完善；而中小企业的企业文化基本完全取决于老板的个人理念，常常忽略对员工的人文关怀。

3. 个人因素：就业理念转变与技能不足

根据大多数企业反映，以00后为代表的新一代劳动者，相对缺乏劳动精神与吃苦耐劳精神，心态较为浮躁，很多工作做不到几个月就想辞职，甚至不想办离职手续而只想直接拿钱走人。与此同时，年轻人从事制造业的意愿不足，制造业对高精尖人才求才若渴，但同样也需要普工和技能人才，不少高素质年轻人才对制造业仍然存在偏见，找工作更偏向求稳，或更愿意进互联网大厂或从事直播、外卖配送等灵活就业方式，而不愿意选择制造业工厂。

此外，也有部分年纪大的员工，想离职但不主动提申请，而是试图钻法律空子，通过消极怠工让公司解除其劳动合同进而获得经济补偿金，这种心态和做法一旦在员工中蔓延，就会严重影响企业的日常生产与管理工作。**深圳影儿时尚集团有限公司**反映，部分员工存在此类心态，导致企业不敢大范围招工，而是选择将生产线外包。

自动化生产的普及对技术要求有所提高，而很多高校毕业生和普工缺乏对应的技能。高校对于人才的培养和当今职场的需求存在差异，企业想要“拿来主义”，而学校在教的是几年前的知识和技术，进而导致怀揣毕业证的学生找不到工作，不符合目前中小型企业的用人标准。一些有过流水线作业经验的普工，或是缺乏学习探索精神，不愿意接受新兴事物，或是有学习欲望但缺乏培训渠道。在调研问卷中，在需要政府提供哪方面的公共就业服务一题中，选择“提供技能培训服务”的最多，占68.4%，这也反映了劳务工的学习意愿普遍较高。

三、公共就业服务改进提升方向

1. 广宣传

一是大力宣传劳模精神、敬业精神、工匠精神等劳动精神。通过三微一端、园区商超电子屏等方式，全方位多角度加大宣传，让崇尚劳动、热爱劳动、辛勤劳动、诚实劳动的劳动精神入耳入脑入心。二是大力开展劳动普法活动。推动劳动用工合规化建设，让劳动法律法规得到宣传普及，提高用人单位尊法守法的自觉性，提升广大劳动者维权意识。三是鼓励企业做好企业文化建设。组织参观辖区内优质企业，让同行企业多“照镜子”，提升企业自身吸引力，提升企业自主招工、招贤纳士的能力，让优秀人才在大浪招得来、留得住。

2. 优环境

一方面要持续优化营商环境。持续推进政府法治化建设，依法开展企业监察工作，对于企业存在的隐患苗头，如停缴房租水电等弱信号，做到精准介入、准确履职，以减少对企业正常生产经营的干扰，对失信者“利剑高悬”，对守信者“无事不扰”，打造良好营商环境。另一方面要促进企业提升招工用工环境。通过落实惠企政策等方式帮助企业实现高质量发展，鼓励企业提高工资水平和福利待遇，完善社会保障体系，改善工作环境，注重员工的职业发展，高质量就业环境本身就是吸引更多劳动者加入的“金字招牌”，而高质量人才的加入也可进一步推动企业的高质量发展。

3. **提服务**

一是优化公益招聘平台。多数企业反馈，公益招聘会对于企业招普工和一般技工起到了很大帮助，而对于高级技工、管理人才与储备干部，政府要在满足企业用工需求的基础上，扎实做好供需匹配，定期举办现场招聘会，探索开展有成效的校企对接活动，必要时带着企业走出深圳寻人才。二是深化惠企服务机制。企业的需求和诉求千差万别，对于共性问题，要集中精力进行解决，比如补贴政策宣讲、劳动争议调解培训等；对于一些存在典型问题或特定需求的企业，政府可以上门提供就业创业指导服务，让企业感受到“事事有回音，件件有着落”。三是开展技能培训服务。在针对劳动者的问卷调查中，认为“就业难”的原因是“自身因素，学历、技能不够”的占36.8%，同时在需要政府提供哪方面的公共就业服务一题中，选择“提供技能培训服务”的最多，占68.4%，这表明相当程度的劳务工有自我提升的渴望。下一步，我们应准确摸清市场与劳动者需求，有针对性地开展职业技能培训，加强资源统筹，撬动市、区人力资源主管部门丰富的技能培训资源，鼓励辖区劳动者利用周末等时间积极参加培训。

四、 总结

此次调研发现，造成招工难与就业难“两难”困境的根本原因，从大的方面看，一是经济整体没有恢复；二是产业转移，深圳人口红利减少；三是我国技能人才培养教育机制仍需完善，这为大浪未来的基层公共就业服务提供了方向性指引。下一步，我们要深入贯彻落实习近平新时代中国特色社会主义思想和习近平总书记关于构建和谐劳动关系的重要论述精神，持续发力，久久为功，既要不断加快提升辖区营商环境、推动经济高质量发展、促进企业释放更多优质就业岗位，也要竭尽所能缓解企业用工与劳务工就业需求的压力和矛盾，多措并举稳定就业，以就业之稳促经济之稳、社会之稳、人心之稳，打出一套健康关爱、技能培训、劳动监察、纠纷调解、维护权益的劳动管理组合拳，着力营造“让劳动者更有尊严”的浓厚氛围，努力让辖区劳动群众的安全感幸福感获得感更加充盈。

大浪街道“二次装修”领域廉政风险防控调研报告

2018年9月，深圳市人民政府办公厅正式印发《深圳市小散工程和零星作业安全生产纳管暂行办法》，标志着深圳市小散工程和零星作业正式全面纳入监管。今年是全面贯彻党的二十大精神的开局之年，也是实施“十四五”规划的关键之年。据了解，当前省、市、区、街道聚焦高质量发展，各类建设如火如荼，大量工业园区为适应产业升级转型也会对其生产、办公场所进行二次装修。另外，大浪街道因城中村数量较多，租赁市场载体较大，房屋改造公寓的热度持续，“二小零”等工程数量呈直线上升趋势。经统计，近三年来大浪街道辖区“二小零”登记备案6018宗，其中施工面积500平方米以下的备案5312宗，占比88.3%，且小散工程和零散作业呈现工期短、分布广、监管部门多等特点，存在一系列安全隐患和基层“微腐败”的问题，给安全监管带来一定挑战。近三年来，街道纪工委对二次装修相关领域立案审查调查20宗20人，分析其原因，主要存在以下几方面的问题：

一、辖区“二次装修”领域存在的主要问题

（一）备案审批流程不够顺畅。调研走访中发现，群众反映最多的是“二小零”工程备案中，存在备案资料不统一、审批流程不透明、备案时间长等问题，导致部分群众担心业务流程烦琐，不愿意去申报。另外，备案审批中对审批时限没有明确的要求，审批时间长会导致延期开工，这无形间也加重了企业或业主的成本，存在一定的廉政风险隐患，不利于营商环境的优化，制约了辖区企业落地发展。

（二）工业类小散工程存在多头监管问题。据了解，辖区500平方米以下的工业类小散工程的备案审批权限在各社区工作站，但根据街道部门职能划分，园区类的安全巡查是由街道安监部门负责，所以园区工业类小散工程的日常巡查由各社区工作站和安监部门同时负责，存在多头监管的问题，一旦出现事故，责任主体不明确。

（三）备案内容与实际施工内容不符。各类工程审批环节中都有工作人员实地勘查的环节，自由裁量权大，如：监督检查中发现，存在部分工程实际施工情况与备案内容不相符，或者是存在将工程进行拆分，分批分段进行申报备案的情况，在现场勘查及巡查监管环节存在一定的权力寻租空间。

（四）安全监管工作不到位。监督检查中发现，辖区仍存在部分业主为规避装修申报备案，选择不申报、私自施工的情况，且相关职能部门在巡查过程中没有及时发现相关问题，或者对发现的问题缺乏跟踪，存在底线意识模糊、安全意识淡薄、监管履职不力等问题。如辖区一工业园区出现了未经申报的违规二次装修致人员触电伤亡事故。调查中发现，相关职能部门一线巡查人员在发现该处未经申报私自施工的情况后，到现场吃了“闭门羹”而未进一步采取有效措施进行处置，后续也未跟进未

加强巡查，进而导致触电伤亡事件发生。

（五）一线巡查人员廉政意识不强、纪法意识淡薄。据了解，当基层一线执法人员发现房屋改造领域出现违规行为时，部分房屋业主时常利用“老乡”关系，通过与巡查人员“说软话”“套近乎”，更甚以赠送礼品礼金等方式，来达到规避违法行为被查处的目的，部分巡查人员廉洁从政意识淡薄，原则意识不强，在面对不良诱惑时，未能坚守底线，收受管理服务对象的礼品礼金的问题也时常发生。2021 年期间，街道辖区一城中村房屋楼顶进行违规搭建，该片区 3 名巡查人员因接受管理服务对象的宴请及收受礼品礼金等问题被查处。

二、“二次装修”领域廉政风险防控对策

近年来，我国对城市建设安全提出系列指导要求，各级政府对建筑施工作业的安全管理力度不断加大，高度重视工程数量庞大、安全事故频发的小散工程和零星作业的安全纳管问题。“二小零”项目工程关乎群众切身利益，标的不大但数量众多，是基层小微权力监督的重难点，一旦工作程序不规范、监管不到位，极易滋生“微腐败”问题。个别干部直接插手或间接参与工程项目问题突出，侵害群众切身利益，损害党和政府的形象。

为进一步高标准、严要求抓实抓细“二小零”安全备案工作，全面做好廉政风险防控，大浪街道着力从以下几个方面入手，进一步深化社区治理，提高监督效能，严防安全事故发生，保障居民群众生命财产安全。

（一）优化备案流程，切实为居民提供便利。针对群众反映最多的备案审核时间过长、备案材料过多等问题，通过调阅资料、入户走访、实地调研等方式，全面了解备案审批过程中存在的风险漏洞，督促职能部门切实履行安全生产监管责任，出台了提升审批效率的优化措施，增加了安全生产备案工作指引，对于500 平方米以上的二次装修工程备案，审批时间由以前的 15 个工作日缩短到 5 个工作日，备案审批流程时间缩短 70%；500 平方米以下的小散工程，审批时间明确为 3 个工作日；对于线上提交申报材料的，限定职能部门必须在 1 个工作日内给予回复，对资料不齐的，必须一次性告知，全面优化备案流程，破除备案效率梗阻。

（二）优化归口管理，实现分权防控。对于园区工业类的小散工程存在多方监督管理的问题，大浪街道从优化职能配置，理清事权条块的角度，将500 平方米以下的工业园区的备案审批机构由原来的社区工作站调整为应急管理办（安监），由其负责备案审批、巡查和监管，并出台了《大浪街道工业类小散工程、零星作业和限额以上历史遗留违法建筑二次装修工程安全生产备案工作指引》，备案时限压缩至 2 个工作日内，大幅提升了项目建设效率。

（三）强化社会监督，织密织牢基层监督网络。针对辖区党员干部在服务中存在作风和廉洁问题，大浪街道将街道纪检监察机关的监督举报电话印制在备案回执单上，建立反映问题、表达诉求“直通车”制度，收集问题线索的同时释放震慑信号。探索在辖区有代表性的商圈、园区、企业选定了一批营商环境监测点，并挑选了 12 名综合素质好、政治责任心强的代表组建了一支廉情监督员队伍，充分发挥一线“哨点”的作用，着力发现并纠正辖区党员干部“政务服务不优质、惠企政策不到位、执法监管不公正、行使职权不廉洁”等问题，以有力监督推动辖区党员干部履职尽责、担当作为。

（四）探索数字监督新机制，实现廉政风险信息化防控。习近平总书记提出“要运用大数据促进保障和改善民生”。大浪街道纪工委在工程监管 App

二次开发中，取得App高级管理员权限，实现了对“二小零”审批备案全部环节进行实时监督。同时，街道纪工委在具体化、精准化、常态化工程监督上下更大功夫，在App中增设了“廉政监督”模块，所有的“二小零”线上备案审批完成后会进入“廉政监督”页面，提醒申报人如有遇到“政务服务不优质、行使职权不廉洁”等问题可以直接向纪工委网上举报反馈，将街道的营商环境监测点从线下拓宽到了“二小零”的线上，目前已收到投诉反馈4条，取得了一定效果。

（五）开展岗责及风险梳理，筑牢源头治理坚固防线。着眼全局、立足风险，积极推动各相关部门结合“三定”方案认真梳理岗位职责清单，厘清部门权责边界，明确部门履职事项，敲定岗位职责权限，通过定岗定责定人实现权界清晰、分工合理、追责有据的岗位职责体系。组织“二小零”备案审批相关部门在此基础上，围绕重要岗位、关键环节，以底线思维全面排查可能存在的履职和廉政风险点，并有针对性地制定切实管用、操作性强的防控措施，实现关口前移、超前防范，切实压缩权力“寻租”的空间，从源头上预防“微腐败”问题发生。

（六）强化监督执纪，加大对“二小零”领域的案件查处。紧盯零散作业、二次装修等小散工程，对城建、安监、执法、社区等重点部门开展内部制度执行情况的专项监督检查，对发现的问题通过发放《纪律审查建议书》《监察建议书》《工作提醒函》等方式，推动各职能部门不断完善相关制度，堵塞漏洞，坚决遏制“二次装修”过程产生的各项安全隐患及可能存在的廉政风险，让“不能腐”笼子越扎越牢。同时，对发现的违纪违法问题线索，进行严肃查处，持续形成强大震慑，以正风肃纪反腐的实际成效服务保障高质量发展。

（七）强化思想教育，充分发挥典型案例警示教育作用。坚持从思想上固本培元，定期组织城建、安监、执法、网格、社区等“二次装修”相关领域开展专题教育，通过专题讲座和观看相关警示教育片，引导广大党员干部从典型案例中深刻反思、汲取教训。同时，通过对日常查处的典型案例进行通报，用身边事警示身边人，时常敲响警钟，切实增强“不想腐”的内在自觉。

（大浪街道纪工委）

大浪街道关于优化营商环境的调研报告

习近平总书记在党的二十大报告中强调，“营造市场化、法治化、国际化一流营商环境”。营商环境作为区域综合实力的体现，是市场经济可持续发展的关键影响因素和实现高质量发展的重要基础。为进一步优化辖区营商环境，助力高质量发展，大浪街道深入调研辖区千余家企业及多个重点园区，分析存在的问题，提出对策建议。

一、 调研基本情况

本次调研采取实地调研、走访座谈、问卷调查等多种方式，深入了解街道营商环境实际情况。由多部门联合开展走访座谈调研，深入了解辖区营商环境现状及问题，共开展6次调研走访，覆盖辖区4个工业园区和11家企业，先后与15名企业负责人进行面对面座谈交流。制作营商环境电子调查问卷，全面发动辖区企业商户积极填写，共发放问卷1032份，收回有效问卷1032份。在本次调研中，小微企业占受访企业的比例超过八成，多数受访企业对街道整体营商环境、办事效率、政务服务等表示满意，有96.02%的企业认为街道营商环境优于周边地区或相差不多。但与此同时，也反映了部分问题，希望予以解决。

二、 存在问题

（一）多头多层重复检查影响企业生产经营。在影响街道经济发展环境的现象中，32.75%的企业选择了“违规开展执法检查”；61.82%的企业认为政府在服务企业方面应该规范、减少收费和检查，减轻企业负担。调研发现，由于各级执法部门上下不通气、不同部门间平级不联动，导致企业频繁接受市、区、街道三级管理部门检查，对企业正常生产经营造成影响。由于安监、消防、环保等不同部门工作侧重点不同，检查标准不一，企业需反复整改，加重负担。执法温度有待提升，企业反映执法部门对于部分初次轻微违规行为直接予以处罚，缺少指导教育，执法人性化程度不足。

（二）政务服务便民舒心度有待提升。调研显示，绝大多数企业对街道机关办事效率表示满意，但仍存在一定问题。一是办事流程公开宣传不足。在企业认为机关办事存在的问题中，前三位分别是“搞不清找谁办”“来回跑腿”“给办，但态度不好”；认为街道机关在公开办事流程、程序及内容更新方面做得一般或不好的占33.53%。二是服务意识不足。在当前作风建设的重点中，有51.84%的企业选择了“对企业、群众服务水平差”，个别企业反映窗口办事员服务态度较差。三是信息化程度有待提升。在提高政务服务水平方面，超过八成的企业希望推进政务服务事项网上办理、全网通办，政务服务信息化水平需进一步提升。

（三）企业诉求响应慢，投诉渠道不畅。近年来，各级政府部门开设不同载体渠道，采用多种方式服务企业需求，取得积极效果，但存在部门分散、服务渠道难记难找的现象。调研中，近六成企业未曾使用过企业诉求反映渠道，使用过的平台主要集中在“12345”“12315”和“深i企”，民营企业投诉中心和中小企业诉求响应平台使用比例仅占5.91%。受访企业反映的诉求主要集中在汽车长期违规占道停放、交通拥堵、环境问题和执法检查行为不当等方面，部分企业反映投诉后政府响应慢、问题没有及时解决。

三、对策建议

（一）规范执法整合力量实现“无事不扰”。扩大部门联合随机抽查事项清单范围，提升执法协作能力，大力开展纵向跨级、横向跨部门的联合执法行动，切实避免多头多层重复检查，减轻企业负担。进一步加强规范执法，加强教育培训、规范仪表行为、完善装备管理，严格执行执法公示、执法过程全记录、重大执法决定法制审核“三项制度”。推动改进执法方式，倡导柔性执法理念，坚持服务与管理并重，深化“服务＋管理＋执法”模式。

（二）提升效率优化政务服务做到“暖心省心”。抓好政务大厅队伍建设，健全窗口人员培训管理和考核机制，强化窗口办事效率，转变工作作风，提升窗口服务流畅度和体验感。充分利用新技术、新手段，打通部门和区域间的信息壁垒，探索无人审批、智能审批、无障碍审批新路径、新模式，促进政务服务更便利、更智慧、更精准。

（三）及时响应解决企业诉求实现“有呼必应”。坚持依法行政，在依法依规前提下，建立完善政企互动工作机制。推动建立营商环境监测点，打通企业问题反映通道和政府部门快速响应、解决问题反馈信息通道。强化部门协同，快速高效回应企业诉求，进一步提高企业诉求和意见办理的精准度和高效性。

（大浪街道纪工委）

大浪街道家庭教育工作调研报告

引言

国际21世纪教育委员会向联合国教科文组织提交的报告《教育——财富蕴藏其中》指出，面向21世纪教育的四大支柱是“学会认知、学会做事、学会共同生活和学会生存”，为达成这些教育目标，家庭教育发挥着不可替代的重要作用。2022年1月1日，《中华人民共和国家庭教育促进法》正式实施，这意味着在我国，家庭教育已经从“家事”上升到“国事”，在这个大背景下，如何“依法带娃”成为许多家长的关注焦点，而学会“依法带娃”也应成为全体家长的目标。

大浪街道是龙华区的传统工业重镇，外来人口多、城中村多，是深圳外来人口为主、城中村为主的典型城区，存在家长监护职能缺位等普遍实际情况。本次报告选取此课题开展调研，针对大浪街道的现实情况，发现问题、分析问题、解决问题，从中探索适合大浪的家庭教育服务方式，力争为全区家庭教育工作取得更大成效提出大浪对策。

一、家庭教育的内涵与重要性

家庭教育一般是指家庭中的父母及其他成年人对未成年人进行教育的过程，其教育目的是为孩子接受学校教育与社会教育打下基础。家庭教育是终身教育，它始于孩子出生之日，在人的一生中起着奠基的作用。

家庭是人生的第一所学校，家长是孩子的第一任老师，好的家庭教育将影响一个家庭的未来。家庭教育与学校教育、社会教育同为现代教育体系的三大支柱，三者具有目标一致性，共同培育人的道德品行、文化素养、生活技能、行为习惯。同时，家庭教育与学校教育、社会教育有着不同的属性，具有特殊功能，在人的个性发展、道德形塑、人格完善等各个方面都发挥着不可替代的重要作用，它直接或间接地影响着人的一生。

二、大浪重点推动家庭教育工作的背景

（一）大浪街道基本情况

大浪街道下辖12个社区，辖区总面积39.153平方千米，总人口578939人，其中妇女人数207917人，占总人口比例35.91%；儿童人数81216人，占总人口比例14.03%。辖区共有中小学20所，幼儿园42所。

2023年，大浪街道妇联共接访亲子教育纠纷案件81宗，而我们相信，这只是整个辖区的家庭中向我们求助的一部分，我们有理由怀疑，81这个数字的背后，因不当的家庭教育引发的各类亲子家庭问题不计其数。

（二）大浪现状下家庭教育发展困境

尽管《家庭教育促进法》已正式实施2年，现实中仍有不少家长的教育理念存在一定偏差，有的信奉“不打不成才”，动辄拳脚相加；有的漠视责任，疏于看管，养出了不少熊孩子；还有的高度注重子女教育，但现实和期待背道而驰……这些结果的产生，大多源于家长自身缺乏科学有效的家庭教育知识，习惯凭借自己的经验、经历来进行教育，或是不去了解孩子的内心，常将自己的想法强加于孩子，长此以往，无论对孩子还是整个家

庭，都将产生越来越严重的不良影响。

1. 家长对家庭教育的重要性认识程度不够，传统教育观念仍未转变。在现实生活中，不少家长依然存在陈旧、落后、错误的教育观念，用着原始、自然的教育方式，例如仍有个别父母持有“棍棒底下出孝子”的错误观念，导致对孩子实施家暴。此外，在当下的社会环境中，家长重学校教育轻家庭教育、重智育轻德育、重生理轻心理的现象依旧普遍，这部分家长常常忽略了家庭教育存在着尤为重要的潜移默化作用、家风传承作用。因采用错误的家庭教育方式而造成的不良后果不计其数，轻则会让孩子失去发展的信心和动力，重则极易培养出对社会产生危害的人。

2. 目前家庭教育仍然没有统一的行业标准，专职家庭教育工作者缺乏，从业人员专业化水平不够高。面对家长日益增长的家庭教育服务需求，专职人员不足的现状严重影响了家庭教育的发展。大浪街道办及各社区家庭教育专职工作人员较少，主要的家庭教育指导工作依靠购买服务项目，其中包括家庭教育和心理咨询项目。而在项目开展过程中，工作人员通常缺乏系统学习和培训，欠缺相应的专业能力，只能起到基础辅助作用，但所购买的服务项目及服务提供者（如心理咨询师等）的服务质量完全依赖相关工作人员的把关，他们因缺乏专业能力而导致质量良莠不齐，并且，此类购买服务的形式缺乏长期持续性。

3. 家庭教育工作相关单位的联系不够紧密，难以形成工作合力。目前，涉及家庭教育的相关部门主要有检察院、妇联、民政等，但各部门之间沟通较少，也未能将家庭教育作为一项工作重点，辖区内家庭教育相关活动未能形成多部门联动的态势，导致许多活动不成体系，也许还造成了资源的浪费。

4. 家庭教育服务缺乏系统性和深入性。如家庭教育讲座结束后，家长如何运用与实践、实践的效果如何均难以估量，且家庭教育的复杂程度也注定家长难以通过参加一次讲座就受到长足的影响。因此，如何设计服务项目，如何让家庭教育项目吸引家长长时间参与，如何帮助家长真正改变思想和行为并付诸实践等问题值得我们进一步深思和探索。

三、 大浪针对家庭教育的探索与实践

近年来，大浪街道妇联充分发挥部门职能，认真贯彻总书记关于注重家庭、注重家教、注重家风的重要讲话精神，整合多方资源，积极推进辖区家庭教育工作。经过不懈努力，大浪街道家庭教育工作取得一定的成效，尤其是2023年，大浪街道家庭教育服务品牌效应初步呈现，全年累计开展家庭教育相关服务209场（含社区）。

（一）力推“爱·有方”家庭教育指导工程系列项目

1. 100+1项目模式促校家社协同育人。针对我街道外来人口多、家长监护职能缺位等普遍实际情况，打造100+1项目模式。选题上，充分贴近儿童成长发育疑惑、青春期叛逆厌学困境、沉迷电子产品、亲子矛盾等实际问题；形式上，开展讲座、ABC情景演练、读书会、性教育等超100场活动，并赠送1份家庭教育大礼包；师资上，邀请在家庭教育、心理、教学等领域均有丰富经验的专业讲师；范围上，活动走进8所学校、2所幼儿园、10家企业、12个社区，累计服务约6000人次；成效上，通过持续全年的活动、线下“课后”个案咨询及线上“一对一”跟踪服务构建起强大的服务网，帮助40多户家庭缓和亲子关系；口碑上，广受学校和家长好评，项目唤醒了一批家长对家庭教育的求知欲，激发了一批家长与老师建立紧密联系，转化

了近500名家长成为“忠实粉丝”，校家社协同育人机制真正落到实处。

2. 助力实现“幼有善育、学有优教”。针对3~6岁学龄前儿童的个性培养、心理健康和素质教育等家庭教育需求，推出“智慧社区·智慧家长”项目，8场活动共吸引亲子家庭约320人次参加。

（二）弘扬优良家训家风

1. 发挥先进引领作用。龙华区第四届“好家训好家风好家庭”评选中，辖区3户家庭获评“好家庭”称号，2024年辖区还为第五届“好家训好家风好家庭”评选活动推送8户优秀家庭，为第六届“龙华好母亲”评选表彰活动推送10名优秀女性，其中1名获评，成为引领辖区广大家庭见贤思齐、崇德向善的好榜样。

2. 开展家风活动。2023年，在辖区5个社区开展5场家庭家教家风图文巡展，通过图文形式展示广东省家庭家教家风建设成果，弘扬好传统、好作风；组织辖区亲子开展“劳动砺心志·实践促家风”户外活动，促进儿童劳动教育，弘扬优良家风家训，推动爱国爱家、相亲相爱、向上向善、共建共享的社会主义家庭文明新风尚蔚然成风。

（三）增强家庭教育法治宣传

连续四季度开展普法宣传活动，在“三八”妇女节、家庭教育宣传周和国际反家暴日等重要节点，通过线上有奖答题、线下摆摊、法律讲座、派发折页等方式宣传《家庭教育促进法》，全年累计开展11场，约5500人参与。

（四）夯实家庭教育队伍专业力量

组建一支包括律师、教师、心理咨询师、社工等专业女性的家庭教育巾帼志愿服务队伍，吸纳固定成员10人，同时作为家庭教育指导服务公益队伍开展服务。今年已开展2期线上咨询和多次线下服务，为辖区家长答疑解惑，合力应对家庭教育挑战。织密家庭教育阵地服务网。

（五）织密家庭教育阵地服务网

目前，大浪街道已建立“幸福家庭角”、妇儿之家（15个）、家长学校（13个）、家庭教育指导服务点、家庭性教育服务中心、家教家风实践基地、心理咨询室等53个阵地，以及遍布街道的超40个母婴室，为辖区家庭和儿童提供更多“家门口的服务”。其中，今年在赖屋山社区打造全市首个“幸福家庭角”，聚焦0~6岁儿童家庭发展需求特点，设置亲子探索、亲子阅读、亲子游戏、家庭文化、家长交流五大模块，作为家庭互动空间和家庭教育阵地向居民开放；并挂牌成立街道党群家庭教育指导服务站、实现社区家庭教育指导服务点全覆盖，成为街道和社区家庭教育的重要阵地，提供遍布街道的“家门口的服务”。

（六）社区活动百花齐放

2023年，大浪街道各社区共开展家庭教育活动约90场，服务约3000人次，包括《家庭教育促进法》普法宣传活动、家庭教育论坛、亲子沟通课堂、绘本阅读、科学育儿课堂、好家风好家训宣传等各类主题活动。其中，赖屋山社区精心打磨“幸福家庭角”亲子阅读项目，社区向“幸福家庭角”阵地倾斜资源，推出亲子阅读项目，定期开展绘本阅读等活动，帮助儿童培养阅读兴趣和阅读习惯，项目还培育了一支亲子阅读推广人服务队，邀请了许多热爱阅读、愿意推广阅读的家长参与其中，再以邻里互助的方式开展社区亲子服务，该项目深受社区家庭和儿童喜爱，亲子通过参与阅读活动，不仅能学习各种主题的绘本故事，还增进了亲子之间的感情，收获更加和谐幸福的亲密关系；龙胜社区坚持擦亮家风文明品牌，已第十年开展“大榕树下”廉洁文化品牌活动，举行精彩纷呈的麒麟舞、芭蕾舞、竖笛、科技小发明、国画等儿童、亲子活动，丰富社区儿童活动形式，促进亲子交流，并开展亲子廉洁手抄报、廉洁手绘环保布包、荷花摄影展、廉洁知识闯关等丰富多彩的廉洁文化进社区活动，宣扬清廉家风，涵养优良家教，进一步推动社区家庭家教家风建设，助力社区儿童健康快乐成长，该项目于2020年荣获深圳市“终身学习品牌项目”奖项。

四、 大浪家庭教育工作的未来努力方向

家庭教育工作是教育发展的根本、是提高民族素质的根本、是全面实现中华民族伟大复兴中国梦的根本，全面做好此项工作需要以服务家庭、尊重妇女、关爱儿童为根本宗旨，以党政领导、部门协调、完善机制为重要保障，以社会支持、各方参与、形成合力为坚实基础，以广泛宣传、强化认识、营造氛围为首要前提。大浪街道将坚持学习贯彻习近平总书记关于注重家庭、注重家教、注重家风的重要讲话精神，坚定落实家庭教育工作。

（一）加深家长重视程度，转变家庭教育观念

通过开展家风传承、亲子共读、先进评选等多样化好家庭好家风活动，引导家长重视家教家风，通过专业的家庭教育指导服务，广泛传播正确的家庭教育理念，加深家长对家庭教育重要性的理解，帮助家长转变教育观念、更新教育思想。

（二）加强家庭教育工作者培训，提高从业人员专业素质

对街道现有的家庭教育工作人员开展培训，更新知识、补充技能、提高专业性。相关培训要充分强调与新形势下家庭教育观念的紧密结合，以更专业的水准提升从业人员的整体素质，补齐家庭教育主体短板。结合大浪实际，通过专职工作人员与巾帼志愿队伍相辅相成的方式，不断充实大浪家庭教育服务队伍。

（三）加强多方联动，形成家庭教育齐抓共管工作格局

持续加强妇联与团委、民政、司法等各部门的联动，整合多方资源，加强统筹协调，形成家庭教育齐抓共管的高效工作格局。

（四）深化打造精品项目，开创家庭教育工作新局面

坚持推出“爱·有方”家庭教育指导服务工程项目，延续“100＋1”模式，进一步丰富课题内容、扩大服务覆盖面，争取吸纳儿科医生、心理咨询师等更多专业力量加入，强化师资队伍。持续打磨项目的广度、深度、精度、力度，探索举办家庭教育论坛，尝试与儿童议事会联动，听取儿童意见，通过问卷调查了解家长实际需求，持续推动活动进学校、进社区、进企业，加强校家社联动。在此基础上开展个案咨询辅导，更有针对性地提供指导服务。并以参加活动的家长为基点，将家庭教育宣传向外扩散，逐步掀起家庭教育学习热潮，让家庭教育知识普及从点出发、延伸为线、编织成网，让更多家长在潜移默化中受到熏陶，不断养成科学教育好习惯，呵护孩子健康成长。

［大浪街道公共服务办（公共服务）］

媒体看大浪

大浪街道上半年经济社会多项数据居全区前列 发力五大工作　奏响高质量发展乐章

（《南方日报》　2023年8月2日）

2023年上半年，规模以上工业增加值同比增长4%，社会固定资产投资额同比增长51%，均为全区第一；“工业上楼”项目全区率先开工；新落户产值20亿级企业、10亿级企业各1家，5亿级企业两家；劳动人事争议调解结案率排名全区前列，辖区安全形势平稳可控……

2023年棋至中盘，龙华区大浪街道高质量发展佳音不断，经济社会多项数据居全区前列，各领域项目建设“进度条”不断刷新。

作为深圳市名副其实的产业重镇，大浪街道有工业企业6423家，占龙华工业企业总量的1/3。高质量发展新征程书写“深圳篇章”，大浪街道理所当然是其中浓墨重彩的一笔。

2023年的南粤大地，高质量发展击鼓催征，珠江两岸风起云涌。

1月28日大年初七，兔年首个工作日，广东省委、省政府召开全省高质量发展大会，为广东经济高质量发展描绘奋进蓝图。次日，深圳市高质量发展大会暨2023年首批重大项目开工仪式举行。

2月3日，龙华区大浪街道召开2023年党工委工作会议，锚定高质量发展目标，系统布局、整体推进，制订出台涵盖经济、安全、法治、劳动、人文五项重点工作的实施方案，全方位、高标准推进大浪“时尚、数字、生态、人文”建设。

半年来，大浪街道以经济高质量发展为重心，以安全建设筑牢基础，以法治建设保障护航，以和谐劳资关系营建加油助力，以人文家园建设作为最终依归和落脚点，通过系统性谋划推进高效能执行，将高质量发展的美好愿景一步步镌刻在大浪辖区37平方千米的土地上，为高质量发展的基层实践奏响了一曲高昂激越的大浪乐章。

系统前瞻谋划：经济建设多项数据亮眼

经济是高质量发展的核心和关键。

今年3月，建泰城市更新项目开工建设，为龙华区今年首个开工的“工业上楼”项目；衡亿安CNC高性能精密数字化车间建设项目已实现固定资产投资6.3亿元，5月初开始正式量产；国乐工业园已于3月完成工业提容项目，共新增产业空间8.1万平方米；7月，新增认定国家“小巨人”企业12家，约占全区今年上半年新增的1/3……

亮眼的成绩，离不开街道的前瞻性部署。今年年初，大浪街道制定了全区首个街道层面经济高质量发展工作方案，根据方案精神，大浪街道要抓好政策惠企、环境活企、服务助企，不断增强企业的办企信心，加快推动优质项目落地发展。

大浪街道经济服务办副主任黄大伟介绍，在大浪街道，街道相关负责人和经济服务办负责人每周都会走访企业，了解企业所需，或邀请企业代表共进早餐，面对面听取企业需要。

同时，大浪街道率先完成辖区重大园区产业空间的调查摸底。针对优质的产业空间，由街道党政负责人出面，带队招商，再由街道相关科室跟进。

“每一个重点企业的招引，我们都会成立专门的服务群，从企业落地到装修报批，全程跟进。”黄大伟介绍，服务群人员包括经济服务办负责人、项目对接负责人以及企业落地过程中相关科室负责人。对于区层面推动的招商引资，街道还会主动对接相关部门，协调更高层级的领导与街道共同调研，助力企业落地。

截至今年7月，大浪街道已落户一家产值20亿级企业，一家10亿级企业，两家5亿级企业，亿元级以上企业数家。

大浪街道在涉企行政执法监管中坚持宽严相济，充分发挥行政执法的教育和引导作用，督促指导企业完成自查自改。此外，街道还在重点园区设立了12家廉政监察点，发挥纪委监督前置作用，并在各项行政审批回执单上加印街道纪工委监督举报电话，标明审批时限，推动了行政审批规范化和高效化。

同时，大浪街道联合深圳市市场监督管理局，即将在大浪时尚小镇落地全市第一个街道层面的知识产权服务站，围绕现代时尚服装产业开展“深圳标准”认证工作，为时尚产业的新材料、新产品提供质量评级，进一步吸引时尚产业资源、人才资源往大浪集聚。

构建安全保障：八大行业领域持续发力保城市平安

发展与安全是一体之两翼、驱动之双轮。高质量发展是更安全的发展。

构建城市安全保障体系，首先要明确最大风险是什么、在哪里、跟什么有关系。对此，《大浪街道2023年安全工作“一盘棋”实施方案》对标整治，全面排查化解八大行业领域安全生产风险隐患，着眼于“摸清底数”“强化协同”“科技赋能”三个关键词，提出了相应路径。

一是摸清风险底数，对突出矛盾问题闭环整改。例如，针对工贸企业，街道将按照分类分级要求分类巡查，同时每月对安全生产工作进行梳理，形成月度重点任务清单，明确具体要求和时限，逐月对账销号。

紧盯建筑施工领域危大工程安全管控的重点和关键环节，建立安全生产备案、日常安全巡查、定期技术巡查核查、组织执法查处等链条清晰、分工明确的工作流程，对重点问题、隐患实行点对点的督办、交办。

二是强化系统协同，形成工作合力。街道层面统筹，强化“一岗双责制”，由街道各级领导每季度、每月召开安全分析会议；各重点行业领域压实企业、园区、物业、社区管理主体责任，督促相关单位及时参与处置。

以食品安全包保工作为例，大浪街道组织对辖区799家C级、5414家D级食品生产经营主体的分布、规模、业态等进行全覆盖摸底调查，结合实际确定包保主体分级标准后，协调相关部门，明确街道、社区两级包保干部范围、数量，建立两级包保主体台账，并建立街道、社区两级责任清单和任务清单，每季度至少开展一次全覆盖督导，筑牢食品安全防线。

三是探索科技支撑，技术赋能城市安全发展。大浪街道着力挖掘数据运用，将数据分析、反馈通报、整改提升形成闭环，不断提升城市基础设施本质安全和数字化治理服务水平。例如，在全区率先落地“亮警工程”，结合大数据分析，选取事故点、交通繁忙路段和66个路口，安装爆闪灯、道口标、警示牌等“亮警”设施339个；完善三防值班值守体系，推进“应急一键通”软件应用，该软件激活人数居全区各街道第一位。

半年来，大浪街道积极打造与高质量发展相适应的城区安全格局，成效明显。目前街道二期燃气“瓶改管”60个项目已全部完成验收、移交；启用三防数字仓储系统，对街道、社区三防仓库69个大类、2万余件防灾救灾用品全部系统记录，获区三防指挥部、区减灾委全区通报推广。

强化法治护航：以法治“含金量”保障发展高质量

在推动高质量发展过程中，法治发挥着固根本、稳预期、利长远的重要作用。

为发挥法治的护航作用，大浪街道于年初制定出台了《2023 年高质量推进法治大浪建设工作方案》。统筹发挥专业优势，重心下移延伸，是此番推进的重点。

近年来，龙华区深入贯彻落实“一社区一法律顾问”工作，大浪街道在整合街道法律顾问、驻队（部门）律师、社区法律顾问三支法律队伍资源的基础上，将法律顾问进一步延伸至社区股份合作公司。目前，辖区 23 个一、二级股份合作公司，近九成已购买了法律顾问服务。

大浪街道司法所所长龙燕倩表示，推动法律顾问队伍的四级覆盖，这在全区是率先而行。在此基础上，司法所定期组织街道法律顾问、部门律师、股份公司法律顾问等力量，就疑难复杂案件或者事项展开专题讨论和研究，及时梳理、解决基层治理工作存在的难点、堵点问题。

“通过专业力量覆盖，促进各个层面重大事项的依法决策，我们再以高标准统筹推进、高效能联动协调，来实现四支法律队伍的深度融合，相当于是充分发挥‘军团联合作战’优势，把不同法律团队的专业优势发挥得淋漓尽致。”龙燕倩说。

同时，紧抓“关键少数”助推依法行政，大浪街道也做得更深更实。

“我们把组织旁听庭审作为街道的学法用法常态化机制，同时将社区书记、股份合作公司董事长也列为‘关键少数’。从街道领导班子成员到各职能部门、社区主要负责同志甚至一、二级股份公司董事长，都要参与旁听庭审活动。”龙燕倩介绍，结合不同岗位的需求，司法所会联系法院组织不同案例的旁听庭审活动。近日，大浪街道组织领导干部赴龙华区人民法院现场旁听一起侵害商标权及不正当竞争纠纷庭审，深入了解案件审理过程中证据的重要性和程序合法的必要性。此前，大浪街道已组织辖区 12 个社区党委书记旁听了另一起房屋租赁合同纠纷庭审活动。

此外，针对行政诉讼案件，收案后，大浪街道司法所首先组织相关业务部门及街道政府法律顾问研判案情及研究答辩思路，街道主要负责同志主持召开案件研讨会，对案件进行多轮、深入、全面的分析讨论，敲定应诉、答辩策略。街道司法所坚持把每一次应诉案件的讨论都当成一次对未来行政工作的研习，通过复盘当前工作中出现的问题和细节，不断深化行政人员的法治素养，进一步提升街道的法治化治理水平。

守护劳资和谐：为企业稳定发展“添薪加柴”

劳动关系是最基本的社会关系之一。劳动关系和谐与否，事关企业发展和职工利益，事关经济发展与社会和谐。

2023 年，基于全局经济形势分析，大浪街道系统谋划出台了促进和谐劳动关系暨稳就业工作方案，提出立足建设繁荣和谐大浪，构建活动多、受益广、纠纷少、调解快的就业用工环境。反映在劳动关系治理方面，则表现为“从被动到主动，从后端到前端，从单干到形成合力”的工作要求。

主动作为，前端介入，正是劳动关系源头治理的精髓。半年来，街道劳动治理工作已形成“介入早、调解快、化解实”三大特点。

今年以来，大浪街道公共服务办（劳动管理）在 10 个园区组织了劳动用工普法讲座，同时出具了不少于 18 份“仲裁建议书”，帮助有明显管理漏洞的企业及时规范管理制度，并以公开庭审、以案释法的方式，推动劳动争议仲裁庭“进园区”活动。

在强化源头治理的同时，大浪街道公共服务办（劳动管理）同步加强后端处置。

大浪街道首先织密劳动争议预防化解网络，把街道划分为 547 个小网格，充分发挥网格员化解矛盾纠纷“第一道防线”作用，强化劳资纠纷的排查和调解，做到早发现、早调解、早解决。同时，大浪街道还依托线上投诉平台数据，形成劳动纠纷数据分析报告。对重点线索保持长期关注，确保优先处理；对重点企业、重点行业进行分析，排查辖区劳动纠纷风险隐患；对纠纷频发的企业进行突击抽查，落实调处整改情况。

在实现矛盾纠纷早发现、早介入、早处置的基础上，大浪街道公共服务办（劳动管理）秉持“小案单人调，大案联合调”的处置思路，若遇到复杂纠纷，社区、园区力量会第一时间上报，由街道劳动办统筹做到接案即办，快速介入。据统计，今年以来，大浪街道劳动人事争议调解结案率排名在全区前列。

“构建和谐劳动关系，就是在为企业稳定发展添薪加柴，也是在稳就业。我们希望打造一个就业更便利、权益有保障、职业有认同、工作有尊严的用工环境，让劳动者热爱大浪、扎根大浪。”大浪街道公共服务办（劳动管理）主任蒋作平说。

落子“人文家园”：“一山两三角”蓝图加速落地

高质量发展，最终的落脚点在人民。

“我们要回答的其实就是高质量发展为谁的问题。经济发展了，法制健全了，社会和谐了，最终都是为了给大家营造更好的生活，这种生活呈现的载体就是人文家园。”大浪街道党群服务中心主任杨桂瑶表示，经济社会发展，最终是为了实现人民生活安康、社会安宁、精神富足的梦想。

锚定建设“人文大浪”这一愿景，大浪街道围绕“一山两三角”，提出了一条清晰的发展路径。

据介绍，“一山两三角”即以阳台山为顶点，与大浪文化艺术中心、大浪体育中心形成“小三角”，与大浪时尚小镇、虔贞女校形成“大三角”，通过构建涵盖大浪街道的生态文化、客家文化和红色文化的文化发展格局，进而辐射整个辖区。

文化传承是人文要素融入城市建设的重要路径，是实现文化认同、凝聚民族精神的主要方式。大浪街道以此为切入点，试图通过对本土文化的深入挖掘、阐释和传播，在塑造区域文化品牌的同时，让居民重新发现、欣赏自家文化的美。

“我们对本地文化的挖掘和培育已经实现了由面到点、由泛到精的转变。比如，我们每年至少要出一本关于本土文化的专业书。”杨桂瑶介绍，经过5年的调研打磨，去年大浪街道出版了《深圳大浪客家方言志》，全面勾勒出大浪客家方言的语言面貌，记录了方言与民俗文化的密切关系。

在尊重本地历史文化的基础上，大浪街道还以专业化、科技化、现代化的处理手段重现历史文化的生命力。2020年，大浪街道出版了《老街记忆——龙华墟影像志》，并采用高科技数字测绘的方法，对旧时的经济政治中心龙华墟和文化中心浪口老村的建筑数据进行采集，以3D模型全景复原客家建筑。

杨桂瑶表示，未来，大浪街道还会将经数据留存的城市记忆和人文信息以多媒体的形式复现，让旧时光影不再只存在于老一辈的口口相传中。

大浪街道还从加大文化空间供给入手，为城区人文精神的充分张扬和持续生长提供载体，在街道城市更新项目的公配物业中争取规划一部分用于公共文化空间的拓展。截至目前，虔贞女校艺术展览馆（虔贞历史研究会）馆内设施更新已完成；大浪文化艺术中心和大浪体育中心均如期完成上半年完成整体形象进度47%的工作目标，预计明年封顶。

一个城区的人文，是它的繁华折射，既有物阜民丰的一面，也有“文明以止”的一面。沿着“人文大浪”的发展路径，这座龙华西陲的产业重镇、文化之城，正用自身的实践诠释着高质量发展的城市梦想。

（记者：吴永奎　程德坤）

门店在“云”上　制造更智能
深圳时尚产业龙头探索数字化转型之路

（《深圳商报》　2023年7月7日）

深圳女装品牌玛丝菲尔的导购彭凤枝所在的门店位于一家老百货商场，门店客流较少，玛丝菲尔一年前开始数字化转型后，彭凤枝也开始了新的尝试。她在线上与顾客沟通，为她们提供个性化穿搭建议，做店铺直播，通过“试衣到家”平台为顾客提供免费预约送衣上门等。截至目前，她所在门店的线上业绩已经超过了线下。

得益于其DTC（直接触达消费者）全渠道网络、柔性供应链、数字化敏捷运营的三大核心竞争力，中国时尚鞋服龙头百丽时尚集团不仅能够在每季开始时推出更有可能受到消费者欢迎的产品，而且可以在整个季节中根据实际需求持续完善产品设计及生产。在连续三年的天猫“双十一”期间，各品牌推出的多个“爆款”单品销售额均超过1000万元。

记者近日走访深圳时尚产业的领军企业看到，从设计、生产到运营、销售，深圳时尚产业的领军企业，已经在数字化转型之路上越走越稳健。业内专家在接受采访时称，深圳时尚产业在数字化转型升级与应用能力方面，已经领先全国行业水平。

“后起之秀”　一年跑通数字化

在龙华区大浪时尚小镇，深圳女装品牌玛丝菲尔的总部基地以其宏伟而充满艺术感的设计令人眼前一亮。这家成立已有30年的企业的数字化转型始于2022年，起步虽不算早，但仅用一年时间，数字化业务已快速运转起来，几乎没有走弯路。

玛丝菲尔旗下有9个时尚品牌，在国内外近100个城市共约400家直营门店，有海内外员工5000多人。2022年2月，玛丝菲尔与数字化转型服务商微盟集团合作，试水相对少见的高品质女装直播带货，创造了900万元的业绩增量。同年4月至6月，从旗下女装品牌Marisfrolg开始，陆续推进门店“上云”。

“很多公司做数字化是IT部门牵头，但我们的数字化团队都是从业务出身的。不能为了数字化而数字化，最终要帮助提效和销售。”玛丝菲尔时尚集团数字零售总监孟庆欣告诉记者，玛丝菲尔把“云店”建到微商城小程序上，一个云店对应一个门店。“它就像门店的‘二楼’，主要解决‘延长营业时间’和‘延展货架’的问题。”他说，云店拓宽了产品线，支撑爆款销售，专供款和新品测试也都先上云店。

目前，玛丝菲尔时尚集团已有400多家门店“上云”，2000多名导购开启了转型之路。截至2022年12月，玛丝菲尔数字零售业务单月业绩已高达千万元。到今年上半年，其私域业绩已经增加到7000万元。云店上线之前，线上的销售占比为一成，依靠云店的增量，未来将达到20%以上。

“数字化”　让土壤更加肥沃

如果说玛丝菲尔是深圳时尚产业数字化大军中的“后起之秀”，那么百丽时尚集团（以下简称“百丽”）则是“先行军”。

从1992年第一双百丽鞋诞生，百丽已成长为中国时尚鞋服龙头，现拥有BELLE等21个多元布局的自有品牌及合作品牌。百丽方面形容，多品牌的成长平台犹如花园，各品牌“百花齐放”，如果说支撑平台发展的核心竞争力是土壤，数字化运营就是肥料，数字化与实体业务的深度融合，能助百丽的“土壤”

更加"肥沃"。

百丽在2017年启动全面数字化转型，2018年实现门店实时数字化，推行精益生产；2019年实现全渠道货品一体化，重构会员系统；2020年启动组织数字化、以消费者和导购为中心的零售数字化。作为业内较早开始数字化转型的企业，百丽时尚已经将其全价值链上的每个步骤数字化，覆盖潮流研究、商品企划、研发设计、生产制造、商品管理、零售运营等环节。

在数字化研发设计方面，其专有的鞋类开发平台使设计师能在最短时间内将想法转化为设计，设计及可视化工具，加上3D打印技术的使用，可以快速建立原型；在数字化制造方面，百丽已将多种自动化机器整合到生产过程中，如开发的自动化真皮扫描机器，较人工处理筛选和裁切皮料所需时间节省95%以上；在数字化商品管理方面，百丽开发的专有商品管理系统，涵盖整个商品生命周期，可通过66个仓库或线下门店的库存，满足21个品牌的所有线上和线下销售渠道的订单；在零售运营方面，以门店为营，以导购为点，以渠道为盟，以数字为翼，构建全域、精细化的客户运营体系……

百丽时尚集团首席客户运营官罗征在接受采访时表示，流量开始回暖，但流量也在加速分化，同时在线上和线下购物的消费者越来越多，谁能快速响应需求，谁就会一直领先。"零售端的数字化本质上就是以更新的方式、更多的连接与客户产生互动、升级服务，重塑品牌与消费者的关系，为客户提供价值最大化的产品和服务。"但他也强调，数字化应该建立在原有核心竞争力上，以消费者为中心。

进入"深水区" 转型难度将提高

微盟智慧商业事业群高级运营专家赵娟娟接受采访时称，过去四五年，中国八成重点零售企业已完成了数字化业务的"基建"，包括上线了小程序商城等，服饰、美妆、母婴这三个细分行业更领先，但仍然有很大的发展空间。

近年来，深圳大力实施时尚产业数字化转型战略，推动数字经济与时尚产业深度结合。各服装品牌也纷纷投入数字化转型的浪潮中，为产业创新发展注入强大新动能。今年1月出炉的《深圳市现代时尚产业集群数字化转型实施方案（2023—2025年）》提出，到2025年，推动现代时尚产业集群高端化、数字化、品牌化水平显著提升……推动超过480家、覆盖50%以上经济规模的集群企业实施数字化转型，培育一批现代时尚产业数字化转型标杆企业，带动2000家以上企业"上云用数赋智"。

赵娟娟说，深圳时尚行业目前基本实现了品牌强势引领，尤其在数字化转型升级与应用能力方面，已经领先全国行业水平。以百丽和玛丝菲尔为例，它们在数字化转型之路所处阶段、转型路径、团队架构虽然各不相同，但同样地，数字化都已成为企业的"一把手"工程，且取得了不错的成绩。

但她也提醒说，进入数字化转型深水区后，难度将进一步提高。数字化转型投入周期较长，数字零售也并非"一夜暴富"的生意模式，未来还需解决综合型人才短缺、数字化思维调整和数字化运营的一系列问题。如在人才方面，"懂实体业务＋懂用户＋掌握数字化能力"的人才能推动数字化转型。

对于未来，玛丝菲尔有着清晰的规划。孟庆欣说，玛丝菲尔将启动数字化的内容管理系统（CMS）建设，未来将把试衣上门服务的能力嵌入到云店中，满足会员上门服务的需求；同时与供应链上下共创，向零库存和柔性化生产的目标迈进，满足消费者定制的需求。在罗征看来，无论是现在还是未来，市场不断变化，挑战层出不穷，企业不仅要积极拥抱变化，还要坚持"离客户更近、频率更高、服务更好"，才有机会穿越周期实现可持续增长。逐"浪"文体，大有可为！

（记者：陈姝）

大浪着力文化赋能， 绘就民生幸福底色

（《南方都市报》 2023 年 11 月 7 日）

随着音乐的律动，2023 深圳女子时尚“微马”的女选手们用脚步丈量大浪，在奔跑中感受“时尚之城、创意之都、生态之境”的魅力；在街道，风格多变的音乐会轮番上演，浪漫景区化身艺术空间吸引游客打卡；在公园，丰富多彩的民俗活动人头攒动；在社区，功能多样的体育运动场上，助威欢呼声此起彼伏……一顿顿精心烹调的文体“大餐”，正在不断丰富大浪人的精神生活。

作为龙华区文化重镇、人文之乡，大浪街道不断完善文化体育阵地建设，丰富居民的文化体育生活，在共建共享高品质社区文体活动中，让社区居民乐享幸福生活、坚定文化自信，大浪街道文体“新图景”正泼墨绘成。

以文润心， 激荡文化活动 “十二重浪”

一场接一场的群众文体活动不仅为社区生活图景中添一抹绚烂色彩，也为人与城开启一次次对话，把城市的温度、品质和内涵传递给更多的人。

5 月 21 日晚，2023 年“星光大浪”青工歌手大赛在大浪商业中心星光广场启动，时隔 3 年，“星光大浪”再度起航。在“星光大浪”的舞台上，广大青工唱响关于奋斗、关于理想、关于希望、关于未来的故事，在与音乐的共舞中歌唱拼搏的传奇。这个民间版的“星光大道”，是属于广大青工展现自我、飞扬青春的大舞台，亦是大浪街道一张亮丽的文化名片。

在群星灿烂的大舞台上，广大青工与音乐艺术共鸣共振；在体育场上，参赛队员们激情满怀，挥洒汗水。

3 月 5 日上午，一场以“创新 + 时尚 + 青春”为主题的跑步赛事在深圳龙华大浪时尚小镇闪耀开跑。3800 名时尚女性齐聚跑道，在奔跑中展现深圳女性健康向上、携手公益、奋发进取，引领时尚潮流的精神面貌和独特风采。

8 月 8 日晚，在全国第 15 个“全民健身日”这天，2023 年大浪街道“阳台山杯”社区篮球赛决赛暨闭幕仪式火热举行。在这场大浪街道历年来规模最大、历时最长、覆盖面最广的群众篮球赛事上，参赛队员们“比出高水平 赛出新风采”，迸发出新时代青年昂扬向上的精神气质。

9 月 17 日下午，2023 年大浪街道广场舞比赛在大浪劳动者广场举行。35 支群众代表队，约 400 名参赛者，在欢快动感的音乐节奏中，在各具特色的舞步里，舞出大浪社区群众昂扬向上、意气风发的精神风貌。

“星光大浪”青工歌手大赛、深圳女子时尚“微马”、“阳台山杯”社区篮球赛正是大浪街道热烈开展群众文体活动的缩影。今年以来，大浪街道按计划推进“十二重浪”活动，总工会、团工委、妇联、公共服务办、党群服务中心围绕自身主职主业，依托街道、社区、企业园区等文化阵地，结合重大节庆，开展演出、比赛、培训等活动 380 余场次；各社区工作站结合居民需求，分层分类开展各类民微惠民文化活动。各社区结合自身资源条件和特点，形成“一社区一特色活动”的社区文化品牌，打造 25 支社区特色文体队伍。

一个个各具特色的群众文体活动在大浪遍地开花，一大批优质的文体旅服务送到市民“家门口”，一件件惠民实事的兑现，化作大浪人实实在在的“幸福感”。

以文惠民， 推进文体建设 “积水成海”

如今，社区附近的文体活动广场越来越多、越来越完善了。大浪街道积极推动文体设施建设，让居民享受家门口的文体活动场地，文体活动设施日益完善，“十分钟文体圈”的实现指

日可待，大浪人的文化生活愈发丰富多彩。

居民享有获得感、幸福感、安全感，城区生活有滋有味，这是一座城市的人文底色。如此“软实力”少不了倚仗政府“硬投入”的有力保障。今年以来，大浪的文体设施建设一路狂飙。为全面开展文体活动提供阵地，大浪街道积极推动文体设施建设，罗屋围“口袋”公园已完工，大浪文化艺术中心、大浪体育中心、“两新”组织党群服务中心修缮工程等项目加紧施工，跻身市民争相打卡的新地标之列指日可待。

大浪街道坚持以人民为中心，真正做到群众在哪里，文明实践的触角就延伸到哪里，创造新经验、实现新突破、蹚出新路子，形成了新时代文明实践的“大浪样板”，着力构建特色鲜明的10个新时代文明实践阵地，每月开展丰富多彩的主题活动100场以上，并在12个社区开展《“声”入群众心》专题宣讲；增设3200个公益海报宣传框。利用城市更新项目拓展文化阵地，申请将“锦顺名居”公配物业1000平方米用于设立大浪街道图书馆，为走深走实走好辖区新时代精神文明建设工作，各社区举办精彩纷呈、形式丰富的文明实践活动，掀起“文明风”。

公共文体服务触手可及，为市民就近深入“文化圈”“健身圈”提供极大便利。大浪源源不断投入人力物力财力，人人都可受惠于文体建设的丰硕成果，让居民享有更充实、更丰富、更高质量的精神文化生活，不断提升城市文明内涵和底蕴。

以文聚力，推进文脉传承源远流长

一方水土养育一方人，大浪河滋养着人们的生活，循着潺潺流水声，百年老学堂虔贞女校伫立在大浪河畔。女校始于1961年在香港西营盘创建的巴色义学，于清朝光绪十七年（1891年）迁址到浪口村，更名为虔贞女校，是深圳少见的早期女校旧址，有着丰富的历史、文化、教育内涵，具有重要的历史研究价值。对于这一笔历史财富，大浪倍加珍惜，开启全新的遗址保护模式，今年，除了结合虔贞女校文化底蕴，举办“大浪潮涌，湾区风采”2023年度大浪街道系列文艺活动，为满足游客多元化需求，大浪街道更新升级虔贞馆内设施，全面提档提升游客体验感；文化是一座城市的风骨，大浪街道深入挖掘本土文化，擦亮麒麟文化这颗璀璨明珠，举办首届麒麟文化节暨第四届“传承中华精粹　共创时代新篇”客家舞麒麟传承发展培训活动、开展“非遗活态传承——麒麟游园会”等，花式弘扬麒麟文化所具有的“仁爱”“祥和”“威而不猛”精神。谈及大浪的公共文化服务，不得不提《羊台山》这支服务于文学、服务于基层的“文学轻骑兵”，从2017年出刊第一期以来，杂志深耕本土精品，并在辖区图书馆、书店提供“免费取阅”服务，为丰富和提升人民群众的文学生活发挥了重要作用。

文化溯源的地基挖得越深，文旅的高楼建得越高，大浪利用文化擦亮文旅招牌，打造抢眼的文化时尚产业BUFF叠满的旅游线路，精心打造后浪新天地和艺之卉百年时尚博物馆－玛丝菲尔大厦旅游精品线路；召开2023年河源市农特产品展销会，近60家优质农特产品生产企业参加；考察紫金县茶产业，开展合作交流，在双向旅游工作上持续发力。

文体融合是一扇窗口，让更多的人认识一座城、走近一座城、爱上一座城，接下来，大浪将继续吹响高位再出发的冲锋号，高品质拓宽文体产业空间，高标准举办特色文化赋能活动，高质量推进文化惠民工程，结合重大节庆，科学策划不同主题的文体活动，组织推进“十二重浪”活动；持续引入龙华区公益性艺术培训，丰富艺术门类，扩大受众范围。根植本土文化，进一步打造特色文化IP，链接更优资源。大浪在文化、体育、旅游融合发展之路上将越走越宽。

以文化人润民心、以体育城绽活力。一幅大浪居民乐在其中、喜笑颜开、乐享“幸福感满满”的文体新画卷正在渐次展开。大街街道相关负责人表示，美好的生活环境、深厚的文化底蕴、广阔的发展舞台……汇成一条条“看不见”的“磁力线”，牵引大家纷至沓来，这是大浪与大浪人的美好约定。

（记者：潘莹瑜　刘庚怀）

“微马” 燃动新时代女性激情
文体盛会呈现龙华 “新景”

（龙华融媒　2023 年 3 月 6 日）

一条专属“女神”的跑道，正在大浪铺展。

建设银行 · 2023 深圳女子时尚“微马”活动，激燃了龙华热情，焕发出“中轴之城”时尚、动感、活力的独特魅力。

这场以“创新 + 时尚 + 青春”为主题的新时代女性文体盛事，展现了深圳女性健康向上、奋发进取的精神面貌，同时展现出龙华引领潮流时尚、以“全景资源”激活全域旅游、塑造城市品牌 IP 的新形象。

时尚引领：跑出 “她” 风采

燃跑激情，尽显新时代女性风采。

3 月 5 日，建设银行 · 2023 深圳女子时尚“微马”在深圳龙华大浪时尚小镇开跑。随着出发的号令打响，齐聚龙华的 3800 名女性，身着时尚服饰，迈出最自信的步伐，向光奔跑。

这场融入国际、深圳、龙华等城市人文元素，强化“时尚、环保、公益”理念的体育赛事让不同年龄段的女性在跑道上发挥“自尊、自信、自立、自强”的精神，展现女性魅力和风采。

赛事围绕大浪时尚小镇核心区域，分设时尚跑和欢乐跑两大部分。

主办方相关负责人介绍：“活动亮点纷呈，我们希望通过跑步运动充分展现深圳女性健康向上、携手公益、奋发进取的精神面貌，呼吁广大女性用脚步丈量深圳，深度感受这座时尚之都、创意之都、生态之境的特质，带动更多女性以健康的身体素质和心理素质投身于工作、生活中。”

风景更“靓”。活动鼓励参赛女性穿着时尚服饰赛跑，形成“移动”的亮丽风景线。其中，第一方阵领跑的是由女性人大代表、政协委员、党代表、各行各业优秀代表、三八红旗手、巾帼文明岗等先进个人和集体以及女性先模组成的跑团，突出示范性，充分展现深圳优秀女性风采。

“体验感”更丰富。银饰项链代替传统奖牌，更添仪式感。奖牌以“蝶”为主元素设计，突出典雅与时尚，寓意女性的绽放、自信、勇敢与蜕变；38 名“男神”配速，全程陪跑，“爱心驿站”清一色男性志愿者为“女神”跑者提供绅士服务。

公益助力：传递城市温度

以公益之名接力传递，让城市温度直抵人心。

除了赛事本身引发关注外，赛事“花絮”让人深切感受到深圳的城市温度。据介绍，为倡导全社会共同关心关爱困境妇女儿童等群体，此次活动报名费用，将全部注入深圳妇女儿童发展基金，用于“困境儿童圆梦计划”项目，为至少 1000 名困境儿童完成微心愿。以“跑步 + 公益 + 项目”形式展现深圳公益慈善的爱心、温度和力量。主办方相关负责人介绍，每位参赛选手可以登录“深圳妇儿基金会”小程序，输入参赛号码领取捐赠证书。

此外，中国建设银行深圳市分行、玛丝菲尔时尚集团、卡尔美体育用品有限公司、深圳大漠大智控技术有限公司、稳健医疗用品股份有限公司、深圳全棉时代科技有限公司、古德菲力健身、卡尔丹顿服饰股份有限公司、深圳歌力思服饰股份有限公司、深圳中升奔驰经销商以及华润怡宝为本次赛事提供了大力的赞助，包括服饰、运动用品、帐篷、饮用水等。

低碳环保：为城市“一键美颜”

大型体育赛事，是“速度与激情”的狂欢，也是展示“城景交融”的一扇窗口。

为传递赛事推动绿色低碳高质量发展的决心，践行、传递“低碳、环保、舒适”的可持续时尚理念，主办方发起了“‘圳’好有你——与深女微马共同守护蓝色星球、绿色家园”活动，以 30 余组亲子家庭“手牵手、绿色跑”的形式，从参赛队伍末尾出发，沿途捡拾遗弃的饮料、食品包装等垃圾，让参与者在跑步强身健体之际，为环保出力，为城市“美颜”。

除此之外，为倡导低碳绿色出行，赛事为所有参赛者提供全市 9 个大巴接驳点服务，近 70 辆免费大巴在全市范围内接驳参赛选手。

作为“志愿者之城”，深圳各大活动中，都少不了“志愿红”这抹鲜艳的色彩。此次赛事招募了 700 余名志愿者，其中包括 100 余名巾帼志愿者。赛事过程中，志愿者们各司其职，全力为马拉松赛事保驾护航。他们分别在起点、2 公里、4.5 公里、7 公里赛道服务点及终点，为选手提供现场指引、物资补给服务。他们用实际行动诠释“互相帮助、助人自助、无私奉献、不求回报”的志愿者精神，让文明之花处处绽放，点亮城市之光。

赛事赋能：打造消费新场景

“体育热”带动文旅热，激活文旅消费市场。

此次活动，不仅激发了体育爱好者的运动热情，也拉动了龙华大浪片区的文旅经济发展。赛前，为调动市民参与热情，女子时尚“微马”推出线上线下配套活动，其中线上设置 logo 设计大赛、精彩瞬间摄影大赛、街拍抖音大赛等，提前造势，让市民提前融入大浪之美、时尚之魅的沉浸场景中。赛后搭载线下美食嘉年华活动，通过烟火气满满的“特色小吃”吸粉，进一步提振消费，发挥出“她经济”能力。

以赛事为载体，提振消费，激活文旅市场活力，是龙华区的一系列创新举措之一。在此之前，龙华通过 WCBA 全明星赛、戏剧名家专场演出、深圳首届非遗庙会、经典芭蕾等，为各类消费搭建起不同的文体场景，将消费者的需求与相关文体活动形成价值连接，扩大了消费需求的边界，极大提振消费力，激活文旅消费市场。龙华区文化广电旅游体育局相关负责人表示，传统文体旅项目结合时代潮流，嫁接时尚元素，将迸发出强大的消费活力，为市民提供丰富的物质和精神双重消费体验。

跨界融合：激活文旅新动能

一场体育赛事，一次文体旅游盛大狂欢。

女子时尚“微马”带来的不仅是跑道上的激情，还有赛后的“狂欢”。依托大浪时尚小镇的时尚潮流特性，本次赛事设置了赛中赛——品牌时装疯狂“go”，让都市丽人在享受酣畅淋漓的运动后，可以在线下品牌时装门店尽情“买买买”。

大浪时尚小镇是龙华区六大重点片区之一，经过十多年的发展，已成为全国时尚产业的标杆性产业集聚区，是中国时尚行业发展的一面旗帜，获得了“国家自主创新示范区”“国家外贸转型升级示范基地”“全国时尚服饰产业知名品牌示范区”“时尚产业集群区域品牌建设试点”和“中国服装区域品牌试点地区”等国家金字招牌。作为粤港澳大湾区唯一特色时尚小镇，大浪时尚小镇早已“美名在外”，它是深圳、龙华的一张绚丽名片，也是中国服装行业发展的一面旗帜。“赛中赛借助体育品牌赛事的影响力，进一步宣传和推广大浪时尚小镇，吸引更多人走进龙华，走进大浪。”龙华区文化广电旅游体育局相关负责人介绍道。

为持续激发文体旅游市场的潜力和活力，龙华区计划整合辖区内各种资源，打通文体旅游跨界融合通道，搭建各类文体旅游新场景，提升市场新动能。其中，以富士康熄灯工厂、大浪梵思诺、观澜红木等本土特色企业为载体，打造年轻人喜闻乐见的特色旅游目的地，形成一批工业旅游线路；推动消费业态融合，开展大型专项促消费活动，发放文体旅惠民消费券，支持景区、酒店、餐饮、商超等消费业态联合行动，开发“吃住行游购娱”套票，探索推出“畅游龙华一卡通”等快捷旅游线路和产品，形成消费集聚效应；加大时空拓展，推出夜游产品。探索以大浪商业中心为代表的“商业＋文旅”夜间经济新模式、推进观澜古墟夜游项目，开展夜间文旅嘉年华活动，支持文博场馆夜间延迟服务，促进夜间消费；推动“电竞＋文旅”跨界融合。依托国际顶级电竞赛事，常态化开展电竞体育嘉年华等活动，在电竞比赛中设置非遗互动展示区、客家文化专场比赛、版画元素赛事奖牌等，扩大龙华非遗影响力。

除此之外，龙华区将着力打造“一街道一品牌”，因地制宜、从南到北、串珠成链，针对各街道特色品牌制定特色主题线路，打造深圳文化旅游新地标。

（记者：袁春燕；通讯员：林佳曼　萧蕾）

以歌为媒，打造文化精品！全国性山歌大赛连办六年，持续擦亮“人文大浪”名片

（《宝安日报》 2023年11月28日）

在第六届阳台山全国实景山歌大赛落幕的次日，11月27日上午，阳台山全国实景山歌大赛交流座谈会在大浪街道举行。相关专家、评委、山歌赛歌手代表，与龙华区委宣传部、龙华区文化广电旅游体育局、大浪街道办事处、龙华区文学艺术界联合会等主办单位负责人齐聚一堂，总结历届阳台山全国实景山歌大赛的工作经验，探讨山歌大赛未来的发展方向。

11月26日，第六届阳台山全国实景山歌大赛颁奖歌会在大浪阳台山森林公园文化广场举行。

这场全国性山歌大赛连办了六年

山歌，尤其是客家山歌，是中华民族音乐百花园中的一朵奇葩，也是客家文化中最具代表性的文艺形式之一，其语言生动、音韵自然，内容贴近生活，堪称是民族艺术的奇葩。

大浪山歌是深圳最具特色的客家山歌之一，亦是本土文化的重要组成部分。作为客家先民迁徙落户广东后的重要聚居地之一，大浪街道多年来致力于传唱客家山歌、传承客家文化。从2012年开始，该街道就组织采集本土客家山歌词，对辖区本土客家山歌进行挖掘采集，先后编辑出版了《大浪客家山歌集》《深圳大浪客家方言志》等书籍。

为了让非遗文化、客家文化、山歌文化走进百姓的视野，在传承中发展、创新，2018年，龙华区委宣传部、龙华区文化广电旅游体育局、大浪街道办事处、龙华区文学艺术界联合会联同深圳市文化艺术专家进行把脉，提出以赛事为平台，打造全国性文化品牌——阳台山全国实景山歌大赛。

首届阳台山实景山歌大赛在阳台山搭建实景“山歌擂台”进行对歌，既保留了传统山歌传唱方式，又进行了创新提升；第二届大赛增加了阳台山实景录制，充分利用阳台山优美的生态资源，让参赛选手在山谷里放声歌唱，让山歌回归山林；第三届大赛吸引来自天南海北的选手互飙山歌，客家凉帽舞、客家鱼灯舞、模特走秀等多元文化燃情碰撞；第四届大赛线上举行，在阳台山森林文化公园录制的本地特色麒麟舞、客家山歌、武术表演等节目在决赛当晚精彩上演；第五届大赛决赛邀请了非物质文化遗产梅州客家山歌省级传承人与“山歌王”倾情对唱，评委即兴演唱，六位山歌王同台“云”飙歌。

值得一提的是，25日、26日举行的第六届阳台山全国实景山歌大赛复赛、决赛和颁奖歌会，由龙华融媒矩阵多个媒体平台支持，在“深圳龙华”微信公众号、壹深圳、“TikTok龙华”等五个平台同步开启线上直播，吸引约393万人次观看。此外，大赛还吸引中央、省、市级多家主流媒体以及今日头条、凤凰新闻、网易新闻等多家媒体报道，累计吸引超490万人次关注，受到了社会各界和居民群众的广泛好评。

如今，阳台山全国实景山歌大赛已连续成功举办6届，有来自25个省、自治区、直辖市

1280多名山歌爱好者报名参赛，共有240多名选手获奖，产生了9位山歌王，赛事网络直播点击率累计超千万人次。可以说，经过六年的打磨，大赛获得了社会各界的一致好评，阳台山全国实景山歌大赛已经成为大浪街道乃至龙华区的一张文化新名片。

推动打造文旅融合的客家文化重镇

27日上午举行的阳台山全国实景山歌大赛交流座谈会，是大赛举办六年来的首次座谈会。座谈会气氛热烈。与会的专家、评委等就阳台山实景山歌大赛品牌未来发展的思路展开深入交流，积极建言献策。

“这是一个非常了不起的大赛。”深圳市文艺专家联谊会会长、著名作曲家姚峰表示，接连六年举办阳台山全国实景山歌大赛，体现了龙华区、大浪街道党委、政府对文化事业的高度重视。他建议，主办单位应该整合更多资源，往更高层面、更大范围推广大赛；坚持弘扬民族音乐，将大赛分设为客家山歌组、原生态山歌组和其他山歌组，传播最亮眼的民族声音。

“我们应该把大赛打造成粤港澳大湾区人文湾区音乐项目，推动打造中国南方山歌文化重镇。”深圳市客家文化交流协会会长、阳台山实景山歌大赛策划、艺术顾问杨宏海表示，龙华区应当整合资源，联动推进，融合各街道客家资源，让辖区都从项目中受惠；链接市级资源力量，推动大赛立足大浪、走出大赛；加强创作创新形式，通过组织优秀选手开展文化输出，开展国内文化交流和海外交流。

阳台山实景山歌大赛策划、总导演石钢建议，希望上级加大资源整合力度，推动阳台山全国实景山歌大赛在规模、格局、社会影响方面得到较大提升。

“建议大赛增设擂台斗歌组”“大赛结束后，可以组织‘山歌王’进行巡演”“应该继续把控质量、提升品质、丰富内容”……其他专家、评委、参赛选手代表也提出了不少意见和建议。

如何进一步提升赛事品牌形象？对此，大浪街道党工委主要负责人表示，将以歌为媒，打造文化精品。以精品意识统筹推进赛事整体规划，依托大赛积极推进大浪客家山歌传承和传播，打造传统客家山歌文化新品牌。以人为本，推动文化惠民。以群众喜闻乐见的形式进一步发展山歌大赛，把优质的有温度的文艺作品送到居民“家门口”；统筹推进山歌大赛活动品牌打造和街道经济建设重点任务，带动本土文化旅游和商贸消费齐头并进、蓬勃发展。整合资源，提高赛事水准。积极争取市、区有关部门支持，依托省音乐家协会平台优势资源，广泛邀请全国音协歌手参赛，加强文化交流互动，提高赛事专业度和影响力；持续创新大赛形式，探索将客家饮食、音乐、舞蹈文化艺术等元素融入山歌大赛，促进辖区文旅融合的高质量发展。

以文体赛事擦亮“人文大浪”名片

阳台山全国实景山歌大赛只是大浪街道以文体赛事不断擦亮“人文大浪”名片的一次生动实践。

揽山水之幽，得人文之胜的大浪街道，有着深圳中部最高峰阳台山以及茜坑水库、高峰水库等6座水库的大自然馈赠，有着悠久的历史遗存、客家文化和红色文化积淀。随着以现代工业企业为主导，以电子信息产业为支柱、时尚产业为特色及战略性新兴产业协同发展产业格局的初步形成，客家文化、时尚文化、红色文化、青工文化在这里交融汇聚，相得益彰。

近年来，大浪街道立足丰厚的历史人文禀赋，持续坚持以文铸城、以文化人，擎起“人文”旗帜，推动辖区客家文化、时尚文化、红色文化等蓬勃发展。

特别是今年以来，该街道着力谋划凸显大浪特色的人文活动项目品牌，提出了举办百场惠民文化活动，周周有活动、月月有比赛及打造“一社区一特色文体活动品牌项目”等工作目标，聚焦高品质文化供给，推动大浪文体事业跨越式发展。

今年以来，已陆续开展了深圳女子“微马”、“星光大浪”青工歌手大赛、城区定向挑战赛、“阳台山杯”社区篮球比赛、2023年大浪街道广场舞比赛等多项群众性文化体育赛事，累计辐射群众数万人。

一项项文体赛事的接连开展，正是大浪街道热烈开展群众文体活动的缩影。今年以来，该街道按计划推进“十二重浪”活动，相关部门围绕自身主职主业，依托街道、社区、企业园区等文化阵地，结合重大节庆，已开展演出、比赛、培训等活动近400场次；各社区工作站结合居民需求，分层分类开展各类民微惠民文化活动。各社区结合自身资源条件和特点，形成“一社区一特色活动”的社区文化品牌，组建25支社区特色文体队伍。

一个个各具特色的群众文体活动在大浪遍地开花，一大批优质的文体旅服务送到市民“家门口”，不断擦亮“人文大浪”这张名片，也化作大浪人实实在在的“幸福质感”。

（记者：周德萌；通讯员：汪静雅　陈琦）

你好　“浪小安”！
大浪街道交通安全宣传形象 IP 来啦

（《晶报》　2023 年 11 月 20 日）

圆圆的大眼，蛋仔的身材，身穿交警或交通制服守护在街道两边……近期，如果有居民路过大浪街道的民塘路、白玉街和水围华旺路，就会看到一些特殊的小雕塑，这是大浪街道交安办特别为交通安全宣传设计的形象 IP——“浪小安”，它会出现在交通安全宣传示范长廊和大浪交通安全示范街区两个区域。

一直以来，大浪街道在交安宣传工作上都有一个困扰：交通安全宣传没有统一的规划。而设计 IP 形象和建设交通安全示范长廊，就旨在将交通安全宣传体系化，用一个特殊的链接点将散乱的宣传内容融合统一，加深交通安全在市民心中的印象。

据悉，大浪交通安全示范街区建成后，非常受市民们的欢迎，经常能看到“浪小安”周围有做游戏和拍照的人群，这都得益于大浪街道在设计时的全面细致，在选址、内容、特色三个方面下足了功夫。

大浪交通安全示范街区的选址在人流量大、特殊人群多、出行方式全的区域，大浪白玉街与民塘路位于龙平社区重点道路，是市民活动的主要区域，周边有小学 1 所，幼儿园 3 所，银行营业网点 4 个及潜龙曼海宁、特发和平里等多个花园小区，沿街道路商铺林立，项目落地后直接触达周边社区常住居民近 2 万人。

主题街区的内容不仅要涵盖交通安全，还要具有大浪特色；不仅要针对成人，还要普及小朋友；不仅要劝导机动车，更要劝导电动车，只有考虑全面才能得到群众认可。为此，大浪街道将主题街区规划成“十字形”结构，沿主街道两侧布设主题雕塑、标语小品、休闲座椅、宣传栏等系列设施 19 个，地面游戏彩绘 3 处。设施融入了“阳台山”“胜利雕像”“大船坑舞麒麟”等大浪特色地标，色彩鲜明、形象童趣、内容丰富，将知识性、实用性、互动性和趣味性巧妙融合一体，让交通安全知识以更加生动活泼的形式走进市民生活，潜移默化引导广大市民重视交通安全。

此外，大浪街道在设计 IP 时，还参考了各领域优秀的形象设计，突破传统的刻板形象，精心雕琢了蛋仔型“浪小安”，并将其贯穿于整片街区的所有设施中。

据了解，“浪小安”IP 不会仅在一个片区扎根，后续街道将会结合“线下 + 线上”宣传方式，大力推广，开发周边 IP 产品，持续擦亮品牌，覆盖辖区更多点位，以点带面，打造具有大浪特色的交通安全宣传新阵地。

（记者：武莹；通讯员：程柳）

聚焦龙华大浪！ 全市首个儿童友好城中村揭牌

（《深圳商报》 2023 年 5 月 26 日）

5 月 26 日，深圳市首个儿童友好城中村在大浪街道水围社区水围新村正式揭牌。深圳市妇联领导、龙华区领导出席活动。水围新村儿童友好城中村是在市妇联的指导下，区、街道、社区联动，儿童参与、多元化社会资源参与共同打造的示范点。

此次揭牌仪式首次公布了水围新村形象大门、儿童友好安全引导体系、儿童友好商铺、“榕树岛”“初心岛”等功能区域，展示了儿童议事厅、自然博物馆、户外科普小课堂、“重走英雄路”、初心书屋等户外设施，同时介绍了亲子活动、家庭教育、儿童议事会、露天放映厅等配套服务活动内容。

本次城中村建设共分为两期工程，围绕“引领”“安全”“参与”“自然”“服务”五大理念，将儿童友好意识融入项目建设的每个环节中。水围新村建设充分听取孩子们对自己生活环境的意见和想法，以“岛”为概念核心，划分“榕树岛”“初心岛”“乐活岛”“知识岛”“记忆岛”“部落岛”“艺术岛”7 个功能分区，打造城市海洋里的儿童友好之岛，实现服务设施完善、发展空间充足、成长环境良好的儿童友好城中村建设目标，将水围新村打造成为适宜各年龄段儿童居住、玩乐、生活的一片天地。同时，本次建设还通过绘制涂鸦井盖、票选“村落守护精灵”、开展儿童议事会等方式让孩子们亲自参与其中，让孩子们真正成为自己家园的“小小主人”。

据了解，龙华区拥有 372 个城中村，治理总数居全市第三。水围新村儿童友好城中村建成以后，不仅是龙华基于区情对儿童友好城区建设路径的积极探索，也将为全市城中村进行适儿化改造提供标准依据。下一步，龙华将加快推广“水围”模式，试点推进清湖老村、鳌湖艺术村、俄地吓村等儿童友好城中村建设，建成一批示范性儿童友好城中村，并将水围新村打造成全国儿童友好城中村建设样本。

（记者：肖欣静）

骑乘电动自行车戴没戴头盔一测便知

（《龙华新闻》　2023 年 10 月 31 日）

近年来，龙华区电动车保有量持续增加，涉电动车事故也逐年增多。为进一步保障骑乘人群生命安全，交通交警部门一直强调佩戴安全头盔的重要性，竭力提高辖区头盔佩戴率。但传统的人工监测相对庞大的骑乘人群，既费时费力，又存在力有不逮的困境。为此，大浪街道率先响应上级指示，向科技借力，引入安全头盔智能评测系统用于学生家长群体，实现校园交通安全智能化管理。

大浪街道校园安全头盔智能评测系统覆盖辖区 20 所学校、42 所幼儿园主要出入口，依托龙华区“数字治理”AI 支撑平台，通过监控实时抓拍，自动识别未戴头盔人员，对学生家长群体头盔佩戴率进行智能评测。系统产生的数据，将作为学校幼儿园对学生群体德育教育的依据，也将作为交警部门与学校联动警示约谈的依据。自今年 5 月安全头盔智能评测系统上线调试以来，产生有效事件数超 110 万次，识别未戴盔事件数超 36 万次。智能监控搭载“科技翅膀”，创新性解锁了数字科技在交通安全管理工作的新路径。

新项目落地并非一帆风顺。记者了解到，全线引进智能系统花费巨大，作为新尝试推进难度较大。该街道主要负责人创新性提出“旧物利用”的思路，攻克硬件问题，并在软件问题上积极协调上级部门的帮助。于是，大浪交安办对闲置老旧摄像头进行“微改造”使之重新上线，盘活现有资源，为“边角料”注入“新势能”，让闲置资源进入良性循环；软件方面则借用龙华区“数字治理”智能运算平台，加入新算法，实现稳定数据流。同时，为确保数据的准确客观，进行了“现场人工抽检 - AI 识别统计 - 视频回放核验”三重数据比对，反复测试，多角度核验，不断发现问题、解决问题，确保数据可信可用。

相对传统的人工统计，校园安全头盔智能评测系统可以极大地节省人力，且更加精确、高效，成功用“数字战术”代替“人海战术”，实现向科技借力解码交通治理难题，数字赋能交通安全发展新优势。

据悉，大浪交通安全智能评测系统将进一步覆盖到工业园区、城中村等人群密集区域，将业务拓展至未按道行驶、超员超载等更多常见交通陋习。从“治理”到“智理”，大浪街道不断摸索数字科技在实际工作的应用新场景。下一步，大浪街道将继续聚焦数字化手段，持续打造智慧交管，筑牢交通安全防线，为全方位打造“数字龙华”贡献“大浪智慧”。

（记者：周德萌；通讯员：程柳　李家仪）

学习宣传贯彻党的二十大精神浸润式宣讲剧在龙华大浪展演

（《龙华新闻》 2023年8月10日）

8月9日下午，学习宣传贯彻党的二十大精神浸润式宣讲剧《向往的幸福》在大浪会堂展演。这是深圳首部以学习宣传贯彻党的二十大精神为主线的浸润式宣讲剧。

连日来，大浪街道联合深圳青芒娱乐影视有限公司开展了多场《向往的幸福》展演，创新性地以“理论＋剧目”的模式推进基层宣传教育，场均吸引辖区居民超500人次，给广大观众留下了深刻印象。

《向往的幸福》展演由《二十岁遇上二十大》《今天的幸福》《奋斗在路上》《湾区合伙人》《一起向未来》五幕组成，讲述了在龙华区生活的一家三代的故事，以不同年龄、不同需求的百姓视角，宣讲党的二十大精神与龙华奋斗故事。

此次展演并未拘泥传统理论传达，而是将音乐快板、音乐说唱、情景舞蹈、情景合唱、情景小品等不同年龄阶段受众喜闻乐见的艺术形式大胆融合，并在剧本创作方面融入辖区本土故事与人文元素，在提升宣讲剧目趣味性的同时，也能引起群众强烈共鸣，达到良好的宣讲效果。

除了在剧目内容和演出形式上大胆创新外，大浪街道还把宣讲“搬”到了居民的“心坎上”：演出舞台大部分设置在辖区内开放性强、人流密集的广场处、舞台与观众席相距不超过一米、老年角色甚至带有大浪客家乡音……这一个个看似微小却精巧的设计，照顾了各个年龄圈层的视角语言，让观众能更加沉浸地代入自身经历理解体会，令宣讲教育春风化雨、润物无声。

值得一提的是，一个小时的宣讲剧目融入了许多新时代高质量发展成果，从街道设立的长者食堂，到大湾区的青年创业政策，到全国医保异地报销，再到乡村振兴建设成果……满满的“干货”令观众们应接不暇，宣讲剧巡演至今场场爆满，且直至结束许多观众仍意犹未尽。

据悉，今年以来，大浪街道紧紧围绕理论宣讲和文艺浸润两条主线开展学习宣传贯彻党的二十大精神工作，已开展宣讲活动150场，普及党员干部、群众超6万人次。接下来，大浪街道将继续整合资源、创新方式，不断强化基层宣讲的吸引力和感染力，让理论教育真正“飞入寻常百姓家”。

（记者：周德萌；通讯员：陈琦）

深圳大浪：引入 ISO9001 质量管理国际标准高标准打造优质基层政务服务

（羊城晚报·羊城派 App　2023 年 11 月 1 日）

为进一步加强数字政府服务群众能力，推动治理体系和治理能力现代化，10 月以来，深圳市龙华区大浪街道充分调研民众需求，引入 ISO9001 质量管理国际标准，让大浪街道便民服务水平跃上新台阶。

据了解，大浪街道便民服务中心通过建立有效的管理评审、质量评价体系，在龙华区率先获得由国家认监委授权的质量管理体系认证证书，以高标准打造优质基层政务服务“大浪样本”。自体系执行以来，大浪街道便民服务中心共受理业务 3 万余单，积极推广“免证办”“掌上办”“自助服务”等便民利器，提供 24 小时“不打烊”自助服务区，群众整体满意度高达 99.8%。

在大浪街道开展质量体系构筑工作的过程中，为保障执行质量，大浪街道特设立专项小组，从“零”开始，进行深度调研。结合辖区情况，设置“1+9”两级便民服务体系，分设 7 个职能分组，破解政务服务质量管理体系架构松散难题；引入“6S”综合管理模式（整理、整顿、清扫、清洁、素养和安全），设计大厅运行程序文件，制定街道便民服务中心 6S 综合管理手册、质量管理体系文件，实现制度严谨化；对大厅功能区域进行目视化管理，改造优化 12 项标识，分类应用“场景化”办事指引，持续优化服务环境；活用数据资料，分析群众高频办事项目节点，通过窗口专项业务流动变更，匹配民众的周期性政务服务需求。

相较于传统的服务模式，ISO9001 质量管理体系将企业先进管理方式和制度理念融入政务领域，更加精准、客观，实现将高质量发展的研究成果转化为老百姓看得到的日常便利，令城市治理更加高效、智慧。接下来，大浪街道将继续聚焦街区便民服务智能化，持续建设好质量管理体系，形成可复制、可推广的政务服务经验，助力“数字龙华，都市核心”的高质量建设。

（文：李薇　赵雅靖）

大浪街道设立营商环境监测点，打通基层监督“最后一公里”

（深圳 Plus 2023 年 11 月 3 日）

11 月 2 日上午，深圳龙华区大浪街道举行了第一批营商环境监测点发布仪式暨廉情监督员集体授牌仪式。龙华区纪委相关领导出席了本次仪式并讲话，大浪街道相关领导为 12 名廉情监督员集体颁发聘书。

今年以来，大浪街道把优化营商环境摆在突出位置，从经济、法治、劳动、安全、文化等五个方面齐发力，出台了五项高质量发展方案，坚持以高品质的服务效率、高标准的执法水平、健全的公共文化服务供给、优良的法治环境以及安全稳定的社会环境来全方位提升辖区营商环境。同时，为了全面、真实地了解辖区的营商环境现状，大浪街道花费近三个月的时间，通过实地调研、走访座谈、问卷调查等多种方式，对辖区千余家企业及多个重点园区开展了专题调研，根据调研情况出台了《大浪街道设立营商环境监测点工作方案》，着力发现并纠正“政务服务不优质、惠企政策不到位、执法监管不公正、行使职权不廉洁”等问题。

“在我们园区设立营商环境监测点，为我们建立了直接和纪检监察机关联系的桥梁，进一步增强了我们企业发展的信心！”一位廉情监督员这样说道。据了解，大浪街道设立的第一批营商环境监测点，都是从辖区一些比较有代表性的园区、企业或商圈中选取，兼顾了不同区域、不同行业、不同规模。同时，大浪街道兼顾企业高层、中层、党员代表、人大代表、政协委员等，从第一批营商环境监测点中选取了 12 名综合素质好、政治责任心强的代表，组建了一支廉情监督员队伍，努力织密织紧基层监督网络，打通基层监督“最后一公里”。

每个营商环境监测点都设立有一个监督公示牌，公示了监督的主要内容、廉情监督员姓名、监督电话及线上监督举报渠道，通过“线上 + 线下”方式，全面收集群众身边的作风和廉洁问题，街道纪工委将对受理的影响企业发展、损害企业利益的信访举报件，优先核实、限时办结、严肃查处。

“接下来，大浪街道纪工委将立足职责定位，坚持把优化营商环境、促进经济社会高质量发展作为监督重点，充分发挥监督保障执行、促进完善发展职能作用，以有力监督推动辖区营商环境持续优化。”大浪街道纪工委相关负责人介绍。

（记者：高健桓；见习记者：石耿珲；通讯员：吴丽）

主题索引

说　明

一、本索引按照主题词汉语拼音顺序排序。

二、本索引条目后的数字表示本书的页码；数字后的拉丁字母（a、b、c）分别表示该页码的左栏、中栏、右栏。

三、文中的类目题、分目题用黑体字标明，其余用宋体字排印。

四、本年鉴中的特载、大事记、大浪荣誉、统计资料、文献选编、调研报告及媒体看大浪内容未制作索引。

E

F

G

H

J

T

W

X